Dr. Beate Forsbach

Wir wünschen eine anregende Lektüre!

Edition Digital Lifestyle
MANDL & SCHWARZ

iPhone und A
in der Praxis
Der persönlichste Compute
Telefon, Internet und Medie
iPad und Ap
Praxis
Von Windows zum Mac –
die Umsteigefibel
PDF
PDF
PDF

Wissenschaftliches Arbeiten am Mac

für Schule, Studium und Promotion

mit Anleitungen zu Word 2011
und anderen hilfreichen Programmen

Impressum

Wissenschaftliches Arbeiten am Mac – für Schule, Studium und Promotion
mit Anleitungen zu Word 2011und anderen hilfreichen Programmen
ISBN 978-3-939685-32-6
1. Auflage 2011

MANDL & SCHWARZ

Mandl & Schwarz-Verlag
Edition Digital Lifestyle
Theodor-Storm-Straße 13
D-25813 Husum / Nordsee

Fax 04841 – 770 99 96
wissen@mandl-schwarz.de

Bibliografische Information der Deutschen Nationalbibliothek
Die Deutsche Nationalbibliothek verzeichnet diese Publikation in der Deutschen Nationalbibliografie; detaillierte bibliografische Daten sind im Internet über die Webseite http://dnb.d-nb.de abrufbar.

zu Ihrer ersten Orientierung

Willkommen! 9

Wissenschaftliches Arbeiten:
Projektmanagement und Arbeitsplanung 13

Vorbereitung und Planung:
Von der Idee zum Exposé 63

Materialsammlung 1: Literaturrecherche
und Literaturbeschaffung 107

Materialsammlung 2:
Von der Recherche zur Rohfassung 143

Ausarbeitung: Vom Rohtext bis zum Manuskript 187

Abschluss: Von der Endfassung bis zur Publikation 243

Anhang: Literaturverzeichnis und Nachwort 281

Ausführliches Stichwortverzeichnis 284

Willkommen! 9

Wissenschaftliches Arbeiten: Projektmanagement und Arbeitsplanung 13

Organisation am Computer 13
Arbeitsordner anlegen 13
Automatische Datensicherung – gern auch mit einer externen Festplatte 16
Lesezeichenordner anlegen 18
Zusatzfunktion in Safari: Leseliste anlegen 20
Postfächer für E-Mails einrichten 21
Arbeitsdatei anlegen 23

Projektmanagement 26
Zeitmanagement 26
Zeitplanung 29
Zeitorganisation mit iCal 34
Nun machen wir mal eine Pause! 41
Zeitprobleme 43
Mehr Kraft und Motivation 46
Projekt mit Bento anlegen 47
Wissenschaftliches Journal anlegen 55

Vorbereitung und Planung: Von der Idee zum Exposé 63

Ideen und eigene Interessen sammeln 64
Brainstorming 64
MindMaps mit dem MindManager 67
MindManager für iPad und iPhone 74

Themenfindung und Themeneingrenzung 85

Material sichten 89
Stoffsammlung in Pages 89
Stoffsammlung in Word 93
Elektronisches Archiv 98
Verknüpfung von Stoffsammlungs-Datei und elektronischem Archiv 101
Sammlung von Zeitschriftenartikeln und Buchausschnitten 104

Exposé schreiben 105

Materialsammlung 1: Literaturrecherche und Literaturbeschaffung 107

Bücherkiste in Bento 109

Quellen-Manager in Word 113

Literaturverwaltungsprogramme 121

Das Literaturverwaltungsprogramm Bookends 123

Weitere empfehlenswerte Literaturverwaltungsprogramme 137

Literaturbeschaffung 142

Materialsammlung 2: Von der Recherche zur Rohfassung 143

Lesen und exzerpieren 143

Texte bearbeiten und auswerten mit Vorschau 145

Daten erheben und präsentieren 152

Tabellen in Word 154

Diagramme in Word 164

Gliederung finden und erste Rohfassung erstellen 168

Erstellen der Gliederung in Word 170

Datensicherung 178

Inhaltsverzeichnis in Numbers anlegen 181

Und nun endlich: Die erste Rohfassung Ihrer Arbeit 182

Ausarbeitung: Vom Rohtext bis zum Manuskript 187

Überarbeiten der Rohfassung 187

Layout gestalten 193

Formatvorlagen und Designs 194

Dokumentvorlagen 198

Seitenlayout 200

Deckblatt 205

Textseiten 207

Aufzählungen 209

Nummerierungen 215

Abbildungen einfügen 218

Kopf- und Fußzeilen, Seitenzahlen 224

Fuß- und Endnoten 230

Quellenangaben und Zitate 233

Literaturverzeichnis 235

Formeln 238

Abschluss und Ausblick 242

Abschluss: Von der Endfassung bis zur Publikation 243

Korrektur lesen 243
Rechtschreib- und Grammatikprüfung 243
Silbentrennung 247
Überprüfen der Literaturangaben 249

Endfassung erstellen 250
Deckblatt 250
Inhaltsverzeichnis 253
Abbildungsverzeichnis, Tabellenverzeichnis 257
Register, Index erstellen 259
Eidesstattliche Versicherung, Danksagung & Co. 263

Druck und Abgabe 265
Die clevere Lösung: PDF-Datei erstellen 271
PDF-Dateien bearbeiten – mit Vorschau 273

Präsentieren und publizieren 277
Publikationsformen von wissenschaftlichen Arbeiten 279
Publikation in einem Verlag *279*
Eigenpublikation mit und ohne ISBN *279*
Eigenpublikation über einen Books-On-Demand-Anbieter *280*
Online-Publikation *280*
Ausblick 280

Anhang: Literaturverzeichnis und Nachwort 281

Literaturverzeichnis 281
Nachwort 283

Ausführliches Stichwortverzeichnis 284

Willkommen!

Liebe Leserinnen und Leser,

vielen Dank für Ihr Interesse an unserem Buch »Wissenschaftliches Arbeiten am Mac – in Schule, Studium und Promotion«. Dieses ist die erste Publikation im Verlag *Mandl & Schwarz*, die sich speziell an Schüler, Studenten und Lehrkräfte richtet, die wissenschaftlich arbeiten wollen. Es geht hier nicht um die Erläuterung eines Betriebssystems oder eines Programms für den Mac. Vielmehr möchten wir Ihnen mit diesem Buch eine Anleitung zum wissenschaftlichen Arbeiten geben und zeigen, wie Ihr Mac Sie dabei unterstützen kann.

Wer mit dem Studium an einer Hochschule oder Universität beginnt, begegnet von Anfang an der Anforderung des wissenschaftlichen Arbeitens. Man muss lesen, forschen, recherchieren, man muss Texte schreiben, gestalten, drucken und publizieren. Die Ansprüche steigen kontinuierlich – angefangen von schriftlichen Hausarbeiten, Referaten, Seminararbeiten bis hin zur Abschlussarbeit. Nach dem Erst-Studium geht es oft weiter mit einer Dissertation, einer Habilitationsschrift, mit Artikeln in Fachzeitschriften und Kompendien, Buchbeiträgen, Vorträgen, Forschungsberichten, wissenschaftlichen Sachbüchern und allgemein verständlichen Artikeln für die Öffentlichkeit. Nicht umsonst heißt es im Titel eines Ratgebers »Wer schreiben kann, macht Karriere«.

In vielen Schulen hat man schon erkannt, dass zur »allgemeinen Hochschulreife« auch das Schreiben von wissenschaftlichen Texten gehört. Und so lernen Schüler manchmal schon in der Mittelstufe der Gymnasien und Gesamtschulen, schriftliche Hausarbeiten anzufertigen. Denn es geht nicht nur um die Darstellung eines Themas, sondern auch um formale Kriterien, die man beachten muss.

Leider lernt man das wissenschaftliche Arbeiten an den meisten Hochschulen und Universitäten ebenso wenig wie den Umgang mit einem professionellen Textverarbeitungsprogramm wie *Microsoft Word*. Viele Studenten und Professoren meinen, das sei nicht besonders schwierig, schließlich kann ja auch jeder E-Mails schreiben. Und so verbringen die

Autoren wissenschaftlicher Arbeiten oft viel zu viel Zeit damit, ihre Gedanken zu Papier zu bringen. Dabei gibt es eine Vielzahl von Programmen, die einen dabei sehr gut unterstützen können.

Wissenschaftliches Arbeiten ist eine wichtige Voraussetzung für jeden Studierenden. Nur so lässt sich ein Studium erfolgreich absolvieren und vielleicht sogar eine wissenschaftliche Karriere machen. Oftmals ist diese Arbeit ein kreativer Prozess, bei dem ganz bestimmte Regeln zu beachten sind: Es geht um den Weg von der Idee über die Erforschung eines Themas und die Aufbereitung der gefundenen Materialien. Darüber hinaus muss sich der Studierende mit dem Thema selbstständig auseinandersetzen und schlussendlich die wissenschaftliche Arbeit schreiben, die dann in geeigneter Form publiziert wird.

Wer wissenschaftlich arbeiten kann, hat im Berufsleben viele Vorteile. Wer dazu die Techniken des wissenschaftlichen Schreibens beherrscht, kann sich im Job auf die eigentlichen Anforderungen konzentrieren und ist in seiner Karriere den Mitbewerbern oft einige Schritte voraus.

Schüler, Studenten und Lehrkräfte, die mit einem iMac oder MacBook ausgestattet sind, besitzen ein »Kraftpaket« mit vielen nützlichen Werkzeugen an Bord: *Mail, Safari, iCal, (optional) Pages und Numbers, Vorschau, iPhoto* und nicht zu vergessen *TextEdit* können beim wissenschaftlichen Arbeiten wirklich nützlich sein. Das Textverarbeitungsprogramm, das im wissenschaftlichen Betrieb am meisten verbreitet ist, stammt von Apples Konkurrenz: *Microsoft Word:mac 2011* ist auch auf dem Mac ein gut funktionierendes Programm, und es ist voll kompatibel mit der Windows-Version.

Weitere nützliche Programme anderer Hersteller sind *Bento, Journler, MindManager* und die Literaturverwaltungsprogramme *Bookends, Endnote, Sente* und *Zotero*.

Viele Anwender in Schule und Hochschule benutzen neben ihrem Mac inzwischen auch ein iPhone und/oder ein iPad. Daher zeigt dieses Buch auch Möglichkeiten auf, einen Teil der wissenschaftlichen Arbeit unterwegs, mit einem mobilen Gerät zu erledigen. Denn viele Programme erscheinen inzwischen in preiswerteren Versionen auch für das iPhone oder das iPad. Diese können meist leicht mit dem Hauptprogramm auf dem Mac synchronisiert werden und sind für manche Zwecke sogar als einzige Version ausreichend.

Wichtig für alle, die noch am Anfang ihrer wissenschaftlichen Arbeit stehen, ist der Rat, sich rechtzeitig mit dem Mac als Werkzeug vertraut zu machen. Alles, was Sie schon vor Beginn Ihrer »großen« Arbeit wissen und können, erspart Ihnen später viel Zeit und ermöglicht Ihnen, sich auf das Wesentliche zu konzentrieren. Wenn Sie einen neuen Mac haben, dann »spielen« Sie doch ruhig ein wenig damit. Der Verlag *Mandl & Schwarz* bietet einige schöne und durchaus unterhaltsame Bücher an, mit denen Sie sich in das Betriebssystem und die verschiedenen Programme einarbeiten können.

In der Planungsphase dieses Buches haben Verlag und Autorin ausgiebig darüber diskutiert, welche Zielgruppe das Buch haben soll. Das Titelbild vermittelt uns die Vision einer jungen Studentin, die zwar einen schicken Mac hat, aber (noch) nicht weiß, wie sie damit wissenschaftlich arbeiten kann und welche Instrumente sie dabei praktisch einsetzen soll. Nun geht es aber nach dem Titel des Buches um »Wissenschaftliches Arbeiten in Schule, Studium und Promotion« und so haben wir als Zielgruppe definiert: Studenten der Geistes- und Sozialwissenschaften sowie Forscher, Wissenschaftler und Autoren wissenschaftlicher Sachbücher, aber auch Schüler der Sekundarstufe II, die bereits schriftliche Hausarbeiten erstellen und dabei ihre Lehrer mächtig überraschen wollen.

Das bedeutet für den Inhalt des Buches, dass nicht jede Passage für jeden gleichermaßen interessant sein kann. Die Anleitungen zu den Programmen aber sind für alle diejenigen geschrieben, die sich gerade einen Mac zugelegt haben und einige Computer-Grundkenntnisse besitzen. Die vielen Abbildungen unterstützen den workshopartigen Charakter des Buches, veranschaulichen die Texte und sollen Ihnen auch einfach Freude machen.

Darüber hinaus ist es mein Wunsch, Ihnen über die Anleitung zu den Programmen hinaus praktische Tipps für das wissenschaftliche Arbeiten von der Idee bis zur Publikation zu geben. Ich selber habe vor Jahren meine Dissertation erstellt und dabei den Umgang mit dem Computer gelernt. Ich habe viel Zeit damit verbracht, hinter die Geheimnisse der Textverarbeitung zu kommen und habe viele Stunden mit interessanten Literaturverwaltungsprogrammen »gespielt«. Ich habe damals schon Ratgeber zum Schreiben wissenschaftlicher Arbeiten mit *Word* herangezogen und schließlich meine 500seitige Dissertation druckfertig erstellt. Und ich habe viele Techniken des Selbstmanagements erlernt, um neben dem Beruf promovieren zu können.

Dieses Buch will und kann Ihnen keine Einführung in wissenschaftliche Theorien oder fachspezifische Probleme bieten. Es ist auch kein Lehrgang zum wissenschaftlichen Schreiben im eigentlichen Sinne. Ich gebe Ihnen Hinweise auf nützliche Literatur zu verschiedenen Aspekten des wissenschaftlichen Arbeitens, so dass Sie sich bei Bedarf weiter informieren können.

»Wessen wir am meisten im Leben bedürfen ist jemand, der uns dazu bringt, das zu tun, wozu wir fähig sind.« Dieser Ausspruch des amerikanischen Philosophen Ralph Waldo Emerson ist so etwas wie ein Motto für dieses Buch: Ich möchte mit Ihnen meine Begeisterung für den Mac, das wissenschaftliche Schreiben und Publizieren teilen und Sie, liebe Leserinnen und Leser, dazu bringen, Ihre besten Gedanken zu kommunizieren. Dann ist Ihnen der Erfolg in Ihrer beruflichen Karriere sicher.

Nachdem Sie dieses Buch gelesen haben, sollten Sie eigentlich keine Hilfe beim Erstellen Ihrer wissenschaftlichen Arbeit mehr brauchen. Falls dennoch Fragen offen geblieben sind, können Sie sich bei einem Buch-Coach Rat und Unterstützung holen. Entsprechende Angebote finden Sie im Internet oder an Ihrer Hochschule.

Der Verlag *Mandl & Schwarz* und ich wünschen Ihnen viel Erfolg beim Schreiben und Veröffentlichen Ihrer wissenschaftlichen Arbeit!

Beate Forsbach
Neujellingsdorf/Fehmarn, im September 2011
www.beateforsbach.de

Wissenschaftliches Arbeiten: Projektmanagement und Arbeitsplanung

Kennen Sie das auch? Es ist ein wunderschöner sonniger Nachmittag im Februar. In der vorigen Woche haben Sie das Thema Ihrer Examensarbeit von Ihrem Professor erfahren. Bis jetzt ist es nur eine Idee, ein richtiges Thema muss noch daraus werden. Abgabe soll am 15. Juni sein – das ist noch lange hin! Sie sagen zu Ihrem Projektmanager: »Nächste Woche ist doch erst einmal Karneval, vielleicht sollte ich einfach heute spazieren gehen, und dann, nach der Karnevalszeit, mit der Arbeit anfangen.« Und da Sie Ihr eigener Projektmanager sind, wird es keinen Widerspruch geben.

Aber machen Sie das bitte nicht – fangen Sie an, hier und heute! Ich möchte Sie auf den ersten Schritten begleiten. Für ein neues Projekt lege ich erst einmal einen neuen Ordner an, den habe ich schon gekauft und beschrifte ihn. Seit ich am Mac arbeite, nehme ich dafür nur noch einen schmalen Ordner, denn die meisten Materialien sollen ja auf dem Mac gespeichert und verarbeitet werden.

Vor über 17 Jahren habe ich begonnen, an meiner Dissertation zu arbeiten. Ich hatte mir gerade einen Computer angeschafft, den ersten meines Lebens. In den kommenden Jahren habe ich gelernt, damit zu arbeiten, und ich habe das Programm *Word* kennengelernt, mit dem ich meine 500-seitige Doktorarbeit druckfertig erstellt habe. Das war ein anstrengender Prozess, und ich hatte bald eine lange Reihe von Ordnern in meinem Regal stehen.

Organisation am Computer

Arbeitsordner anlegen

Heute kann man es anders machen – ich möchte Ihnen zeigen, wie Sie Ihr Projekt am Mac organisieren können. Falls Sie ein iPhone oder iPad haben, lassen sich diese mobilen Geräte ergänzend einsetzen. Der reale Ordner wird Sie begleiten – vom Anfang bis zur druckreifen Fassung Ihrer Arbeit. Nicht alle Materialien werden darin Platz finden; sicher brauchen Sie auch ein Regalfach für Bücher und eine Kiste für Zeitschriften und andere Materialien, die Sie nicht auf dem Computer speichern können.

Doch heute, an diesem sonnigen Februarnachmittag, fangen wir einfach an – damit Ihre Examensarbeit und Ihr Thema für Sie Realität werden. Nun legen wir erst einmal einen Ordner dafür an. Dazu gehen Sie in die Schreibtisch-Ansicht Ihres Mac, klicken mit der rechten Maustaste an eine freie Stelle und wählen in dem Mausmenü *Neuer Ordner*.

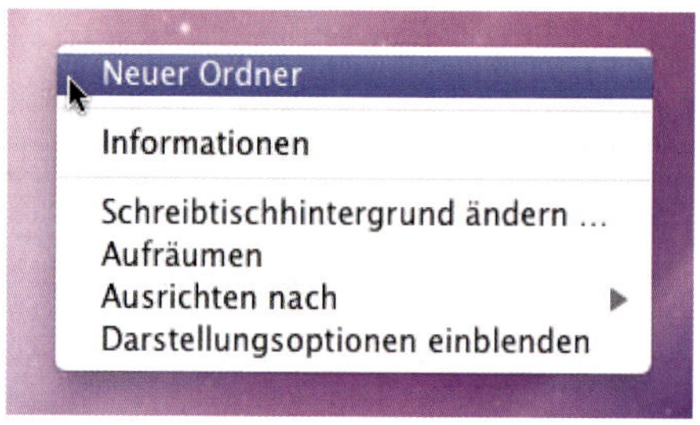

Klicken Sie mit der rechten Maustaste auf den Schreibtisch und wählen »Neuer Ordner« und schon erscheint ein neuer Ordner auf Ihrem Schreibtisch – Sie müssen noch nicht einmal einkaufen gehen.

Benennen Sie den Ordner mit Ihrem vorläufigen Thema oder einfach mit »Meine Arbeit«, »Hausarbeit«, »Examen« oder »Diss«. Färben Sie ihn rot – denn dieses Projekt soll ja in den nächsten Wochen, Monaten oder sogar Jahren für Sie die höchste Priorität haben. Um das Ordneretikett einzufärben (das lohnt sich auch für die anderen Ordner auf Ihrem Schreibtisch), halten Sie die Maus auf das Ordnersymbol, klicken auf die rechte Maustaste und wählen »rot« für das Etikett.

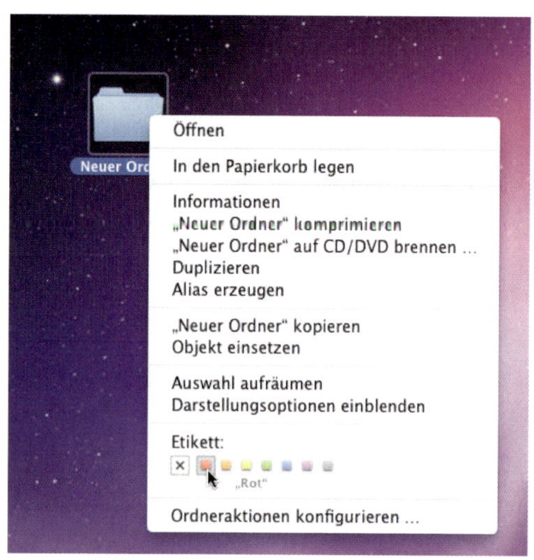

Klicken Sie den Ordner mit der rechten Maustaste an und wählen Sie eine Farbe für das Etikett.

Benennen Sie Ihren neuen Ordner und schon ist Ihr Arbeitsordner angelegt.

Legen Sie gleich einige Unterordner an, z. B. »Manuskript«, »Texte«, »Bilder«, »Materialien«, »Literatur«, »Vorlagen«. Empfehlenswert ist auch ein Ordner »Papierkorb« oder »Ablage« – denn manchmal löscht man Dateien, die man dann zwei Wochen später wieder sucht. In einem eigenen Ablageordner bleibt alles erhalten und wird auch entsprechend gesichert (dazu später).

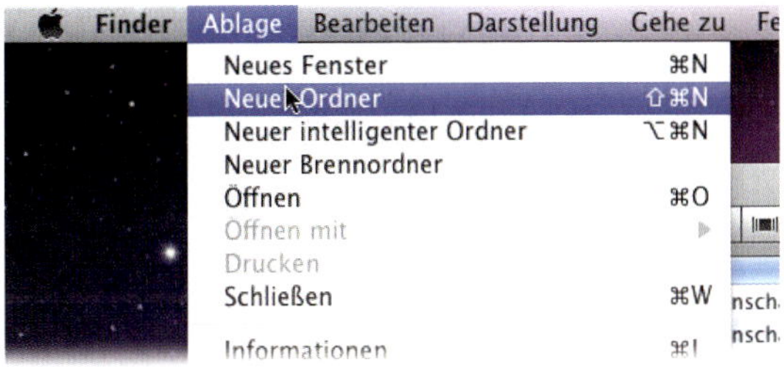

Mit einem Klick auf »Ablage | Neuer Ordner« können Sie Unterordner anlegen.

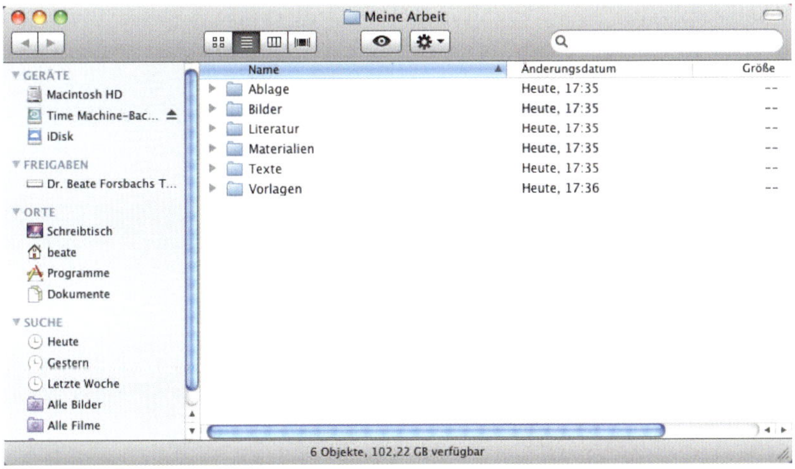

Neben den Unterordnern für Texte, Materialien, Bilder, Literatur und Vorlagen sollte auf jeden Fall ein Papierkorb oder eine Ablage vorhanden sein.

Automatische Datensicherung – gern auch mit einer externen Festplatte

Ihr Mac ist ein zuverlässiges Werkzeug, das Sie in den meisten Fällen auf Ihren geistigen Ausflügen treu begleiten wird. Für den »Fall der Fälle« eines ungewollten Datenverlustes allerdings wäre es sinnvoll, sich zum Apple-Rechner gleichzeitig eine externe Festplatte zu kaufen. Darauf kann Ihr Mac dann über die automatische Funktion *Time Machine* – und seit *OS X Lion* auch über die Funktion *Versionen* (dazu später mehr) – Ihre Daten außerhalb des Mac speichern.

Das Schöne ist: Sie müssen kein Technik-Experte sein, um diese Art von Datensicherung zu betreiben. Und so meldet sich Ihr Mac automatisch, sobald Sie die Festplatte (oftmals per USB-Anschluss) an Ihren Rechner stecken und fragt, ob Sie diese für *Time Machine* einsetzen wollen. Einziger Knackpunkt: Im allerersten Sicherungsdurchlauf gestehen Sie der Funktion einige Zeit zu. Bei der weiteren Speicherung läuft dieses unauffällig im Hintergrund und in kurzen (stündlichen) Abständen – ohne dass Sie weiter davon abgelenkt werden.

Praktisch: Um »Time Machine« brauchen Sie sich nach einmaliger Einrichtung nicht mehr zu kümmern – die Funktion erstellt stündlich unbemerkt Sicherungskopien von Ihrem Rechner.

Ihr Vorteil: Auch wenn Sie eine Datei versehentlich gelöscht haben, können Sie diese – bei durchgehendem Anschluss Ihres Macs an die Festplatte – problemlos wieder »aus dem Daten-Nirvana« zurückholen. Wie das genau geht, beschreibt Daniel Mandl z. B. auch in seinem *Grundlagenbuch zu OS X Lion* im *Mandl & Schwarz*-Verlag in Wort und Bild.

Später im Buch gehen wir mit Bezug auf *Word* auch noch einmal darauf ein.

Darüber hinaus empfiehlt es sich, immer die kostenfreie Softwareaktualisierung an Ihrem Mac zu erlauben. Diese erreichen Sie links oben am Bildschirm im Apple-Menü als zweiten Punkt *Softwareaktualisierung*. Den Rhythmus der Updates können Sie über die *Systemeinstellungen* im Apple-Menü festlegen. So bleibt Ihr Rechner stabil und auf dem aktuellen Stand.

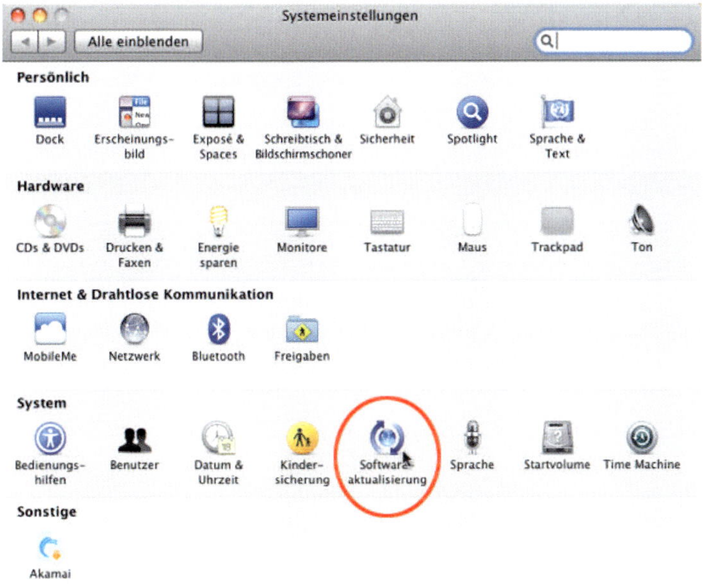

In den Systemeinstellungen können Sie die Softwareaktualisierung einstellen.

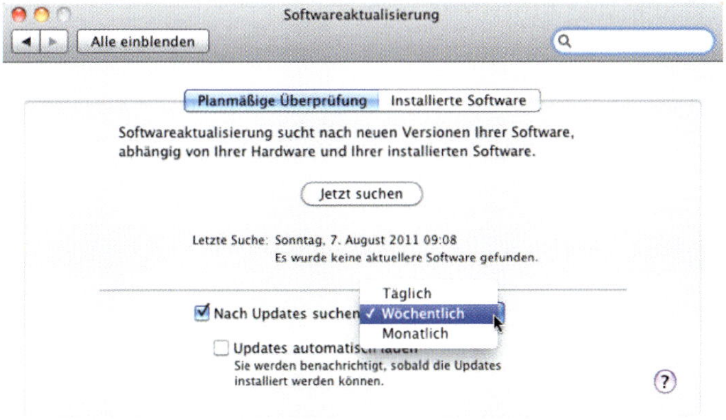

Legen Sie den Rhythmus der Softwareaktualisierung nach Ihren Wünschen fest. Automatisch sollten Sie jedoch bei langsamer Internetverbindung nicht wählen.

Lesezeichenordner anlegen

Sicher werden Sie in den nächsten Wochen interessante Internetseiten zu Ihrem Thema finden. Daher sollten Sie auch in Ihrem Browser einen Ordner für Ihre Arbeit anlegen. Öffnen Sie bitte Ihren Browser, hier als Beispiel *Safari* und klicken Sie auf *Lesezeichen* | *Lesezeichenordner hinzufügen.*

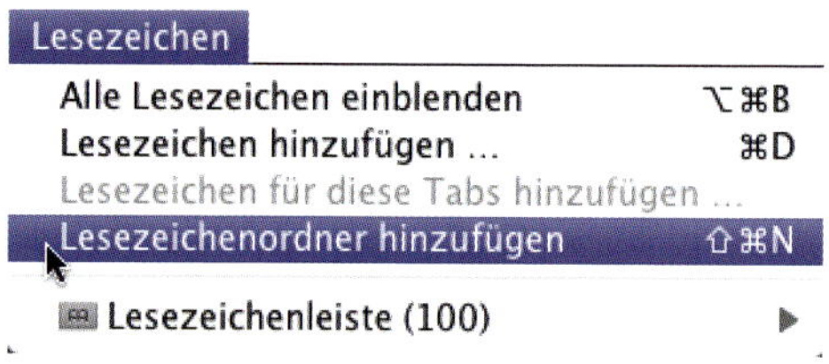

Im Menü »Lesezeichen« können Sie einen neuen Lesezeichenordner erzeugen.

In Ihrer Lesezeichenleiste erscheint ein Ordner mit der Bezeichnung *Neuer Ordner.* Markieren Sie den Namen des Ordners mit der Maus und benennen Sie ihn mit dem gewünschten Namen – das funktioniert genau wie zuvor beim Anlegen des Ordners auf dem Schreibtisch. Wenn Sie beim Öffnen Ihres Browsers ständig den Lesezeichenordner sehen möchten, verschieben Sie ihn einfach in die *Lesezeichenleiste.*

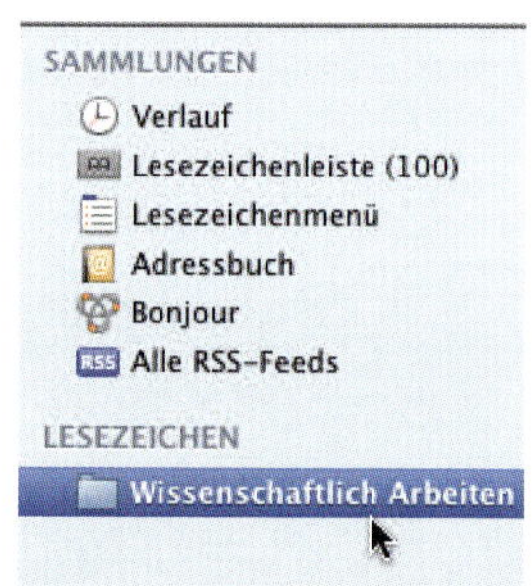

Und schon taucht ein neuer Ordner unter »Lesezeichen« auf.

Geben Sie dem neuen Lesezeichenordner den gewünschten Namen, z. B. »Wissenschaftlich Arbeiten«.

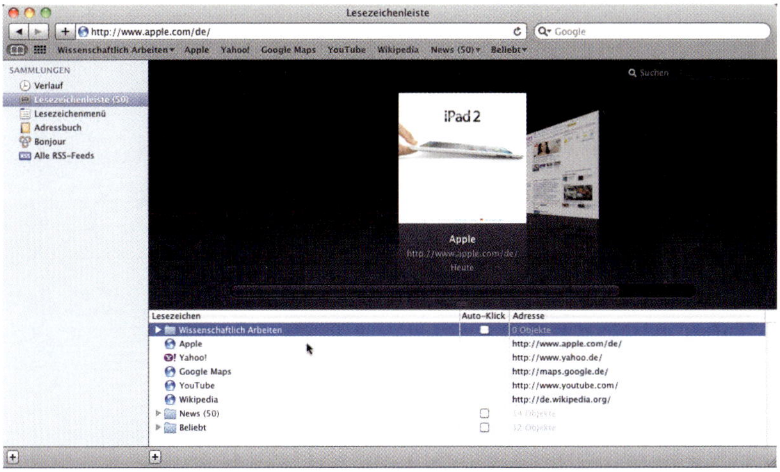

Verschieben Sie Ihren Ordner in den Ordner »Lesezeichenleiste« …

…und schon ist er in Ihrem Browser ständig zu sehen.

Nun können Sie alle Seiten, die für Ihre Arbeit interessant sind, als Lesezeichen zu diesem Ordner hinzufügen. Klicken Sie einfach auf *Lesezeichen | Lesezeichen hinzufügen*, geben in dem sich öffnenden Fenster einen Namen für das Lesezeichen ein und wählen den Speicherort aus. Klicken Sie nun auf *Hinzufügen* und Ihr Lesezeichen ist gespeichert. So können Sie sich beim Surfen und Recherchieren im Internet viele interessante Seiten merken und erst dann lesen, wann es Ihnen passt.

Klicken Sie im Menü »Lesezeichen« auf »Lesezeichen hinzufügen«.

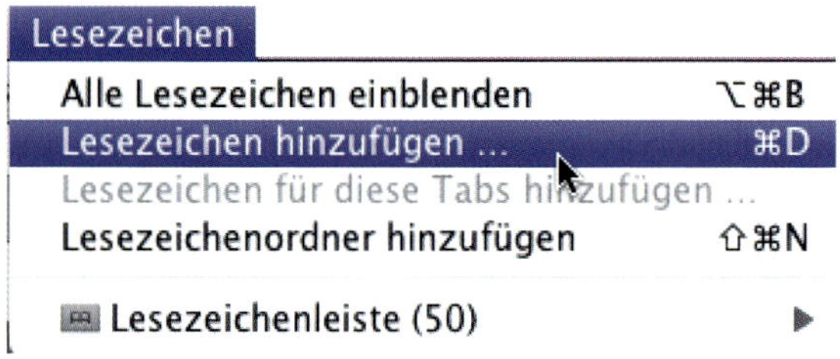

Tragen Sie nun einen Namen für Ihr Lesezeichen ein und wählen den gewünschten Lesezeichenordner aus.

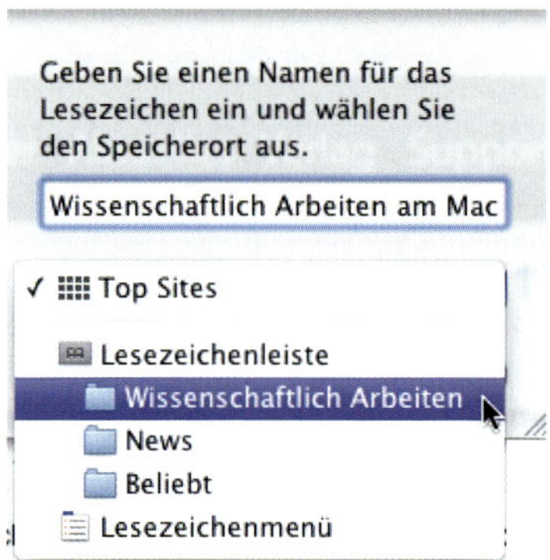

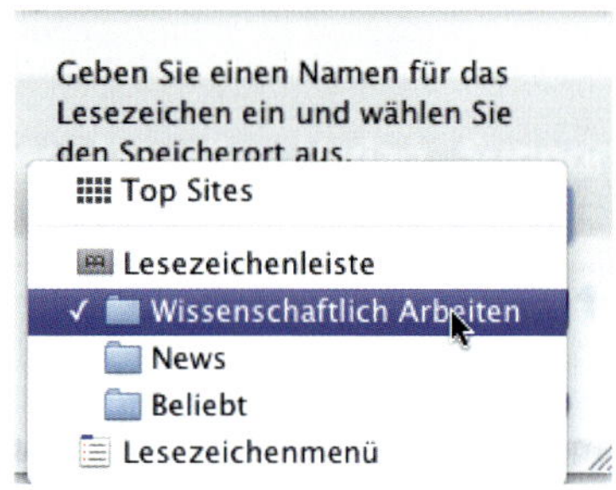

Mit einem abschließenden Klick auf »Hinzufügen« ist Ihr Lesezeichen gespeichert.

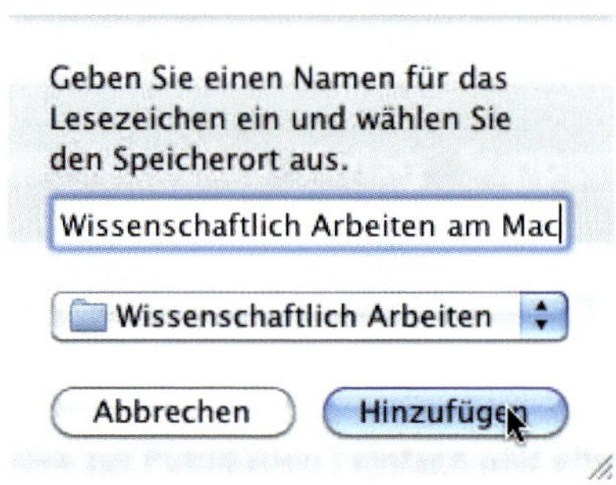

Zusatzfunktion in Safari: Leseliste anlegen

Die aktuelle Browser Version von *Safari* wurde um die Funktion *Leseliste* ergänzt. Sollten Sie bei Ihren Recherche-Ausflügen im Internet auf spannende Quellen stoßen, denen Sie sich allerdings nicht sofort widmen können, so klicken Sie einfach auf das Brillensymbol links oben.

Die aktuelle Version von Safari enthält die Funktion »Leseliste«, dargestellt durch das Brillensymbol oben links. Auch so lassen sich die Quellen für eine spätere Lektüre anmerken (und auch wieder löschen).

Postfächer für E-Mails einrichten

Auch im Programm *Mail* können Sie einen Ordner anlegen, in dem Sie alle Mails sammeln, die Sie zu Ihrem Thema bekommen oder schreiben. Klicken Sie *Postfach* | *Neues Postfach* und legen Sie die Eigenschaften für das neue Postfach fest. Nach einem Klick auf *OK* erscheint Ihr neues Postfach in der Liste der lokalen Postfächer.

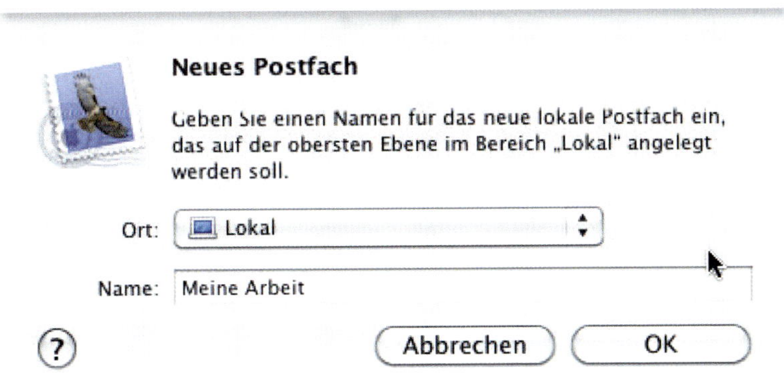

Nach einem Klick auf »Postfach | Neues Postfach« öffnet sich ein Fenster, in dem Sie den Namen des Postfachs und den Speicherort festlegen können. Nach einem Klick auf »OK« ist das neue Postfach angelegt.

E-Mails, die Sie im lokalen Postfach »Meine Arbeit« aufbewahren wollen, müssen Sie manuell in das Postfach befördern. Klicken Sie dazu mit der rechten Maustaste auf die betreffende E-Mail und wählen *Bewegen in | Meine Arbeit*. Schon ist Ihre E-Mail im gewünschten Ordner gelandet. Über *Kopieren in* können Sie die E-Mail zudem in verschiedene Ordner einsortieren.

Klicken Sie mit der rechten Maustaste auf die E-Mail und befördern Sie sie über »Bewegen in« oder »Kopieren in« in einen oder mehrere gewünschte Ordner.

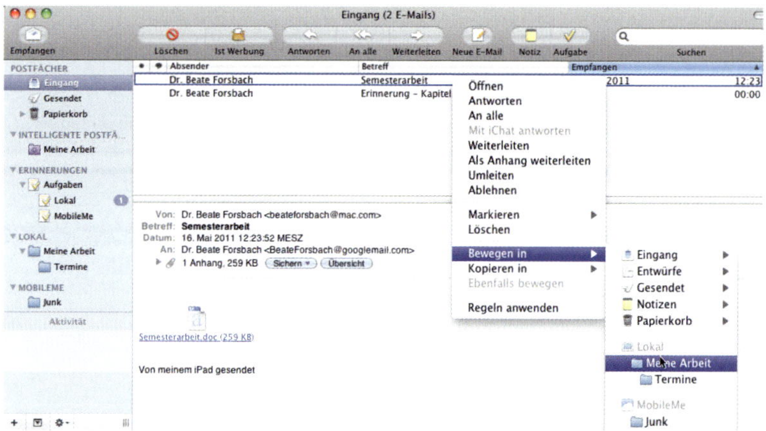

Sie können auch Unterpostfächer anlegen, indem Sie als *Ort* Ihr Arbeitspostfach wählen. Es lassen sich beliebige viele Unterpostfächer anlegen. Durch einen Klick auf das kleine Dreieck links neben der Postfachbezeichnung wird nur das Hauptpostfach in der Liste Ihrer Postfächer angezeigt.

Wählen Sie als Ort den Ordner »Meine Arbeit« und erstellen Sie ein Unterpostfach »Termine«.

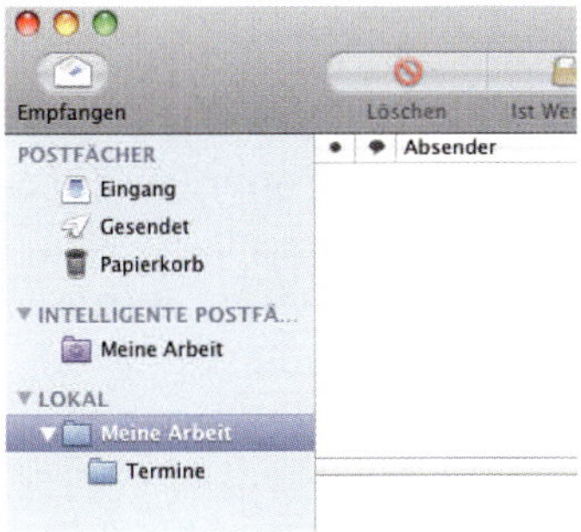

Das Unterpostfach erscheint in der linken Seitenleiste unter Ihrem Postfach »Meine Arbeit«.

Das Programm *Mail* bietet auch die Möglichkeit, intelligente Postfächer anzulegen. So müssen Sie nicht jede einzelne E-Mail manuell ins Postfach bewegen. Klicken Sie *Postfach | Neues intelligentes Postfach* und legen Sie eine oder mehrere Bedingungen für Ihr Postfach fest. Nun werden die eingegangenen E-Mails automatisch in dieses Postfach bewegt.

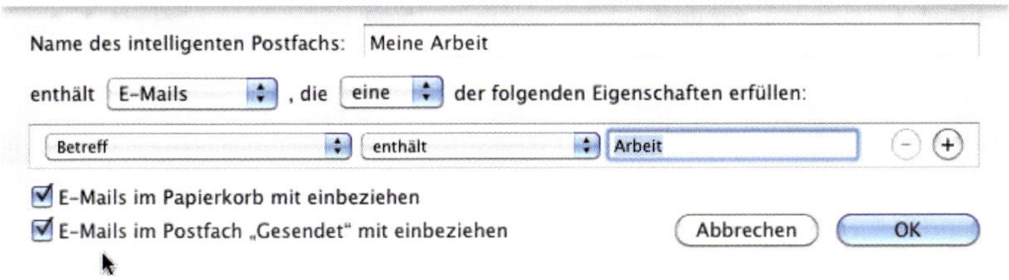

Nach einem Klick auf »Postfach | Neues intelligentes Postfach« öffnet sich ein Fenster, in dem Sie den Namen des Postfaches eintragen und Bedingungen für die E-Mails festlegen können.

Arbeitsdatei anlegen

Bravo! Nun haben Sie bereits den ersten Schritt getan, und Sie können mit einem guten Gefühl Ihren Spaziergang in der Sonne machen. Wenn Sie aber auf den Geschmack gekommen sind, dann legen Sie auch gleich noch eine Datei für Ihre Arbeit an. Das kann, muss aber noch keine *Word*-Datei sein. Wir wollen die Arbeit später in *Word* schreiben, und Sie werden im fünften Kapitel dieses Buches erfahren, wie Sie Ihren Text mit *Word* »in Form« bekommen.

Falls Sie noch nicht mit *Word* am Mac vertraut sind, öffnen Sie ein neues Dokument, z. B. in *TextEdit* oder in *Pages*, und schreiben Sie Ihren Namen und Ihr Thema auf. Schreiben Sie ein paar Gedanken hinein, z. B. über den heutigen Nachmittag. Und fügen Sie bitte das heutige Datum ein.

Sie finden *TextEdit* im Ordner *Programme* auf Ihrem Mac, und auch das Textverarbeitungsprogramm *Pages* ist in der Regel schon installiert.

Um *Pages* nutzen zu können, müssen Sie eine Version von *iWork* kaufen und auf Ihrem Mac installieren. Neben *Pages* enthält dieses Paket auch die Programme *Numbers* und *Keynote*, die wir für das wissenschaftliche Arbeiten sehr gut gebrauchen können. Jedes der drei Programme können Sie auch einzeln im App Store erwerben und gleich herunterladen.

In *Pages* gibt es einige nette Berichtvorlagen, die man für Hausarbeiten in der Schule oder für kleinere Seminararbeiten verwenden kann. In einem späteren Abschnitt werden Sie daher etwas über das Erstellen einer kleineren Arbeit in *Pages* erfahren.

Zum Schreiben einer größeren wissenschaftlichen Arbeit wollen wir jedoch *Word:mac 2011* benutzen, aus dem *Office*-Paket von *Microsoft,* das Sie in einer preiswerten Studentenversion erwerben können. Die programmeigenen Möglichkeiten von *Word* werden wahrscheinlich nicht für jedes wissenschaftliche Schreibprojekt ausreichen – aber Sie sollen erfahren, wie Sie die vorgegebenen Vorlagen für Ihre Zwecke verändern können.

Die Vorarbeiten zur schriftlichen Arbeit können Sie einfach in *TextEdit* oder *Pages* machen. Sie können die Texte später ohne Probleme in *Word* weiter verarbeiten. Natürlich lässt sich in allen Phasen des wissenschaftlichen Arbeitens auch ausschließlich *Word* benutzen. In diesem Buch aber wollen wir Ihnen die unterschiedlichen Möglichkeiten aufzeigen, die Sie mit Ihrem Mac beim wissenschaftlichen Arbeiten haben. Falls Sie ein iPad benutzen, können Sie auch dort in *Pages* schreiben und die Texte später als *Pages-*, *PDF-* oder *Word*-Datei per Email auf Ihren Mac senden.

In den ersten Kapiteln dieses Buches möchte ich Sie auf dem Weg von der Idee bis zum Schreiben der Arbeit begleiten. Dabei ist es wichtig, das eigene wissenschaftliche Arbeiten zu beginnen. Um den Kopf freizuhaben und der Entfaltung der Kreativität genug Raum zu geben, möchte ich Sie hier noch nicht mit Anleitungen und formalen Dingen belasten. Sie können forschen, entdecken, recherchieren, denken, diskutieren – ohne ein schwieriges Programm lernen zu müssen. Ich zeige Ihnen einige einfache Werkzeuge, die Sie mühelos einsetzen können, um effektiv, kreativ und erfolgreich arbeiten und studieren zu können.

Sobald Sie das Programm *TextEdit* öffnen, wird eine neue Datei angelegt. Sollte das nicht der Fall sein, können Sie eine Datei über *Ablage* | *Neu* anlegen. Nun können Sie einfach losschreiben. Natürlich gibt es auch die Möglichkeit, den Text zu formatieren. Markieren Sie z. B. in *TextEdit* Ihren Namen und den Titel und wählen Sie *Stile | fett*. Mit der Tastenkombination ⌘ - + (also *cmd* und das Plus-Zeichen) können Sie die Schrift beliebig vergrößern. Für den Text wählen Sie am besten *Abstand | doppelt*, damit Sie später auch handschriftlich etwas ergänzen können, sofern Sie dies möchten. Diese erste Seite Ihrer künftigen Examensarbeit sollten Sie sich ausdrucken, damit auch Ihr realer Ordner schon ein Blatt enthält.

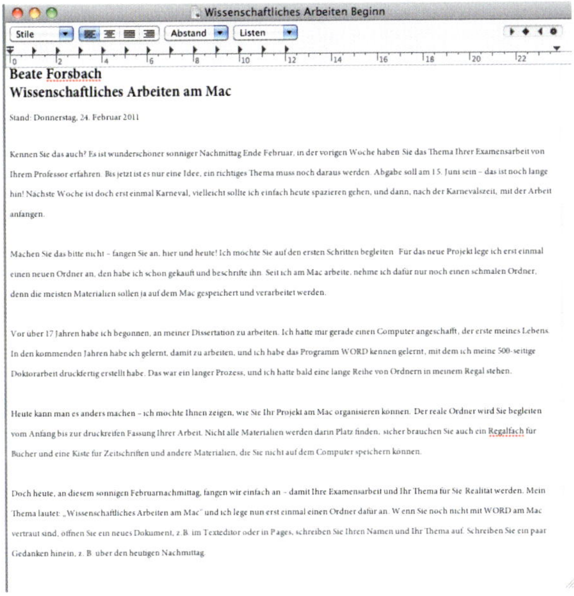
Wissenschaftliches Arbeiten Beginn

Beate Forsbach
Wissenschaftliches Arbeiten am Mac

Stand: Donnerstag, 24. Februar 2011

Kennen Sie das auch? Es ist wunderschöner sonniger Nachmittag Ende Februar, in der vorigen Woche haben Sie das Thema Ihrer Examensarbeit von Ihrem Professor erfahren. Bis jetzt ist es nur eine Idee, ein richtiges Thema muss noch daraus werden. Abgabe soll am 15. Juni sein – das ist noch lange hin! Nächste Woche ist doch erst einmal Karneval, vielleicht sollte ich einfach heute spazieren gehen, und dann, nach der Karnevalszeit, mit der Arbeit anfangen.

Machen Sie das bitte nicht – fangen Sie an, hier und heute! Ich möchte Sie auf den ersten Schritten begleiten. Für das neue Projekt lege ich erst einmal einen neuen Ordner an, den habe ich schon gekauft und beschrifte ihn. Seit ich am Mac arbeite, nehme ich dafür nur noch einen schmalen Ordner, denn die meisten Materialien sollen ja auf dem Mac gespeichert und verarbeitet werden.

Vor über 17 Jahren habe ich begonnen, an meiner Dissertation zu arbeiten. Ich hatte mir gerade einen Computer angeschafft, der erste meines Lebens. In den kommenden Jahren habe ich gelernt, damit zu arbeiten, und ich habe das Programm WORD kennen gelernt, mit dem ich meine 500-seitige Doktorarbeit druckfertig erstellt habe. Das war ein langer Prozess, und ich hatte bald eine lange Reihe von Ordnern in meinem Regal stehen.

Heute kann man es anders machen – ich möchte Ihnen zeigen, wie Sie Ihr Projekt am Mac organisieren können. Der reale Ordner wird Sie begleiten vom Anfang bis zur druckreifen Fassung Ihrer Arbeit. Nicht alle Materialien werden darin Platz finden, sicher brauchen Sie auch ein Regalfach für Bücher und eine Kiste für Zeitschriften und andere Materialien, die Sie nicht auf dem Computer speichern können.

Doch heute, an diesem sonnigen Februarnachmittag, fangen wir einfach an – damit Ihre Examensarbeit und Ihr Thema für Sie Realität werden. Mein Thema lautet: „Wissenschaftliches Arbeiten am Mac" und ich lege nun erst einmal einen Ordner dafür an. Wenn Sie noch nicht mit WORD am Mac vertraut sind, öffnen Sie ein neues Dokument, z.B. im Texteditor oder in Pages, schreiben Sie Ihren Namen und Ihr Thema auf. Schreiben Sie ein paar Gedanken hinein, z. B. über den heutigen Nachmittag.

Öffnen Sie das Programm »TextEdit« und schon wird eine neue Datei angelegt, in die Sie Ihren ersten Text hineinschreiben können.

Wenn Sie die ersten Dokumente mit *Pages* erstellen möchten, geht es im Prinzip genauso: Öffnen Sie ein neues leeres Dokument, schreiben Ihren Namen und Ihr (vorläufiges) Thema hinein, das Sie markieren und – wenn Sie möchten – als *Überschrift 1* formatieren (mit einem Klick auf das Menü *Absatzstil auswählen).* Das Datum tragen Sie über *Einfügen | Datum & Uhrzeit* ein. Mit Klick auf die rechte Maustaste können Sie das jederzeit aktualisieren. Geben Sie Ihren Text einfach mit der eingestellten Standardschrift ein. Nach Wunsch trennen Sie die Absätze durch einen Klick auf die Zeilenschalter-Taste (↩). Nun speichern Sie Ihr Dokument, wie bereits beschrieben – am Mac funktionieren gleiche Vorgänge in den verschiedenen Programmen stets auf die gleiche Weise. Klicken Sie auf *Ablage | Sichern unter,* wählen Ihren neuen Projektordner durch Doppelklick und speichern Ihre Datei unter dem gewünschten Namen mit einem Klick auf *Sichern* darin ab.

Gleicher Vorgang, anderes Programm: Öffnen Sie das Programm »Pages«, wählen Sie in der Vorlagenauswahl »Leer« und schon wird eine neue leere Datei angelegt. Auch hier können Sie gleich mit dem Schreiben loslegen.

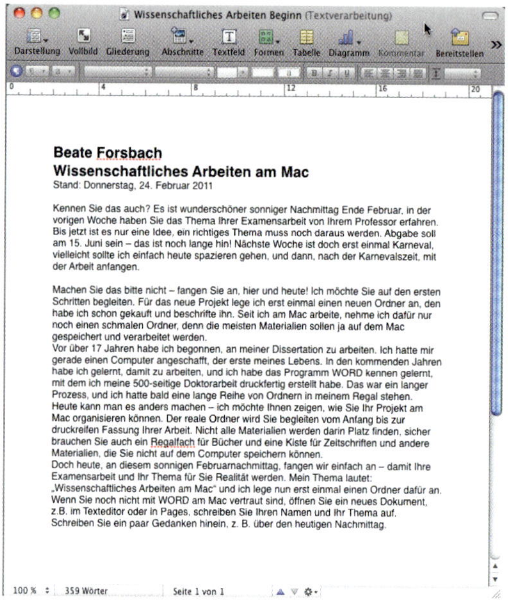

Egal, ob über »TextEdit« oder »Pages«: Speichern Sie die beiden Dateien in dem Unterordner »Texte« in Ihrem Arbeitsordner.

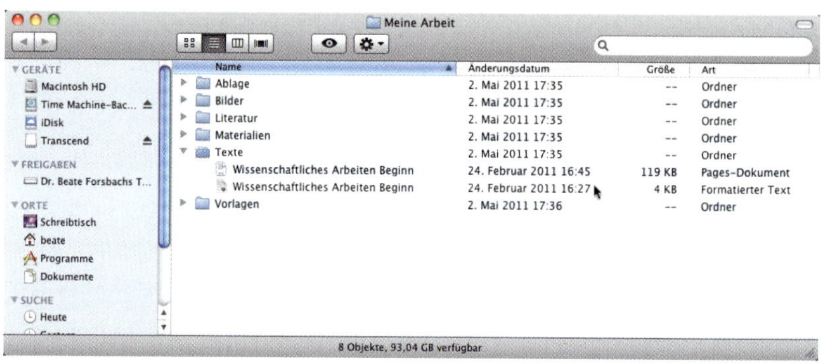

Projektmanagement

Zeitmanagement

»Zeitmanagement bedeutet, die eigene Arbeit und Zeit souverän zu meistern, anstatt von ihr beherrscht zu werden.« Dieser Ausspruch von Deutschlands führendem Experten zum Zeit- und Selbstmanagement Professor Dr. Lothar Seiwert beschreibt mit einfachen Worten eine einfache Sache, die doch unendlich schwierig zu sein scheint. Zeitmanagement ist wichtig in allen Berufen, in denen man selbstständig arbeiten

muss. Ganz besonders also auch im Studium, denn dort hat man ja große Freiheiten in der Zeiteinteilung und muss trotzdem seine eigene Arbeit in bestimmten Zeitabschnitten erledigen. Das wissenschaftliche Arbeiten verführt dazu, sehr großzügig mit der Zeit umzugehen. Insbesondere das Schreiben von wissenschaftlichen Arbeiten über einen längeren Zeitraum erfordert es, seine Zeit gut zu planen und einzuteilen. Man muss mit seinen Kräften sorgsam umgehen und eine gute Balance finden zwischen den verschiedenen Bereichen des Lebens.

Manch einer hat schon versucht, sich während der Vorbereitung für eine Prüfung zwei Wochen lang zurückzuziehen, um zu lernen. Fernsehen, Treffen mit Freunden und Telefonate, Sport, Schlaf, ja sogar die Essenszeiten werden strikt eingeschränkt, damit möglichst viel Zeit zum Lernen bleibt. Vielleicht hat manch einer mit dieser Strategie Erfolg, aber in der Regel ist sie zum Scheitern verurteilt. Vor allem, wenn die Zeit, in der man sich vom »normalen« Leben abkapselt, einige Wochen oder gar Monate dauert. Niemand kann auf Dauer auf Freizeit, Unterhaltung, Kommunikation mit Freunden, Bewegung oder Schlaf verzichten. Die Zubereitung einer Mahlzeit aus frischen Zutaten dauert zwar länger als das Erwärmen einer Tiefkühlpizza, aber der höhere Nährwert und die Freude beim Kochen und Essen geben Kraft und Motivation, um danach wieder konzentriert zu arbeiten.

Wer eine längere Arbeit schreiben will, kann nicht einfach ein paar Monate oder Jahre lang auf Urlaub und Freizeit verzichten. Freunde, Familie und Lebenspartner brauchen Zeit und Zuwendung. Und wenn man dann mal ein paar Tage wegfährt, sollten die für Erholung und Bewegung in der Natur genutzt werden. Oft nimmt man viele Arbeitsmaterialien mit in den Urlaub, um dann schließlich doch nur ein oder zwei Texte durchzuarbeiten. Was bleibt, ist ein schlechtes Gewissen, doch nichts geschafft zu haben. Viel besser ist es aber, ein paar Tage zu verleben, ohne an die Arbeit zu denken. Für mich persönlich sind Strandspaziergänge immer eine Quelle für Ideen und Inspirationen. Am Meer zu sein und weit hinauszusehen, die Möwen zu beobachten, die Farben der Wolken oder das Spiel der Wellen zu genießen, das gibt mir immer wieder Kraft, um kreativ und effektiv arbeiten zu können.

Beim Schreiben einer wissenschaftlichen Arbeit ist man leider häufig mit sich ganz alleine, weil man mit niemandem im näheren Umkreis darüber sprechen kann. Es gibt kaum äußere Notwendigkeiten, eine Teilaufgabe gerade jetzt zu erledigen. Daher ist auch

ein gutes Selbstmanagement notwendig, um die lange Arbeitszeit durchhalten zu können. Umso wichtiger sind Lebenspartner und gute Freunde, die einen bei der Arbeit unterstützen und schon mal alltägliche Aufgaben übernehmen, um Sie zu entlasten.

Eine ganz wichtige Grundregel des Zeitmanagements für das wissenschaftliche Arbeiten lautet: Legen Sie den Zeitraum fest, in dem die Arbeit fertiggestellt werden soll, und teilen Sie die Zeit ein. Planen Sie nach Jahren, Monaten, Wochen und für jeden einzelnen Tag. Auch im Studium gilt: »Zeit ist Geld« – aber sie ist viel mehr als das, denn Zeit kann man nicht kaufen oder durch noch so geschickte Strategien vermehren. Die Zeit vergeht und kann nicht zurückgedreht werden. Der Student, der an seiner Doktorarbeit schreibt, während sein kleiner Sohn das Laufen lernt oder seine Mutter an einer schweren Krankheit leidet, der den schönsten Sommer seit Jahren verpasst und sogar Weihnachten und Ostern am Computer sitzt – der hat einen Teil seines Lebens versäumt, den er später nie mehr wiederholen kann. Denken Sie daher daran: »Zeit ist Leben!« Je besser Sie Ihre Arbeit planen, desto mehr Zeit gewinnen Sie für Freunde, Familie, Freizeit, Fitness und Ruhe.

Mit diesem Buch möchten wir Ihnen nicht nur zeigen, wie Sie Ihre Arbeit am Computer erstellen können, sondern Ihnen auch ein paar Tipps geben, wie der Mac Ihnen helfen kann, das Leben mit der Arbeit zu genießen. Die Zeit des Studiums, die Zeit des wissenschaftlichen Arbeitens, die Zeit des Promovierens, die Zeit des Schreibens an einem Buch – all das ist wertvolle Lebenszeit. Versuchen Sie daher, die verschiedenen Lebensbereiche (nach Seiwert 2006, S. 200f.) auszubalancieren:

- Studium, Beruf und Leistung (Erfolg, Karriere, Geld, Wohlstand)
- Gesundheit (Ernährung, Erholung, Entspannung, Fitness)
- Familie und soziale Kontakte (Partner, Kinder, Freunde, Liebe, Zuwendung, Anerkennung)
- Sinn und Werte (Selbstverwirklichung, Erfüllung, Religion, Philosophie, Zukunftsfragen)

Wenn Sie Ihr iPhone oder iPad für das Zeitmanagement verwenden möchten, empfehle ich das eBook *Zeitmanagement mit iPhone* von Lothar Seiwert, Holger Wöltje und Wolfgang Maison, das in der neuesten Version für iPad, iPhone und iPod touch optimiert wurde. Hier bekommen Sie Tipps für zeitsparendes Arbeiten, für Ihre Zeitplanung, für Ihr Aufgaben- und Prioritätenmanagement sowie für ein zeitsparendes E-Mail- & Web-Management mit dem iPhone.

Außerdem möchte ich Ihnen das gerade erst erschienene Buch von Dirk Kunde *iPhone und iPad im Berufsalltag* empfehlen. Hier finden Sie eine Menge praktischer Tipps, wie Sie das tägliche Business unterwegs und zu Hause am Schreibtisch mit entsprechenden Apps effizient managen.

Zeitplanung

Ganz egal, ob Sie eine kürzere Hausarbeit oder aber eine Doktorarbeit über mehrere Jahre schreiben wollen, es ist unbedingt notwendig, die Zeit dafür zu begrenzen. Viele Doktorarbeiten sind nie fertig geworden, weil es keinen Abgabetermin gab. Für die zeitliche Planung Ihrer wissenschaftlichen Arbeit gibt es zwei Möglichkeiten: Planung von einem vorgegebenen Termin aus oder Planung nach Bedarf. Wenn Sie keinen festen Abgabetermin haben, sollten Sie einen Plan aufstellen, indem Sie die Zeiten für die einzelnen Arbeitsschritte addieren und so zu Ihrem selbst bestimmten Abgabetermin kommen. Wenn Ihnen aber von vornherein nur ein begrenzter Zeitraum zur Verfügung steht, teilen Sie einfach die vorhandene Zeit in sinnvolle Abschnitte ein, so dass Sie für jeden Arbeitsschritt genügend Zeit haben.

Eine grobe Zeitplanung könnte wie folgt aussehen:

- *Vorbereitung und Planung*: Von der Idee zum Exposé – 2 Wochen
- *Materialsammlung:* Von der Recherche zur Rohfassung – 4 Wochen
- *Ausarbeitung:* Vom Rohtext bis zum Manuskript – 2 Wochen
- *Abschluss:* Von der Endfassung bis zur Publikation – 2 Wochen

Falls Sie drei Jahre für Ihre Doktorarbeit planen, können Sie dieses Schema auch anwenden, allerdings sollten Sie Zeiten für Familienereignisse, Urlaub, Krankheit und »Sonstiges« berücksichtigen. Ihre Zeitplanung könnte dann so aussehen – mit einer »Pufferzeit« von einem Monat:

- *Vorbereitung und Planung:* Von der Idee zum Exposé – 7 Monate
- *Materialsammlung:* Von der Recherche zur Rohfassung – 14 Monate
- *Ausarbeitung:* Vom Rohtext bis zum Manuskript – 7 Monate
- *Abschluss:* Von der Endfassung bis zur Publikation – 7 Monate

Insbesondere bei längeren Arbeiten sollten Sie die Arbeitsphasen in einzelne Schritte unterteilen. Wir haben die Schritte in die einfache Vorlage *Checkliste* in *Numbers* eingetragen. Dieses nützliche Programm können Sie genau wie *Pages* und *Keynote* im *App Store* erwerben.

Erstellen Sie Ihren detaillierten Arbeitsplan in *Numbers*, indem Sie *Ablage | Neu aus Vorlage* anklicken, und in der sich öffnenden Vorlagenauswahl die Vorlage *Checkliste* per Doppelklick auswählen. Klicken Sie den Namen an und benennen Sie die *Checkliste* um, z. B. in *Arbeitsplanung*.

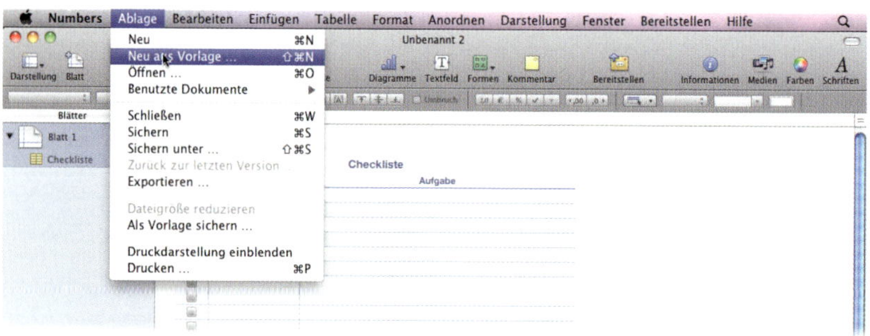

Mit einem Klick auf »Ablage | Neu aus Vorlage« können Sie eine Checkliste erstellen.

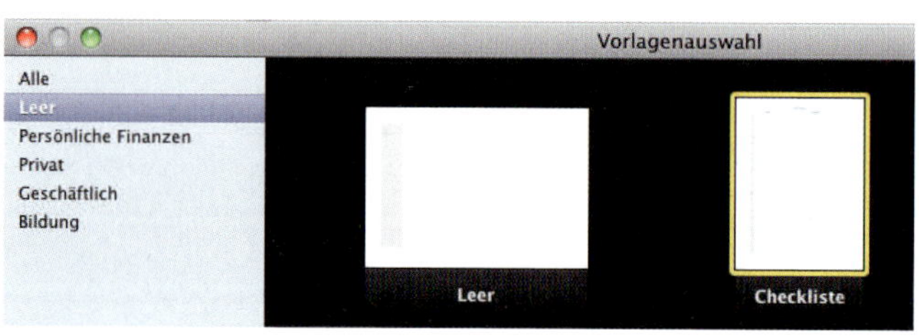

Wählen Sie in der Auswahl »Leer« die Vorlage »Checkliste«.

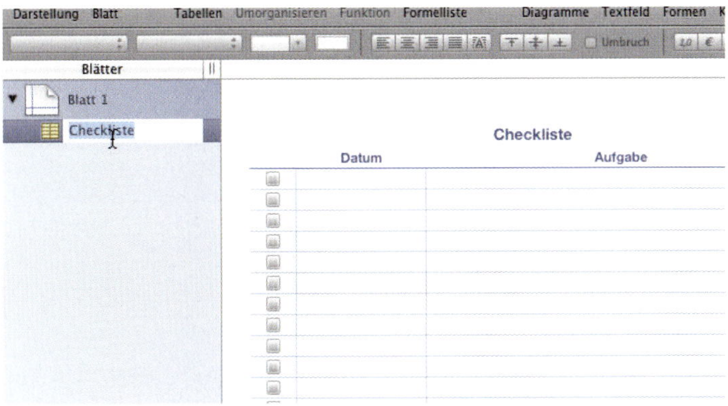

Klicken Sie die Bezeichnung »Checkliste« an, um einen anderen Namen – z. B. »Arbeitsplanung« – zu wählen.

In der Spalte *Aufgaben* tragen Sie alle erforderlichen Schritte für Ihre Arbeit ein. Fügen Sie in einer weiteren Spalte die vorgesehenen Zeiten ein. Markieren Sie dazu die Spalte C *Aufgaben* mit der rechten Maustaste und klicken Sie auf *Spalte rechts hinzufügen*. Passen Sie die Spaltenbreite mit der Maus an und benennen Sie die neue Spalte.

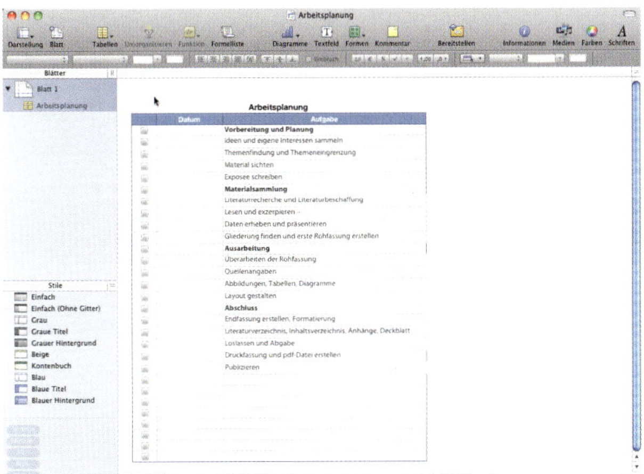

Tragen Sie alle erforderlichen Schritte für Ihre Arbeit in die Spalte »Aufgaben« ein.

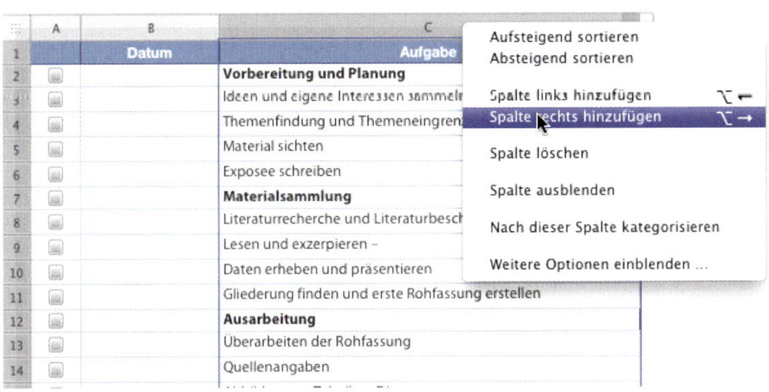

Markieren Sie die Spalte C, drücken Sie die rechte Maustaste und wählen Sie »Spalte rechts hinzufugen«.

Benennen Sie die neue Spalte mit »Zeitraum« und passen Sie die Spaltenbreite mit der Maus an.

Nun teilen Sie die vorgesehene Arbeitszeit (im Beispiel 20 Wochen) durch zehn und ordnen jeder Arbeitsphase die zur Verfügung stehende Zeit im Verhältnis 2 : 4 : 2 : 2 zu. Danach können Sie die Zeiten für die einzelnen Arbeitsschritte eintragen.

Tragen Sie für jede Arbeitsphase die vorgesehene Zeit im Verhältnis 2 : 4 : 2 : 2 ein. Ordnen Sie dann den einzelnen Arbeitsschritten entsprechende Zeiten zu.

Arbeitsplanung

Datum	Aufgabe	Zeitraum
	Vorbereitung und Planung	**4 Wochen**
	Ideen und eigene Interessen sammeln	1 Woche
	Themenfindung und Themeneingrenzung	3 Tage
	Material sichten	12 Tage
	Exposee schreiben	6 Tage
	Materialsammlung	**8 Wochen**
	Literaturrecherche und Literaturbeschaffung	2 Wochen
	Lesen und exzerpieren	2 Wochen
	Daten erheben und präsentieren	1 Woche
	Gliederung finden und erste Rohfassung erstellen	3 Wochen
	Ausarbeitung	**4 Wochen**
	Überarbeiten der Rohfassung	10 Tage
	Quellenangaben	3 Tage
	Abbildungen, Tabellen, Diagramme	8 Tage
	Layout gestalten	1 Woche
	Abschluss	**4 Wochen**
	Endfassung erstellen, Formatierung	2 Wochen
	Literaturverzeichnis, Inhaltsverzeichnis, Anhänge, Deckblatt	6 Tage
	Loslassen und Abgabe	1 Tag
	Druckfassung und pdf-Datei erstellen	5 Tage
	Publizieren	2 Tage

Markieren Sie nun die Zeile *Loslassen und Abgabe*, wählen im Farbfeld *Füllung* eine passende Farbe, um diese wichtige Zeile zu färben. In die Spalte *Datum* schreiben Sie den geplanten Abgabetermin für Ihre Arbeit.

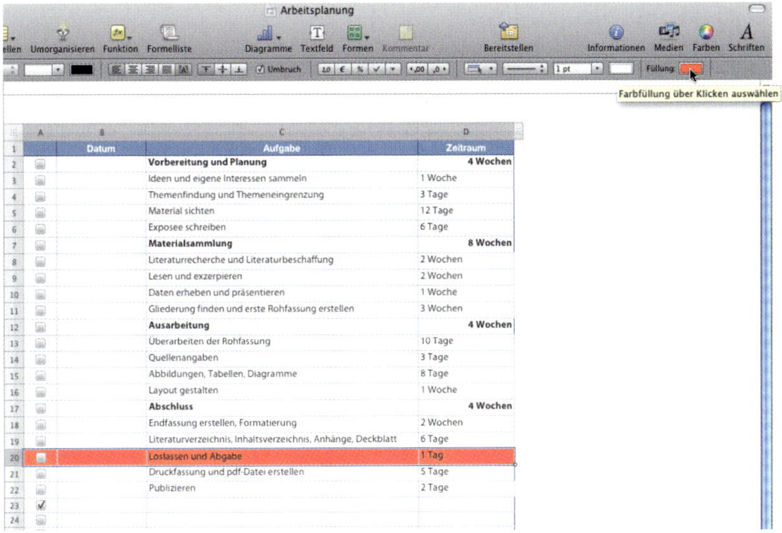

Datum	Aufgabe	Zeitraum
	Vorbereitung und Planung	**4 Wochen**
	Ideen und eigene Interessen sammeln	1 Woche
	Themenfindung und Themeneingrenzung	3 Tage
	Material sichten	12 Tage
	Exposee schreiben	6 Tage
	Materialsammlung	**8 Wochen**
	Literaturrecherche und Literaturbeschaffung	2 Wochen
	Lesen und exzerpieren	2 Wochen
	Daten erheben und präsentieren	1 Woche
	Gliederung finden und erste Rohfassung erstellen	3 Wochen
	Ausarbeitung	**4 Wochen**
	Überarbeiten der Rohfassung	10 Tage
	Quellenangaben	3 Tage
	Abbildungen, Tabellen, Diagramme	8 Tage
	Layout gestalten	1 Woche
	Abschluss	**4 Wochen**
	Endfassung erstellen, Formatierung	2 Wochen
	Literaturverzeichnis, Inhaltsverzeichnis, Anhänge, Deckblatt	6 Tage
	Loslassen und Abgabe	1 Tag
	Druckfassung und pdf-Datei erstellen	5 Tage
	Publizieren	2 Tage

Markieren Sie die Zeile »Loslassen und Abgabe« und markieren sie mit einer Farbe aus dem Farbfeld »Füllung«.

Tragen Sie nun mit Hilfe eines Kalenders die anderen Daten in diese Checkliste ein. Hierzu können Sie das Programm *iCal* benutzen, das sich auf Ihrem Mac befindet. Sie können die einzelnen Aufgaben abhaken, sobald sie erledigt sind. Und Sie können die Daten für die einzelnen Aufgaben als Planung oder bei Erledigung eintragen. Finden Sie bitte selber die Möglichkeit, die Ihnen am liebsten ist. Es gibt noch viele weitere Möglichkeiten, die Arbeitszeit zu organisieren.

Arbeitsplanung

	Datum	Aufgabe	Zeitraum
✓	2. Februar 2011	**Vorbereitung und Planung**	**4 Wochen**
✓	9. Februar 2011	Ideen und eigene Interessen sammeln	1 Woche
✓	12. Februar 2011	Themenfindung und Themeneingrenzung	3 Tage
✓	24. Februar 2011	Material sichten	12 Tage
✓	28. Februar 2011	Exposee schreiben	6 Tage
	2. März 2011	**Materialsammlung**	**8 Wochen**
		Literaturrecherche und Literaturbeschaffung	2 Wochen
		Lesen und exzerpieren	2 Wochen
		Daten erheben und präsentieren	1 Woche
		Gliederung finden und erste Rohfassung erstellen	3 Wochen
	27. April 2011	**Ausarbeitung**	**4 Wochen**
		Überarbeiten der Rohfassung	10 Tage
		Quellenangaben	3 Tage
		Abbildungen, Tabellen, Diagramme	8 Tage
		Layout gestalten	1 Woche
	25. Mai 2011	**Abschluss**	**4 Wochen**
		Endfassung erstellen, Formatierung	2 Wochen
		Literaturverzeichnis, Inhaltsverzeichnis, Anhänge, Deckblatt	6 Tage
	15. Juni 2011	**Loslassen und Abgabe**	1 Tag
		Druckfassung und pdf-Datei erstellen	5 Tage
		Publizieren	2 Tage

Tragen Sie nun die konkreten Daten in den Zeitplan ein.

Zeitorganisation mit iCal

Legen Sie sich in *iCal* einen Kalender nur für Ihre Arbeit an und tragen Sie den Abgabetermin ein. Sie können sich beliebig oft per E-Mail an diesen Termin erinnern lassen!

Legen Sie einen eigenen Kalender für Ihre Arbeit an und tragen als Erstes den Abgabetermin ein.

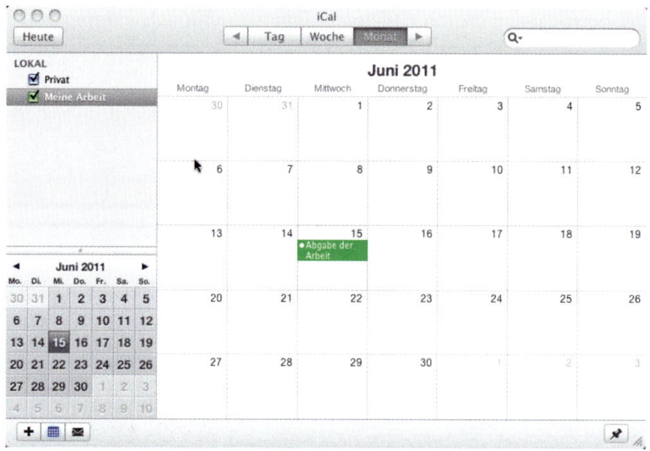

Klicken Sie mit der rechten Maustaste und legen Sie ein neues Ereignis an.

Benennen Sie das Ereignis und tragen eine Erinnerung, z. B. per E-Mail, ein.

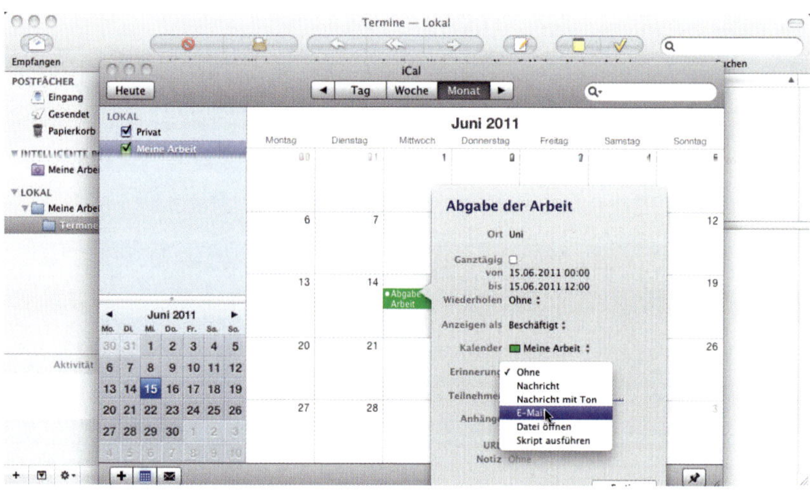

Sie können beliebig viele Erinnerungen in festgelegten Abständen eintragen.

Tragen Sie nun den Beginn der einzelnen Arbeitsphasen in Ihren Kalender ein und richten Sie entsprechende Erinnerungen ein.

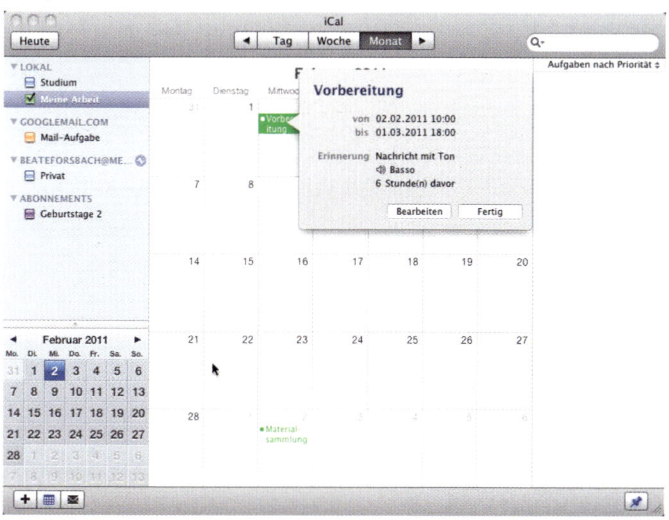

Tragen Sie Beginn und Ende der Arbeitsphasen in Ihren Kalender ein.

Richten Sie entsprechende Erinnerungen, z. B. per E-Mail, ein.

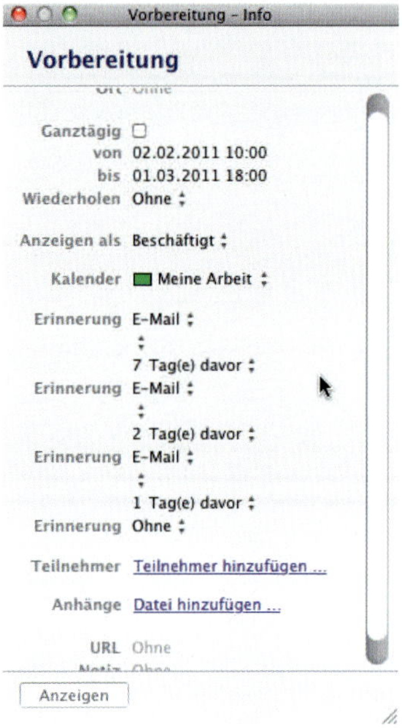

Sie können auch die gesamten Arbeitsphasen im Kalender markieren, indem Sie vor dem Datum das Kästchen *Ganztägig* anklicken.

Klicken Sie das Kästchen »Ganztägig« an und Ihre Arbeitsphase wird als Block im Kalender angezeigt.

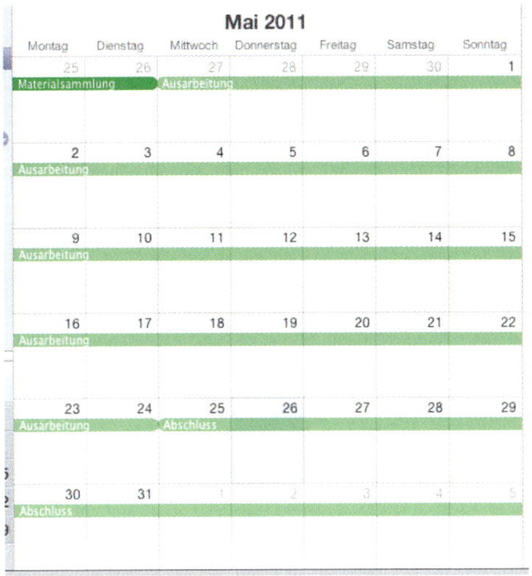

Nun sind alle Arbeitsphasen in einer Farbe eingezeichnet – eben weil Ihr Kalender diese Farbe trägt.

Fall es Ihnen nicht zusagt, dass jetzt die gesamte Arbeitszeit in derselben Farbe markiert ist, können Sie Kalender in verschiedenen Farben für die einzelnen Arbeitsphasen anlegen. Benennen Sie zunächst den Kalender *Meine Arbeit* in den Kalender *Vorbereitung* um.

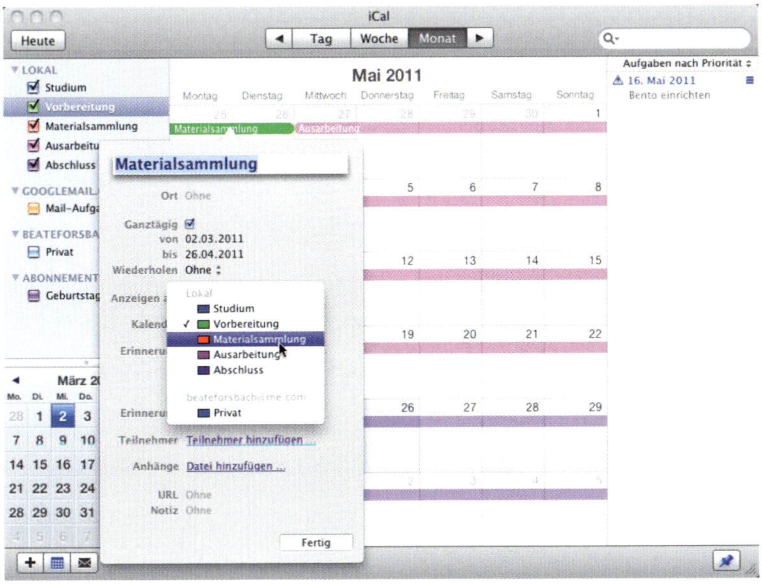

Wählen Sie verschiedene Kalender und verschiedene Farben für jede Arbeitsphase.

Nun erscheint jede Arbeitsphase in einer anderen Farbe.

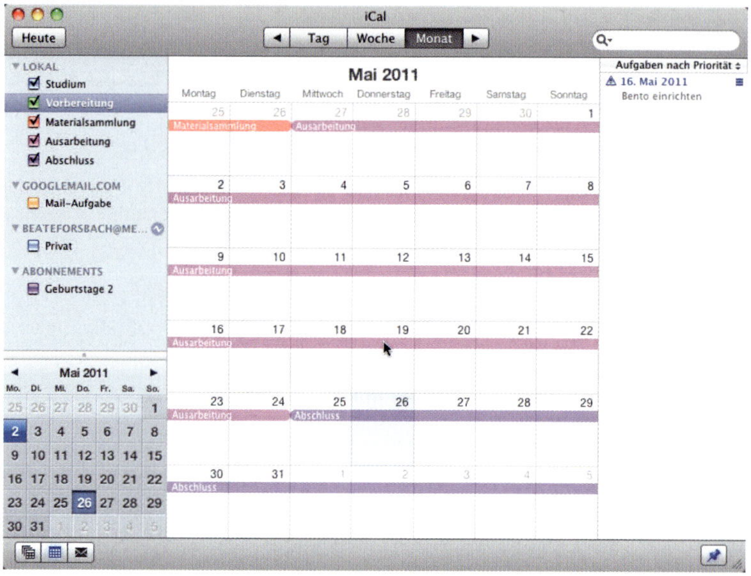

Um weitere Kalender zu erstellen, klicken Sie auf *Ablage | Neuer Kalender* und »taufen« den Kalender, indem Sie *Ohne Titel* mit der Maus markieren und mit dem gewünschten Namen überschreiben. Klicken Sie mit der rechten Maustaste auf den Kalender und wählen *Informationen*. Im aufspringenden Feld können Sie die Farbe wählen, zusätzliche Informationen eintragen und den Namen des Kalenders bearbeiten.

Klicken Sie mit der Maustaste auf den Kalender und wählen Sie »Informationen«.

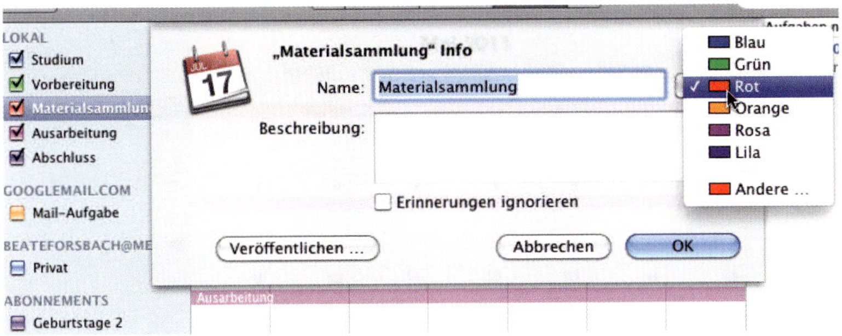

Im Info-Fenster können Sie den Namen des Kalenders festlegen oder ändern und die Farbe bestimmen.

Die einzelnen Kalender können Sie in einer Kalendergruppe zusammenfassen. Klicken Sie dazu auf *Ablage* | *Neue Kalendergruppe* und nennen Sie sie *Meine Arbeit*. Schieben Sie die einzelnen Kalender einfach mit der Maus in diese Kalendergruppe, und schon ist Ihr Arbeitskalender angelegt.

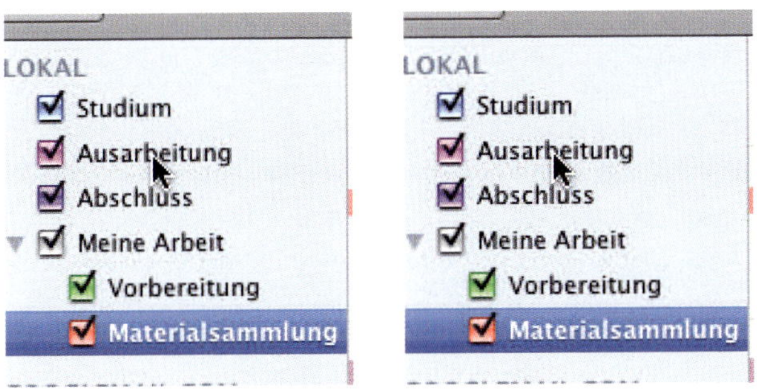

Bilden Sie eine neue Kalendergruppe »Meine Arbeit« und schieben Sie die einzelnen Kalender mit der Maus in diese Gruppe, und schon ist Ihr Arbeitskalender komplett.

Wenn Sie auf das kleine Dreieck neben dem Namen der Kalendergruppe klicken, erscheint Ihr Arbeitskalender in der Liste der übrigen Kalender.

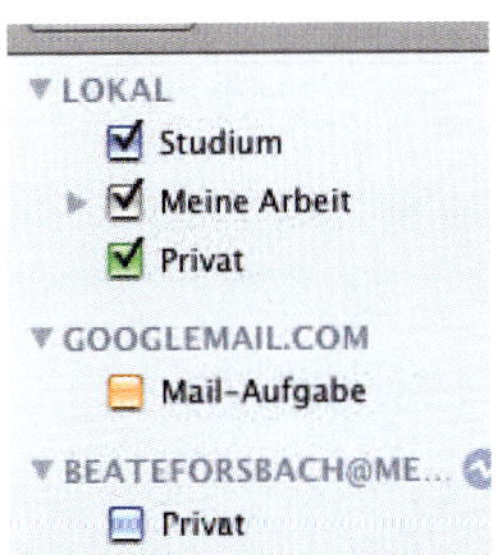

Mit einem Klick auf das kleine Dreieck neben dem Namen der Kalendergruppe können Sie die Unter-Kalender ein- und ausblenden.

Falls Sie neben Ihrem Mac auch ein iPhone oder iPad benutzen und über *MobileMe* bzw. *iCloud* synchronisieren, sollten Sie Ihren Kalender auf *MobileMe* veröffentlichen. Klicken Sie dazu auf *Kalender* | *Veröffentlichen*. Es erscheint dann eine Meldung, dass Ihr Kalender veröffentlicht wurde und unter der angegebenen URL abonniert werden kann.

Mit einem Klick auf »Kalender | Veröffentlichen« können Sie Ihren Arbeitskalender auf »Mobile Me« bzw. »iCloud« veröffentlichen und über Ihr iPhone oder iPad jederzeit einsehen oder bearbeiten.

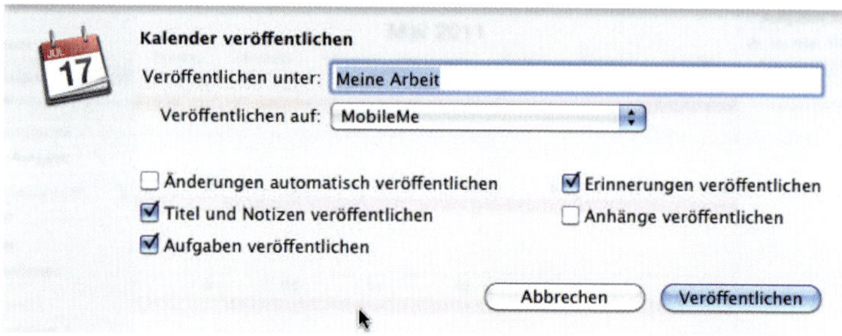

Es erscheint eine Meldung mit Angabe der URL, unter der Sie den Kalender abonnieren oder im Browser öffnen können.

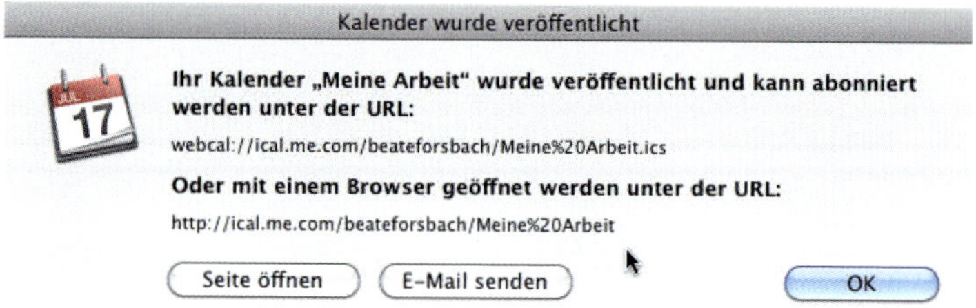

Tragen Sie nun die einzelnen Aufgaben Ihres Arbeitsplans in den Kalender ein. Markieren Sie den gewünschten Kalender und klicken Sie *Ablage | Neue Aufgabe* an. Rechts neben dem Kalender erscheint eine Aufgabenliste, in die Sie Ihre Aufgaben eintragen können. Mit einem Klick auf die rechte Maustaste können Sie die Priorität der Aufgabe festlegen, Informationen wie z. B. den Termin hinzufügen. Außerdem können Sie die Zuordnung zum Kalender wechseln und sich die Aufgabe per E-Mail schicken lassen. Listen Sie alle Aufgaben auf, fügen das Fälligkeitsdatum hinzu und klicken das Kästchen *Erledigt* an, sobald Sie die Aufgabe abgeschlossen haben.

Mit einem Klick auf »Ablage | Neue Aufgabe« können Sie eine Aufgabe zu Ihrem Kalender definieren.

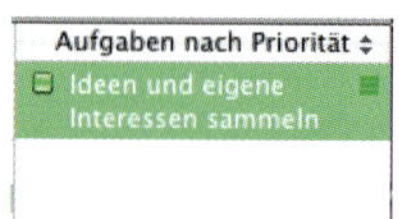

Klicken Sie auf die rechte Maustaste und ordnen Sie der Aufgabe eine Priorität zu.

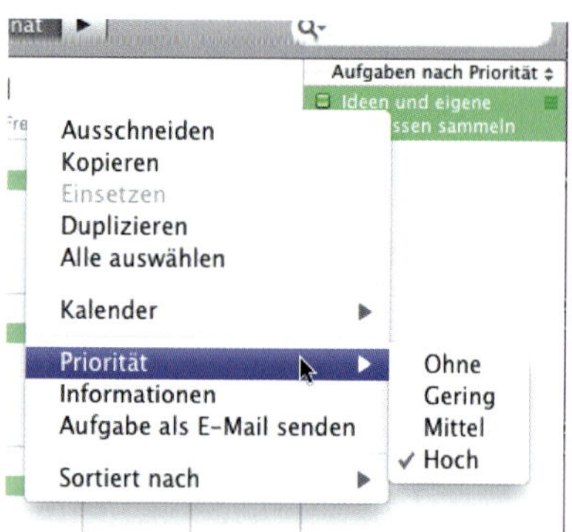

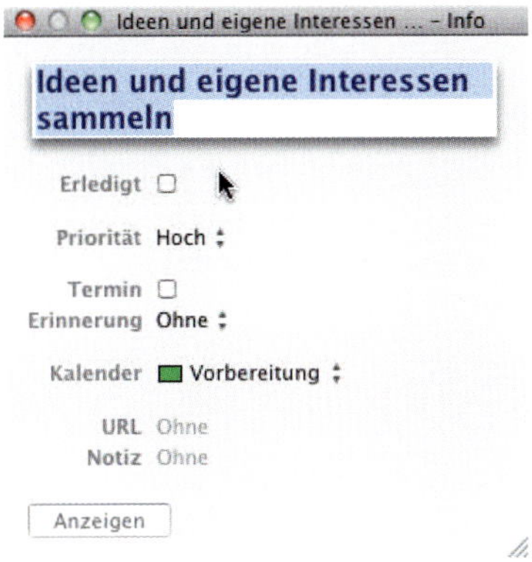

Wählen Sie »Informationen« nach einem Klick auf die rechte Maustaste und schreiben Sie alle erforderlichen Angaben in das Feld.

Die Aufgaben erscheinen nach Priorität geordnet in der Aufgabenliste rechts, die Sie im Menü »Darstellung« auch ausblenden können. Erledigte Aufgaben haken Sie einfach ab.

Nun machen wir mal eine Pause!

Als ich meine Doktorarbeit schrieb, hatte ich Glück: Meine allerbeste Freundin wohnte im selben Haus und rief mich immer per Telefon zum Essen. Es klingelte drei Mal, und dann hatte ich nur ein paar Minuten Zeit, um zum Essen zu erscheinen. Das war manchmal störend, wenn ich gerade im *Flow* ganz in eine Sache vertieft war und sie »noch schnell« fertig stellen wollte. Aber es bewahrte mich davor, zu verhungern und zu verdursten.

Der von dem Psychologen Mihaly Csikszentmihalyi beschriebene Zustand des *Flow* ist ein Gefühl der Vertiefung und des völligen Aufgehens in einer Tätigkeit. Wer im *Flow* ist, konzentriert sich ganz stark auf seine Tätigkeit und merkt nicht, wie die Zeit vergeht, oder dass er Hunger hat. Es entstehen weder Langeweile noch Überforderung, die Arbeit geht wie von selbst von der Hand. Der *Flow* ist also eine Art Idealzustand für das wissenschaftliche Arbeiten.

Vielleicht haben Sie es schon einmal erlebt, dass Sie einen ganzen Nachmittag oder eine Nacht durchgearbeitet haben, dabei gar nicht bemerkt haben, wie viele Stunden vergangen sind. Und dabei fühlen Sie sich noch glücklich, haben keine Sorgen und denken an nichts anderes als an die Sache, mit der Sie sich beschäftigen.

Sie können froh sein, wenn Sie so wie ich eine Freundin oder einen Partner haben, der im rechten Moment für Pausen sorgt, in denen man sich stärken und ein wenig abschalten kann. Denn Pausen sind für das kreative Arbeiten sehr wichtig. Spätestens alle zwei Stunden sollten Sie Ihre Arbeit für wenigstens 30 Minuten unterbrechen, damit Sie nicht ermüden. Beim Schreiben dieses Buches hatte ich einen jungen Hund, der spätestens alle zwei Stunden mal hinaus wollte. Mein Mann meldete sich gar nicht, wenn er Hunger hatte. Also habe ich mir den Wecker gestellt. Auf meinem iPhone ist ein Wecker, den ich entsprechend einstellen kann. Aber was wäre der Mac, wenn es dafür nicht auch einen Wecker gäbe? Im *App Store* habe ich ein kostenloses Programm gefunden, das ideal für diesen Zweck ist: *Timer Clock* ist gleichzeitig ein Timer und eine Uhr.

»Timer Clock« ist gleichzeitig Wecker und Uhr.

Sie können sich nach zwei Stunden Arbeit an eine Pause oder um eine bestimmte Uhrzeit ans Kochen erinnern lassen. Sie können auch Ihren Computer in den Ruhezustand versetzen, neu starten oder ganz ausschalten. Das ist nicht nur beim Arbeiten praktisch, sondern auch, wenn Sie mal einen Film anschauen oder die Pizza im Backofen ist.

Mit einem Klick auf die +-Taste können Sie weitere Erinnerungen einrichten. Mit Klick auf *Pausieren* können Sie den Timer zwischendurch stoppen und mit einem neuerlichen Klick auf *Fortsetzen* wieder in Gang setzen.

Lassen Sie sich nach zwei Stunden Arbeitszeit an die Pause erinnern!

Stellen Sie den Timer so ein, dass Sie um 21 Uhr mit dem Kochen des Abendessens beginnen können.

Die Uhrzeit wird so groß angezeigt, dass Sie sie auch aus einiger Entfernung erkennen können.

Das aktuelle Betriebssystem *Lion* macht es Ihnen zudem sehr leicht, die Arbeit bedenkenlos zu unterbrechen: Die Funktion *Resume* sorgt dafür, dass Programme – nach dem Beenden für eine Pause – genau wieder an der Stelle öffnen, an der Sie diese beendet haben. So muss man nicht wieder ganz von vorne anfangen.

Zeitprobleme

Die beste Zeitplanung nutzt nichts, wenn Sie zu wenig Zeit zum Arbeiten zur Verfügung haben. Nun hat jeder Tag 24 Stunden, aber wenn Sie zu viele Aktivitäten erledigen (müssen), bleibt zu wenig Zeit für die einzelne Tätigkeit. Mancher Student hat schon versucht, beim Schreiben der Abschlussarbeit einfach mal ganze Tage oder Nächte durchzuarbeiten und alles andere wegzulassen. Auch den Schlaf und das Essen – das rächt sich am ehesten, denn Sie können irgendwann nicht mehr klar denken. Aber auch Bewegung, Einkaufen, Wäsche waschen, Wohnung putzen, Post erledigen und vor allem die Kommunikation mit Ihrem Partner und Ihren Freunden sollten Sie auf Dauer nicht ausklammern.

Erstellen Sie deswegen einen realistischen Stundenplan für die gesamte Arbeitszeit. Und da Sie nicht nur einziger Teilnehmer Ihres wissenschaftlichen Arbeitsprojekts sind, sondern auch der Leiter, sollten Sie kontrollieren, ob Sie Ihren Plan auch einhalten, aber auch loben, wenn es mal besonders gut voran geht.

Mit Tadel und Kritik sollten Sie vorsichtig umgehen, denn mancher Student kann nichts schreiben, weil er von sich selber und seinen Gedanken zu wenig hält. Statt einzelner ausgedehnter Arbeitsphasen empfiehlt es sich, täglich einige Stunden für die Arbeit einzuplanen. Manch einer schafft es, schon vor dem Frühstück zwei Stunden zu schreiben, andere arbeiten lieber drei bis vier Stunden am Nachmittag oder Abend.

Egal für welche Lösung Sie sich entscheiden: Es ist wichtig, dass Sie in dieser Zeit dem Schreiben die absolute Priorität einräumen. Das bedeutet, dass Sie ungestört bleiben, am besten die Tür Ihres Arbeitszimmers zumachen und nicht ans Telefon oder an die Haustür gehen, wenn es klingelt. Der Computer verführt natürlich dazu, sich abzulenken. Im Programm *Mail* zeigt eine kleine rote Zahl an, wie viele E-Mails inzwischen angekommen sind.

Oh wie schön, schon wieder drei neue E-Mails!

Ignorieren Sie die E-Mails, denn auch die kleinste Nachricht holt Sie heraus aus Ihrer Konzentration. Wenn ich ein Buch schreibe, lese und beantworte ich E-Mails nur morgens und abends für jeweils eine halbe Stunde. Was dann nicht geschafft ist, kommt auf die Warteliste oder – wird gelöscht. Ich habe nützliche Ordner in meinem E-Mail-Programm: *Lesen*, *Beantworten*, *Warten auf* und *Wiedervorlage*. Dorthin bewege ich alle wichtigen Mails aus dem Posteingang und bearbeite nur die sofort, die wirklich wichtig und dringend sind. Mails, die weder wichtig noch dringend sind, lösche ich gleich. Dann gibt es noch die »dringenden« Mails, die aber für Sie selber nicht so wichtig sind. Wenn Sie sie sofort beantworten können, machen Sie es – dann gibt es später keine Komplikationen. Ansonsten wandern sie in den *Beantworten*-Ordner.

So bleibt Ihr Posteingang leer: Verschieben Sie die Mails in die lokalen Postfächer »Lesen«, »Beantworten«, »Warten auf«, »Wiedervorlage« oder direkt in den Papierkorb.

Viel Zeit können Sie sparen, wenn Sie keine Newsletter lesen und Meldungen von Twitter, Facebook & Co. löschen, ohne den Links zu folgen. Gehen Sie nur einmal am Tag in Ihrem allerliebsten Netzwerk online – aber bitte nur für eine begrenzte Zeit! Überlegen Sie auch, welche anderen Tätigkeiten und Termine für die Zeit Ihrer Arbeit wegfallen können.

Denken Sie aber bitte daran, dass Sport, Spaziergänge und Treffen mit Freunden gut für Körper, Geist und Seele sind und nicht ganz ausfallen dürfen. Für mich ist es immer eine wichtige Frage, wieviel Zeit und Energie etwas kostet – und ob mir die Tätigkeit neue Energie geben kann. Hüten Sie sich vor Zeitdieben und Energieräubern! Wertvolle Tipps, wie Sie klug mit Ihrer Energie umgehen und neue Energie gewinnen, finden Sie in dem Buch über Energiekompetenz von Verena Steiner (2005).

Wer kennt das nicht – gerade wenn man meint, man könne das »schnell mal zwischendurch« erledigen, wird es oft eine längere Störung. Zwei Stunden konzentriertes Arbeiten ohne jegliche Störung bringen Sie eher weiter, als wenn Sie einen ganzen Tag am Schreibtisch verbringen, aber zwischendurch telefonieren, mailen, im Internet surfen oder spielen. Ich kann mich erinnern, dass ich beim Schreiben meiner Doktorarbeit ein Lieblingsspiel hatte und immer wieder dachte, mach es noch einmal, dann geht es auf oder bringt mehr Punkte.

Natürlich spielt man nur, wenn man Langeweile hat oder überfordert ist. Oder wenn man gar nicht weiß, womit man anfangen soll. »Keine Angst vor dem leeren Blatt« heißt eine bewährte Anleitung von Otto Kruse für das Schreiben im Studium. Schreiben Sie einfach los! Es ist günstig, Ihre Arbeitsphase dann zu unterbrechen, wenn es gerade besonders gut voran geht. Machen Sie sich eine kurze Notiz, wie es weiter gehen soll und beginnen Sie die nächste Arbeitsphase damit. So wissen Sie stets zu Beginn der Arbeitszeit, was Sie tun sollen.

Man kann auch damit beginnen, den Text, den man in der letzten Sitzung geschrieben hat, durchzulesen ohne ihn zu überarbeiten. Denn es besteht die Gefahr, dass man dabei bleibt und gar nicht weiter kommt. Das Überarbeiten kann eine langwierige Tätigkeit sein. Man feilt und feilt an einem Abschnitt, und erst viel später stellt man fest, dass er wieder gelöscht werden soll. Verbringen Sie nicht allzu viel Zeit mit Nebensächlichkeiten und formalen Details. Steigen Sie in Ihre Arbeitsphase ein, indem Sie den Text von gestern im Hinblick auf die Gedanken lesen: Was ist unklar, was fehlt noch? Damit setzen Sie dann Ihre Arbeit heute fort.

Mehr Kraft und Motivation

Wie aber kann man neue Energie für das anstrengende Arbeiten und Schreiben am Computer gewinnen? Machen Sie einen Wochenplan und halten Sie jeden Tag fest, was Sie geschafft haben. Schreiben Sie auch Ihre sonstigen Tätigkeiten auf, damit Sie ein Gefühl für die Zeit bekommen, die Ihnen zum Arbeiten zur Verfügung steht. Nehmen Sie sich für jede Woche nur ein kleines Pensum vor, das Sie dann allmählich steigern. So verlieren Sie nicht gleich den Mut, wenn Sie nicht alles geschafft haben. Halten Sie das Wochenende an wenigstens einem Tag bewusst ganz frei von der Arbeit. Ein regelmäßiger Lebens- und Arbeitsrhythmus hilft, anstrengende Zeiten durchzuhalten.

Fangen Sie mit kleinen Schritten an: Erteilen Sie sich schriftlich einen Arbeitsauftrag für eine begrenzte Arbeitszeit von zwei Stunden, so kommen Sie bald zu einem Erfolgserlebnis. Belohnen Sie sich dafür! Beim nächsten Mal können Sie dann vielleicht schon zweimal zwei Stunden arbeiten, aber bitte mit einer klaren Pause! Schön ist es, wenn Sie die mit Ihrem Partner oder einem Freund verbringen können, dem Sie dann erzählen, womit Sie sich gerade beschäftigen und was Ihnen noch Schwierigkeiten bereitet. Auch wenn der Partner keine Ahnung von dem Thema hat, über das Sie schreiben, tut doch eine »ganz normale« Äußerung schon gut und man kann wieder weiter arbeiten.

Eine andere Möglichkeit, neue Energie zu bekommen, ist ein einstündiger Spaziergang! Vielleicht verlegen Sie Ihren Arbeitsplatz in die Bibliothek – Sie werden feststellen, dass Ihre Arbeit fast wie von selbst weiter geht. Nehmen Sie Ihre Arbeit auf dem MacBook oder iPad mit in ein Café, bestellen Sie einen Kaffee oder ein Glas Rotwein und lesen Sie Ihre neu geschriebenen Texte durch. Ein ganz neues Lebensgefühl entsteht und Sie freuen sich schon auf den nächsten Cafébesuch!

Da Sie Ihr eigener Projektmanager sind, sollten Sie wohlwollend mit Ihrem Projektmitarbeiter, also mit Ihnen selbst, umgehen. Klopfen Sie sich ruhig mal auf die Schulter, wenn etwas so richtig gut geklappt hat, loben Sie sich, wenn Sie ein Etappenziel erreicht haben. Natürlich ist ein positives Feedback von anderen noch viel besser und wirksamer. Aber bedenken Sie, dass ein Leser Ihres noch unfertigen Textes vielleicht gar nicht so ein positives Urteil abgeben kann wie Sie erwarten. Seien Sie vorsichtig damit, Ihren Text von anderen lesen zu lassen. Ich kannte mal einen Professor, der hat mir in einem gerade konzipierten Text sämtliche Zeichenfehler angestrichen, während es mir nur darauf ankam, ob er meinen Gedankengängen folgen konnte.

Hüten Sie sich vor ständigen Selbstzweifeln und überhöhten Ansprüchen an Ihre Arbeit. Auch bei größter Begeisterung und stärkstem Engagement müssen Sie mal »einen Gang herunter schalten« und »ganz normal« weiter arbeiten. Grenzen Sie Ihr Thema und Ihre Arbeitszeit ein, damit Sie die Kraft und die Motivation haben, kontinuierlich durchzuarbeiten und Ihr Ziel mit Freude und Erfolg zu erreichen.

Projekt mit Bento anlegen

Das Datenbankprogramm *Bento* ist eine Art digitale Karteikartenkiste, mit der Sie das Projekt Ihrer wissenschaftlichen Arbeit organisieren können: Die anstehenden Termine und Aufgaben ebenso wie Ihre Gedanken und Ideen, Ihre Notizen, Seminar- und Vorlesungsmitschriften sowie Informationen und Materialien aller Art. Wir werden Ihnen zeigen, wie Sie sogar eine einfache Literaturverwaltungskartei anlegen können. Mit *Bento* können Sie aber auch Alltagsdaten aller Art organisieren, so dass sich die Anschaffung durchaus lohnt.

Bento ist für einen günstigen Preis im *App Store* oder direkt von der Website `www.filemaker.de/bento/` zu beziehen. Und das Tolle daran: *Bento* gibt es auch in einer Version für das iPhone und das iPad. So können Sie Ihr Projektmanagement immer dabei haben, auch wenn Ihre Tasche nicht groß genug für das MacBook ist. Zu Hause synchronisieren Sie *Bento* einfach mit Ihrem Mac und können die Notizen und Daten bequem weiter verarbeiten.

Legen Sie zunächst das Projekt Ihrer wissenschaftlichen Arbeit mit *Bento* an: Klicken Sie auf *Ablage* | *Neue Bibliothek aus Vorlage,* wählen Sie die Vorlage *Projekte* und benennen Sie Ihr Projekt, z. B. »Meine Arbeit«. Klicken Sie *Wählen* und schon erscheint ein Formular für Ihr neues Projekt. Tragen Sie Ihre Angaben ein und passen Sie das Formular nach Ihren Wünschen an.

Erstellen Sie eine neue Bibliothek aus der Vorlage »Projekte«.

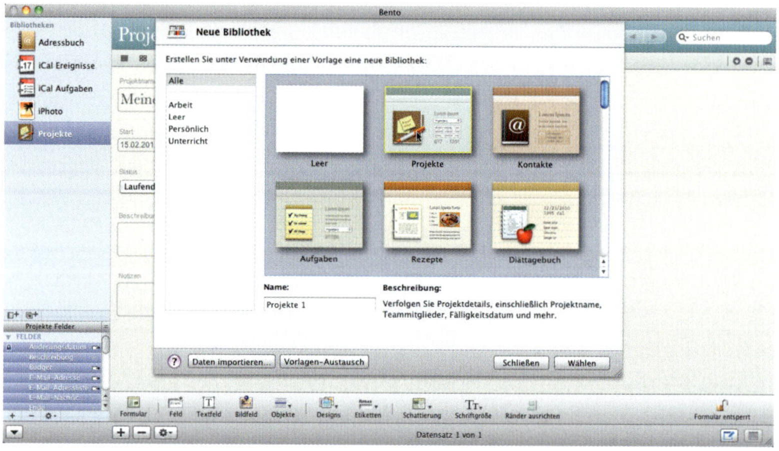

Legen Sie Ihr Projekt an und benennen Sie es.

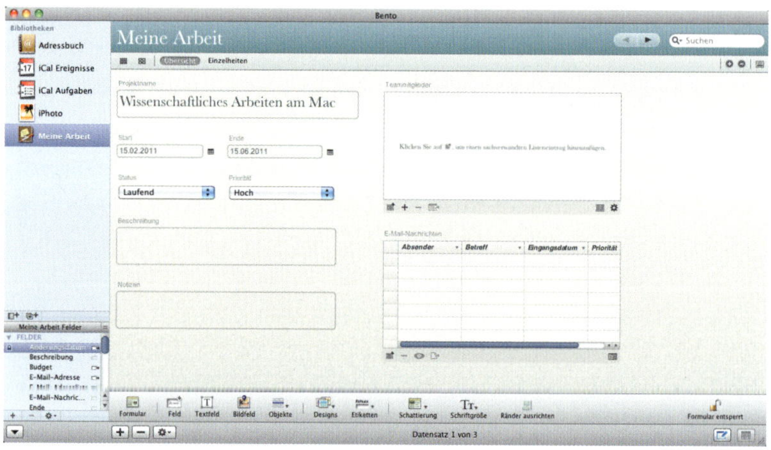

Löschen Sie das nicht benötigte Feld *Teammitglieder*, indem Sie das Feld markieren und die Löschtaste betätigen.

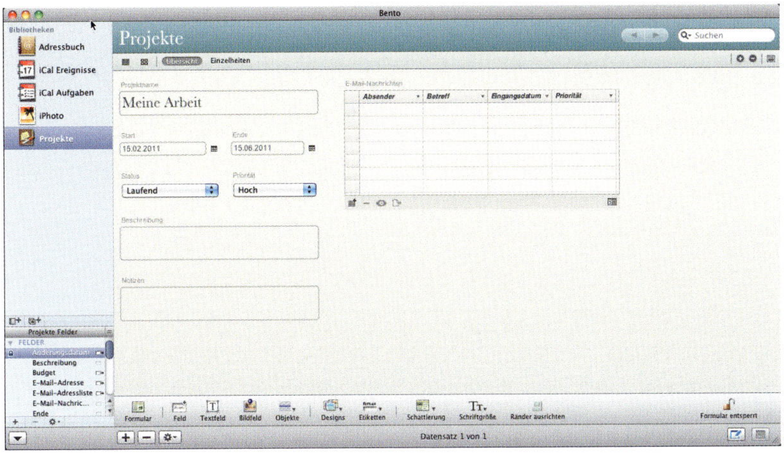

Ändern Sie das Formular nach Ihren Wünschen.

Fügen Sie nun ein Auswahlfeld für die aktuellen Phasen Ihrer Arbeit ein. Klicken Sie dazu auf die Taste *Feld,* und es öffnet sich ein Fenster *Feld erstellen,* in dem Sie die gewünschten Merkmale festlegen können.

Wählen Sie den Feldtyp *Auswahl,* benennen das Feld und legen die einzelnen Optionen fest. Nach einem Klick auf *Erstellen und weiter* können Sie ein weiteres Feld anlegen. Mit einem Klick auf *Erstellen* kehren Sie zu Ihrem Formular zurück, in dem Sie die neuen Felder nach Ihren Wünschen anordnen können.

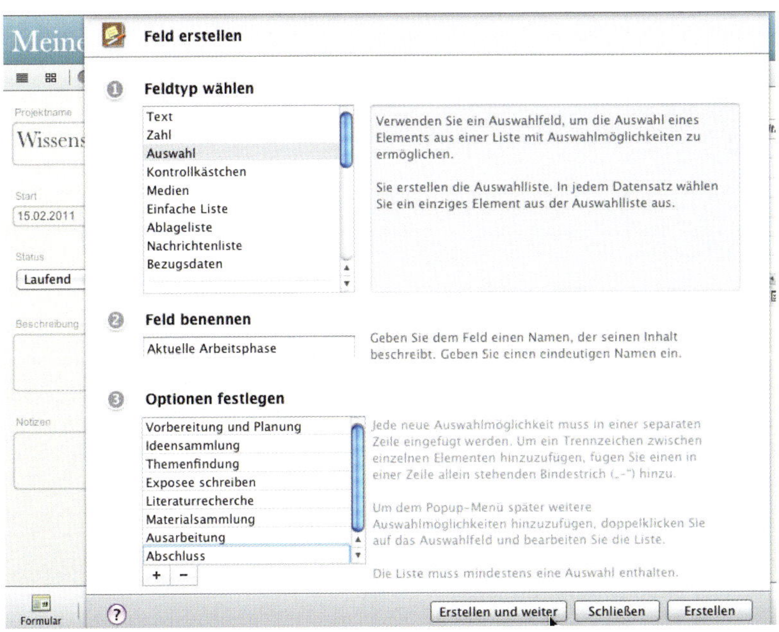

Erstellen Sie ein Feld, indem Sie den Feldtyp wählen, das Feld benennen und Optionen festlegen.

Mit »Erstellen und weiter« können Sie gleich das nächste Feld anlegen.

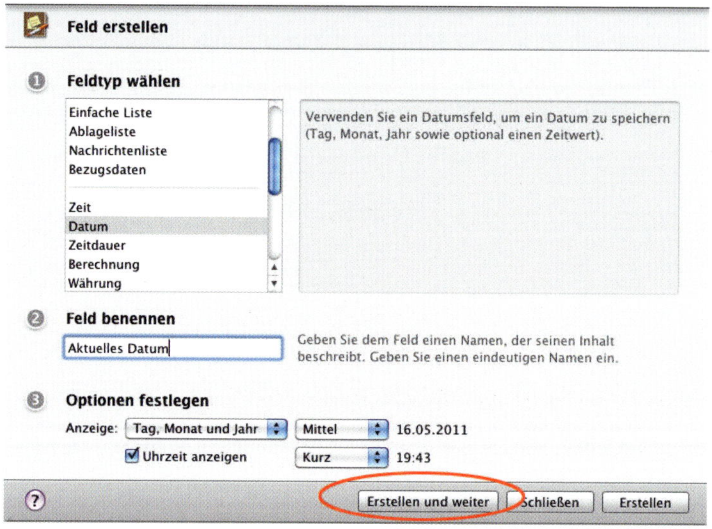

Ordnen Sie die Felder im Formular nach Ihren Wünschen an.

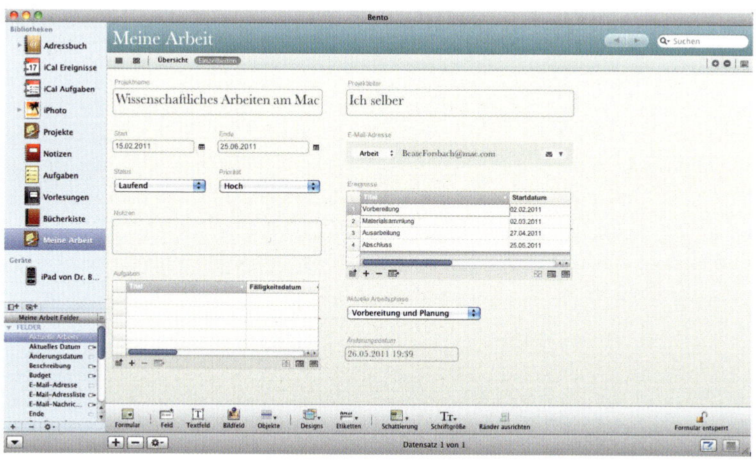

Im Feld *E-Mail-Nachrichten* können Sie alle für Ihre Arbeit relevanten E-Mails auflisten. Mit der Taste rechts unten können Sie alle gewünschten Felder ein- und ausblenden – einfach, indem Sie die kleinen Kästchen *Betreff*, *Eingangsdatum* usw. links unten in der Liste anklicken. Mit einem Klick eben auf die Taste links unten öffnet sich das Programm *Mail* und Sie können die relevanten Mails einfach in die Liste ziehen. Auch hier ist das Schöne daran: Sie können jede Mail nach einem Doppelklick sofort lesen!

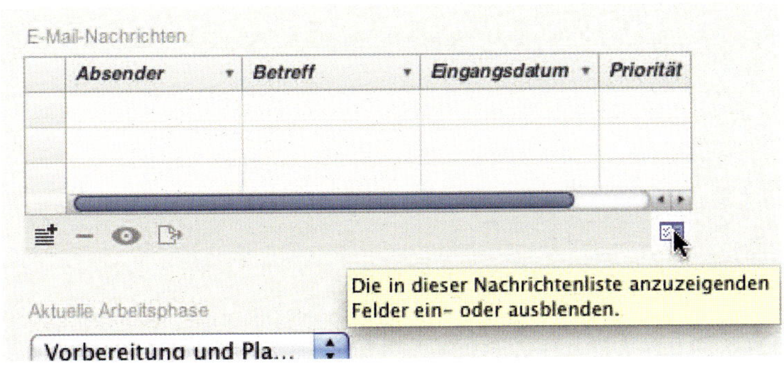

Blenden Sie alle gewünschten Felder ein oder aus.

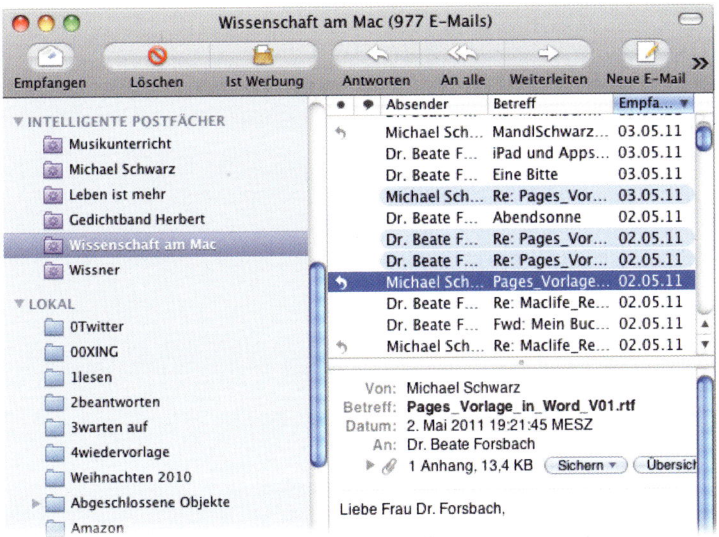

Ziehen Sie die relevanten Mails einfach aus dem Programm »Mail« in die Liste.

Klicken Sie nun die Taste *Einzelheiten* an und richten Sie das Formular nach Ihren Wünschen ein. Auf der linken Seite sehen Sie eine Liste der möglichen Felder, die Sie einfach in das Formular ziehen können. Die einzelnen Elemente können Sie mit der Maus durch Ziehen in der Größe anpassen.

Klicken Sie auf »Einzelheiten« und richten Sie das Formular nach Ihren Wünschen ein.

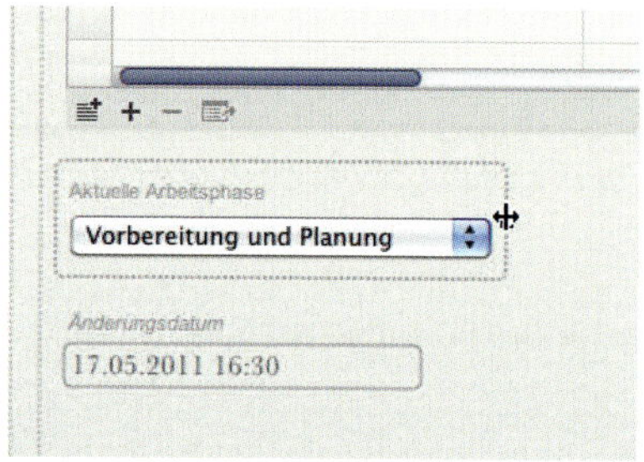

Passen Sie die Größe der einzelnen Elemente durch Ziehen mit der Maus an.

Die beiden Felder *Aufgaben* und *Ereignisse* sind für das Management Ihres wissenschaftlichen Projektes besonders praktisch: Durch einen Klick auf die Taste links unten gelangen Sie in eine Übersicht Ihrer in *iCal* definierten Aufgaben. Markieren Sie die projektrelevanten Aufgaben und schon erscheinen sie in Ihrer Projektbibliothek.

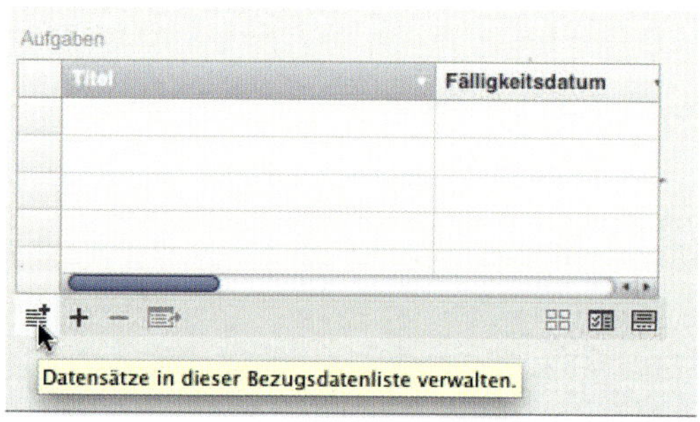

Über die Taste unten links gelangen Sie in die Aufgabenliste von »iCal«.

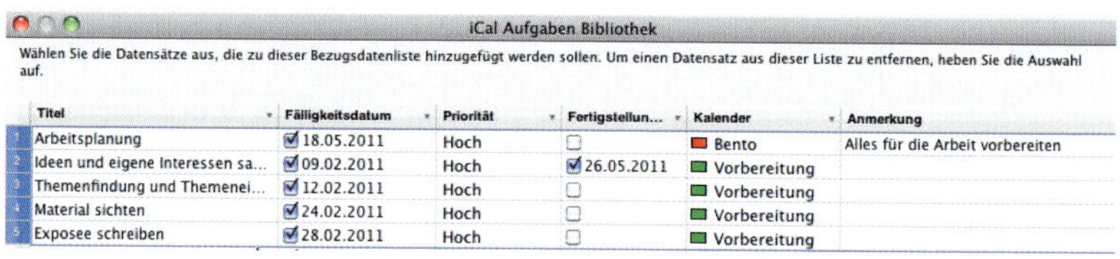

Kaum haben Sie die projektrelevanten Aufgaben in »iCal« markiert …

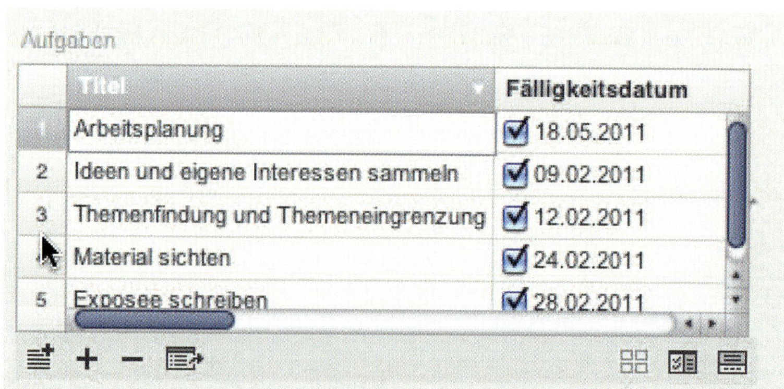

… erscheinen sie schon in der Aufgabenliste.

Genauso können Sie beim Feld *Ereignisse* vorgehen, hier öffnet sich eine Übersicht Ihrer in *iCal* definierten Ereignisse.

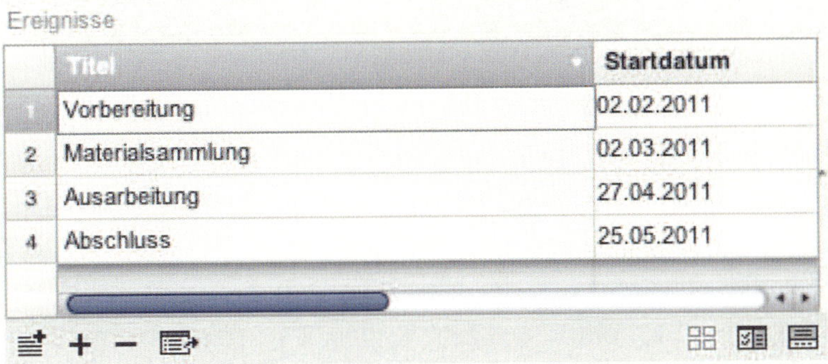

Auch die Ereignisse aus »iCal« lassen sich so im Projekt anzeigen.

Wenn Sie eine Aufgabe oder ein Ereignis anklicken, öffnet sich eine eigene Karteikarte, die *Bento* in eigenen Bibliotheken oder Karteikästen für *iCal*-Aufgaben und *iCal*-Ereignisse sammelt. Selbstverständlich können Sie jedes Formular nach Ihren Wünschen und Bedürfnissen verändern.

Tragen Sie die Details der Aufgaben in »iCal« ein …

… und so lassen sich die Details der Ereignisse in »iCal« hinzufügen.

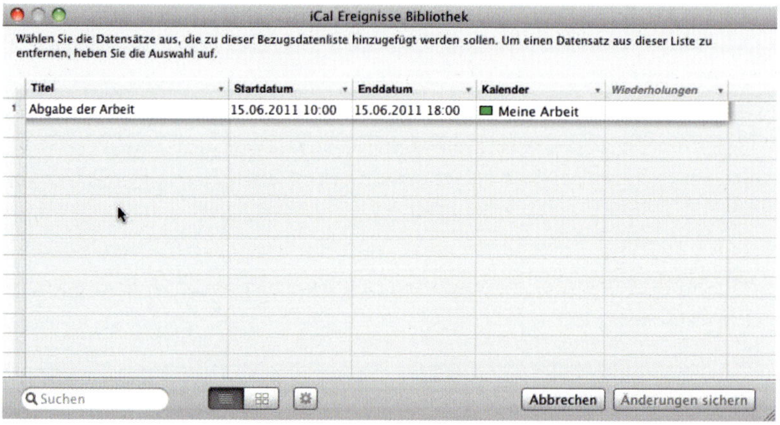

Bento gibt es auch in Versionen für das iPad, das iPhone und den iPod touch. Sie können die Einträge auf diesen Geräten mit denen auf Ihrem Mac synchronisieren, so dass *Bento* hervorragend für das Projektmanagement Ihrer wissenschaftlichen Arbeit geeignet ist.

So sieht Bento in der iPad-Version aus.

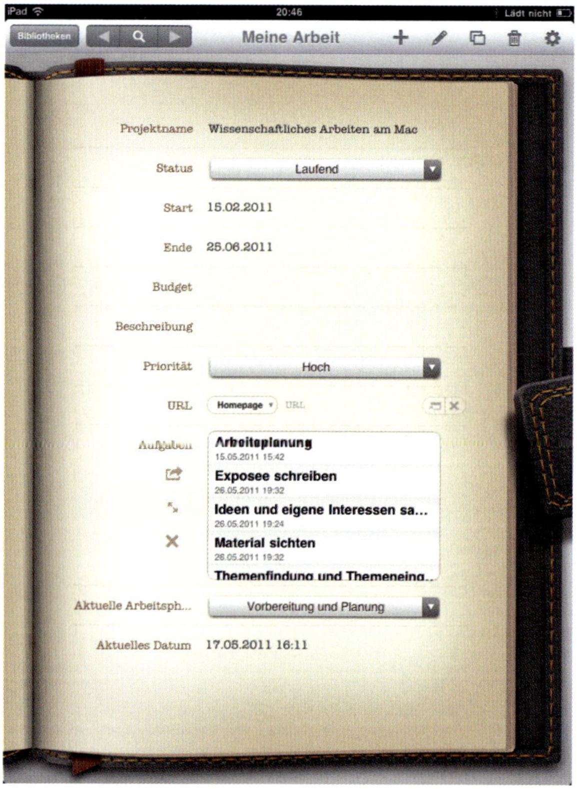

Wissenschaftliches Journal anlegen

Beim wissenschaftlichen Arbeiten ist ein Notiz- oder Tagebuch empfehlenswert, in das Sie alle Ideen, Gedanken, Skizzen, Pläne usw. eintragen. Sie können Ihre eigenen Erkenntnisse, Erfahrungen und Meinungen notieren, Ihre möglichen Schreibprobleme und Überlegungen zur Lösung skizzieren, Gesprächsnotizen festhalten und vieles mehr. Die regelmäßigen Notizen in Ihrem wissenschaftlichen Journal bilden bald einen ganz persönlichen Bestand von Wissen und Gedanken, auf den Sie immer wieder zurückgreifen können.

In Ihrem wissenschaftlichen Journal können Sie …

- Fragen notieren, auf die Sie eine Antwort suchen,
- Ideen und eigene Interessen sammeln,
- Themenaspekte und mögliche Themen formulieren,
- unbekannte Namen und Begriffe festhalten, um sie später zu klären,
- Gesprächsnotizen eintragen, z. B. von Besprechungen mit dem Betreuer Ihrer Arbeit,
- Literaturhinweise und Zitate notieren,
- Erfahrungen, Erlebnisse, Beispiele zu Ihrem Thema aufschreiben,
- Semester-, Monats-, Wochen- und Tagespläne skizzieren,
- Notizen aus Vorlesungen und Vorträgen eintragen,
- Skizzen, Bilder, Zeitungsausschnitte aufnehmen,
- Gliederungen und Listen aller Art entwerfen,
- Ideen für weitere Texte, Artikel, Vorträge sammeln,
- ab und zu ein Lob für den Fortschritt der Arbeit und motivierende Sprüche notieren.

Es gibt keine Regeln, wie und in welcher Form Sie Ihr wissenschaftliches Journal führen sollten. Oft wird empfohlen, ein fest gebundenes Buch mit unlinierten, durchnummerierten Seiten zu verwenden. Eine Loseblattsammlung im Ringbuch bietet die Möglichkeit, die Notizen immer wieder neu zu sortieren. Während der Zeit meiner Promotion benutzte ich eine schöne farbige Kladde im DIN A6-Format, die ich immer in der Tasche hatte. Mein wissenschaftliches Journal begann mit einem Fünf-Jahres-Plan für die Promotion und endete mit dem Eintrag, dass die Promotionsurkunde angekommen ist. Drinnen liegt noch immer eine Ansichtskarte meines Doktorvaters, die mich damals motiviert hatte.

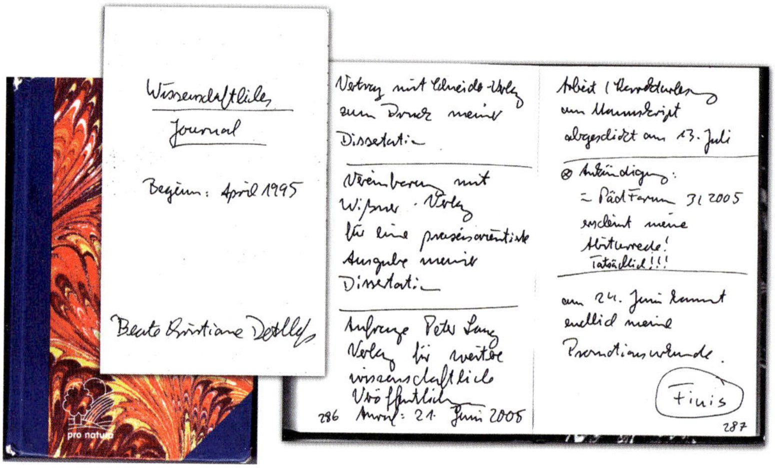

Mein wissenschaftliches Journal war eine Kladde im DIN A6-Format mit durchnummerierten Seiten, hier die Titelseite und die letzten Seiten meines wissenschaftlichen Journals enthalten Notizen über die Promotionsfeier, Verlagsverträge und den Empfang der Promotionsurkunde.

In diesem Buch wollen wir Ihnen zeigen, wie Sie den Mac für das wissenschaftliche Journal verwenden können. Natürlich können Sie einfach eine Datei anlegen. Aber wir möchten Ihnen das kostenlose Programm *Journler* empfehlen. In diesem Tagebuchprogramm können Sie Ihre Gedanken und Notizen aufschreiben, einem Datum zuordnen und mit Kategorien und Schlagwörtern verbinden.

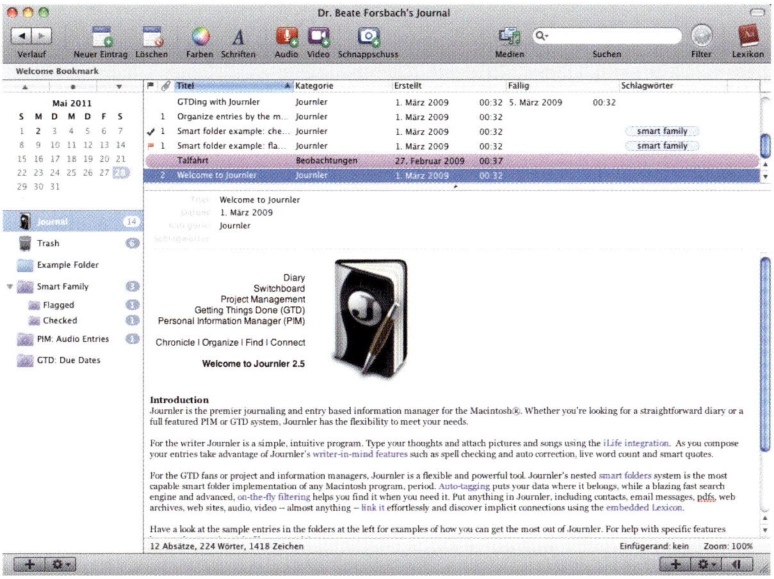

So sieht das Programmfenster von »Journler« aus.

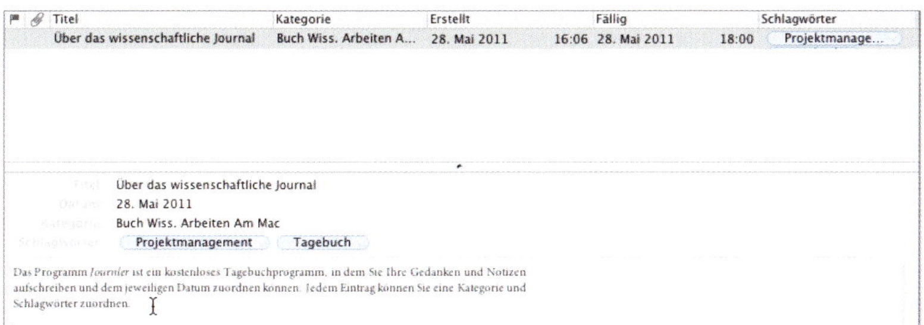

Erstellen Sie ganz einfach einen neuen Eintrag.

Sie können die Einträge in Ordnern sammeln, entweder manuell einordnen oder in einen intelligenten Ordner.

Legen Sie einen neuen Ordner an.

So können Sie einen intelligenten Ordner anlegen.

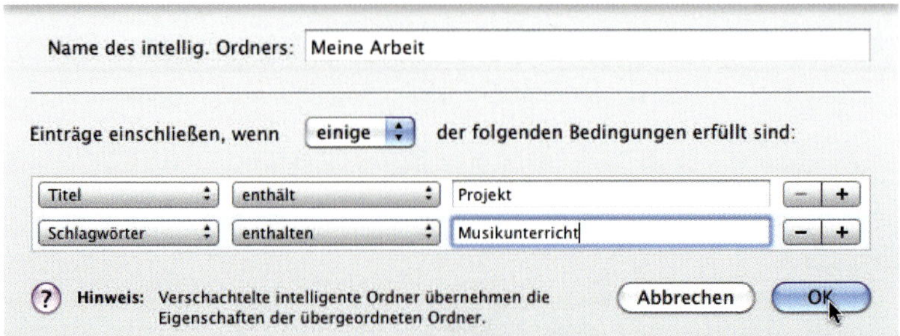

Sie können jeden Eintrag wie ein *TextEdit*-Dokument formatieren. Sie können auch Audio-, Video- und Fotobeiträge aufnehmen.

Sie können jeden Eintrag wie ein »TextEdit«-Dokument formatieren.

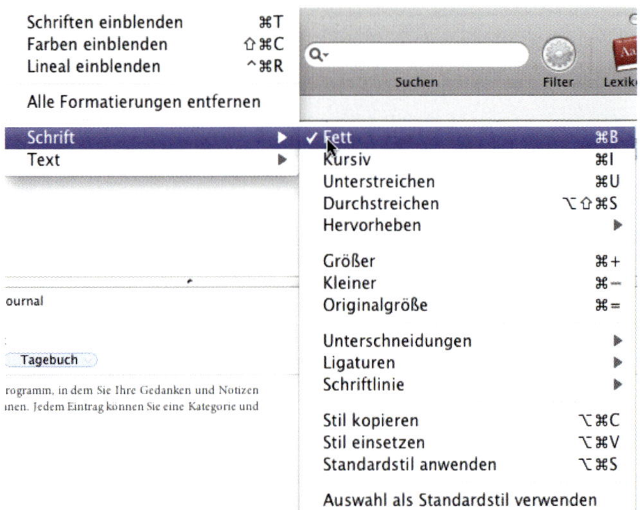

In »Journler« können Sie sogar einen Audiobeitrag aufnehmen.

Sie können Medien aus *iPhoto* und *iTunes* sowie Links aus *Safari* importieren, außerdem auch jede Datei aus dem Finder.

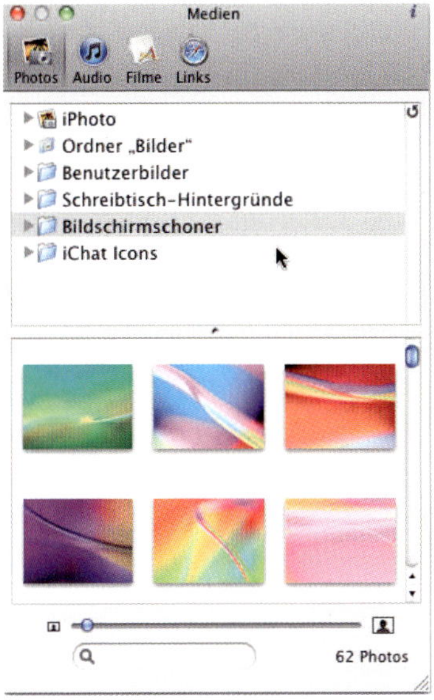

Sie können Medien – wie Bilder, Audio-Daten und Filme – importieren.

Auch Links lassen sich hier ablegen.

Weiter können Sie jeden Eintrag farbig markieren, als E-Mail versenden, als Blog veröffentlichen, an *iWeb* und etwa den iPod senden.

So leicht lassen sich die Etiketten in Journler färben.

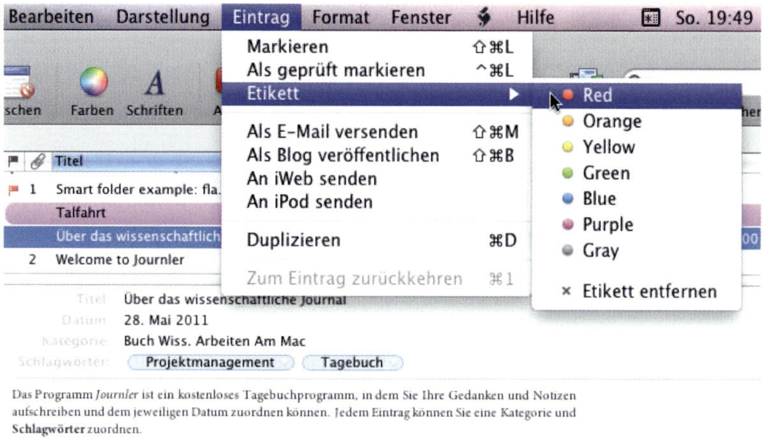

Leider gibt es keine Version von *Journler* für das iPad oder iPhone. Trotzdem eignet sich *Journler* mit seinen Möglichkeiten so gut für ein wissenschaftliches Journal, dass auch die geringen Kosten, die ab der nächsten Version 2.6 entstehen werden, gerechtfertigt sind.

Sofern Sie Ihr wissenschaftliches Journal auf Ihrem iPad führen möchten, empfehle ich Ihnen das berühmte *tempus*-Zeitplanbuch von Lothar Seiwert, das es im *App Store* unter dem Namen *iTempus* gibt. Sie können Ihre Notizen in Tages- Wochen- und Monatsübersichten eintragen. Die Ereignisse und Aufgaben aus *iCal* werden automatisch angezeigt. Zusätzlich gibt es Notizzettel und To-Do-Listen für jeden Tag.

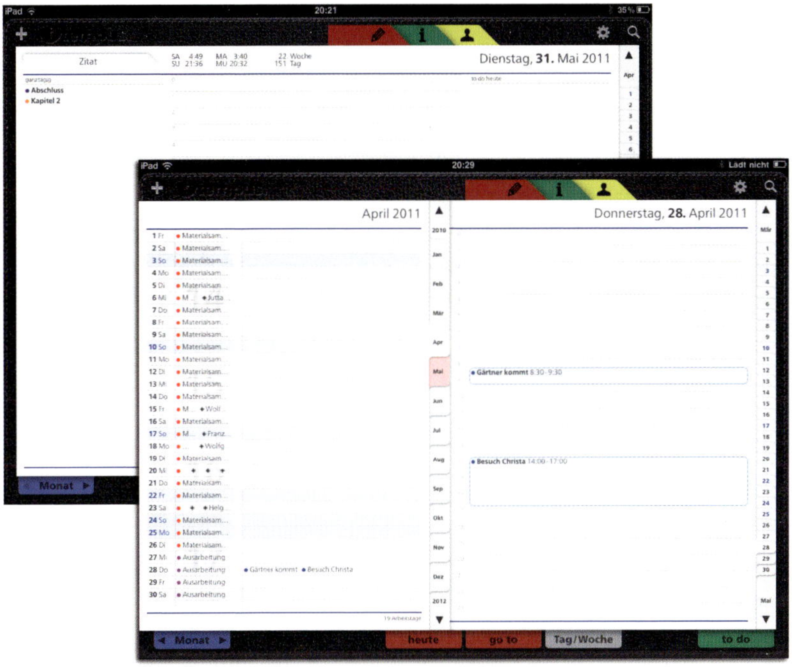

So sieht eine Tagesseite im Kalender »iTempus« für das iPad aus und so die Monats- und Tagesübersicht und …

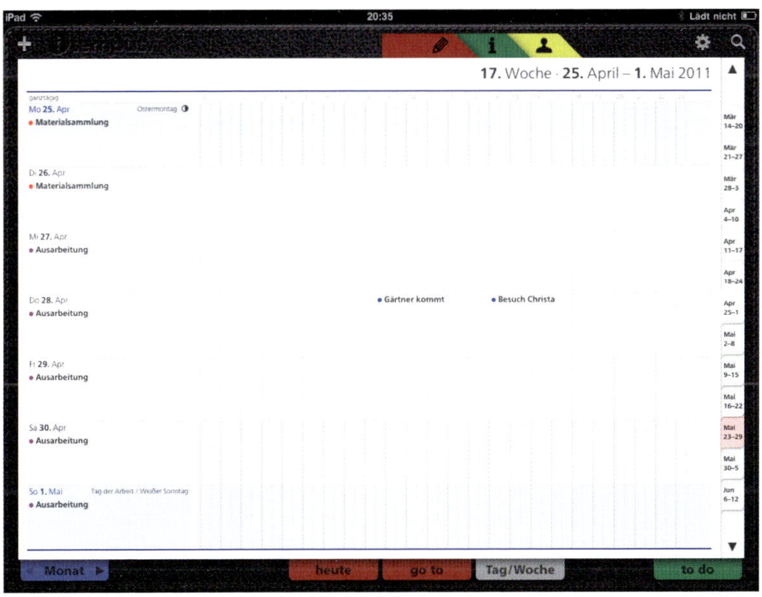

… auf Wunsch auch eine Wochenübersicht.

Tragen Sie Ihre Notizen auf dem Notizzettel ein …

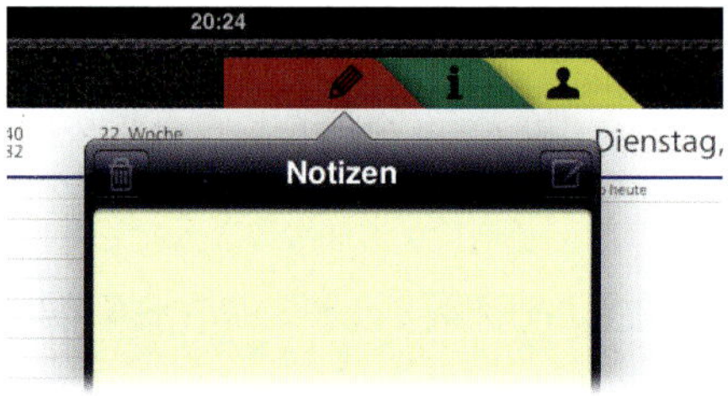

… und legen Sie eine »To-Do-Liste« an.

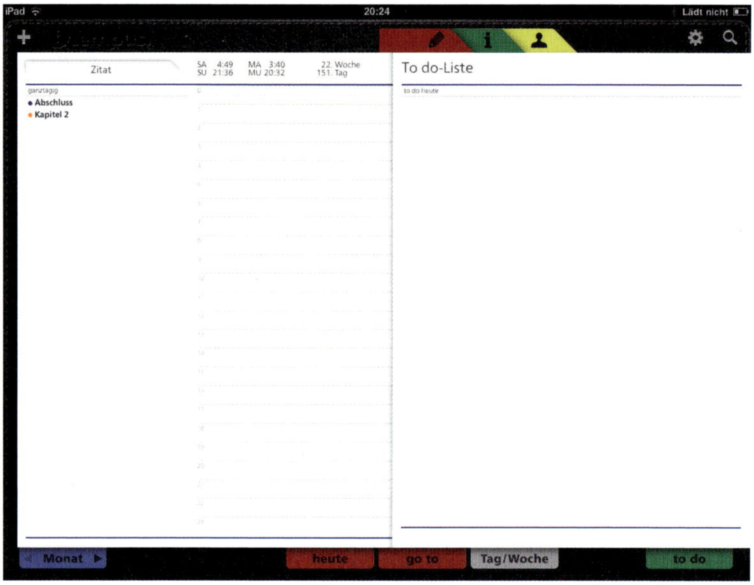

Vorbereitung und Planung: Von der Idee zum Exposé

Oberstufenschüler und Studenten müssen in der Schule und während des Studiums wissenschaftliche Arbeiten aller Art anfertigen – von Hausarbeiten und Referaten über Seminar- und Bachelorarbeiten bis zu Diplom- und Magisterarbeiten, Examensarbeiten, Dissertationen und Habilitationsschriften. Auch »fertige« Wissenschaftler stehen vor der Aufgabe, eine größere wissenschaftliche Arbeit in Form eines Buches zu schreiben. Mancher Autor eines Fach- oder Sachbuches schreibt aus reinem Vergnügen, um sein fachliches Wissen an den oder die Leser zu bringen. Man möchte doch Spuren hinterlassen in der Welt der Wissenschaft. Und man möchte auch Karriere machen durch Veröffentlichungen, eine Stelle bekommen, eine Gehaltserhöhung oder eine Beförderung. »Wer schreiben kann, macht Karriere« – so heißt der Titel eines Buches von Ulrike Scheuermann (2009), in dem ein »Schreibfitnessprogramm für mehr Erfolg im Job« angeboten wird.

Wer allzu lange und intensiv an seiner Doktorarbeit schreibt, tut weder sich noch seiner Dissertation einen Gefallen, und erst recht nicht seiner erhofften Karriere. Denn bekannt wird man vor allem durch Artikel in Fachzeitschriften und Vorträge auf Kongressen und Tagungen. Zudem ist die Dissertation meist lediglich die formale Voraussetzung für eine Hochschulkarriere. Aber wenn man Experte für ein bestimmtes Thema wird, kommt niemand mehr an einem vorbei. So sollte man sich mit seinem Buch einen Namen machen, so dass der eigene Name auf Dauer mit bestimmten Themen verknüpft wird.

Für alle, die sich jetzt immer noch fragen, was das für Schüler oder Studenten bedeutet, die ihre erste größere wissenschaftliche Arbeit schreiben, schreibe ich jetzt im Klartext: Es ist sehr wichtig, ein Thema zu finden, mit dem man sich wirklich identifizieren kann. Außerdem sollte man Freude daran haben, über dieses Thema zu forschen und zu schreiben, um anderen die gewonnenen Erkenntnisse mitzuteilen. Wenn Sie eine wissenschaftliche Arbeit oder ein Buch schreiben möchten, sollten Sie daher zunächst einmal Ideen und eigene Interessen sammeln, um zu »Ihrem« Thema zu gelangen.

Ideen und eigene Interessen sammeln

Nachdem mir ein Professor das Thema »Fächerübergreifender Unterricht« für meine Dissertation vorgeschlagen hatte, war ich erst einmal ein wenig irritiert – was hatte das mit mir und meinen beruflichen Erfahrungen zu tun? Die nächsten Wochen waren von Unsicherheit und Ängsten bestimmt – wie konnte ich daraus ein »Thema« für meine Arbeit ableiten? Gab es überhaupt genügend Literatur? Was gehört in eine solche Arbeit hinein? Was sollte lieber außen vor bleiben? Und was hatte das Thema mit mir zu tun? Was könnte für andere daran interessant sein? Was wissen andere schon darüber?

Das Thema einer Seminar- oder Examensarbeit entspringt häufig aus dem Zusammenhang eines vorhergehenden Unterrichts oder Seminars. Ganz wichtig aber ist Ihr persönliches Interesse an einem Thema. Denn Sie sollen sich ja einige Wochen, Monate oder Jahre mit diesem Thema beschäftigen. Ehe Sie nun eine konkrete Fragestellung für Ihre Arbeit formulieren, sollten Sie zunächst einmal alles notieren, was Ihnen zu dem allgemein formulierten Thema einfällt.

Brainstorming

Das allererste Brainstorming zu meinem Thema habe ich später immer wieder angesehen, wenn ich mit meiner Arbeit nicht mehr so recht weiter wusste. Und fast alle Aspekte dieser ersten Bestandsaufnahme meiner eigenen Gedanken und Ideen zum Thema fanden später auch einen Platz in meiner Dissertation. Das Brainstorming hatte ich mit Zettel und Bleistift festgehalten, auf dem Balkon unserer kleinen Wohnung am Meer, bei schönem Sommerwetter.

Ein Brainstorming lässt sich gut in einer Gruppe durchführen, aber man kann es auch alleine machen. Schreiben Sie einfach alles auf, was Ihnen in den Sinn kommt. So können Sie am Ende herausfinden, worüber Sie eigentlich nachdenken, was Sie interessiert, was Sie herausfinden möchten. Schaffen Sie sich eine angenehme Schreibsituation, wählen Sie ein Schreibmedium, das Sie besonders lieben – für die Leser dieses Buches ist das wahrscheinlich ein Mac oder ein iPad.

Öffnen Sie eine Datei in *TextEdit* oder *Pages*, benennen sie mit *Brainstorming* und speichern sie in Ihrem Arbeitsordner, vielleicht im Unterordner *Texte*. Nun schreiben Sie so schnell wie möglich alle Einfälle auf. Das Besondere beim Brainstorming ist, dass nichts bewertet wird. Es geht darum, eine große Menge von Ideen zu einem Thema zu sammeln. Machen Sie bitte keine Pause, lesen Sie nicht durch, was Sie geschrieben haben, sondern schreiben Sie einfach immer weiter. Notieren Sie alle Gedanken, ohne Rücksicht darauf, ob die in den Zusammenhang passen oder nicht. Sie können sich eine bestimmte Zeit vorgeben und dann mit dem Schreiben aufhören. Oder Sie schreiben einfach so lange, bis Ihnen gar nichts mehr einfällt. Dann erst lesen Sie, was Sie geschrieben haben, schließen und sichern die Datei in Ihrem Arbeitsordner.

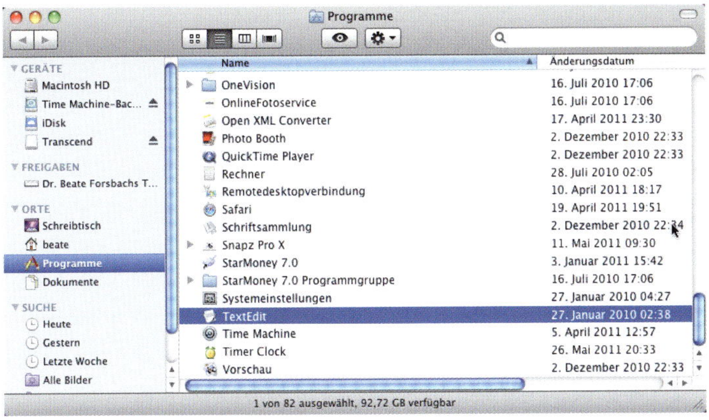

Mit einem Klick öffnen Sie das Programm »TextEdit« im Ordner »Programme«.

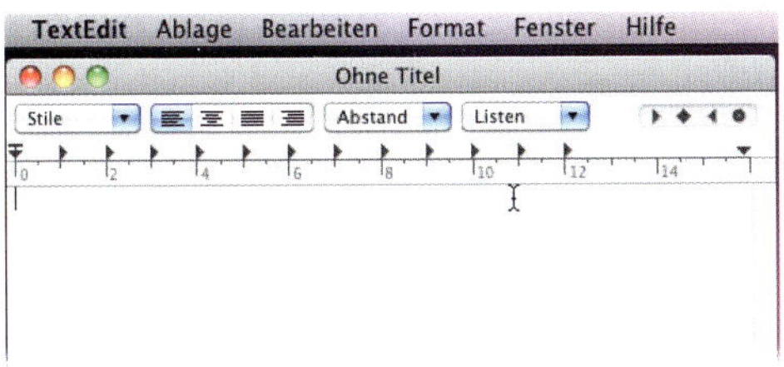

Automatisch öffnet sich eine leere Datei.

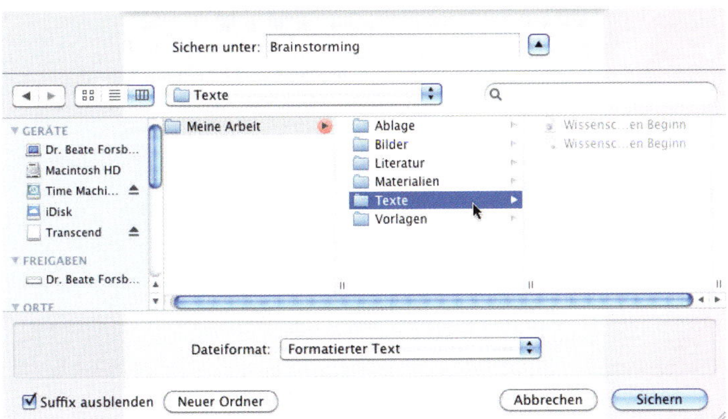

Benennen Sie die Datei, z. B. mit »Brainstorming« und speichern Sie sie im Unterordner »Texte« des Ordners »Meine Arbeit«.

Nun beginnen Sie mit dem Brainstorming zu Ihrem Thema. Schreiben Sie einfach alle Gedanken, Fragen und Ideen untereinander (betätigen Sie dazu nach jedem Begriff den Zeilenschalter, was bei laufendem Text ja nicht unbedingt empfehlenswert ist.)

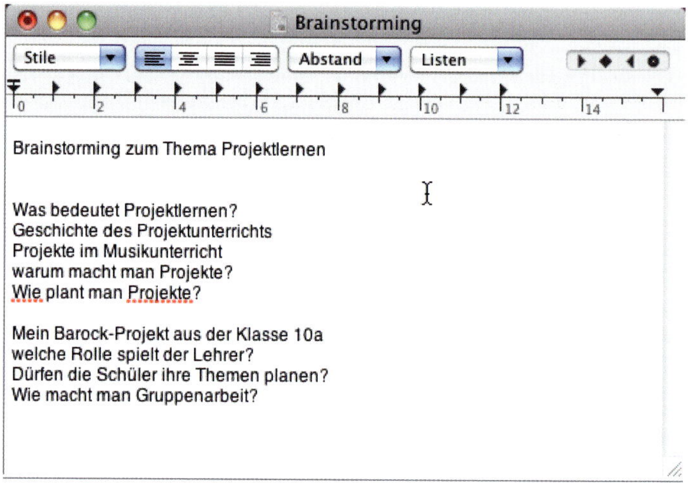

Bei den Vorarbeiten zu Ihrer wissenschaftlichen Arbeit können Sie ohne Bedenken *TextEdit* benutzen – vor allem, weil dies sehr unkompliziert ist. Sie können jede *TextEdit*-Datei als *Word*-Dokument speichern, so dass Sie später alle Vorarbeiten in die *Word*-Datei für Ihre wissenschaftliche Arbeit importieren können. Klicken Sie dazu auf *Ablage | Sichern unter*, wählen in dem Auswahlmenü *Dateiformat* das *Word 2007*-Format *(.docx)* und den gewünschten Speicherort und klicken auf *Sichern*. Und schon ist Ihre Datei als *Word*-Dokument gespeichert.

Beim Speichern Ihrer TextEdit-Datei wählen Sie »Word 2007« als Dateiformat und schon haben Sie mit einem Klick auf »Sichern« aus Ihrer TextEdit-Datei ein Word-Dokument erzeugt.

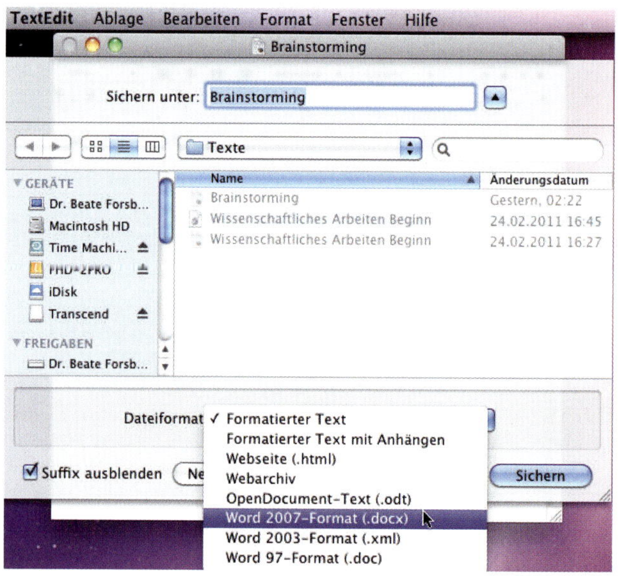

MindMaps mit dem MindManager

Das Erstaunliche beim Brainstorming ist, dass Ihre Arbeitsweise beim Denken deutlich wird. Um diese Denkweise zu visualisieren, kann man eine *MindMap* erstellen. Dabei werden Begriffe und deren Beziehungen zueinander in einer Art Netzwerk grafisch dargestellt. In der Mitte einer *MindMap* steht das Thema, zu dem Sie Ihre Ideen und Interessen finden wollen. Die wichtigsten Begriffe sind über Hauptzweige mit dem Thema verbunden, daran befinden sich weitere immer feiner werdende Verzweigungen.

Mit dem Programm *MindManager* der Firma *Mindjet* können Sie mit Leichtigkeit *MindMaps* an Ihrem Mac gestalten. Die Software ermöglicht ein »Visuelles Verknüpfen von Ideen, Informationen und Menschen«, Sie können sie direkt von der Website `http://mindjet.com/` beziehen. Mit dem *MindManager* lässt sich ein Brainstorming visualisieren, ein Schreibprojekt planen, Informationen und Ideen in einen Zusammenhang stellen oder das Ergebnis einer Internetrecherche festhalten. Sie können den Lernstoff für eine Prüfung in einer *MindMap* aufbereiten, Konzepte präsentieren, Projekte im Team planen und vieles mehr.

Der *MindManager* gehört zu den etwas teureren Programmen, die aber so viele Möglichkeiten für das wissenschaftliche Arbeiten bieten, dass sich eine Anschaffung lohnt. Laden Sie einfach eine Testversion herunter. Für den Einsatz in Forschung und Lehre gibt es spezielle Lizenzprogramme.

Wie man eine *MindMap* liest, möchte ich Ihnen am Beispiel der MindMap *Schreibprojekt* erläutern.

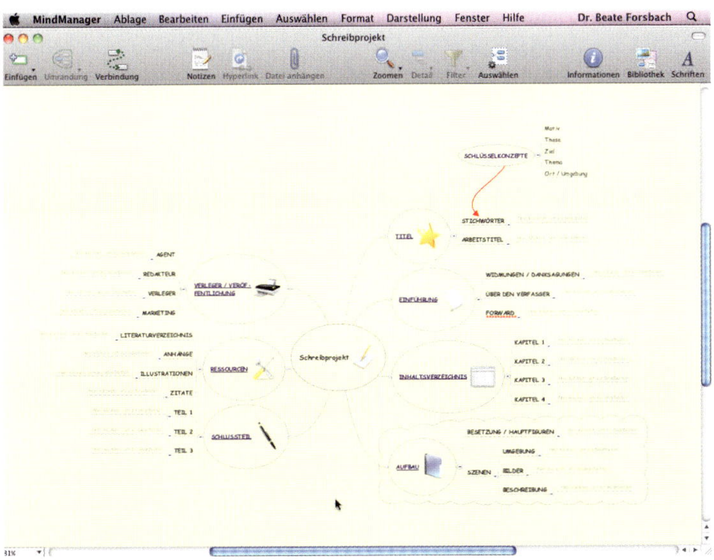

Sie können diese Vorlage für eine MindMap wählen, nachdem Sie den »MindManager« gestartet haben.

In der Mitte steht der Begriff, um den es geht: *Schreibprojekt*. Vom Hauptthema gehen Hauptzweige aus zu den wesentlichen Unterthemen, die im Uhrzeigersinn zu lesen sind: *Titel, Einführung, Inhaltsverzeichnis, Aufbau, Schlussteil, Ressourcen, Verleger/Veröffentlichung*. Von jedem Unterthema gehen dann weitere Nebenzweige ab, die sich wiederum verzweigen können …

Man liest die MindMap immer vom zentralen Begriff in der Mitte aus.

Die Hauptzweige zu den Unterthemen sind im Uhrzeigersinn angeordnet.

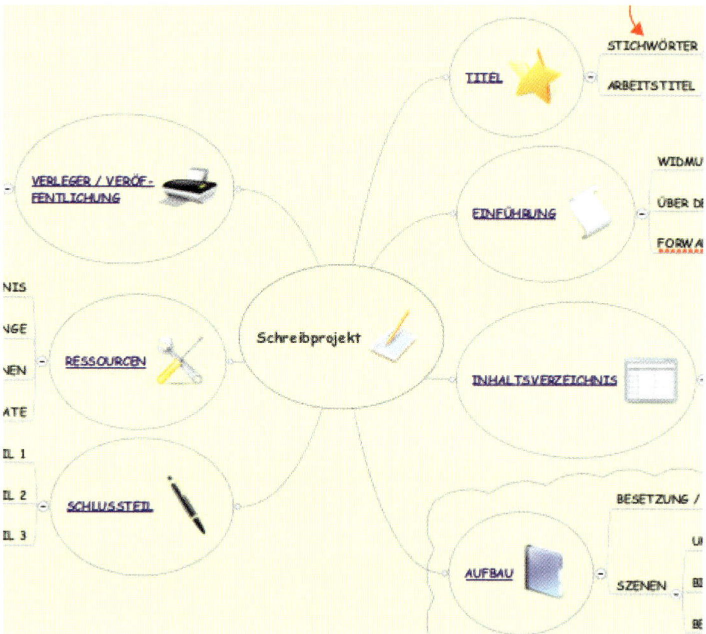

Nun wollen wir mit dem *MindManager* ein Brainstorming zum Thema *Projektlernen* durchführen. Nachdem Sie das Programm gestartet haben, öffnet sich ein Fenster mit der Vorlagenauswahl. Mit einem Doppelklick wählen Sie die Vorlage *Leere Map*, die nur einen Platzhalter für das Hauptthema enthält. Sie können auch einfach über *Ablage* | *Neu* starten, dann den Standardtext *Hauptthema* markieren und durch Ihr eigenes Thema ersetzen. Schließen Sie die Eingabe dann mit dem Zeilenschalter (↵) ab.

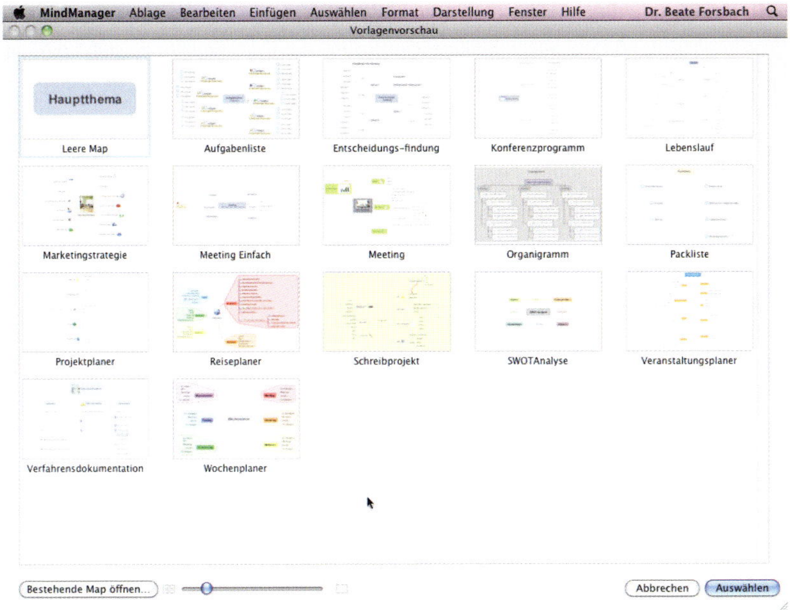

Nach dem Öffnen des Programms können Sie eine der angebotenen Vorlagen auswählen.

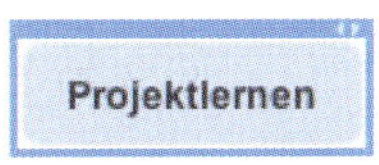

Ersetzen Sie den Standardtext durch Ihr Thema und schließen Sie die Eingabe mit dem Zeilenschalter ab.

Fügen Sie nun einige Zweige hinzu, indem Sie den Zeilenschalter (↵) betätigen oder *Einfügen* | *Zweig* anklicken. Falls Sie später nicht alle Zweige benötigen, können Sie sie einfach mit der Maus anklicken und mit der Rückschritt- bzw. Löschtaste entfernen. Markieren Sie den Standardtext und überschreiben ihn mit dem gewünschten Begriff.

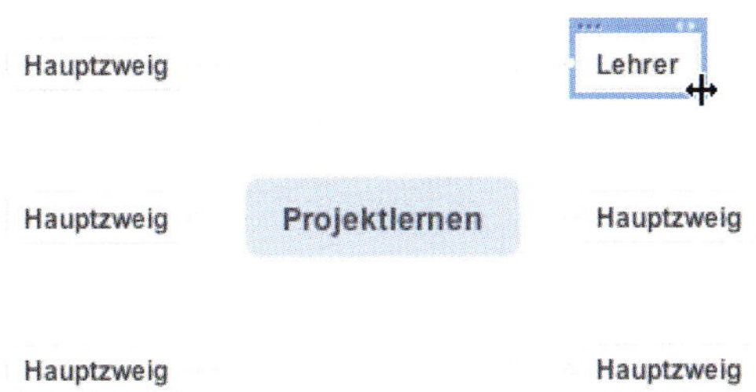

Fügen Sie so viele Hauptzweige ein, wie Sie benötigen, indem Sie einfach den Zeilenschalter betätigen. Überzählige Zweige können Sie später einfach markieren und dann löschen. Überschreiben Sie den Standardtext mit Ihren Begriffen.

Sie können einfach Begriffe aus der Textdatei Ihres Brainstorming kopieren und als neue Zweige in die *MindMap* einsetzen. Halten Sie die Maus auf den Zentralbegriff, so entsteht ein neuer Hauptzweig. Wenn

Sie die Maus an eine andere Stelle halten, entsteht ein neues Feld ohne Zweig. Klicken Sie das freie Feld an und schon ist es durch einen Zweig mit dem Hauptfeld verbunden.

Kopieren Sie einfach Begriffe aus Ihrer Textverarbeitung und setzen Sie sie als neue Zweige ein, indem Sie mit der Maus auf das Hauptthema zeigen, die rechte Maustaste anklicken und »Einsetzen« wählen.

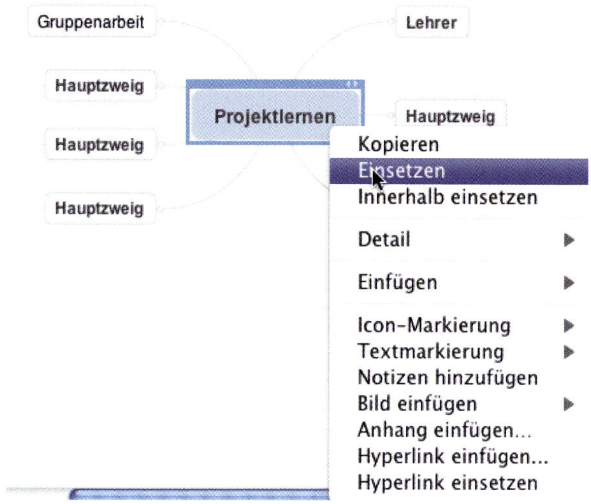

Klicken Sie mit der Maus an eine freie Stelle und setzen Sie den kopierten Begriff ein. Klicken Sie das Feld an und ein Zweig erscheint wie von Zauberhand.

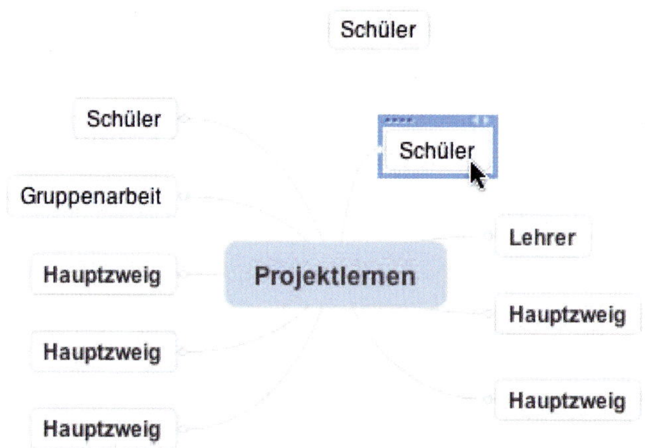

Markieren Sie ein Feld und bilden Sie Unterzweige, entweder mit der Tastenkombination ⌘ – ↵ (also *cmd-Zeilenschalter)* oder *ctrl* – ↵ *(ctrl-Zeilenschalter)* oder über *Einfügen* | *Unterzweig*. Neben dem verbalen Menü *Einfügen* können Sie auch über das visuelle Menü *Einfügen* links oben im Programmfenster neue Zweige erzeugen.

Sie können zu jedem Zweig *Anmerkungen* oder *Notizen* hinzufügen. Sie können einen Link zu einer URL, einem anderen Zweig, einer Datei, einem Ordner oder einer E-Mail-Nachricht hinzufügen.

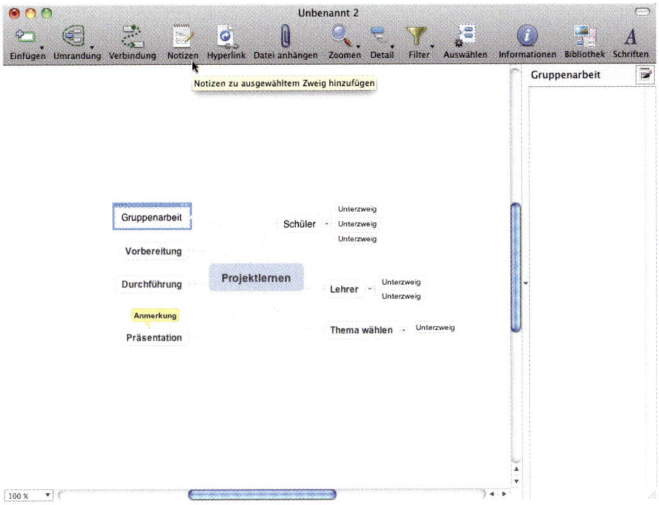

Fügen Sie zu einem Zweig Anmerkungen oder Notizen hinzu, indem Sie die Taste »Einfügen« oder »Notiz« betätigen.

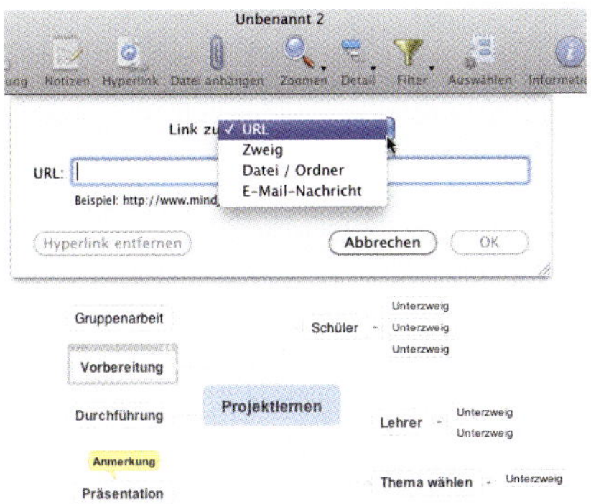

Markieren Sie einen Zweig und fügen einen Link hinzu, indem Sie die Taste »Hyperlink« anklicken, die Art des Links auswählen und mit OK bestätigen.

Sie fügen einen Hyperlink zu einem anderen Zweig in dieser oder einer anderen MindMap ein, indem Sie Ihre Auswahl einfach mit der Maus markieren.

Verschönern Sie Ihre *MindMap*, indem Sie eine Form aus dem Menü *Umrandungen* wählen.

Wählen Sie im Menü »Umrandungen« die Wolken, um Ihre Felder zu umranden.

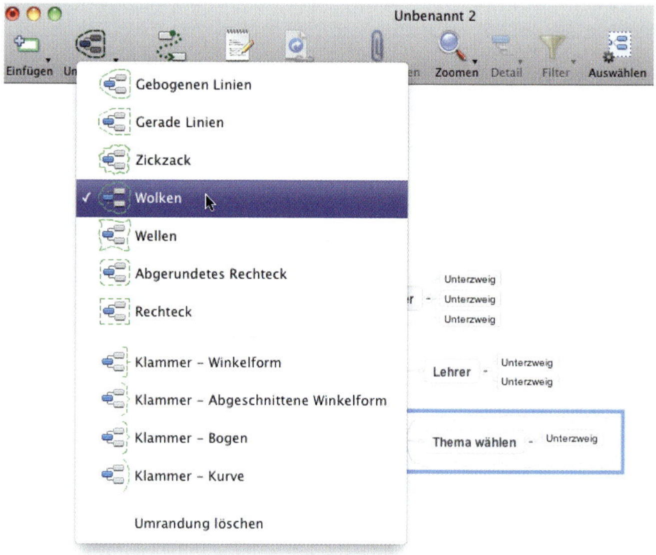

Jeden Zweig in Ihrer *MindMap* können Sie bequem per *Drag & Drop* verschieben, nachdem Sie ihn markiert haben. Sie können Zweige auch mit den Befehlen *Ausschneiden*, *Kopieren* und *Einsetzen* aus dem Menü *Bearbeiten* verschieben und kopieren.

Markieren Sie einen Zweig und verschieben ihn an eine andere Stelle.

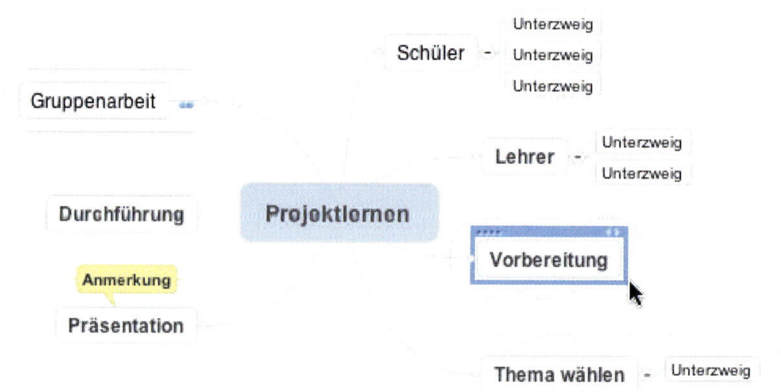

Einen Zweig können Sie einfach per Mausklick markieren. Bei gedrückter Maustaste können Sie einen Auswahlrahmen ziehen und auf diese Weise gleich mehrere Zweige markieren.

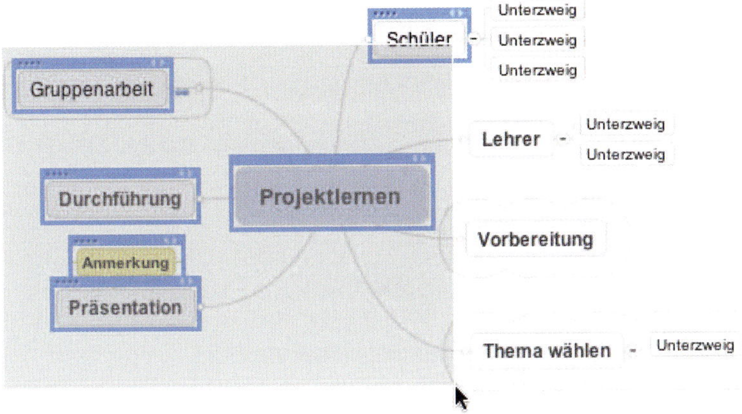

Einen Zweig markieren Sie einfach durch Anklicken, mehrere Zweige markieren Sie, indem Sie mit gedrückter Maustaste ein Auswahlrechteck aufziehen.

Wenn Ihre *MindMap* fertig ist, sichern und schließen Sie die Datei wie in jedem anderen Programm an dem gewünschten Ort mit einem Klick auf *Ablage* | *Sichern unter.*

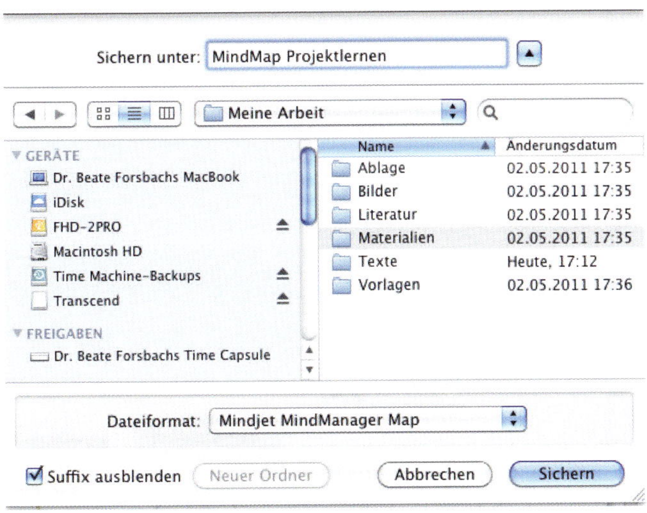

Speichern Sie Ihre MindMap unter dem gewünschten Namen an dem gewünschten Ort, z. B. im Unterordner »Materialien« Ihres Arbeitsordners.

Sie können Ihre *MindMap* in eine Vielzahl von Formaten wie z. B. *rtf*, *pdf*, *jpg*, *png*, *tiff* oder *html* exportieren, um sie in anderen Programmen zu verwenden. Insbesondere können Sie mit dem *MindManager* Grafiken für Ihre wissenschaftliche Arbeit produzieren und diese in Ihr *Word*-Dokument einfügen. Klicken Sie auf *Ablage* | *Exportieren* und wählen Sie eines der angebotenen Formate aus.

Sie können Ihre MindMap in vielen anderen Programmen weiter verwenden, exportieren Sie die Map einfach über »Ablage | Exportieren« in das gewünschte Format.

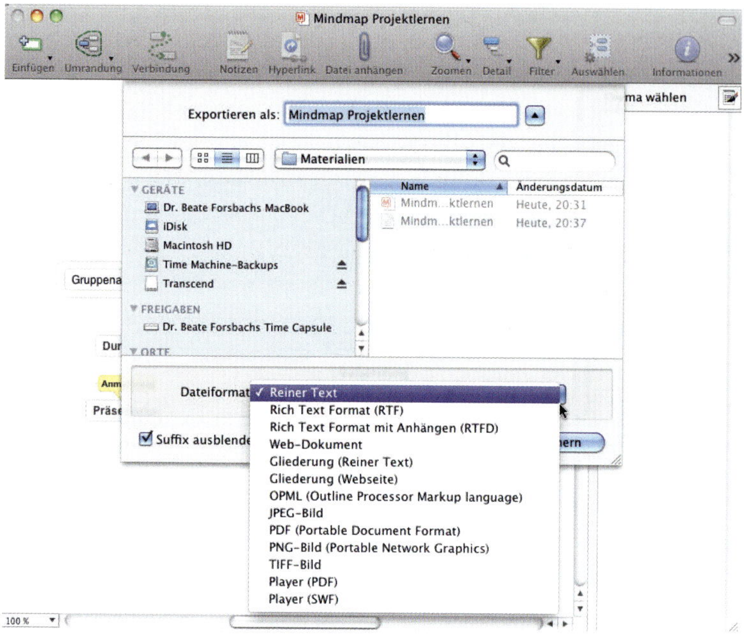

Mithilfe des *Mindjet*-Onlinedienstes können Sie Ihre *MindMap* in ein *Pages-* oder *Word*-Dokument oder in eine *Keynote-* oder *PowerPoint*-Präsentation konvertieren. Außerdem ist es möglich, ein *Pages-* oder *Word*-Dokument in eine Map zu konvertieren.

MindManager für iPad und iPhone

Kurz vor dem Abschluss des Manuskripts zu diesem Buch erschienen neue Versionen von *MindJet*, dem *MindManager* für das iPhone und das iPad. Sie sind zwar in englischer Sprache, aber leicht verständlich aufgebaut und zu bedienen. Sie können einfach neue Maps anlegen oder Maps importieren, die mit dem *MindManager* am Mac erstellt wurden.

Sie können *MindMaps* vom Mac auf dem iPhone oder iPad weiter bearbeiten, ebenso lassen sich die *MindMaps* vom iPhone und iPad problemlos auf dem Mac weiter bearbeiten. Das ist ein großer Vorteil, gerade in der Planungsphase Ihrer Arbeit, weil Sie Ihre Ideen in Form einer *MindMap* immer dabei haben können. Für den Import und Export senden Sie Ihre Maps einfach als Anhang von E-Mails. Beim Senden vom iPhone und iPad werden sowohl die *MindJet*-Datei als auch eine *pdf*-Datei versandt. Der Empfänger kann also das Ergebnis anschauen, ohne das Programm zu besitzen. Alternativ können Sie die Maps und *pdf*-Dateien über die WiFi-Verbindung zum Mac übertragen. Daneben können Sie die Maps auch über die *Dropbox-Cloud* synchronisieren.

Aufgrund des geringen Preises bietet es sich an, diese Apps zusätzlich zum *MindManager* anzuschaffen. Eine der Apps würde auch ausreichen, sofern Sie für Ihre Arbeit nur einfache *MindMaps* benötigen. Sie können mit dem iPad und dem iPhone Bildschirmfotos Ihrer Maps in guter Qualität im *png*-Format anfertigen. Importieren Sie die Bilder in *iPhoto* auf Ihrem Mac und exportieren Sie sie für den Druck im gewünschten Bildformat *(png, jpg* oder *tiff)* in den Bilder-Ordner Ihrer Arbeit. Von dort können Sie die Maps später als Abbildungen in die *Word*-Datei Ihrer Arbeit integrieren.

Schicken Sie zunächst eine *MindMap* per E-Mail an Ihr iPhone oder iPad. Tippen Sie auf die Map im Anhang und dann auf die Taste *In »Mindjet« öffnen*.

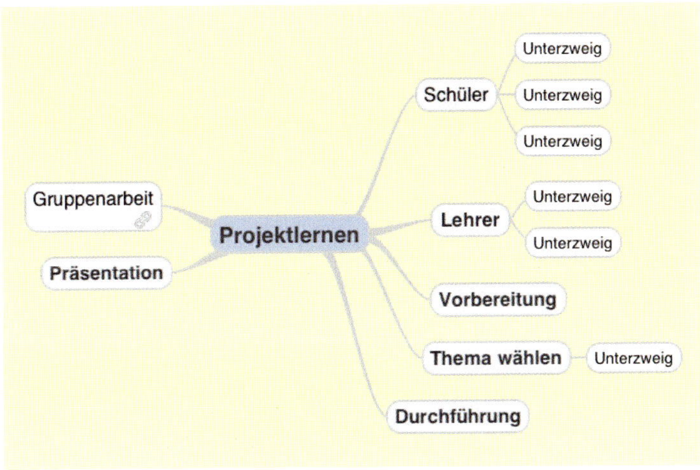

Machen Sie auf Ihrem iPad oder iPhone ein Bildschirmfoto von der MindMap, indem Sie den Ein-/Ausschalter gleichzeitig mit dem Home-Button antippen.

Senden Sie die MindMap per E-Mail an Ihr iPhone und öffnen Sie sie durch Antippen.

Um einen neuen Zweig hinzuzufügen, tippen Sie auf einen Ast und schieben in Richtung eines roten Pfeils. Der neue Zweig erscheint nun als Hauptzweig, den Sie durch Antippen umbenennen können. Um den Zweig weiter zu bearbeiten, tippen Sie zweimal, halten den Zweig und gelangen so in ein Kontextmenü, in dem Sie u. a. ausschneiden, kopieren oder löschen können.

Erstellen Sie einen neuen Zweig, indem Sie auf einen Ast tippen und in Richtung eines Pfeils schieben.

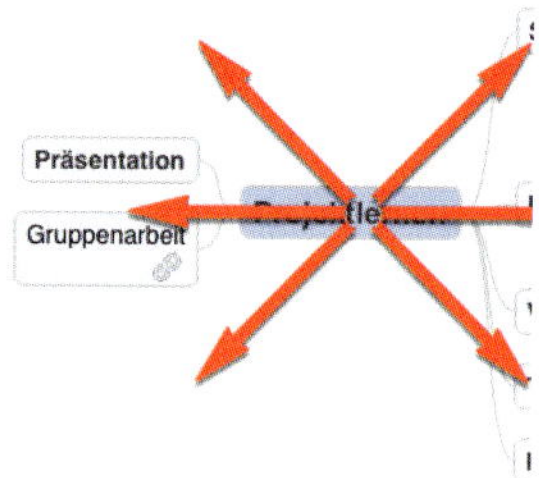

Der neue Zweig erscheint als Hauptzweig, den Sie umbenennen können.

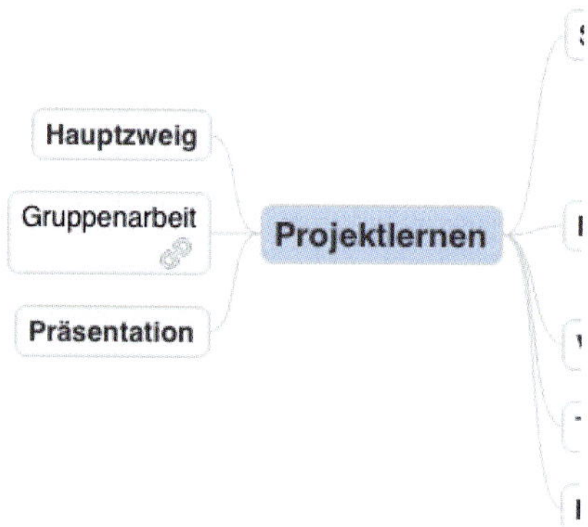

Tippen Sie auf den Zweig und geben Sie in dem Fenster einen neuen Namen ein.

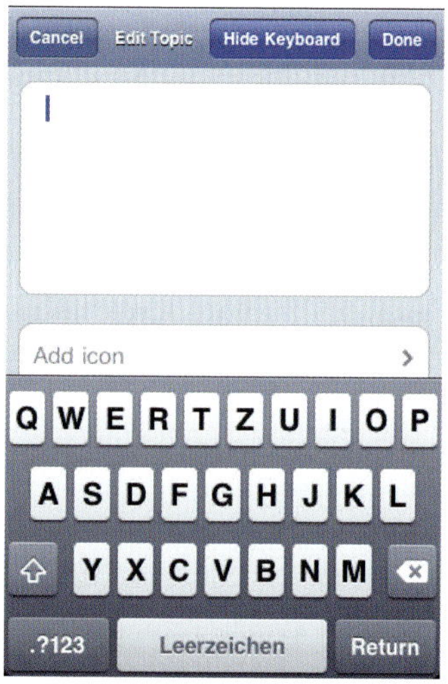

Tippen Sie zweimal und das Kontextmenü öffnet sich.

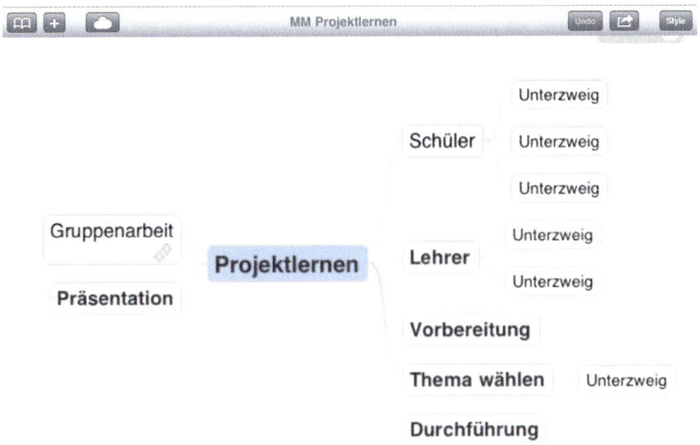

Die MindMap wird am iPad genauso gut angezeigt wie am iPhone, nach Wunsch im Hoch- oder Querformat.

Die Bedienung des Programms erfolgt intuitiv – tippen Sie auf den oberen Rand des Bildschirms, um das Menü anzuzeigen. Öffnen Sie links das Fenster mit den zur Verfügung stehenden Maps und wählen Sie eine aus, um sie zu bearbeiten. Unten sehen Sie das Symbol für die *Dropbox-Cloud* und Tasten für den Transfer per *WiFi*, den Versand per E-Mail und die Hilfe.

Klappen Sie die Liste der zur Verfügung stehenden Maps durch Antippen aus.

Klicken Sie auf die *Plus*-Taste, um eine neue Map zu erstellen. Geben Sie den Namen ein und tippen Sie dann auf *Color*, um das Farbauswahlmenü zu öffnen und eine Farbe auszuwählen.

Durch Antippen der Plustaste können Sie eine neue Map erstellen.

Mit Tipp auf »Color« suchen Sie sich eine schöne Farbe aus.

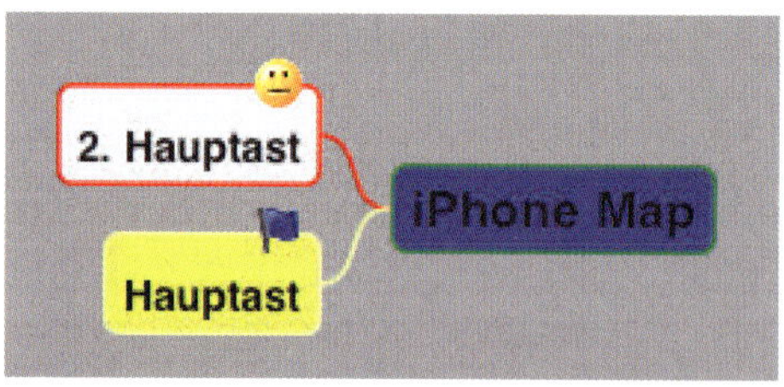

Tippen Sie auf das zentrale Feld und erstellen Sie einen neuen »tragfähigen« Hauptast, indem Sie in Richtung eines roten Pfeils streichen. Tippen Sie auf den neuen Hauptast und benennen Sie ihn.

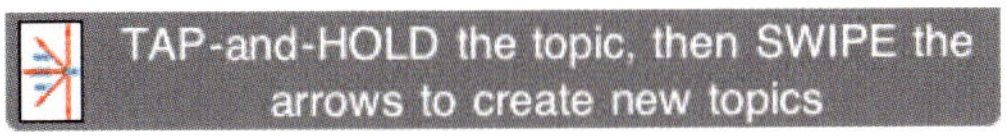

Folgen Sie den Anweisungen am Bildschirm und erstellen Sie einen neuen Hauptast.

Benennen Sie den neuen Hauptast, indem Sie darauf tippen.

Schon erscheint der neue Hauptast mit der richtigen Bezeichnung.

Erzeugen Sie weitere Hauptäste und ordnen Sie sie nach Ihren Wünschen einfach per *Drag & Drop* an.

Erzeugen Sie weitere neue Hauptäste …

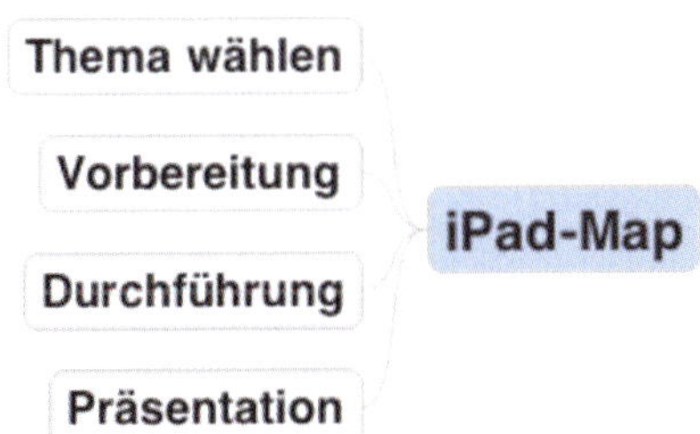

… und verschieben Sie sie per Drag & Drop.

Tippen Sie auf den neuen Hauptast und geben in dem Dialogfenster den Namen ein. Tippen Sie auf *Add Icon*, um ein Symbol hinzuzufügen, auf *Color*, um eine Farbe für das Feld oder den Rahmen zu wählen, und auf *Shape*, um eine Rahmenform zu wählen. Danach können Sie noch einen passenden Stil auswählen.

In dem Dialogfenster können Sie das Aussehen des neuen Astes festlegen.

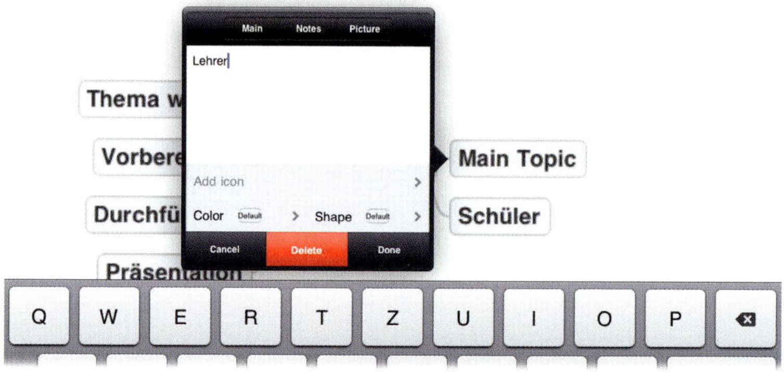

Klicken Sie auf »Add Icon«, um eines der vielen Symbole auszuwählen.

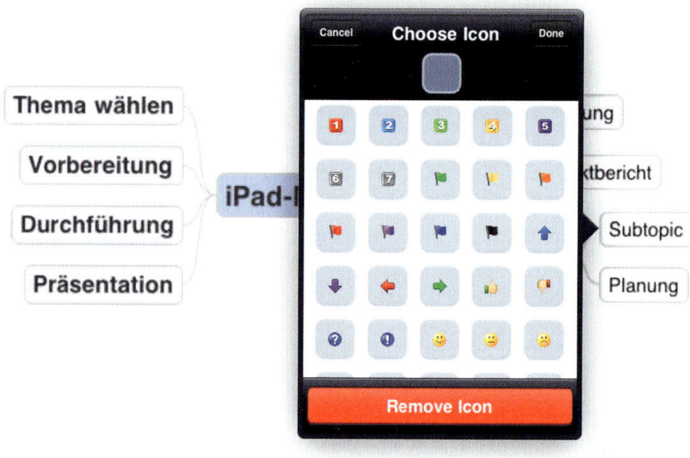

Mit Smileys sieht die MindMap gleich viel freundlicher aus.

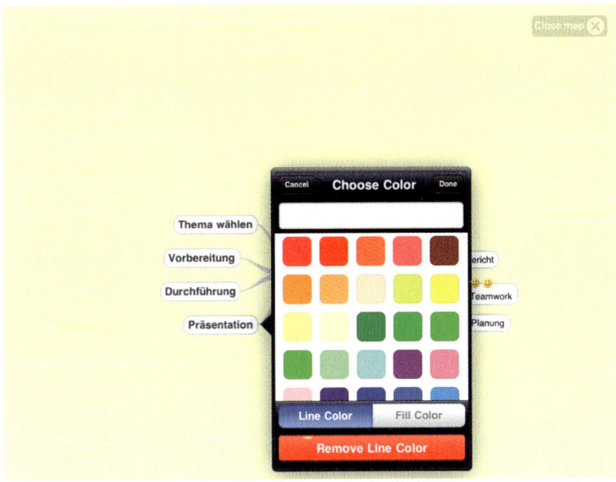

Wählen Sie eine Farbe für das Feld und den Rahmen, …

… Felder und Rahmen in verschiedenen Farben, und …

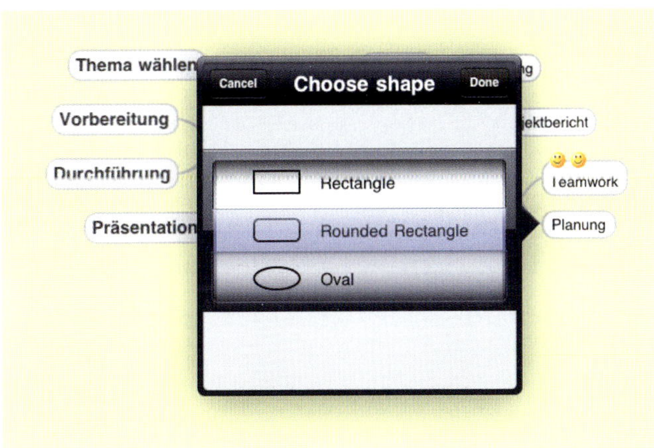

… über »Shape« können Sie verschiedene Rahmen wählen.

Klicken Sie rechts oben auf »Style« und wählen Sie einen passenden Stil für Ihre Map.

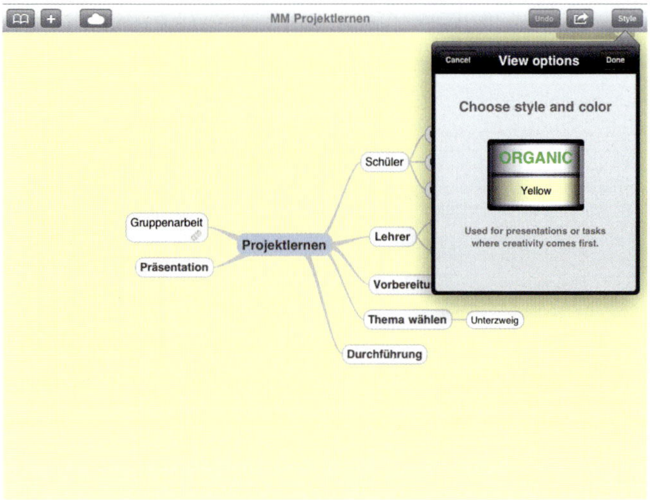

Wie wäre es mit diesem Stil? Die Zweige am Ast »Gruppenarbeit« sind übrigens gerade eingeklappt.

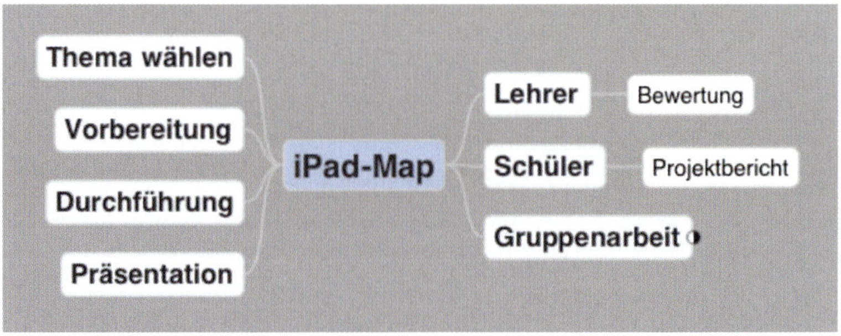

Oder gefällt Ihnen dieser Stil besser?

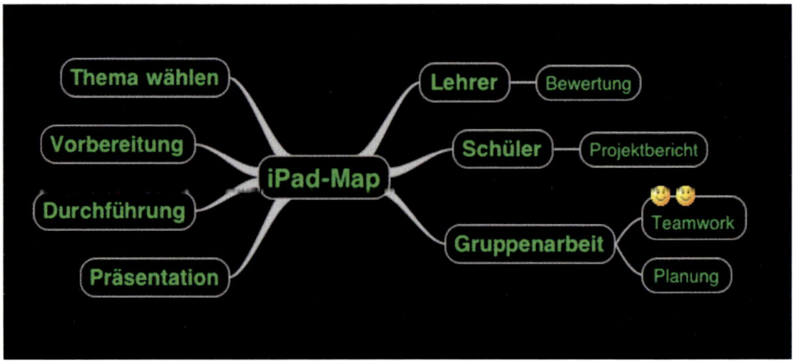

Um die *MindMap* per E-Mail zu versenden, klicken Sie auf die Taste am Bildschirm oben rechts neben der Stil-Taste. Tragen Sie nur noch die E-Mail-Adresse des Empfängers ein und tippen Sie auf *Send*. Alternativ können Sie auch in der Map-Liste unten auf *E-Mail* tippen, und dann auf das Mail-Symbol neben der gewünschten Map. Tragen Sie den Empfänger ein und senden Sie die Mail ab. Sie kommt als Text-Gliederung, als *MindManager*-Datei und als PDF beim Empfänger an.

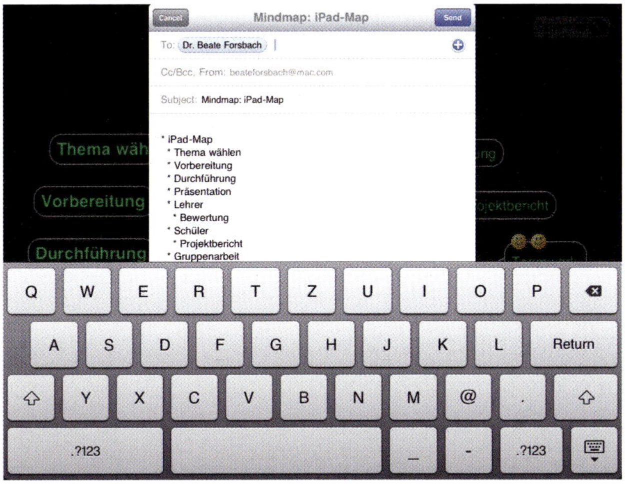

Verschicken Sie Ihre Map per E-Mail an Ihren Mac oder einen anderen Empfänger.

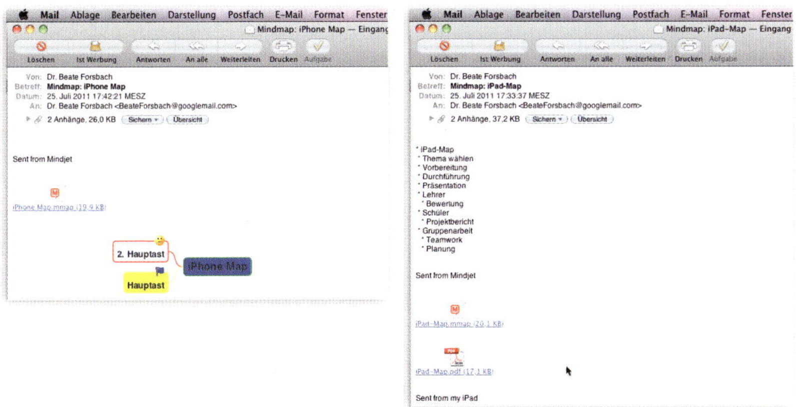

Vom iPhone (links) erreicht die MindMap als MindManager-Datei und als PDF Ihren Mac.

Vom iPad (rechts) kommt die MindMap als Text-Gliederung, als Mindmanager-Datei und als PDF an.

Mit einem Klick öffnet sich die *MindManager*-Datei im Programmfenster des *MindManager* und Sie können sie nach Ihren Wünschen weiter bearbeiten.

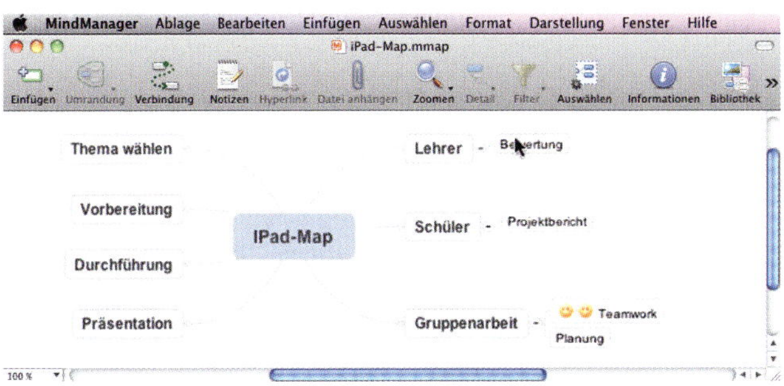

Die Map von Ihrem iPad oder iPhone können Sie auf Ihrem Mac weiter bearbeiten.

Klicken Sie auf Ihrem iPad oder iPhone unten in der Map-Liste auf *Transfer*, um die Map per WiFi zu übertragen. Es öffnet sich ein Fenster mit einer Adresse, die Sie in den Browser Ihres Mac übertragen müssen. In Ihrem Browser erscheint nun eine Liste der Maps vom iPad oder iPhone, die Sie einfach per Klick downloaden können. Auch der Upload vom Mac auf das iPad oder iPhone kann auf diesem Weg erfolgen.

Tippen Sie unten in der Map-Liste »Transfer« an und übertragen Sie die angegebene Adresse in den Browser Ihres Mac.

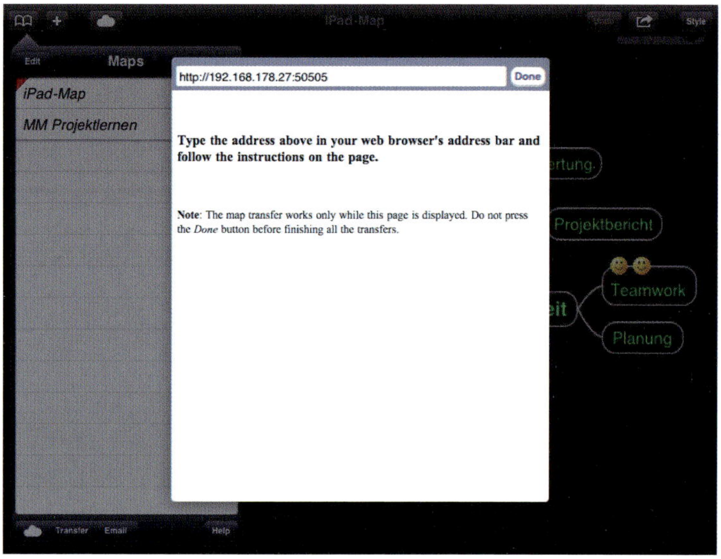

Laden Sie die Maps von Ihrem iPad oder iPhone auf den Mac.

Tippen Sie das Wolken-Symbol an und geben Sie die Angaben Ihrer *Dropbox* ein, wenn Sie den Transfer über die *Cloud* wünschen.

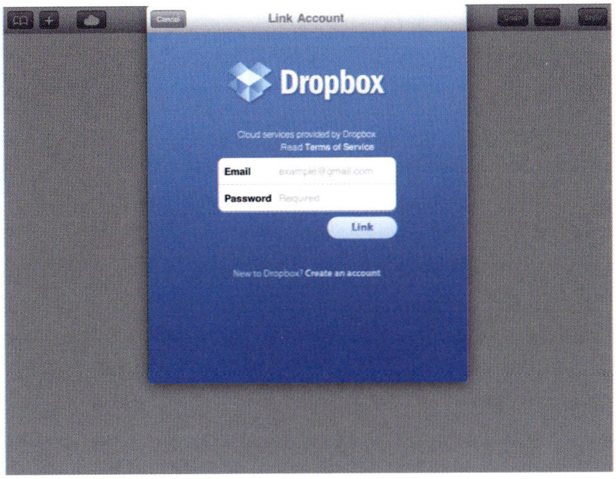

Über das Cloud-Symbol öffnen Sie das Dialogfenster für Ihre Dropbox.

Mit der *iCloud* von Apple wird es sicherlich weitere Übertragungswege geben, auf die wir ggf. in einem Online-Kapitel zu diesem Buch hinweisen werden. Bitte schauen Sie deswegen auch nochmals hier vorbei: `www.mandl-schwarz.com/support/`

Themenfindung und Themeneingrenzung

Nachdem Sie Ihre Ideen und Interessen zu einem allgemeinen Thema gesammelt und in einer *MindMap* schon ein wenig strukturiert haben, müssen Sie nun das eigentliche Thema Ihrer Arbeit finden und formulieren. In jeder wissenschaftlichen Arbeit geht es darum, etwas zu untersuchen und zu erforschen. Es ist daher wichtig, dass ein bestimmtes Problem, eine klare Fragestellung präzise formuliert wird. Diese Fragestellung leitet Sie dann wie ein »roter Faden« durch die gesamte Arbeit – in allen Teilen der Arbeit muss ein Bezug zu diesem Problem erkennbar sein. Am Schluss der Arbeit sollten Sie dann zusammenfassend ein Ergebnis formulieren, das eine Antwort auf die anfangs gestellte Frage gibt. Sie können also nicht »nur Ihre persönliche Meinung« aufschreiben oder einfach ein Buch zum Thema referieren. Sie müssen eine Argumentation aufbauen, in der Sie die wichtigsten Informationen, Untersuchungen, Texte, Materialien, Daten usw. zu Ihrem Thema berücksichtigen.

Bei der Themenfindung und Themeneingrenzung kann Ihr Mac Ihnen nicht wirklich helfen. Legen Sie einfach eine Datei in *TextEdit*, *Pages* oder *Word* an, um durch Schreiben Ihr persönliches, ganz spezielles Thema zu finden. Wie man eine Textdatei auf dem Mac anlegt, haben Sie bereits im ersten Kapitel erfahren. Öffnen Sie *TextEdit* im Ordner *Programme* und schon haben Sie eine Datei, in der Sie Ihre Überlegungen zum Thema aufschreiben können.

In ihrem Buch zur »Themenzentrierten Interaktion« beschreibt Ruth Cohn die thematische interaktionelle Methode für das Lernen in Gruppen. Dabei sind drei Faktoren von Bedeutung, die man sich bildlich als Eckpunkte eines gleichseitigen Dreiecks vorstellen kann: Das *Ich*, also die Persönlichkeit des Einzelnen, das *Wir*, die Gruppe und das E*s, d*as Thema. Dieses Dreieck muss man sich eingebettet in eine Kugel vorstellen, die die Umgebung symbolisiert – bestehend aus Zeit, Ort und den historischen, sozialen und gesellschaftlichen Bedingungen.

Diese Faktoren sind auch für Ihre wissenschaftliche Arbeit von Bedeutung: Der *Ich*-Aspekt meint Ihren persönlichen Bezug zum Thema, den Sie im letzten Abschnitt »Ideen und eigene Interessen sammeln« bereits geklärt haben. Beim *Wir*-Aspekt geht es um die Interessen der anderen, ihre möglichen Vorkenntnisse und Fragen in Bezug auf das Thema. Beim *Es*-Aspekt geht es um das Thema als Sache, sowohl um den Inhalt als auch um den Titel des Themas.

Dieser sollte möglichst keine negativen Assoziationen hervorrufen. »Schwierigkeiten bei der Umsetzung des fächerübergreifenden Unterrichts« ist sicherlich ein schlechterer Titel als »Idee und Möglichkeiten des fächerübergreifenden Unterrichts«, wie das vorläufige Thema meiner eigenen Dissertation hieß.

Dabei waren die äußeren Gegebenheiten, z. B. historische, didaktische, methodische Aspekte oder die Situation in den Schulen der verschiedenen Bundesländer, noch gar nicht berücksichtigt. So wurde der Titel meiner Dissertation später formuliert als »Fächerübergreifender Unterricht aus der Sicht des Faches Musik«. Das war der *Es*-Aspekt – die Sache, von der die Arbeit handelte. Im Untertitel kamen der *Ich*-Aspekt, der *Wir*-Aspekt und die äußeren Gegebenheiten der Umgebung dazu: »Eine historisch-systematische Untersuchung von Theorien und Praxen sowie der Entwurf eigener Modelle und einer Konzeption des fächerübergreifenden Unterrichts mit Musik«.

Stellen Sie sich das Thema Ihrer Arbeit schon in der Anfangsphase als Buchtitel vor. Der Sachaspekt sollte klar erkennbar sein, der Ich-Aspekt, der Wir-Aspekt und die äußeren Gegebenheiten können im Untertitel berücksichtigt werden.

Doch nun einige praktische Tipps zu Ihrem Thema. Schreiben Sie in Ihrer Themenfindungs-Datei Antworten auf folgende Fragen zum *Ich*-Aspekt auf:

- Was interessiert mich ganz besonders an dem Thema?
- Welche Erinnerungen habe ich an Gedanken und Erlebnisse, die zu diesem Thema gehören?
- Was weiß ich schon über dieses Thema?
- Welche Fragen möchte ich klären?
- Was möchte ich untersuchen?
- Was ist für mich das eigentliche Problem?
- Auf welchen Teilbereich möchte ich mich beschränken?

Zur Klärung des *Es*-Aspektes können folgende Fragen hilfreich sein:

- Worum geht es eigentlich?
- Was ist das für ein Problem?

- Was muss man darüber wissen?
- Wer hat dazu schon eine klare Position bezogen?
- Welche Arbeiten wurden schon zu diesem Thema geschrieben?
- Welche Meinungen und Einstellungen herrschen vor?
- Welche Bedeutung hat die Sache in der Zukunft?

Nun noch einige Fragen zur Klärung des *Wir*-Aspektes:

- Was könnte für andere daran interessant sein?
- Was wissen andere schon darüber?
- Was möchte ich anderen (Studenten, Lehrern, Wissenschaftlern usw.) vermitteln?
- Was haben andere davon, wenn ich eine Arbeit über dieses Thema schreibe?

Ein selbst gewähltes Thema ist oft viel zu weit gefasst – versuchen Sie es mithilfe Ihres Betreuers einzugrenzen. Denn die Bearbeitung des Themas soll ja auch in der vorgesehenen Zeit möglich sein. Umberto Eco gibt in seinem lesenswerten Buch *Wie man eine wissenschaftliche Abschlussarbeit schreibt* (2010, S. 14f.) vier Faustregeln für die Auswahl des Themas einer wissenschaftlichen Arbeit an:

- Das Thema soll den Interessen des Kandidaten entsprechen.
- Die Quellen, die herangezogen werden müssen, sollen für den Kandidaten auffindbar sein, d. h. sie müssen ihm tatsächlich zugänglich sein.
- Der Kandidat soll mit den Quellen, die herangezogen werden müssen, umgehen können, d. h. sie müssen seinem kulturellen Horizont entsprechen.
- Die methodischen Ansprüche des Forschungsvorhabens müssen dem Erfahrungsbereich des Kandidaten entsprechen.

Material sichten

Stoffsammlung in Pages

Nachdem Sie sich mit den verschiedenen Aspekten Ihres Themas beschäftigt haben, sollten Sie das zur Verfügung stehende Material sichten. Erst danach können Sie Ihr Thema endgültig festlegen. Wir wollen Ihnen nun zeigen, wie Sie eine übersichtliche Stoffsammlung und ein elektronisches Archiv anlegen können. Legen Sie zunächst einen Ordner und eine Textdatei für die Stoffsammlung an.

Da Sie *Pages* recht einfach handhaben und jede Datei später als *Word*-Dokument exportieren können, zeigen wir Ihnen hier die Anlage einer Stoffsammlung in *Pages*. Alternativ können Sie die Stoffsammlung auch in *TextEdit* anlegen, da man die Textdateien ebenfalls als *Word*-Dokument speichern kann.

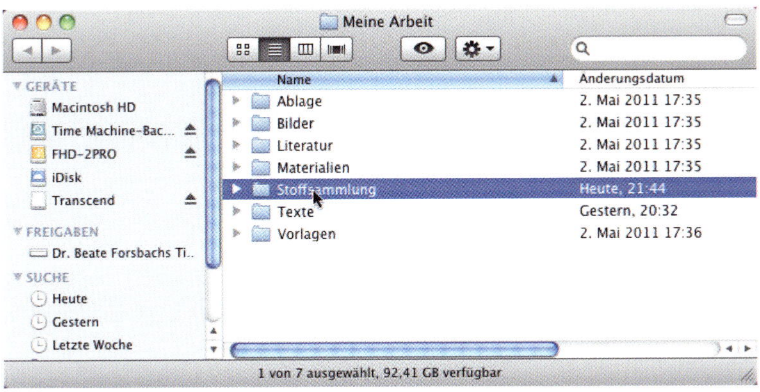

Öffnen Sie Ihren Arbeitsordner und klicken Sie auf »Ablage | Neuer Ordner«, benennen Sie den neuen Ordner mit »Stoffsammlung«.

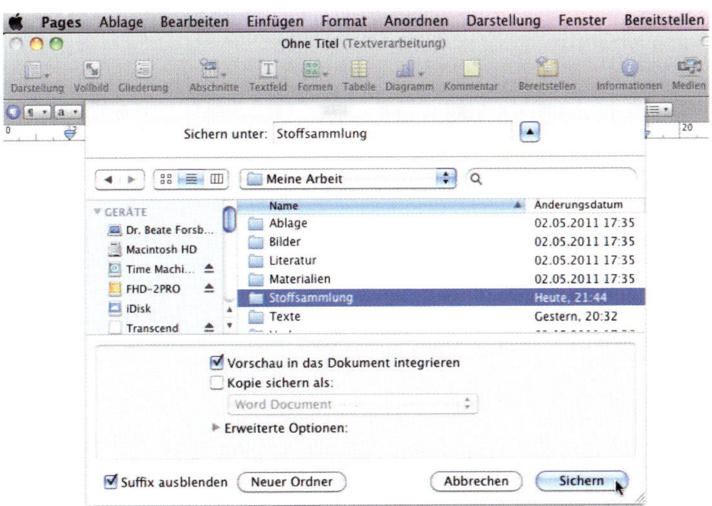

Erstellen Sie nun eine neue Datei in »Pages«, klicken auf »Sichern unter«, benennen Ihre Datei und speichern Sie in dem gewünschten Ordner.

Alternativ können Sie zuerst die Datei erstellen und beim Sichern »Neuer Ordner« anklicken. Geben Sie den Namen des neuen Ordners an, klicken Sie auf »Erstellen« und sichern Sie Ihre Datei in dem Ordner.

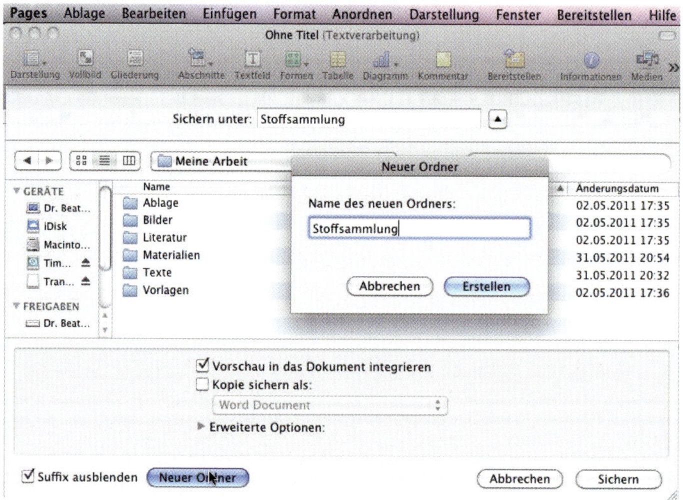

Legen Sie jetzt Ihre Stoffsammlung in *Pages* an. Schreiben Sie einige Oberbegriffe zum Thema Ihrer Arbeit in die Datei. Erfahren Sie nun, wie Sie die verschiedenen Textteile formatieren können – das ist nützlich auch für den Fall, dass Sie Ihre Arbeit später in *Pages* erstellen wollen. Klicken Sie die runde blaue Taste oben links im *Pages*-Fenster, mit der Sie die so genannten *Stile* für den Text einblenden können. Daraufhin öffnet sich ein Fenster mit einer Auswahl von Absatz-, Zeichen- und Listenstilen.

Mit der kleinen runden Taste oben links können Sie die Stile für den Text einblenden.

Hier sehen Sie eine Auswahl von Absatz-, Zeichen- und Listenstilen.

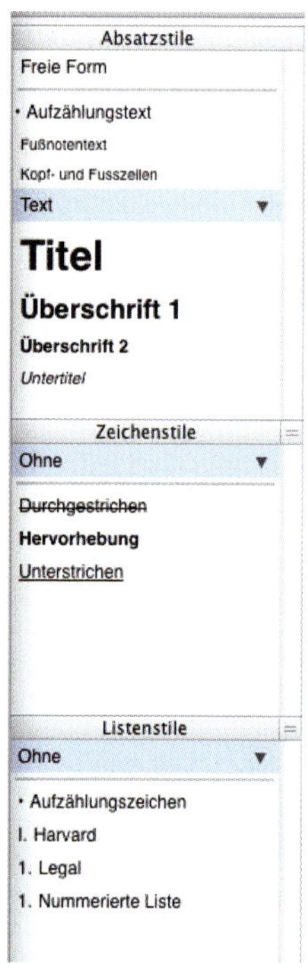

Markieren Sie die Überschrift *Stoffsammlung*, klicken Sie den Absatzstil *Titel* an und schon erscheint Ihre Überschrift in dem entsprechenden Stil.

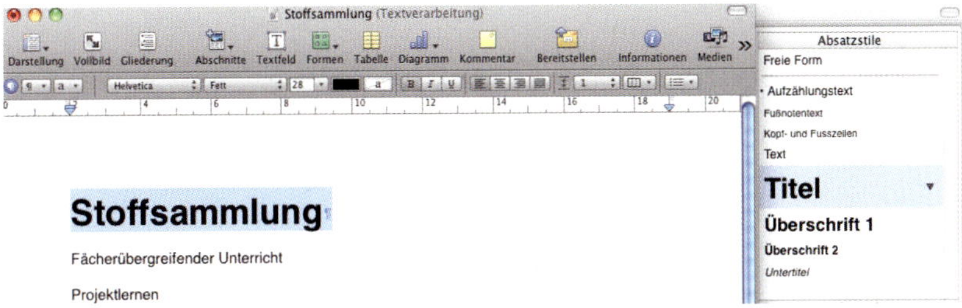

Markieren Sie den Begriff und weisen ihm durch Anklicken den gewünschten Absatzstil zu.

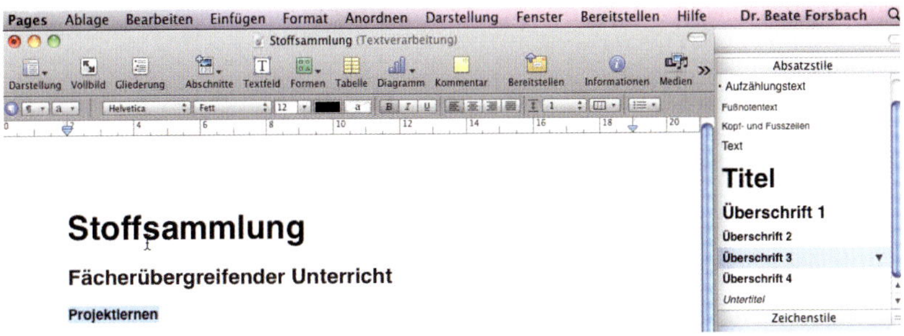

Sie können verschiedenen Begriffen verschiedene Überschriftenebenen zuweisen.

Sie können jede *Pages*-Datei in eine *Word*-Datei exportieren, die Sie mit *Microsoft Word* auf dem Mac genau wie auf einem Windows-Computer weiterbearbeiten können.

Auch wenn viele Universitäten und Verlage die Abgabe von Arbeiten und Manuskripten als *Word*-Datei verlangen, müssen Sie sich also nicht unbedingt *Office:Mac 2011* kaufen – zumindest sofern Sie besser mit *Pages* arbeiten können. Ein Testlauf vorab zusammen mit Ihren Publikations-Partnern ist aber in jedem Fall hilfreich.

Klicken Sie auf »Ablage | Exportieren« und es öffnet sich ein Fenster, in dem Sie wählen können, in welches Format Ihre Datei exportiert werden soll.

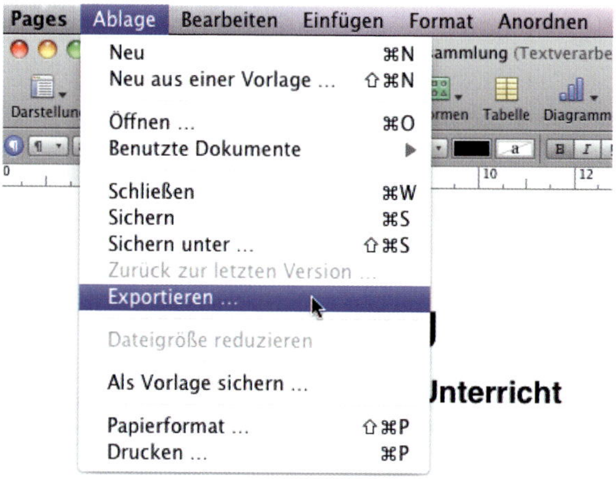

Wählen Sie »Word« und klicken Sie auf »Weiter«.

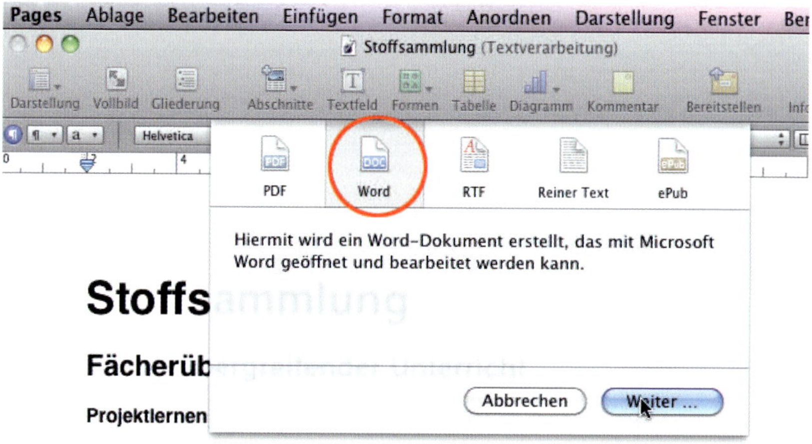

Es erscheint ein Fenster, in dem Sie den Speicherort wählen können. Klicken Sie auf »Exportieren« und schon ist Ihre Datei als Word-Dokument im gewünschten Ordner abgelegt.

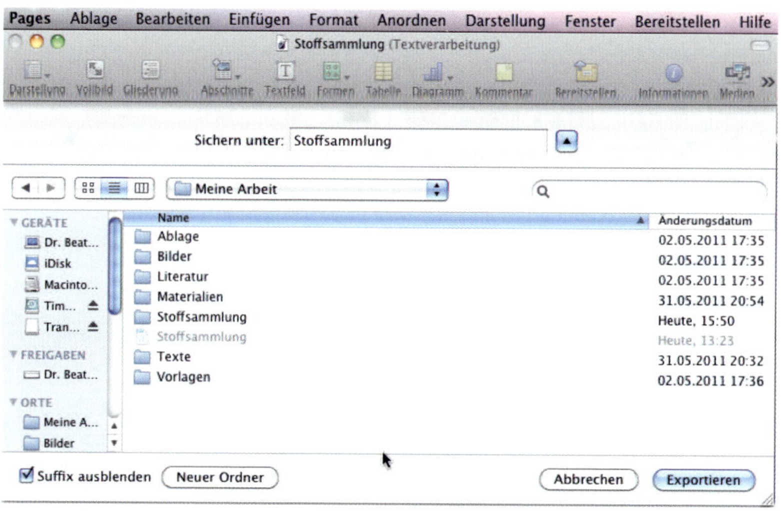

Falls Sie nur eine kürzere Arbeit – z. B. eine schriftliche Hausarbeit in Schule oder Proseminar – schreiben wollen, sind die Möglichkeiten von *Pages* sicherlich ausreichend. Sobald Sie aber längere Arbeiten planen, sollten Sie das Programm *Word* benutzen. Auch wenn es anfangs etwas schwieriger ist, sich einzuarbeiten, werden Sie die großen Vorzüge von *Word* irgendwann im Laufe Ihrer Arbeit schätzen lernen, vielleicht schon beim Anlegen der Stoffsammlung.

Stoffsammlung in Word

Es gibt einen großen Vorteil, wenn Sie von jetzt ab in *Word* arbeiten. Sie gewöhnen sich schon an das komplexere Programmfenster und lernen nach und nach einige wichtige Funktionen von *Word* kennen. Gerade bei der Stoffsammlung gibt es noch einen weiteren Vorteil – denn *Word* bietet zwei nützliche Funktionen, mit denen Sie den Überblick in Ihrer Stoffsammlung behalten können: Den *Dokumentstrukturbereich* und die *Gliederungsansicht*.

Um eine Stoffsammlung in *Word* anzulegen, starten Sie bitte das Programm und öffnen ein neues Dokument. Wenn die neue Datei nicht gleich beim Öffnen des Programms auf Ihrem Bildschirm erscheint, klicken Sie auf die Taste mit dem kleinen grünen Kreis und dem Plus oben links oder auf *Datei | Neues leeres Dokument.*

Mit einem Klick auf die Taste oben links erstellen Sie ganz einfach ein neues Word-Dokument.

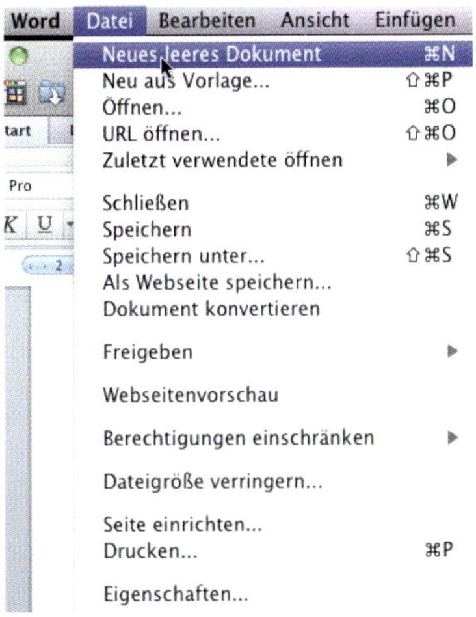

Sie können auch über das Menü »Datei | Neues leeres Dokument« ein neues Word-Dokument erstellen.

Schreiben Sie einige Oberbegriffe für Ihre Stoffsammlung in die Datei und klicken Sie auf die runde blaue Taste im Feld *Formatvorlagen* – nun springt ein Auswahlfenster auf. Sie können hier vordefinierte Formatvorlagen auswählen und Ihren Begriffen zuweisen.

Klicken Sie auf die runde blaue Taste im Feld »Formatvorlagen« und schon öffnet sich ein Auswahlfenster wie im nachfolgenden Bild rechts.

Markieren Sie einen Begriff und wählen Sie die passende Formatvorlage aus.

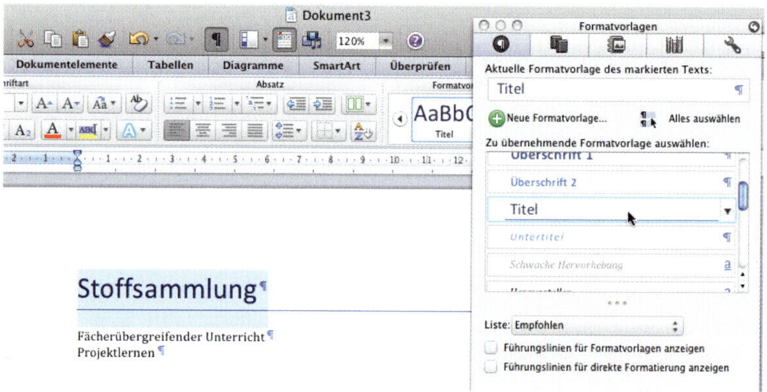

Sie können auch mehrere Überschriften markieren und Ihnen dann dieselbe Formatvorlage zuweisen.

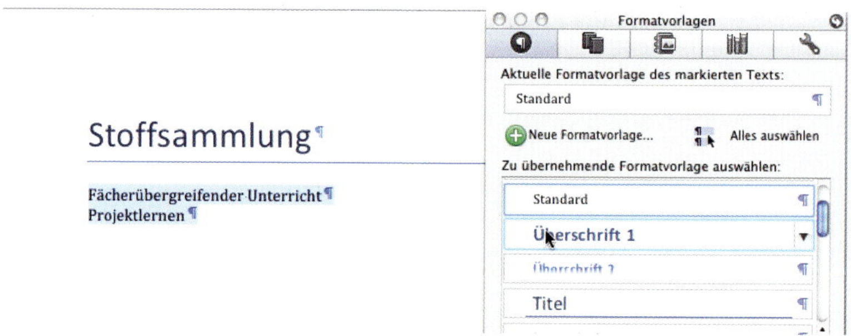

Mit einem Klick sind Ihre Überschriften gleichmäßig formatiert.

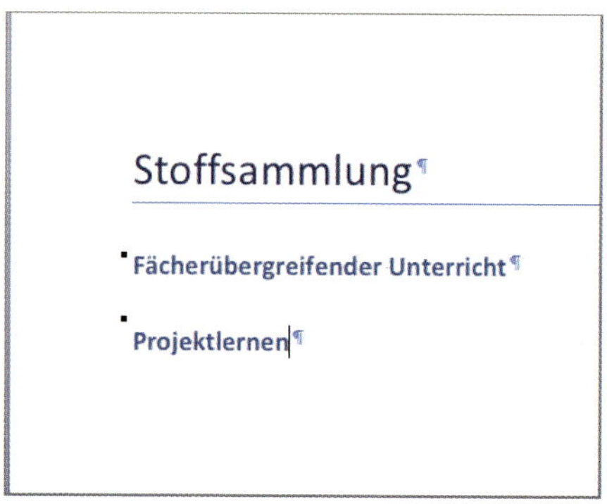

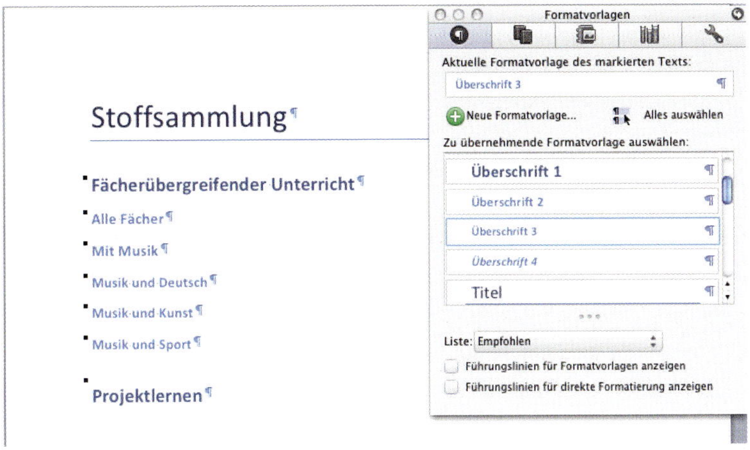

Schreiben Sie Unter-Begriffe auf und weisen ihnen die entsprechende Unter-Überschrift zu.

Nun möchte ich Ihnen zeigen, welche Vorteile diese – zunächst etwas lästige – Zuweisung von Überschriften für Teile Ihrer Stoffsammlung hat. Ganz oben in der Mitte des Programmfensters gibt es eine Taste *Randleiste anzeigen oder ausblenden.* Sobald Sie diese Taste anklicken, erscheint links neben dem Textbereich eine Randleiste, in der die Überschriften in Baumstruktur erscheinen – durch Anklicken gelangen Sie mühelos in die entsprechenden Bereiche Ihres Dokuments.

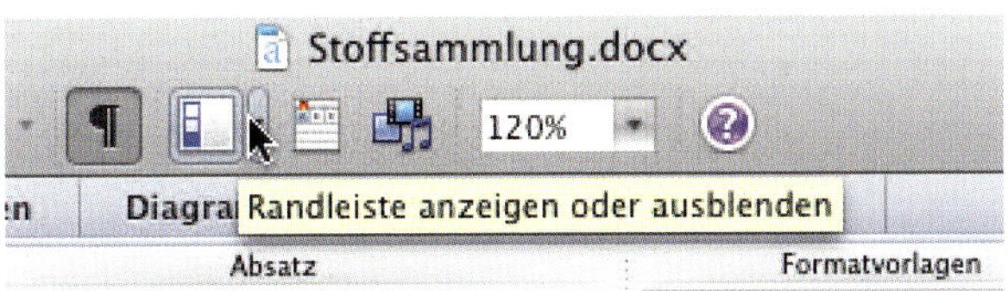

Mit dieser Taste können Sie die Randleiste ein- und ausblenden.

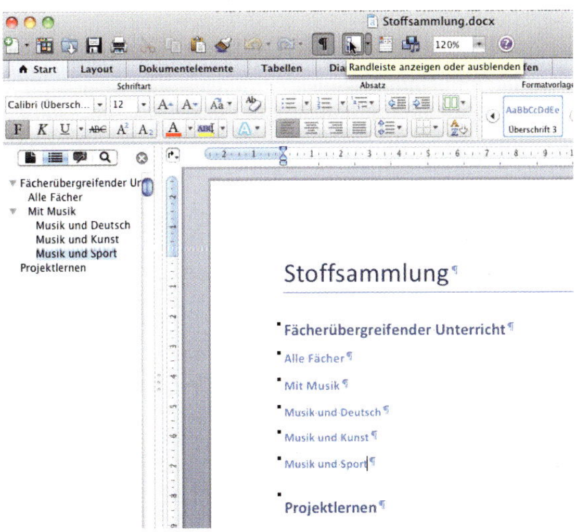

Die Überschriften Ihres Dokuments erscheinen wohlgeordnet in der Randleiste. Sie können per Klick jeden gewünschten Bereich Ihres Dokuments erreichen.

Diese Randleiste nennt sich *Dokumentstrukturbereich.* Daneben gibt es den für Ihre Übersicht im Dokument recht praktischen *Miniaturansichtenbereich,* außerdem einen *Überarbeitungsbereich* und einen *Suchbereich.*

Links: Wechseln Sie über die Symbole in der Randleiste in den Miniaturbildbereich und navigieren Sie von Seite zu Seite.

Rechts: Auch das Suchfeld ist für Ihre Arbeit sehr praktisch …

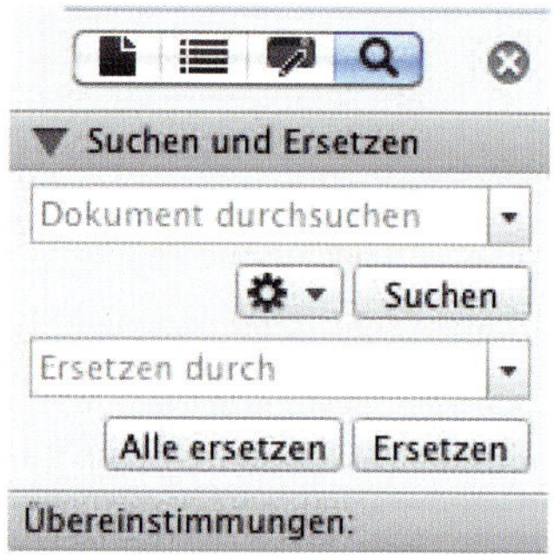

Wie in anderen Programmen gibt es auch in *Word* meist mehrere Möglichkeiten, das gewünschte Ergebnis zu erzielen. Es genügt, wenn Sie *eine* Möglichkeit kennen. Schauen Sie sich trotzdem bitte noch das kleine Auswahlmenü für den Randbereich an, das Sie ganz oben im Programmfenster aufklappen können.

Den gewünschten Bereich können Sie natürlich auch gleich anwählen, indem Sie über das kleine Dreieck neben dem Randleistensymbol ein Auswahlmenü aufklappen.

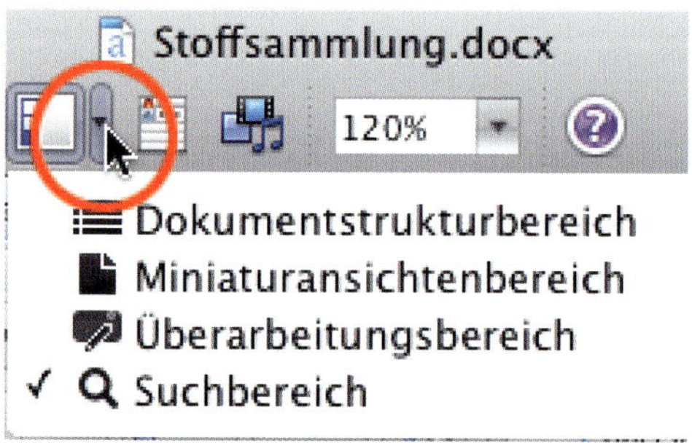

Die *Gliederungsansicht* ist eine weitere nützliche Funktion, mit der Sie einen Überblick über Ihre Stoffsammlung bekommen können. Klicken Sie bitte *Ansicht | Gliederung,* und schon erscheint Ihre Datei in einem neuen »Outfit«: Alle Überschriften sind geordnet dargestellt, die Struktur ist deutlich zu erkennen – wie in einer *MindMap.*

Ein neues »Outfit« für Ihre Stoffsammlung: Die Gliederungsansicht.

Nun möchte ich Ihnen die Vorteile dieser Gliederungsansicht an einem Kapitel aus meiner Dissertation zeigen. Man kann wählen, wie viele Ebenen angezeigt werden. Sie können also den gesamten Text Ihres Kapitels gegliedert anzeigen lassen oder nur bestimmte Überschriftenebenen. In der Gliederungsansicht können Sie dann ohne großen Aufwand ganze Abschnitte in Ihrem Text umstellen – bei automatischer Nummerierung werden sogar die Abschnittsnummern angepasst.

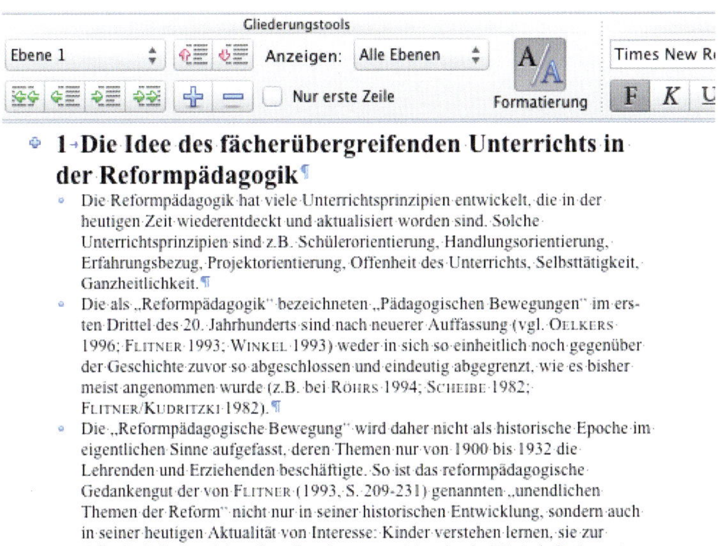

Wählen Sie unter »Anzeigen« in der Gliederungsansicht »Alle Ebenen«, und Sie können Ihren gesamten Text in der Gliederungsansicht lesen.

Wählen Sie unter »Anzeigen« z. B. »Ebene 3«, so werden nur die Überschriftsebenen 1, 2 und 3 angezeigt. Sie haben einen Überblick über Ihr gesamtes Dokument.

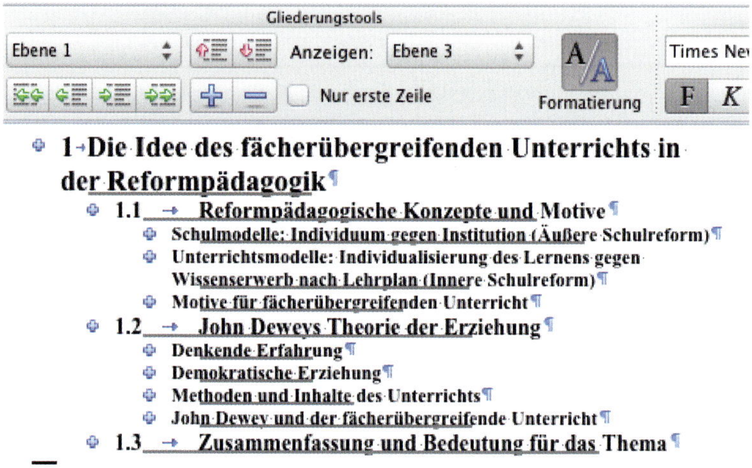

In der Gliederungsansicht können Sie ganz einfach ganze Teile Ihres Textes umstellen. Die Nummern der Überschriften werden automatisch angepasst.

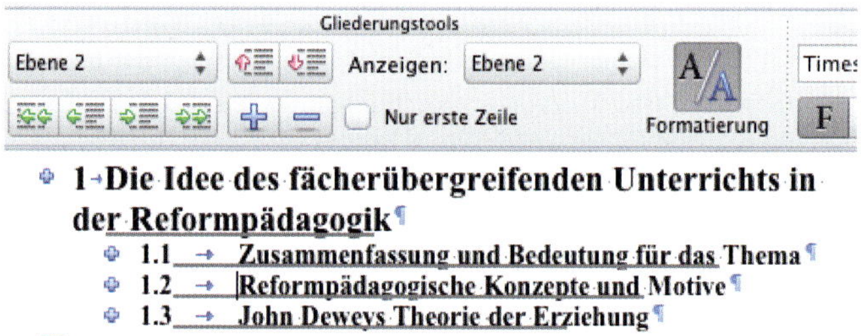

Nun haben Sie schon einige grundlegende Kenntnisse über den Umgang mit *Word* erfahren. Wir wollen nun ein elektronisches Archiv anlegen, indem Sie Ihre gesichteten Materialien aufbewahren können.

Elektronisches Archiv

Sie werden sicher viele unterschiedliche Materialien zu Ihrem Thema finden, z. B. Bücher, Fachartikel, Bilder, Internetseiten. Speichern Sie alles, was Sie in dieser ersten Orientierungsphase finden, auf der Festplatte Ihres Mac. Und damit Sie später auch alles wieder finden können, wollen wir ein elektronisches Archiv anlegen. Sie ahnen es schon – nun wird wieder geordnet und gesichtet. Bitte legen Sie in Ihrem Ordner *Stoffsammlung* zunächst einige Unterordner an, z. B. Literatur, Bilder, Internet, Sonstiges.

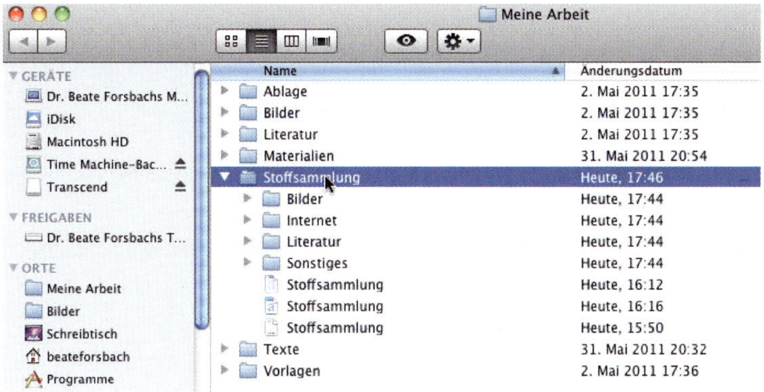

Legen Sie im Ordner »Stoffsammlung« Unterordner für verschiedene Materialien an.

Sie können im Laufe Ihrer Materialsichtung neue Unterordner bilden oder die Unterordner weiter untergliedern – das Ziel ist, sich gut in den gefundenen Materialien zurechtzufinden. Viele Buch-Ausschnitte und Zeitschriften-Artikel sind schon als *pdf*-Datei erhältlich. Das ist besonders praktisch. Sie können aber am Mac jede beliebige Datei in jedem Programm als *pdf*-Datei speichern, indem Sie *Datei* | *Drucken* wählen und unten links im Druckfenster bei *PDF* ein Auswahlmenü öffnen und *Als PDF sichern* wählen. Das hat den Vorteil, dass Sie Dateien in verschiedenen Formaten – auch Internetseiten – schnell und sicher im kostenlos erhältlichen *Adobe Reader* oder im Programm *Vorschau*, das auf jedem Mac zu finden ist, anschauen können. Natürlich können Sie auch gedruckte Dokumente mit Ihrem Scanner als *pdf*-Dateien einscannen.

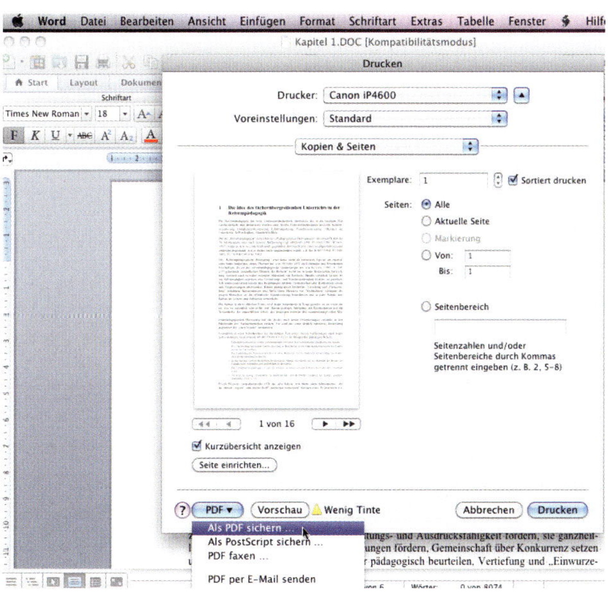

Mit einem Klick auf »Ablage | Drucken« öffnet sich das Druckmenü und Sie können den gewünschten PDF-Ausdruck auswählen.

Jedes *Word*-Dokument können Sie außerdem über *Datei | Speichern unter* als *pdf*-Datei speichern. Ein *Pages*-Dokument lässt sich auch über *Bereitstellen | Exportieren* in eine *pdf*-Datei umwandeln.

Von den *pdf*-Dokumenten nun speziell zu den Abbildungen – jedes Bild können Sie selbstverständlich auch als *pdf*-Datei speichern. Bilder aller Art, die Sie zu Ihrem Thema finden, können Sie außerdem als *jpg*- oder *tiff*-Dateien speichern.

Es ist empfehlenswert, die Bilder in *iPhoto* zu ordnen. Dieses Bildbearbeitungsprogramm ist Teil der *iLife*-Suite und bereits auf Ihrem Mac vorhanden. Für Ihre Orientierung ist es besser, die eigentlichen Bilder zu sehen, als nur die Bildtitel in einem Verzeichnis zu lesen. Außerdem können Sie die Bilder beschriften und bearbeiten sowie in verschiedenen Formaten in einen beliebigen Ordner Ihrer Arbeit exportieren.

In »iPhoto« können Sie Ihre Abbildungen in übersichtlichen Sammlungen – Ereignissen oder Alben – zusammenstellen.

In »iPhoto« können Sie die Bilder anschauen, aussortieren, beschriften und bearbeiten.

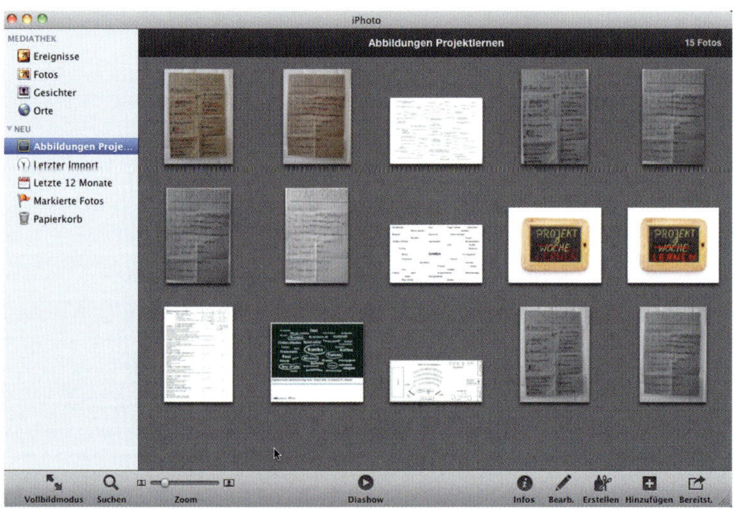

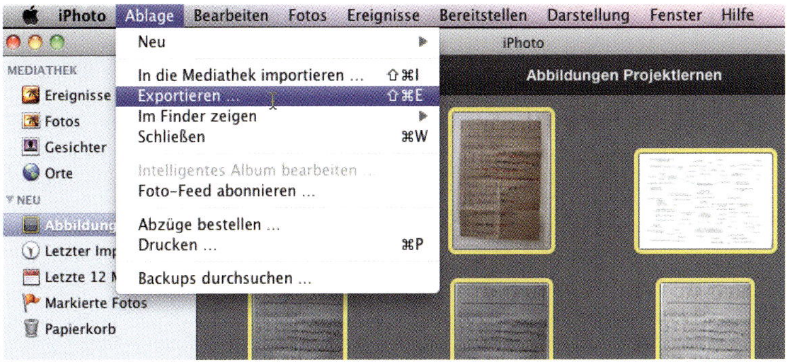

Über »Ablage | Exportieren« können Sie Ihre Bilder in einen beliebigen Ordner kopieren.

Nun sind Ihre Bilder auch in einem Unterorder der Stoffsammlung abgelegt.

Verknüpfung von Stoffsammlungs-Datei und elektronischem Archiv

Nachdem Sie Ihr elektronisches Archiv angelegt haben, können Sie eine Verbindung zwischen der Stoffsammlungs-Datei und den Materialien im Archiv herstellen: über Links, die sowohl zu Internetadressen als auch zu Dateien oder E-Mails führen können. Verknüpfen Sie zunächst eine *pdf*-Datei mit Ihrem Stoffsammlungs-Dokument: Markieren Sie den Namen der Datei, im Beispiel *Projektphasen.pdf,* klicken mit der rechten Maustaste und wählen *Link* in dem aufspringenden Auswahlmenü. Dann wählen Sie die gewünschte Datei und bestätigen die Verknüpfung mit *OK.*

Markieren Sie die gewünschte Datei, klicken mit der rechten Maustaste und suchen dort »Link« aus.

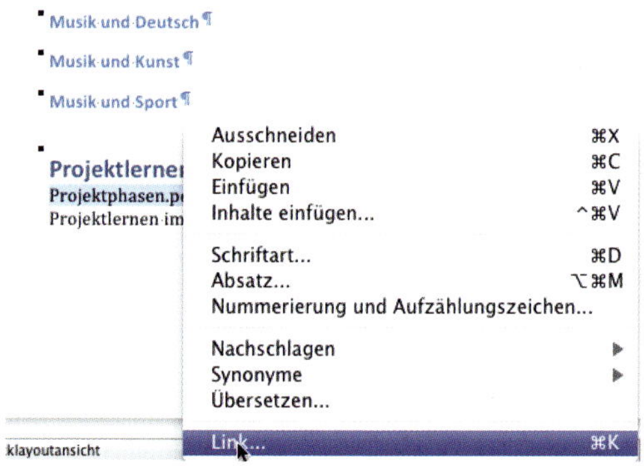

Wählen Sie »Dokument« und »Auswählen«.

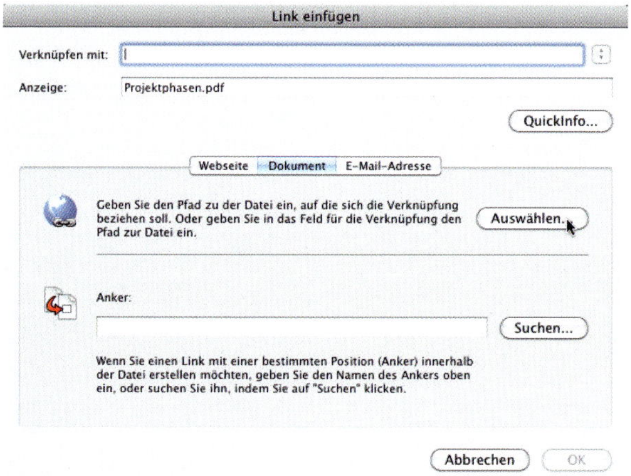

Nun können Sie die gewünschte pdf-Datei aus Ihrem Stoffsammlungs-Ordner wählen.

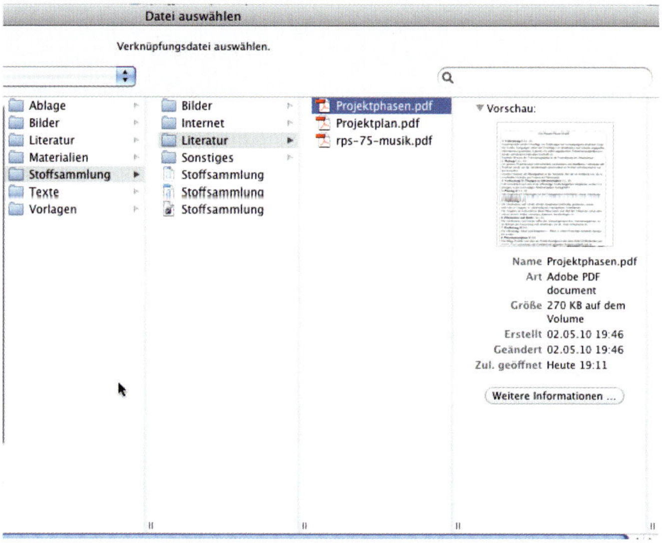

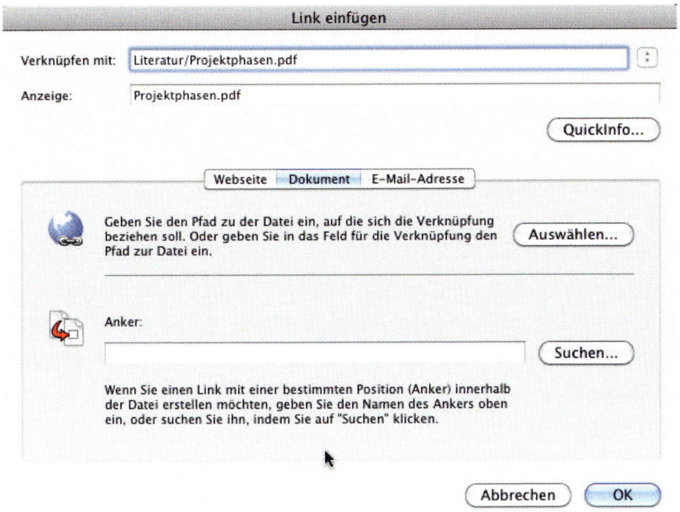

Im Feld »Verknüpfen mit« erscheint der Pfad, auf den sich die Verknüpfung beziehen soll. Bestätigen Sie mit OK und schon ist der Link in Ihrer Stoffsammlungsdatei gesichert.

Den Link zu einer Internetadresse erzeugen Sie ebenso wie den Link zu einer Datei. Aktivieren Sie das Feld *Website* und setzen die URL zu der Website ein, auf die Sie verweisen wollen. Nach einer Bestätigung mit *OK* ist der Link gespeichert und Sie können von Ihrer Stoffsammlungsdatei direkt zur gewünschten Website gelangen.

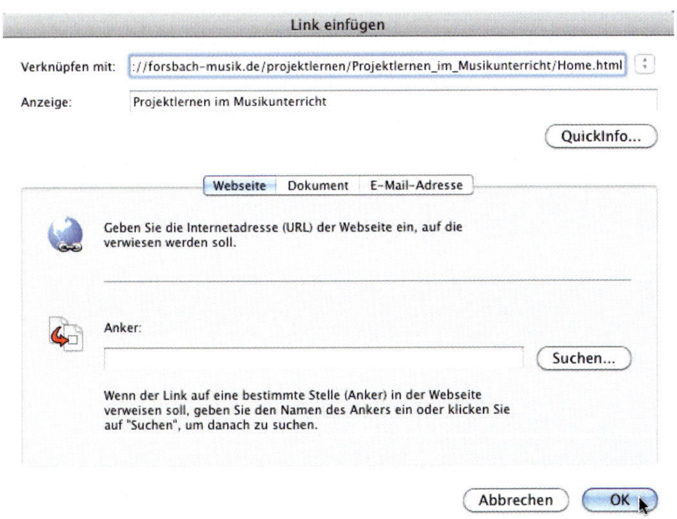

Markieren Sie »Website« und geben die URL zu der Internetseite an, auf die der Link zeigen soll.

Auch wenn Sie meinen, dass Ihnen all das im Moment etwas zu aufwendig erscheint, sollten Sie es tun – insbesondere, wenn Sie eine längere Arbeit planen. Denn nach einigen Wochen und Monaten verlässt einen auch das allerbeste Gedächtnis. Viele Stunden wurden schon nutzlos vertan, weil man eine ganz bestimmte Datei oder Internetseite suchte, von der man doch genau wusste, dass es sie gab und dass sie an dieser Stelle nun ganz besonders gut passen würde. Wenn Sie sich die Zeit genommen haben, Ihre Stoffsammlungsdatei mit den elektronischen Materialien zu verlinken, dann finden Sie vieles zumindest etwas schneller, sobald Sie es brauchen.

Im Übrigen gibt es ja noch die Suchfunktion am *Mac*, mit der man auch die versterktesten Dateien wiederfinden kann – wenn man ihren Namen oder wenigstens einen Teil daraus kennt. Benennen Sie daher alle Ihre Materialien mit einem aussagekräftigen Namen – das hilft später beim Suchen …

Sammlung von Zeitschriftenartikeln und Buchausschnitten

In der Planungsphase werden Sie sicher auch Zeitschriftenartikel oder Ausschnitte aus Büchern finden, die nicht in elektronischer Form vorliegen. Falls Sie in der Bibliothek arbeiten, sollten Sie diese Materialien dort einfach fotokopieren. Bitte kopieren Sie auch die Titelseite bzw. das Impressum der Publikation, um alle erforderlichen Angaben festzuhalten, die Sie später für das Literaturverzeichnis Ihrer Arbeit benötigen. Wenn Ihnen ein ganzes Buch für Ihre Arbeit interessant erscheint, kopieren Sie auch das Inhaltsverzeichnis, damit Sie später entscheiden können, ob Sie das Buch für Ihre Auswertung benötigen.

Für die Arbeit zu Hause ist ein guter Scanner empfehlenswert, mit dem Sie alle Artikel, Buchausschnitte und auch die Fotokopien aus der Bibliothek einscannen und als *pdf*-Datei speichern können. Sofern das Kopiergerät in Ihrer Bibliothek auch die Möglichkeit der Ausgabe als *pdf*-Datei bietet, sollten Sie diese Möglichkeit wählen und die gefundenen Dokumente Ihrem elektronischen Archiv zuordnen. Die Papierstapel, die nach Ihren Bibliotheksbesuchen entstehen, werden sehr schnell unübersichtlich. Sammeln Sie zunächst alles in einer Kiste und vergeben Sie dann nach und nach Nummern, die Sie mit dem Titel und/oder passenden Stichworten in Ihre Stoffsammlungsdatei aufnehmen. Verbringen Sie aber nicht zu viel Zeit mit diesen Arbeiten, vielleicht brauchen Sie später einige der Papierquellen gar nicht mehr!

Und noch eine Warnung, die von Umberto Eco (2010, S. 162) stammt: »*Vorsicht: Fotokopien können zum Alibi werden!*« Klar, man kommt ohne Fotokopien nicht aus. Aber manch einer hat Hunderte von Fotokopien aus der Bibliothek mitgebracht und auch in viele Bücher geschaut – er glaubt, all das gelesen zu haben. Denn das Fotokopieren von Artikeln und Buchseiten erspart nicht die gründliche Lektüre und Auswertung der Texte.

Exposé schreiben

Nachdem nun die eigenen Interessen geklärt sind, das Thema gefunden und das verfügbare Material gesichtet ist, kommt der letzte Schritt in der Vorbereitung Ihrer wissenschaftlichen Arbeit – oder der erste Schritt in der eigentlichen Hauptphase: Schreiben Sie ein Exposé für Ihre Arbeit oder Ihr Buch! Der wissenschaftliche Autor braucht das Exposé, um es einem Verlag zu schicken, der das Buch dann möglichst auch publizieren soll. Aber wozu benötigt der Schüler, Student oder Doktorand ein Exposé für seine geplante wissenschaftliche Arbeit?

Mit Ihrem Exposé schließen Sie die Phase der Vorbereitung und Planung ab. Es kostet zwar einige Mühe und Zeit, ein Exposé zu schreiben. Aber es leistet Ihnen bei der weiteren Arbeit gute Dienste. Ein schriftlich fixiertes Exposé kann Ihnen helfen, konzeptionelle Schwächen Ihrer geplanten Arbeit aufzudecken und festzustellen, ob es überhaupt realistisch ist, das Projekt in der vorgesehenen Zeit durchzuführen und abzuschließen.

Für das Exposé gibt es keine vorgeschriebene Form. Aber da es eine Art Kurzbeschreibung Ihres wissenschaftlichen Schreib-Projekts ist, sollte es sowohl die wesentlichen Aspekte Ihrer bisherigen Planung als auch einen Ausblick auf die weiteren Arbeitsphasen enthalten. Sie sollten die Fragestellung und die Zielsetzung Ihrer Arbeit und das geplante methodische Vorgehen beschreiben. Versuchen Sie abzuschätzen, wie groß der Arbeitsaufwand angesichts der vorgefundenen Materialien sein wird. Erstellen Sie eine vorläufige Gliederung und einen groben Zeitplan für Ihre Arbeit.

Als ich das Exposé für meine Doktorarbeit geschrieben habe, stellte ich mir ganz einfach die Aufgabe, alles aufzuschreiben, was ich im Zusammenhang mit meiner Arbeit schon wusste. Es wurden mehr als 70 Seiten, die ich in einem Zuge niederschrieb. Dieses Exposé war dann in den folgenden Jahren eine Art Leitfaden, den ich immer wieder zur Hand nahm, wenn es im Arbeitsprozess nicht so recht weiter gehen wollte. Das wundervolle Buch von Otto Kruse mit der Anleitung zum Schreiben eines Exposés fand ich erst später. Nach Kruse (2007, S. 135f.)

kann ein Exposé folgende Bestandteile haben: das zugrunde liegende Problem, die spezielle Fragestellung und das Ziel der Arbeit, der Stand der Forschung und das eigene Erkenntnisinteresse, das eigene Wissen, eigene Vorarbeiten und die eigene theoretische Position, ein mögliches methodisches Vorgehen, die Quellenlage und der Umfang der Material- und Literaturrecherchen, eine vorläufige Gliederung, ein Zeitplan, eine Aufstellung der benötigten Mittel und Kosten für die Forschung.

In diesem Kapitel haben Sie erfahren, wie Sie wesentliche Schritte bei der Vorbereitung und Planung Ihrer wissenschaftlichen Arbeit gehen und wie der Mac Ihnen dabei helfen kann. Auch wenn alle Schritte bei jeder wissenschaftlichen Arbeit in Schule, Studium und Promotion erforderlich sind, muss nicht alles gleichermaßen umfassend geschehen. Finden Sie Ihren persönlichen Workflow, um in der vorgesehenen Zeit erfolgreich zu Ihrem Ziel zu kommen!

Materialsammlung 1: Literaturrecherche und Literaturbeschaffung

Nun haben Sie Ihren Mac (und vielleicht auch das iPhone und/oder das iPad) für das Projekt Ihrer wissenschaftlichen Arbeit eingerichtet und die Arbeit geplant. Sie haben Ihre Ideen und Interessen gesammelt, das vorläufige Thema gefunden, die Materialien gesichtet und ein Exposé geschrieben. Inzwischen sind etwa 20 % der geplanten Arbeitszeit vergangen. Die nun folgende Arbeitsphase wird etwa doppelt so lange dauern: Sie müssen systematisch recherchieren, Literatur beschaffen und auswerten, weitere Materialien sammeln und/oder Daten erheben, verarbeiten und präsentieren. Erst danach können Sie eine vorläufige Gliederung erstellen und die erste Rohfassung Ihrer Arbeit schreiben.

Nach Otto Kruse (2007, S. 137) sind zwei verschiedene Projektarten zu unterscheiden: Bei der *Literaturarbeit* geht es vor allem darum, die vorhandene Literatur zu einem Thema auszuwerten und dadurch neues Wissen zu schaffen. In der *Forschungsarbeit* wird eine eigene Methodik verwendet, um Materialien und Daten zu erzeugen. Diese unterscheidet sich grundlegend von der Methode des Lesens und Verarbeitens wissenschaftlicher Literatur. Die meisten Arbeiten in der Schule und im Studium sind Literaturarbeiten, während Forschungsprojekte erst in höheren Semestern, bei Abschlussarbeiten und Dissertationen üblich sind. In beiden Projektarten ist jedoch ein gründliches Recherchieren des vorhandenen Wissensstandes unerlässlich.

Um den Wissensstand in Ihrem Themengebiet herauszufinden, müssen Sie systematisch recherchieren, d. h. die vorhandene Literatur erfassen und auswerten. Vor rund 20 Jahren konnte man noch einfach in Bibliotheken nach passender Literatur suchen, wie es Umberto Eco sehr anschaulich in seinem Buch (2010) erläutert. Ich hätte mir damals bei den ersten Recherchen für meine Dissertation gewünscht, zu Hause am Computer, über das Internet suchen zu können. Heute gibt es diese Möglichkeit, die gleichzeitig zwei große Probleme mit sich bringt: Sie haben mit einem sich ständig erweiternden Wissensstand zu tun, zu dem Sie über das Internet Zugang haben. Und Sie sollten neue und aufwendige Recherchemethoden erlernen, wofür Sie manchmal sogar einen Einführungskurs belegen müssen.

Für die Recherche ist es unumgänglich, sich mit jenen Literaturdatenbanken Ihres Faches vertraut zu machen, zu denen Sie Zugang über das Internet oder auch über die Fachbibliothek Ihrer Universität bekommen. Hier werden sämtliche Veröffentlichungen des jeweiligen Fachbereichs gesammelt und mit Schlagwörtern versehen. So können Sie alles zu Ihrem Thema finden.

Es lohnt sich auch, auf der Website einer der vielen Internet-Buchhandlungen zu recherchieren. Oft finden Sie dort die Möglichkeit, in Büchern zu blättern oder das Inhaltsverzeichnis zu lesen, allerdings meist ohne Kopiermöglichkeit. Auf der Website `www.deutschesfachbuch.de` **erscheinen sogar Vorwort, Klappentext, Inhaltsverzeichnis und Register vieler Fachbücher in kopierfähiger Form.**

Während Sie bei einer kürzeren Haus- oder Seminararbeit noch den Überblick über die vorhandene Literatur behalten können, ist das bei einem größeren wissenschaftlichen Projekt fast unmöglich. Es gilt also, von Anfang an alle Literaturquellen festzuhalten und zu speichern. Früher machte man das mit Karteikarten, die man nach verschiedenen Begriffen immer wieder neu ordnen konnte. Mit dem Mac machen wir das natürlich viel eleganter.

Einen elektronischen Karteikasten haben Sie bereits im ersten Kapitel kennengelernt: Das Programm *Bento*, mit dem wir eine einfache Literaturkartei anlegen werden. Sie können Ihre Literaturquellen in jedem Textverarbeitungsprogramm einfach auflisten und nach verschiedenen Aspekten ordnen. In *Word* gibt es den *Quellen-Manager,* der Ihnen die meiste Arbeit abnimmt und sogar Literaturverzeichnisse erzeugen kann.

Sobald Sie aber eine größere Menge Literatur bewältigen müssen, sollten Sie ein *Literaturverwaltungsprogramm* benutzen. In übersichtlicher Form werden hier bibliographische Angaben zu Büchern, Aufsätzen, Online-Texten usw. gesammelt, denen Sie Schlagworte, Notizen, Textpassagen, Kommentare usw. hinzufügen können. Die Literaturangaben können Sie meist direkt aus den vorhandenen Literaturdatenbanken in die Literaturverwaltung exportieren. Die Literaturverwaltungsprogramme sind in der Regel mit *Word* kompatibel, d. h. Sie können Literaturverzeichnisse exportieren oder Zitate in Ihren Text übernehmen.

Bücherkiste in Bento

Falls die Literatur für Ihre Arbeit überschaubar ist, können Sie sich einfach eine Literaturkartei mit dem Datenbankprogramm *Bento* anlegen. Ein Vorteil dieser »selbst gestrickten« Kartei ist, dass Sie nur diejenigen Felder einbeziehen, die Sie tatsächlich brauchen. Sie können jederzeit später noch einzelne Felder hinzufügen oder löschen. Ein zweiter Vorteil ist die Möglichkeit, die Literaturkartei auf Ihrem iPad immer dabei zu haben, wenn Sie z. B. in der Unibibliothek arbeiten. Zu Hause können Sie die eingegebenen Daten dann mit Ihrem Mac synchronisieren.

So sieht die fertige Literaturkartei aus, die Sie mit Ihrem iPad synchronisieren können.

Die *Bücherkiste* ist einfach und schnell hergestellt: Klicken Sie *Ablage | Neue leere Bibliothek* und erstellen Sie eine leere Bibliothek, die Sie *Bücherkiste* nennen. Weisen Sie ein passendes Design zu, indem Sie über die kleine Taste rechts unten die Leiste mit den Formularwerkzeugen einblenden und im Auswahlmenü *Design* Ihr gewünschtes Design (hier: *Handgemacht*) anklicken.

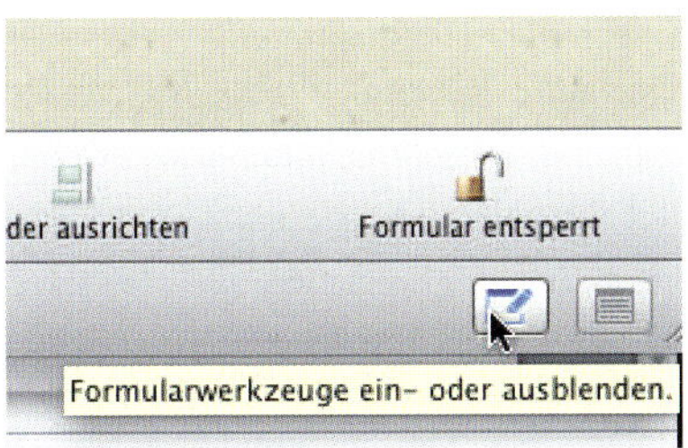

Die Leiste der verschiedenen Formularwerkzeuge können Sie über die kleine Taste rechts unten ein- und ausblenden.

Öffnen Sie das Formularwerkzeug »Design« und wählen Sie ein hübsches »Outfit« für Ihre Kartei aus.

Um ein neues Feld zu erstellen, klicken Sie auf das Formularwerkzeug *Feld*. Es öffnet sich ein Fenster, in dem Sie den Feldtyp bestimmen und das Feld benennen können. Klicken Sie auf *Erstellen und weiter*, um direkt weitere Felder zu erstellen. Klicken Sie auf *Erstellen*, sofern Sie Ihr Formular zunächst anschauen wollen, bevor Sie ein weiteres Feld erstellen.

Mit einem Klick auf das Formularwerkzeug »Feld« können Sie dem Formular ein neues Feld hinzufügen.

Wählen Sie den Feldtyp »Text« und benennen Sie das Feld »Autor Name«.

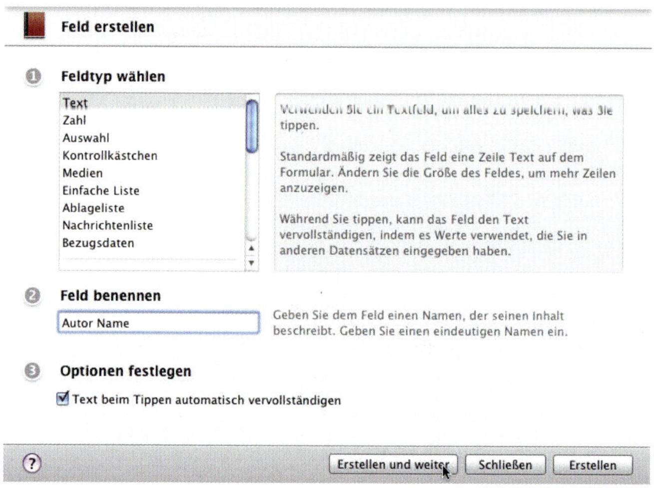

Klicken Sie das Feld mit der Maus an, um seine Größe zu verändern oder es im Formular zu verschieben. Erstellen Sie nun alle gewünschten Textfelder, z. B. *Titel, Untertitel, Erscheinungsort, Erscheinungsjahr, Verlag, Beschreibung, Schlagworte, Notizen, Zitate, Signatur.*

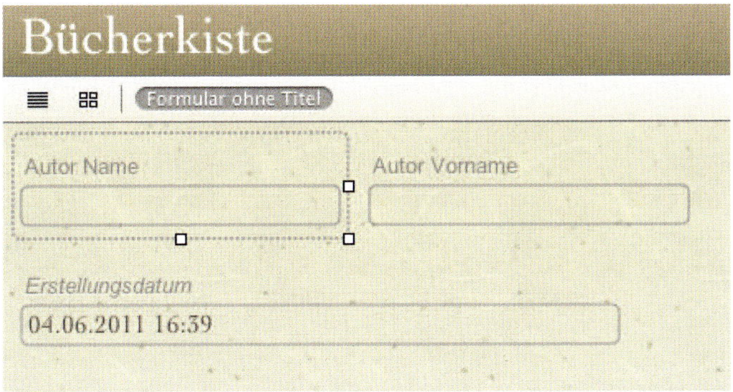

Sie können jedes Feld durch Anklicken und Ziehen mit der Maus in Größe und Position verändern.

Sobald Sie mehrere Bibliotheken benutzen, ist es sinnvoll, ein Auswahlfeld für die *Bibliothek* anzulegen. Klicken Sie wieder auf *Feld erstellen*, wählen Sie *Auswahl,* benennen Sie das Feld und fügen Sie die Auswahlbegriffe unter *Optionen* ein. Mit einem Klick auf das + fügen Sie einen neuen Begriff hinzu.

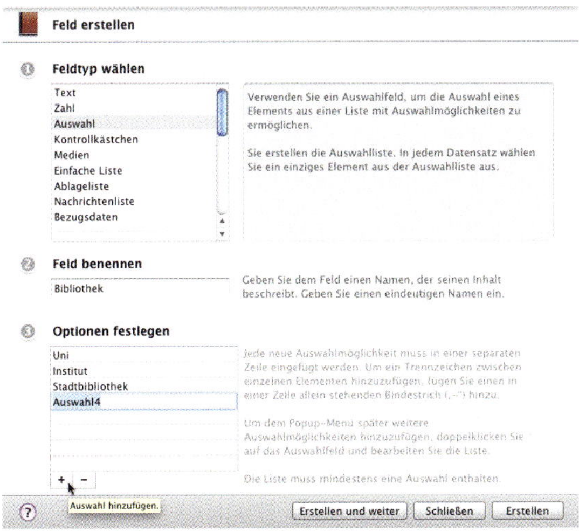

Füllen Sie das Formular aus, um Ihr Feld zu erstellen. Klicken Sie dann auf Erstellen und schon erscheint das Auswahlfeld auf Ihrer Karteikarte.

Nun können Sie auf jeder Karteikarte die gewünschte Bibliothek anklicken.

Über die Taste oben links gelangen Sie zur Darstellung der Datensätze in einer Tabelle. Sie können wählen, welche Spalten hier erscheinen sollen. So haben Sie einen Überblick über Ihre Datensätze, können sie beliebig sortieren und neue Datensätze einfügen.

Über die kleine Taste links oben können Sie die Tabellendarstellung einschalten. Im Feld links unten können Sie anklicken, welche Spalten in der Tabelle erscheinen sollen.

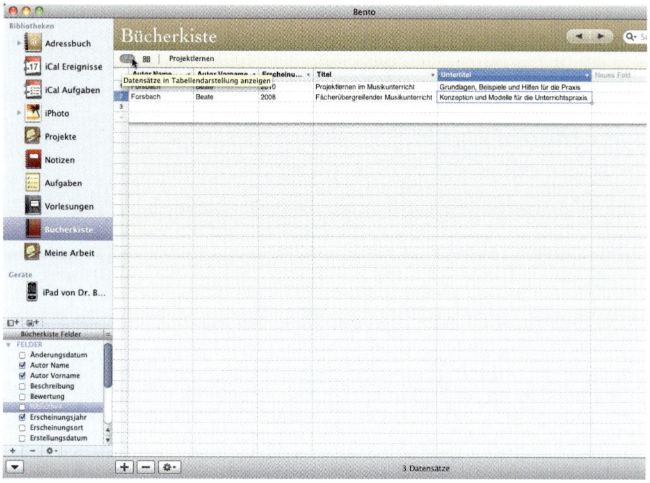

Sie können die Literaturangaben in der Tabellenansicht bequem eintragen.

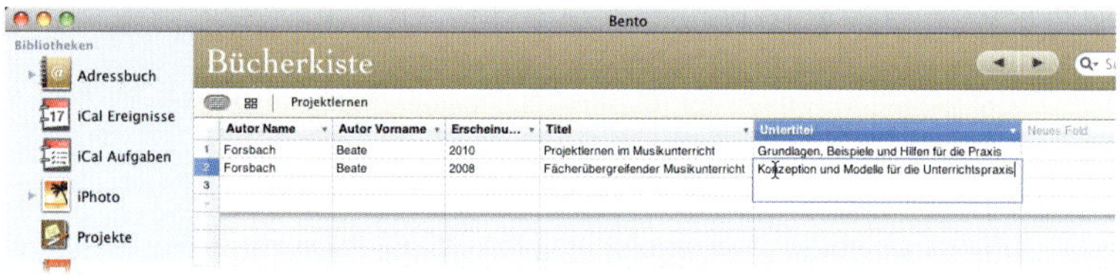

Mit der rechten Maustaste öffnen Sie ein Menü, um Felder zu sortieren, einzufügen, zu bearbeiten oder zu löschen.

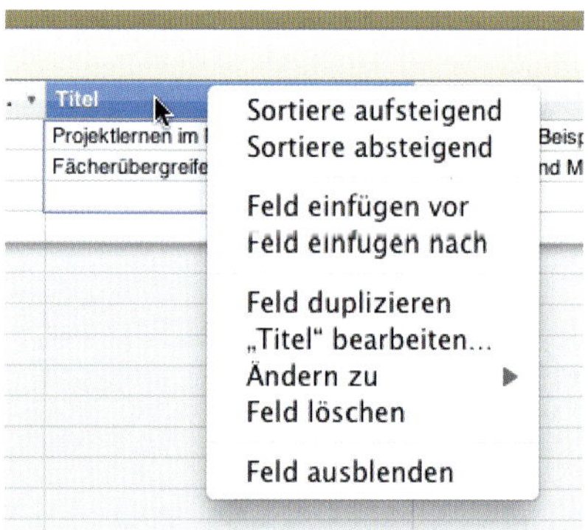

Über *Ablage* | *Exportieren* können Sie die gewünschten Datensätze nach *Numbers*, *Excel* oder in eine Textdatei exportieren. Nun können Sie die Datensätze weiter verarbeiten und ein Literaturverzeichnis für Ihre Arbeit erstellen. Da Sie die Datensätze dann noch ein wenig bearbeiten müssen, ist diese Methode sicher nur lohnenswert, wenn Sie mit eher wenigen Literaturquellen arbeiten wollen.

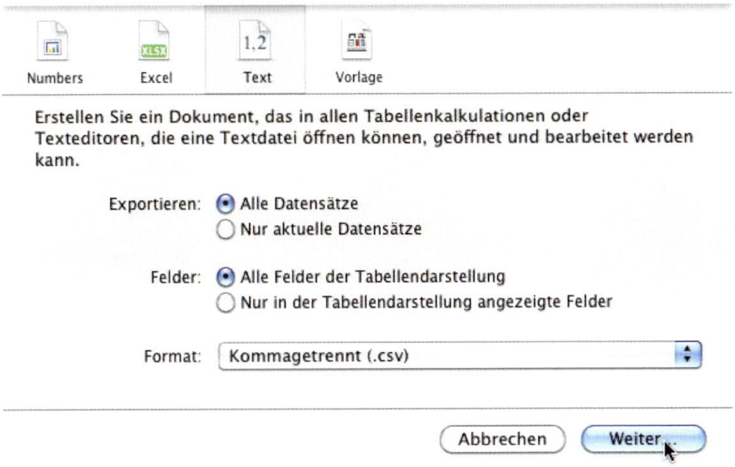

Über »Ablage | Exportieren« können Sie Ihre Datensätze in eine Datei exportieren, die Sie in »Numbers«, »Excel« oder »TextEdit« öffnen können.

Quellen-Manager in Word

Im Textverarbeitungsprogramm *Word* ist eine Bibliografie-Datenbank enthalten, in der sich die verwendeten Literaturquellen recht gut sammeln und verwalten lassen. Sie können außerdem Kurzbelege im Text und ein Literaturverzeichnis erstellen. Und Sie können so Ihre Quellen bereits beim Recherchieren eintragen, um sie später in Ihrer Arbeit zu verwenden. Aber auch während des Schreibens lässt sich so eine Quelle erfassen, wenn Sie diese gerade zum ersten Mal verwenden. Allerdings sind nur wenige Formate vorgegeben, so dass Sie die Quellenangaben in der Regel nachbearbeiten müssen.

Um zum *Quellen-Manager* zu gelangen, klicken Sie im Menüband die Registerkarte *Dokumentelemente* an. Hier finden Sie die Gruppe *Ver weise* mit einem Auswahlmenü von vier verschiedenen Formatvorlagen für Quellenangaben: *APA* (= American Psychological Association), *Chicago* (= The Chicago Manual of Style), *MLA* (= Modern Language Association) und *Turabian* (eine amerikanische Zitierweise). Da die Art und Weise der Quellennachweise sehr unterschiedlich sein kann, ist es wahrscheinlich, dass der von Ihrer Universität, Ihrer Fakultät oder Ihrem Betreuer geforderte Aufbau des Quellennachweises nicht in dieser Auswahl zu finden ist.

Nach einem Klick auf Verwalten erscheint eine Liste aller im Dokument zitierten Quellen, denen Sie weitere Quellen hinzufügen können. Die Bezeichnungen *Zitate* und *Zitateliste* sind unzutreffend; denn hier sind nicht Zitate, also Auszüge aus Quellen aufgelistet, sondern die Quellen selber.

Sie finden den Quellen-Manager, indem Sie im Menüband die Registerkarte »Dokumentelemente« anklicken und dort die Gruppe »Verweise« wählen.

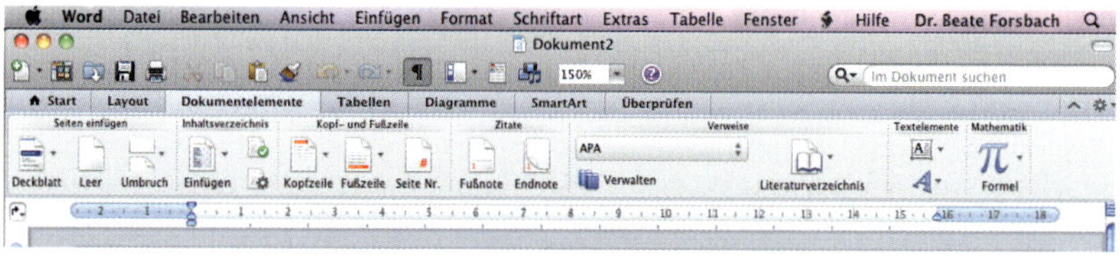

Das Auswahlmenü zeigt vier verschiedene Quellen-Formatvorlagen.

Mit einem Klick auf »Verwalten« lassen sich die Quellen anzeigen, die Sie im aktuellen Dokument verwenden.

Zum Testen habe ich zwei Ausschnitte mit Zitaten aus meiner Doktorarbeit gewählt – einmal eine Zeitschrift und einen Aufsatz aus dieser Zeitschrift, zum Zweiten einen Aufsatz aus einem Sammelband.

Zwei Kurzbelege sind in diesem Textausschnitt: Eine Zeitschrift und ein Zeitschriftenartikel.

> Dem Thema „Fächerübergreifender Unterricht" widmet die Zeitschrift „Musik und Unterricht" ein ganzes Heft (MuU 33/1995). Im Basisartikel (Dethlefs 1995a, S. 4-8) werden folgende *Aspekte* des fächerübergreifenden Unterrichts dargestellt: ¶

Stellen Sie den Cursor an die Stelle, an der Sie die Quellenangabe einfügen möchten. Nach einem Klick auf *Verwalten* öffnet sich eine Liste der vorhandenen Quellen. Klicken Sie auf die +-Taste unten links und es öffnet sich eine Eingabemaske *Neue Quelle erstellen*. Wählen Sie den Dokumenttyp (hier *Verschiedene)* und tragen Sie dann alle erforderlichen Angaben ein.

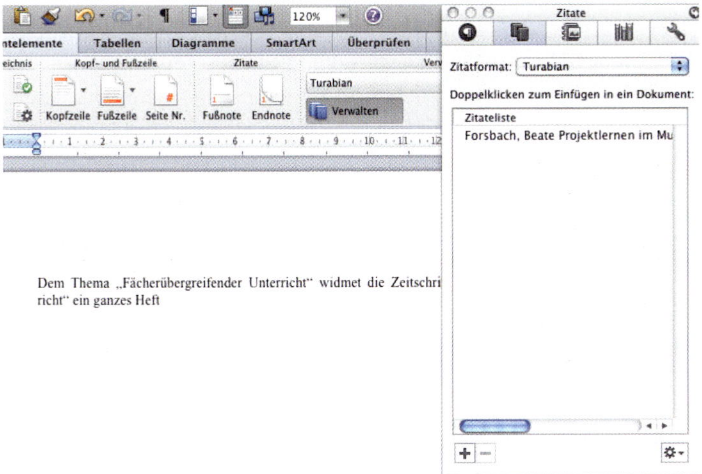

Halten Sie den Cursor auf jene Stelle, an der Ihre Quellenangabe erscheinen soll. Nach einem Klick auf »Verwalten« öffnet sich die Liste der bisher eingegebenen Quellen. Die Bezeichnungen »Zitate« und »Zitateliste« sind irreführend, weil hier die Quellen selber, aber keine Zitate aufgeführt sind.

Im Auswahlmenü »Quellentyp« finden Sie eine reiche Auswahl …

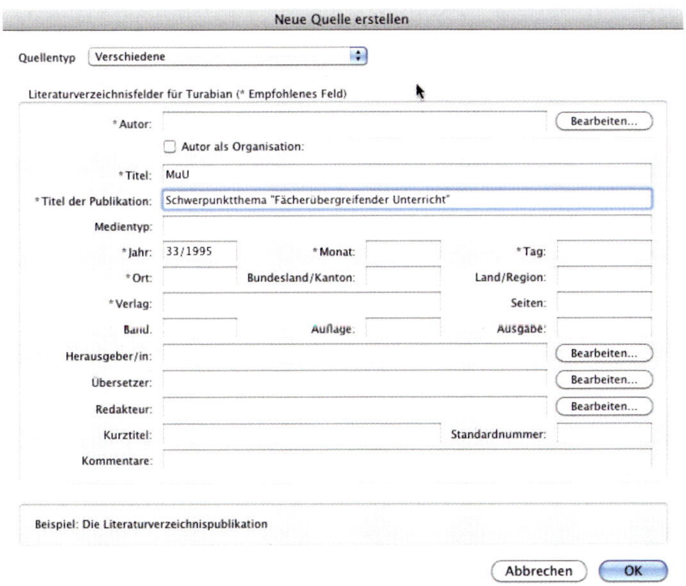

Wählen Sie den Quellentyp und tragen Sie die erforderlichen Angaben in die Eingabemaske ein.

Da im Kurzbeleg nur die Jahreszahl, nicht aber die Bandnummer 33 der Zeitschrift erscheint, geben Sie einfach *33/1995* ein. Nach einem Klick auf *OK* erscheint die neue Quelle in der Liste, und Sie können mit einem Doppelklick den Kurzbeleg einfügen.

Um die nächste Quelle anzugeben, gehen Sie genauso vor wie eben, nur wählen Sie jetzt *Artikel in einer Zeitschrift* als Quellentyp. Da zum selben Autor mehrere Quellen aus demselben Jahr vorhanden sind, wird als Jahr 1995a angegeben. Das können Sie aber auch später noch ändern, genau wie alle anderen Angaben.

Sie können die Angaben in der Eingabemaske später ergänzen und ändern.

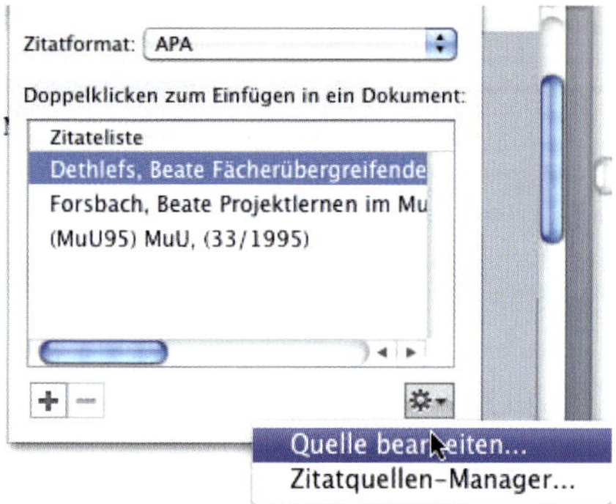

Nun fehlt noch die Angabe der Seitenzahl, die leider bei keinem der vorhandenen Formate mitgeliefert wird. Sobald Sie den Kurzbeleg anklicken, erscheint ein blaues Kästchen mit einem kleinen Dreieck, über das Sie ein Auswahlmenü öffnen können. Wählen Sie *Dieses Zitat bearbeiten,* fügen Sie die Seitenzahl hinzu oder unterdrücken Sie die Angabe von Autor, Jahr oder Titel. Erstaunlich ist es, dass der Titel der Publikation im Kurzbeleg erscheint, wenn man den Autor per Klick unterdrückt.

Wenn Sie außerdem *Zitat in statischen Text konvertieren* wählen, können Sie die Quellenangabe weiter bearbeiten, z. B. weil Sie den Autorennamen gerne in Kapitälchen formatieren wollen. Allerdings werden die Angaben dann bei einer späteren Aktualisierung des Literaturverzeichnisses nicht mehr verändert.

Nach einem Klick erscheint der Kurzbeleg in einem blauen Kästchen. Klappen Sie das Auswahlmenü auf.

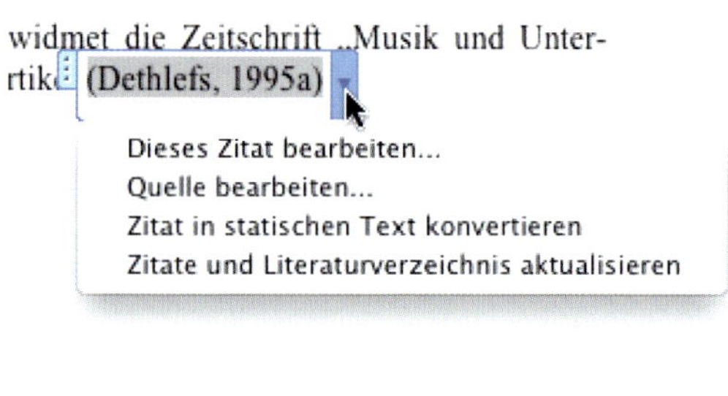

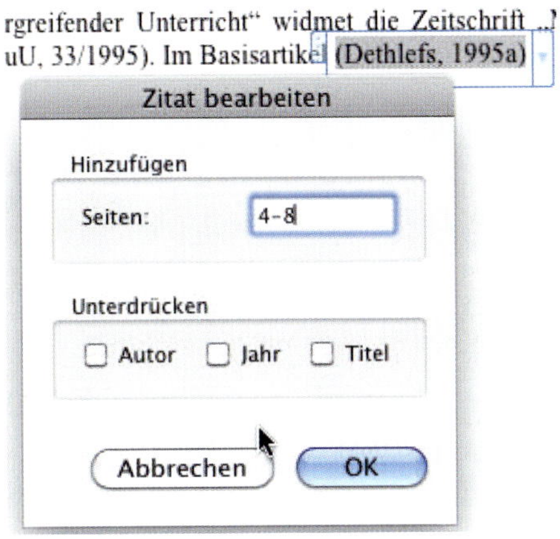

Wählen Sie »Dieses Zitat bearbeiten«, fügen Sie die Seitenzahl hinzu oder unterdrücken Sie die Angabe von Autor, Jahr oder Titel.

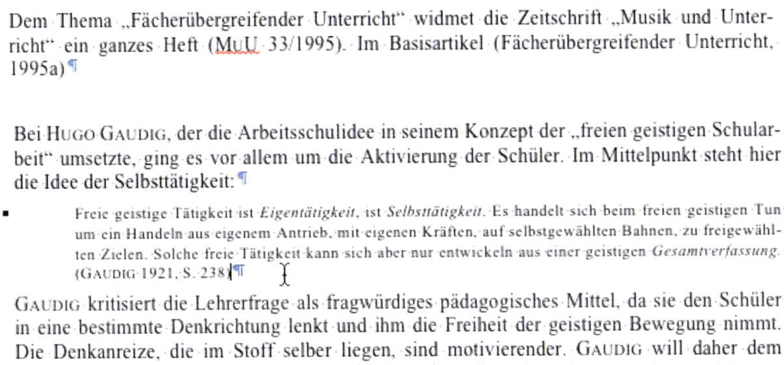
Dem Thema „Fächerübergreifender Unterricht" widmet die Zeitschrift „Musik und Unterricht" ein ganzes Heft (MuU 33/1995). Im Basisartikel (Fächerübergreifender Unterricht, 1995a)¶

Bei HUGO GAUDIG, der die Arbeitsschulidee in seinem Konzept der „freien geistigen Schularbeit" umsetzte, ging es vor allem um die Aktivierung der Schüler. Im Mittelpunkt steht hier die Idee der Selbsttätigkeit:¶

Freie geistige Tätigkeit ist *Eigentätigkeit*, ist *Selbsttätigkeit*. Es handelt sich beim freien geistigen Tun um ein Handeln aus eigenem Antrieb, mit eigenen Kräften, auf selbstgewählten Bahnen, zu freigewählten Zielen. Solche freie Tätigkeit kann sich aber nur entwickeln aus einer geistigen *Gesamtverfassung*. (GAUDIG 1921, S. 238)¶

GAUDIG kritisiert die Lehrerfrage als fragwürdiges pädagogisches Mittel, da sie den Schüler in eine bestimmte Denkrichtung lenkt und ihm die Freiheit der geistigen Bewegung nimmt. Die Denkanreize, die im Stoff selber liegen, sind motivierender. GAUDIG will daher dem

Wenn Sie »Autor unterdrücken« wählen, erscheint erstaunlicherweise der Titel der Publikation.

Bei dieser Quelle handelt es sich um einen Aufsatz in einem Sammelband.

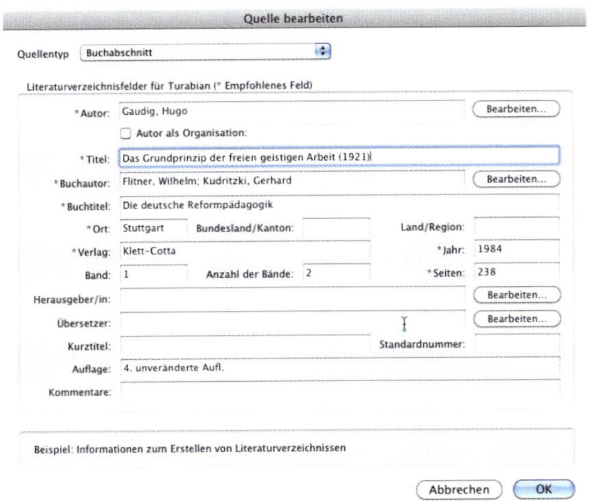

Tragen Sie alle erforderlichen Angaben in die Suchmaske ein. Das Erscheinungsdatum des Beitrags soll im Literaturverzeichnis in Klammern hinter dem Titel stehen.

Beim zweiten Beispiel handelt es sich um einen Buchbeitrag, wobei die Erscheinungsdaten von Aufsatz und Sammelband unterschiedlich sind. Da das Erscheinungsdatum des Beitrags später hinter dem Titel stehen soll, können Sie es einfach so eingeben. Leider lässt sich aber kein entsprechender Kurzbeleg erstellen. Diesen müssen Sie also wieder manuell nachbearbeiten.

Beim Kurzbeleg erscheint das Erscheinungsdatum des Buches; Sie müssen ihn ein wenig nachbearbeiten.

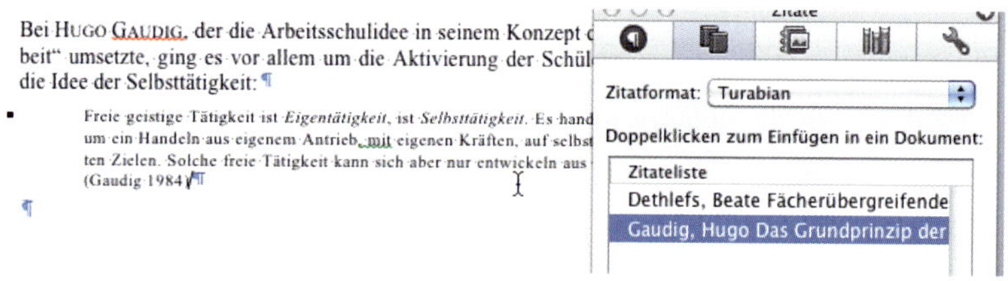

Zuvor müssen Sie allerdings das Zitat wieder in statischen Text konvertieren – ansonsten würde das Erscheinungsdatum des Buches in der Quellenangabe verändert. Das Ganze ist also eine recht umständliche Angelegenheit, wie ich finde … Ein Kurzbeleg lässt sich schneller manuell erstellen.

Das hätte man gleich manuell eingeben können …

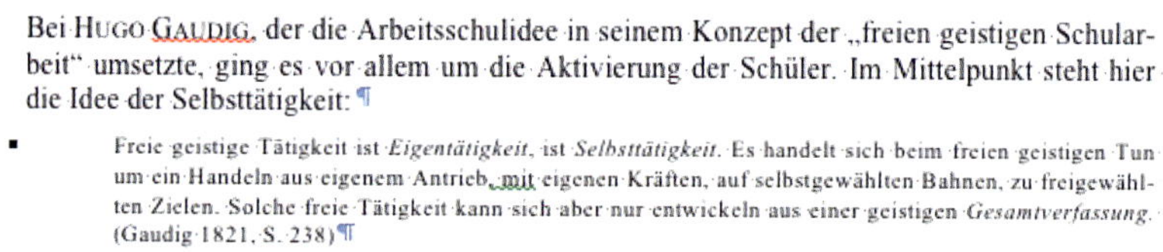

Schauen wir uns nun an, wie das mit dem *Quellen-Manager* erstellte Literaturverzeichnis aussieht.

Nach einem Klick auf die Taste »Literaturverzeichnis« haben Sie die Wahl zwischen zwei Möglichkeiten.

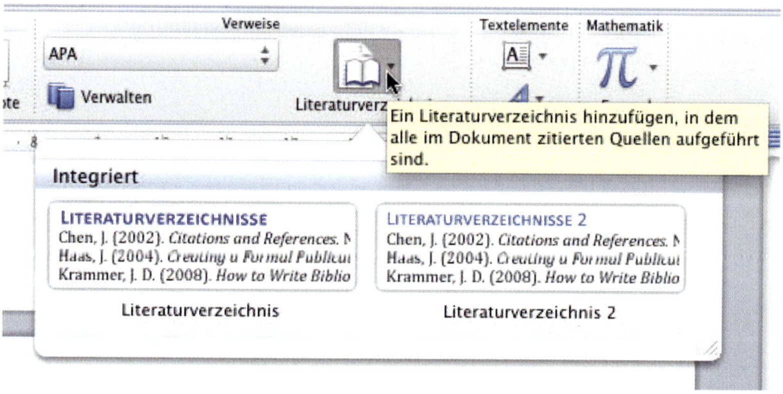

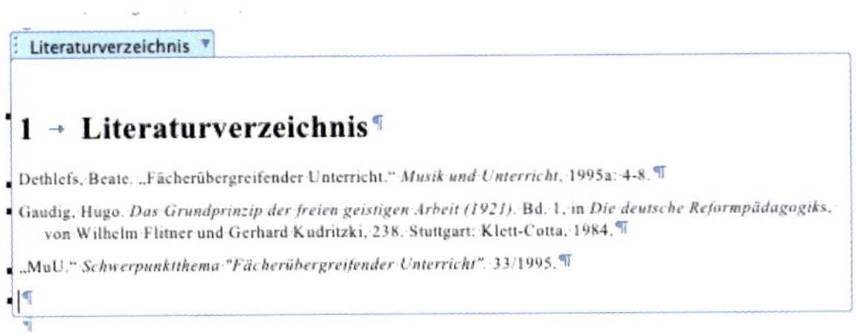

Literaturverzeichnis

1 → Literaturverzeichnis

Dethlefs, Beate. „Fächerübergreifender Unterricht." *Musik und Unterricht,* 1995a: 4-8.

Gaudig, Hugo. *Das Grundprinzip der freien geistigen Arbeit (1921).* Bd. 1, in *Die deutsche Reformpädagogiks,* von Wilhelm Flitner und Gerhard Kudritzki, 238. Stuttgart: Klett-Cotta, 1984.

„MuU." *Schwerpunktthema "Fächerübergreifender Unterricht".* 33/1995.

So sieht das automatisch erzeugte Literaturverzeichnis aus.

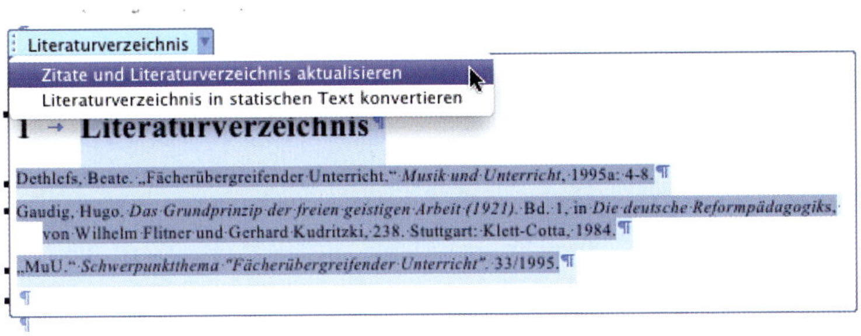

Literaturverzeichnis

Zitate und Literaturverzeichnis aktualisieren

Literaturverzeichnis in statischen Text konvertieren

1 → Literaturverzeichnis

Dethlefs, Beate. „Fächerübergreifender Unterricht." *Musik und Unterricht,* 1995a: 4-8.

Gaudig, Hugo. *Das Grundprinzip der freien geistigen Arbeit (1921).* Bd. 1, in *Die deutsche Reformpädagogiks,* von Wilhelm Flitner und Gerhard Kudritzki, 238. Stuttgart: Klett-Cotta, 1984.

„MuU." *Schwerpunktthema "Fächerübergreifender Unterricht".* 33/1995.

Sie können das Literaturverzeichnis mit einem Klick aktualisieren oder in einen statischen Text umwandeln.

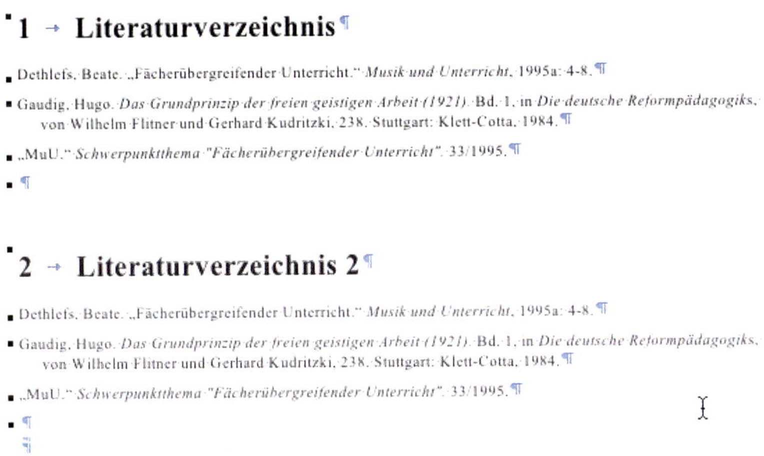

1 → Literaturverzeichnis

Dethlefs, Beate. „Fächerübergreifender Unterricht." *Musik und Unterricht,* 1995a: 4-8.

Gaudig, Hugo. *Das Grundprinzip der freien geistigen Arbeit (1921).* Bd. 1, in *Die deutsche Reformpädagogiks,* von Wilhelm Flitner und Gerhard Kudritzki, 238. Stuttgart: Klett-Cotta, 1984.

„MuU." *Schwerpunktthema "Fächerübergreifender Unterricht".* 33/1995.

2 → Literaturverzeichnis 2

Dethlefs, Beate. „Fächerübergreifender Unterricht." *Musik und Unterricht,* 1995a: 4-8.

Gaudig, Hugo. *Das Grundprinzip der freien geistigen Arbeit (1921).* Bd. 1, in *Die deutsche Reformpädagogiks,* von Wilhelm Flitner und Gerhard Kudritzki, 238. Stuttgart: Klett-Cotta, 1984.

„MuU." *Schwerpunktthema "Fächerübergreifender Unterricht".* 33/1995.

Sie können zwei verschiedene Literaturverzeichnisse in jeweils vier Formaten erstellen.

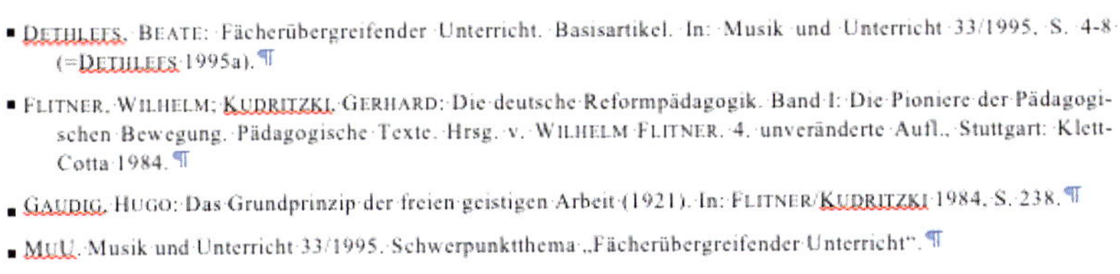

DETHLEFS, BEATE: Fächerübergreifender Unterricht. Basisartikel. In: Musik und Unterricht 33/1995, S. 4-8 (=DETHLEFS 1995a).

FLITNER, WILHELM; KUDRITZKI, GERHARD: Die deutsche Reformpädagogik. Band I: Die Pioniere der Pädagogischen Bewegung. Pädagogische Texte. Hrsg. v. WILHELM FLITNER. 4. unveränderte Aufl., Stuttgart: Klett-Cotta 1984.

GAUDIG, HUGO: Das Grundprinzip der freien geistigen Arbeit (1921). In: FLITNER/KUDRITZKI 1984, S. 238.

MUU. Musik und Unterricht 33/1995. Schwerpunktthema „Fächerübergreifender Unterricht".

So sah es in meinem selbst erstellten Literaturverzeichnis aus.

Es stehen zwei verschiedene Versionen des Literaturverzeichnisses zur Auswahl, die Sie in jedem der vier vorgegebenen Quellenformate erstellen können. Falls Ihnen die Ergebnisse nicht zusagen, gibt es folgende

Möglichkeiten: Sie bearbeiten alles nach, Sie verändern die Datei oder Sie erstellen Ihre Literaturlisten manuell.

Der *Quellen-Manager* in *Word* erscheint von der Idee her ganz praktisch, aber der Aufwand, ein Literaturverzeichnis nach bestimmten Vorgaben zu erstellen, dürfte unverhältnismäßig hoch sein. Daher sollten Sie Ihre Quellennachweise entweder manuell erstellen oder ein gesondertes Literaturverwaltungsprogramm verwenden. So können Sie z. B. in *Bookends* Ihren Zitierstil nahezu beliebig anpassen.

Zum Schluss schauen wir uns noch den eigentlichen *Quellen-Manager* an, den Sie nach einem Klick auf *Verwalten* über die Sterntaste rechts unten finden. Sie sehen hier eine *Masterliste* mit allen Ihren Quellen aus sämtlichen *Word*-Dokumenten sowie die Liste des aktuellen Dokuments. Sie können also die bereits eingegebenen Quellen aus der Masterliste in die aktuelle Liste kopieren, Quellen neu erstellen, bearbeiten und löschen. Eine Möglichkeit, Quellen nach Projekten oder Themengebieten zu sortieren, gibt es leider nicht.

Sie finden den Quellen-Manager nach einem Klick auf die Sterntaste rechts unten.

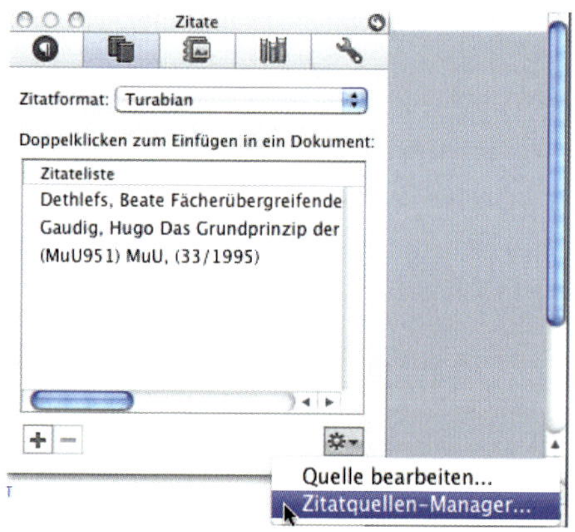

Im eigentlichen Quellenmanager können Sie Quellen von Ihrer Masterliste in die Liste des aktuellen Dokumentes kopieren, außerdem Quellen neu anlegen, bearbeiten und löschen.

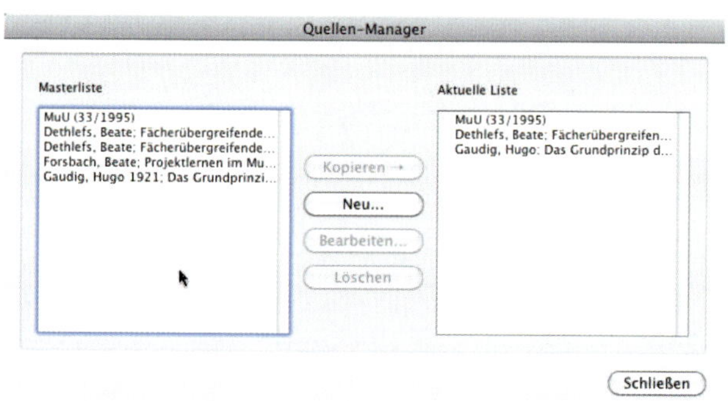

Falls Sie den *Quellen-Manager* von *Word* nicht für Ihre Arbeit benutzen wollen, aber auch nicht alles von Hand erledigen wollen, sollten Sie ein Literaturverwaltungsprogramm auswählen, bei dem die Kommunikation mit *Word* automatisch erfolgt.

Literaturverwaltungsprogramme

Für wissenschaftliche Arbeiten in Schule und Studium ist es nicht unbedingt notwendig, ein Literaturverwaltungsprogramm zu verwenden. Doktoranden und Autoren wissenschaftlicher Publikationen sollten jedoch prüfen, ob die Vorteile eines solchen Programmes den Aufwand lohnen. Sie können neben den bibliographischen Daten auch Schlagworte, Abstracts, Kommentare, Zitate und anderes eintragen. Oft kann man die Literaturangaben aus anderen Datenbanken importieren. Die gesamte Datenbank lässt sich nach verschiedenen Kriterien immer wieder neu ordnen. Die Programme arbeiten in der Regel problemlos mit *Word* zusammen, so dass man mühelos Kurzverweise im Text und Literaturverzeichnisse erstellen kann.

Wenn Sie mehrere Arbeiten, Bücher oder Fachartikel zu einem Themenbereich schreiben möchten, dürften Sie von einer solchen Literaturverwaltung profitieren. Bei nur einer Arbeit ist genau zu überlegen, ob es sich lohnt.

Der Aufwand ist nicht unbeträchtlich – abgesehen vom Anschaffungspreis muss man sich zunächst in die Bedienung der Programme einarbeiten. Das Eintragen der Literaturangaben kostet viel Zeit und Mühe. Auch könnte das Erstellen eines eigenen Bibliothekssystems zu einem zeitaufwendigen Selbstzweck werden, wenn Sie mehr an Ihrer Literaturkartei als an dem eigentlichen wissenschaftlichen Projekt arbeiten. Daher gibt es durchaus Doktoranden und Autoren wissenschaftlicher Bücher, die sich gegen ein Literaturverwaltungsprogramm entscheiden. Denn man kann die Literatur ganz einfach in *Word* auflisten und nach Themenbereichen ordnen. Auch Kurzbelege und Fußnoten lassen sich einfach per Hand erstellen, genauso wie Literaturverzeichnisse.

Gerade wenn es spezielle Vorgaben für das Literaturverzeichnis gibt, kommt man ohnehin nicht daran vorbei, die automatisch erstellten Listen zu überarbeiten. Der Zeitaufwand für die manuell erstellten Quellennachweise und Literaturlisten dürfte nicht wesentlich größer sein als der für das Anlegen einer elektronischen Literaturverwaltung.

Ein weiterer Aspekt ist zu beachten, wenn man eher unbekannte Literaturverwaltungsprogramme benutzt: Es kann passieren, dass eine Software nicht weiter gepflegt wird oder bei einem Systemwechsel nicht mehr benutzt werden kann.

Zu Beginn meiner Recherchen für die Dissertation verwendete ich eine Software, die einem Buch über Literaturverwaltung beigefügt war. Als diese nicht weiter gepflegt wurde, stellte ich mich auf das kostenlose Programm *LiteRat* um, das bekannt für seinen großen Funktionsumfang und seine leichte Bedienbarkeit war. Als dies 2006 in *Citavi* überging, konnte ich meine *LiteRat*-Datenbanken einfach mitnehmen. Aber bei meinem Wechsel vom Windows-PC zum Mac ließen sich meine umfangreichen Datenbanken nicht weiter nutzen.

So verwendete ich das Literaturverzeichnis und die Bibliographie meiner Doktorarbeit als Fundus für die Literatur in den Fachbüchern und Artikeln, die ich im Anschluss an die Dissertation geschrieben habe. Denn die *Word*-Datei, die ich unter Windows mit einer älteren Version erstellt habe, kann ich auf dem Mac ohne Probleme lesen und weiter verarbeiten.

In einigen Internetforen zum wissenschaftlichen Arbeiten am Mac werden verschiedene Literaturverwaltungsprogramme in Kombination mit mehreren Textverarbeitungsprogrammen diskutiert. Wir beschränken uns hier auf *Word* zum Schreiben der Arbeit und geben einen Überblick über die gängigen Literaturverwaltungsprogramme.

Eine an den Universitäten weitverbreitete Software für die Literaturverwaltung in wissenschaftlichen Projekten ist *Citavi.* Dieses Programm bietet hervorragende Möglichkeiten für die Literaturverwaltung und Wissensorganisation, z. B. kann man in über 4000 Datenbanken und Bibliothekskatalogen recherchieren, Bücher automatisch über die ISBN erfassen, Zitate, Gedanken, Kommentare festhalten, Wissen organisieren, Literaturverzeichnisse in ca. 800 Zitationsstilen automatisch erstellen. *Citavi* eignet sich auch für Schüler und für den privaten Gebrauch.

Nur: *Citavi* gibt es leider nur für Windows, die Mac-Version ist aber für Ende 2011 angekündigt. Sie könnten *Citavi* nur nutzen, wenn Sie Windows auf Ihrem Mac installieren, z. B. über *Boot Camp*. Dann müssten Sie allerdings *Word 2010* für *Windows* verwenden, sonst funktioniert die Zusammenarbeit der beiden Programme nicht. Sie müssten Zitate unter Windows einscannen, und die automatische Sicherung durch die *Time Machine* müsste auch die virtuelle Maschine mit *Windows* einbeziehen. Für diese Lösung ist viel Arbeitsspeicher notwendig. Daher raten wir davon ab, *Citavi* und *WinWord* auf dem Mac zu verwenden.

Das Literaturverwaltungsprogramm Bookends

Bookends wird recht häufig zur Literaturverwaltung im wissenschaftlichen Bereich verwendet – es bietet eine große Funktionsvielfalt und ist in einer Studentenversion erhältlich. Aktuell ist die Version 11.1.6 erschienen, die mit *OS X Lion* kompatibel ist.

Laden Sie sich doch eine kostenlose Demoversion herunter, die allerdings auf 50 Literatureinträge begrenzt ist. Für manche Arbeit kann das schon reichen. Leider gibt es *Bookends* bislang nur in englischer Sprache. *Bookends* kann mit *Word* und auch mit *Pages* zusammenarbeiten.

Beim Öffnen des Programms erscheint die aktuelle Datenbank in der Basis-Ansicht, mit einem Klick auf *View* können Sie unterschiedliche Ansichten auswählen.

Beim Öffnen des Programms erscheint die aktuelle Datenbank.

Klicken Sie auf »View« und wählen Sie die gewunschte Ansicht.

In der Ansicht »All« erscheint rechts eine Spalte mit sämtlichen Angaben aus der Datenbank.

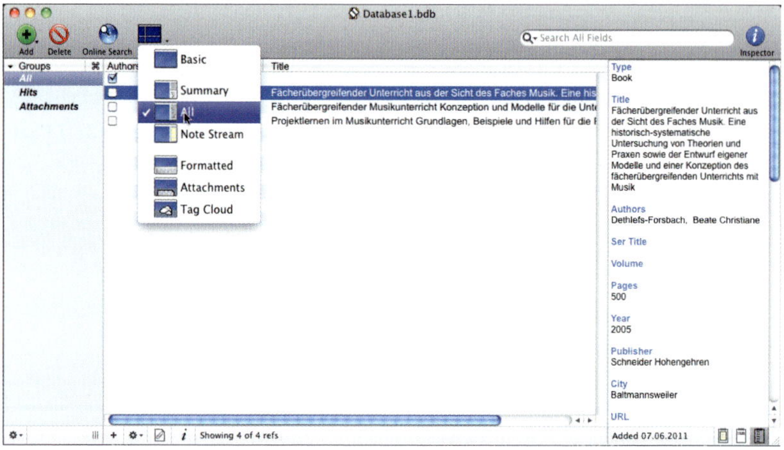

In der Ansicht »Note Stream« erscheinen sämtliche Notizen zu dem Buch.

In der Ansicht »Formatted« sehen Sie, wie die Ausgabe der Literaturquelle in den verschiedenen Formaten aussehen wird.

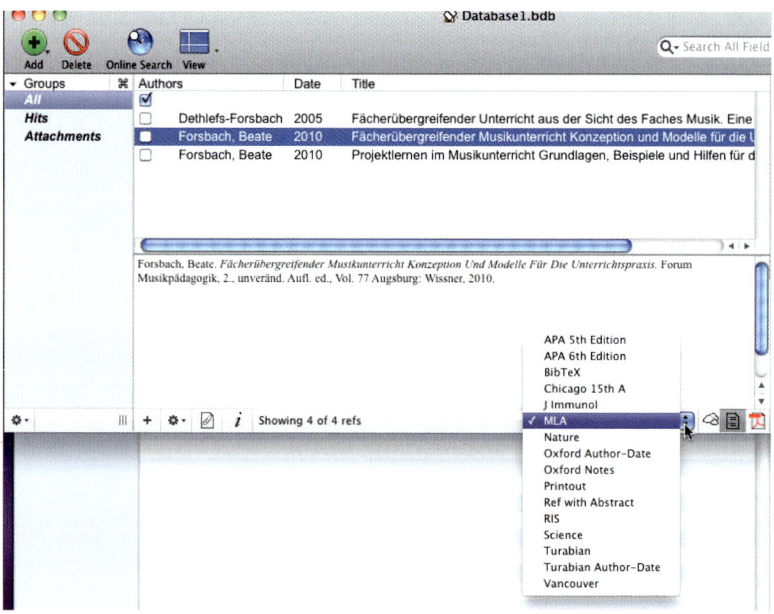

Um eine Quelle hinzuzufügen, klicken Sie einfach auf die Plustaste oben links. Es öffnet sich ein Auswahlmenü, in dem Sie die gewünschte Literaturart auswählen können. Nun erscheint die Eingabemaske, die je nach Literaturart unterschiedlich aussieht. Fügen Sie alle erforderlichen Angaben ein, tragen Sie ein »Abstract« und »Keywords« ein. Klicken Sie auf *Notes* und tragen Sie alles ein, was Sie zu dieser Quelle anmerken möchten.

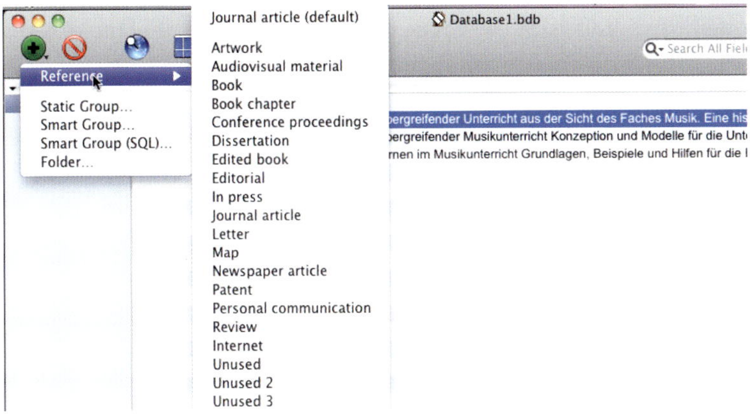

Klicken Sie auf +, um einen Eintrag hinzuzufügen, und wählen Sie die Quellenart aus der Liste.

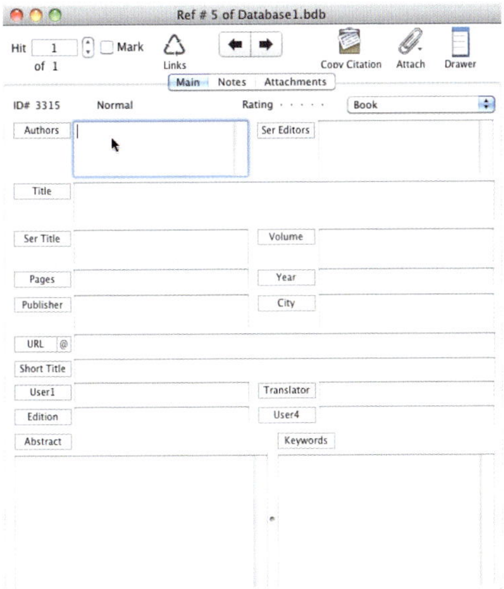

Es öffnet sich die Eingabemaske mit verschiedenen Feldern für die betreffende Literaturart.

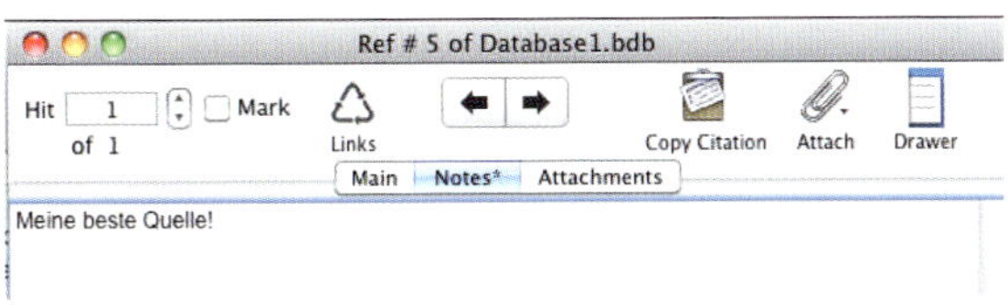

Klicken Sie auf »Notes« und tragen Sie alles ein, was Ihnen hier wichtig ist.

Sie können die einzelnen Datensätze auch später ergänzen oder ändern. Vielleicht haben Sie einige Seiten aus einem Buch als *pdf*-Datei gespeichert, dann können Sie sie über einen Klick auf *Attachments* einfügen. Klicken Sie auf *Attach* und wählen Sie, ob Sie eine Datei oder einen Ordner hinzufügen wollen. Es öffnet sich der *Finder* und Sie können die gewünschte Datei per Klick auswählen. Nun erscheint ein Fenster, in dem Sie den Namen der Datei ändern können, nach einem Klick auf *Attach* erscheint Ihre Datei im Attachments-Fenster. Sie können alle Arten von Dateien hinzufügen, angezeigt im Programm werden jedoch nur *Word*-Dateien, *rtf*-Dateien, Grafikdateien wie *jpg* oder *tiff*. Auch eingescannte Seiten aus Büchern oder ganze Aufsätze lassen sich so mit den Literaturangaben verbinden. Eine komfortable Literatur-Verwaltung!

Wählen Sie, ob Sie eine Datei oder einen Ordner hinzufügen wollen.

Sie können die Datei neu benennen.

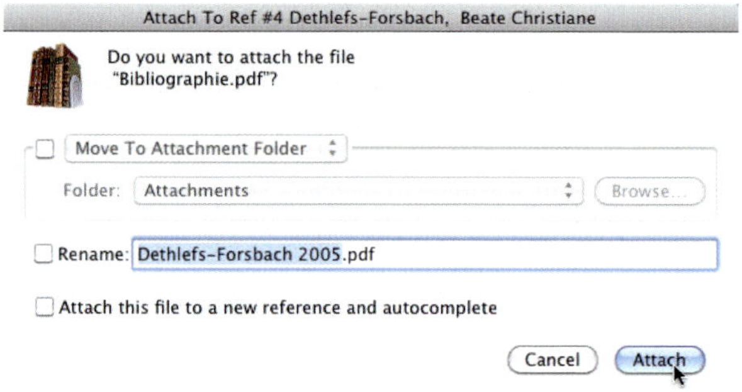

Der vollständige Text der pdf-Datei erscheint im Attachments-Fenster.

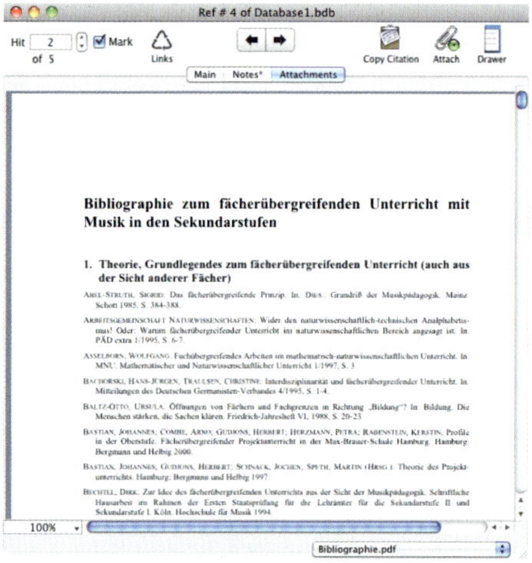

Nach einem Klick auf die grüne runde Taste neben *Attach* öffnet sich ein Auswahlmenü, in dem Sie jede beliebige Datei im zugehörigen Programm per Klick öffnen können. So lassen sich auch alle Anhänge gleichzeitig öffnen oder weitere Dateien und Ordner hinzufügen. Im Attachments-Fenster gibt es unten ein Auswahlmenü, in dem Sie jede gewünschte *pdf-*, *doc-*, *rtf-* oder Bild-Datei in *Bookends* anschauen können.

Öffnen Sie den *Show Inspector* – hier können Sie Anhänge anschauen, umsortieren, löschen oder neue Anhänge hinzufügen. Über die Taste *Links* können Sie Links mit Kommentaren hinzufügen, die Sie später im *Show Inspector* verwalten.

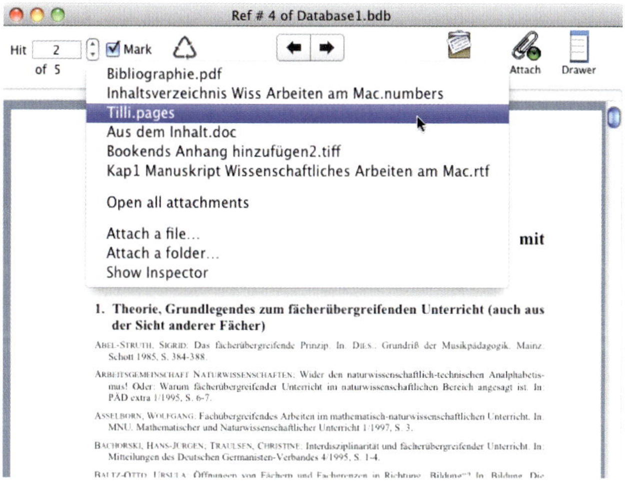

Klicken Sie auf die kleine runde grüne Taste und wählen Sie aus, was Sie als Nächstes tun wollen: Eine oder alle Anhänge im zugehörigen Programm öffnen, eine Datei oder einen Ordner hinzufügen, oder den Show-Inspector öffnen.

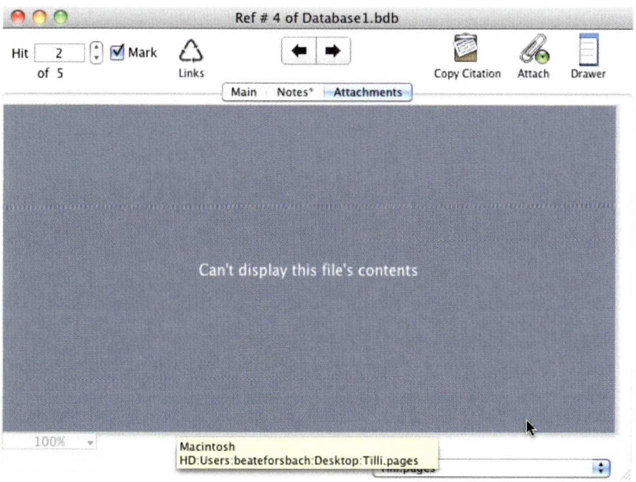

Eine Pages-Datei können Sie als Anhang speichern, aber nicht in Bookends selber anschauen.

Auch Bilddateien können Sie der Quelle zuordnen.

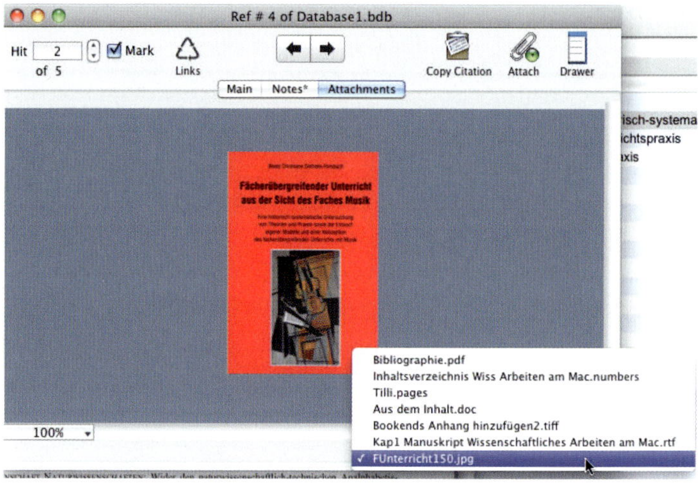

Im »Show Inspector« können Sie die Anhänge verwalten: Anschauen, umsortieren, löschen, neue Anhänge hinzufügen.

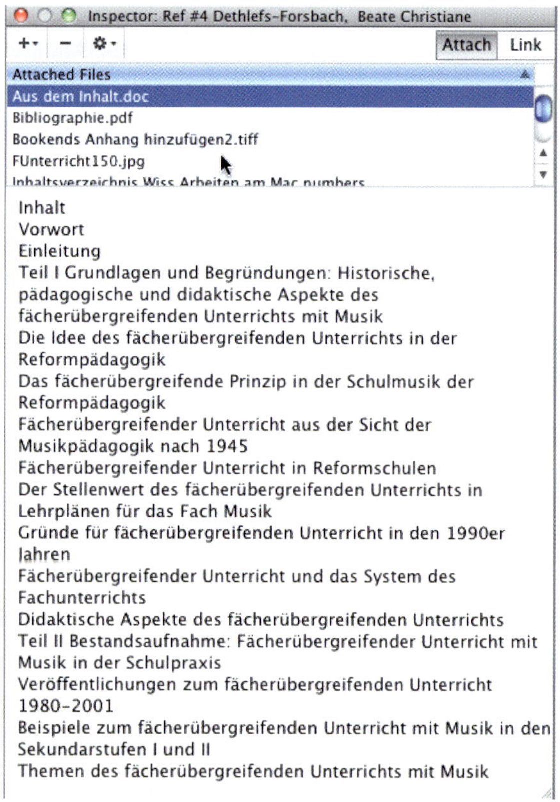

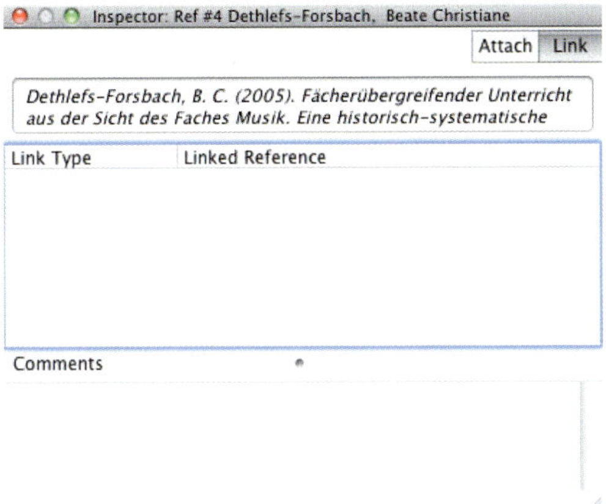

Über die Taste »Links« können Sie Links oder auch beliebige Anhänge hinzufügen, die Sie dann im Show Inspector verwalten können.

Eine sehr nützliche Funktion von *Bookends* ist die Online-Recherche. Wählen Sie aus einer Vielzahl von Bibliotheken und lesen Sie die gewünschten Suchergebnisse in Ihre Datenbank ein.

Über die Taste »Online Search« lässt es sich online in verschiedenen Bibliotheken recherchieren.

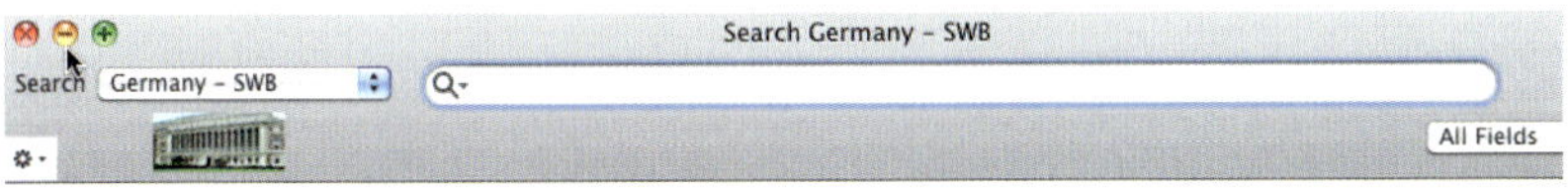

Die gewählte Bibliothek wird angezeigt und Sie können Ihren Suchbegriff ins Suchfeld eintragen.

Es gibt eine Vielzahl von Bibliotheken zur Auswahl.

Oh! Da war der Suchbegriff wohl zu allgemein!

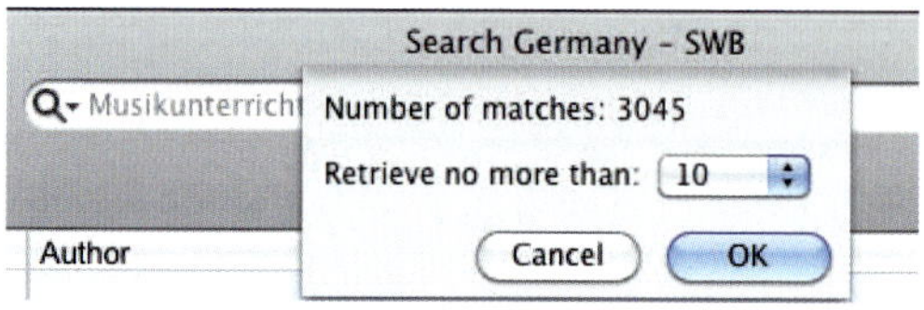

Das Suchergebnis steht da und Sie können es mit einem Klick auf »Import« in Ihre Datenbank einlesen.

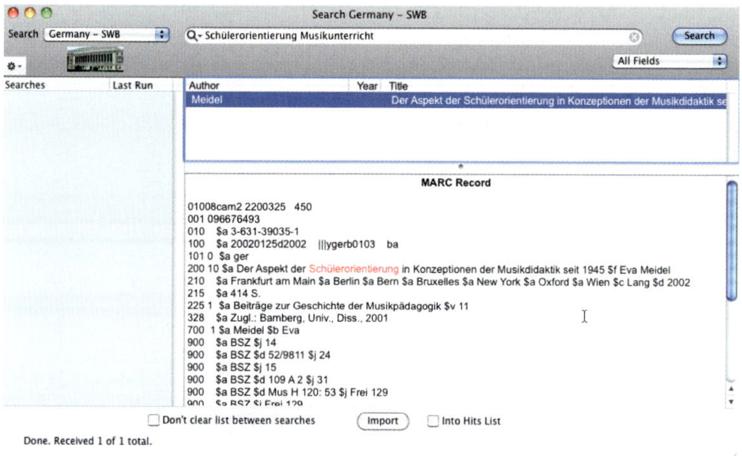

Um zu testen, wie man Quellenhinweise als Kurzbelege und im Literaturverzeichnis mit *Bookends* in *Word* einlesen kann, wähle ich die Beispiele wie im Quellen-Manager von *Word*. Geben Sie die notwendigen Angaben ein, dann klicken Sie auf *Biblio | Bibliography Formatter*. Nun öffnet sich ein Fenster, in dem Sie ein Quellenformat (hier *Turabian*) und verschiedene Textformate (hier *Styled Text*) wählen können. Anschließend wählen Sie *Send the bibliography to: Bibliography Window*, klicken *Make Bib* und schon öffnet sich ein Fenster mit Ihrem Literaturhinweis.

Geben Sie die notwendigen Informationen ein.

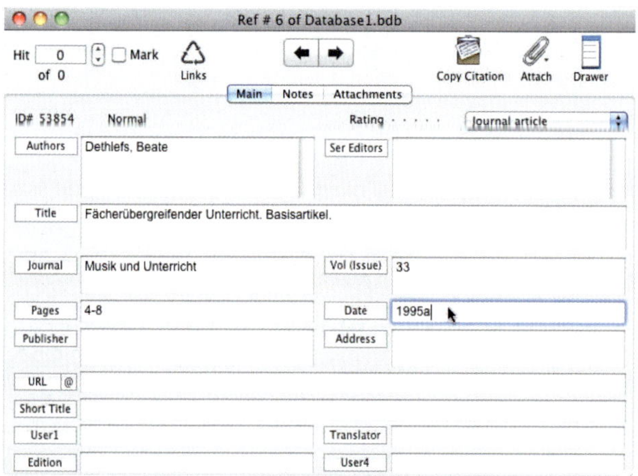

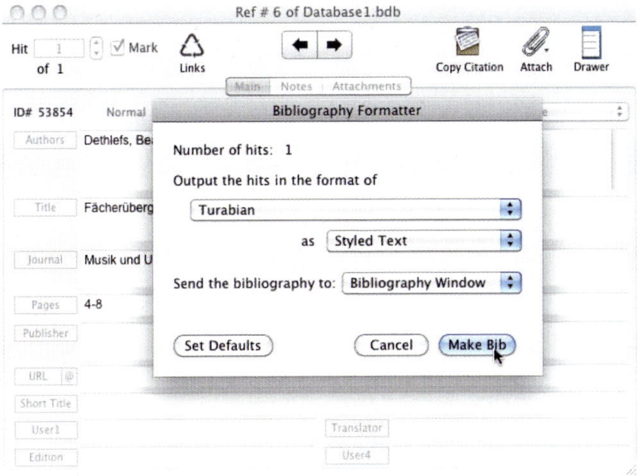

Klicken Sie auf »Biblio | Bibliography Formatter«, um weitere Einstellungen vorzunehmen.

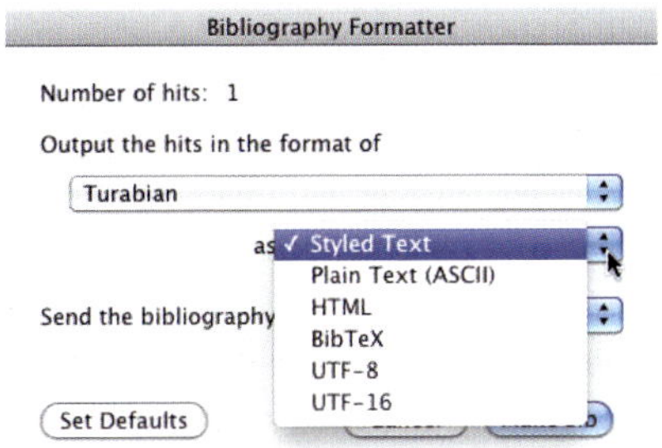

Wählen Sie eines der angebotenen Textformate.

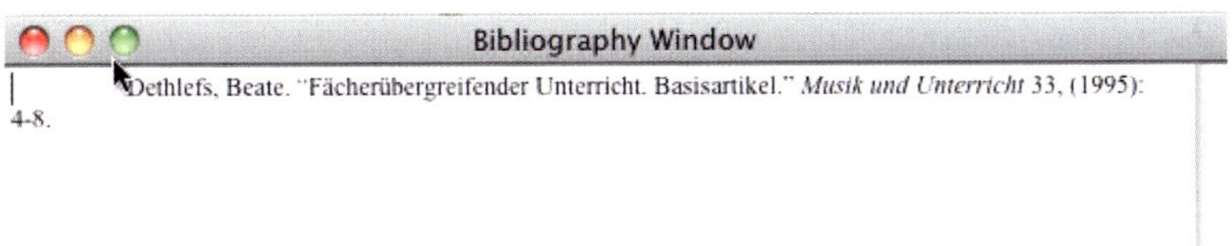

Im »Bibliography«-Fenster können Sie Ihren Literaturhinweis in die Zwischenablage kopieren und in Word oder Pages an der gewünschten Stelle einsetzen.

Es gibt eine Verknüpfung zwischen *Bookends* und *Word*, so dass Sie direkt aus dem *Word*-Fenster zu *Bookends* wechseln können.

Über das Zusatzmenü können Sie direkt aus dem Word-Fenster zu Bookends wechseln, dort etwas suchen oder einen Literaturbeleg importieren.

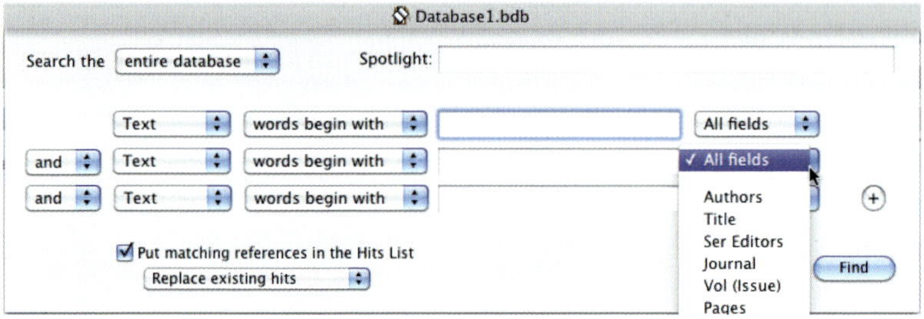

Nach einem Klick auf »Find in Bookends« öffnet sich diese Suchmaske.

Nun kommt eine wirklich fantastische Funktion von *Bookends*: Nach einem Klick auf *Biblio | Formats Manager* lassen sich die vielen verschiedenen Formate nach eigenen Wünschen anpassen.

Es kommt ja nicht unbedingt darauf an, welches Format Sie bevorzugen. Viel wichtiger ist, welches Format an Ihrer Hochschule oder Fakultät üblich ist, oder welches Ihr Professor erwartet. Auch viele Verlage haben ihr eigenes Format, das Sie einfach berücksichtigen müssen, wenn Sie dort veröffentlichen. Mein Doktorvater hatte eine sehr gute Regel für die Literaturverweise, er sagte: »Es ist mir egal, wie Sie es machen, aber es muss einheitlich sein.« So habe ich mir ein eigenes System ausgetüftelt und sicherlich zu viel Zeit damit verbracht.

Daher möchte ich Ihnen folgende Empfehlung geben: Erkundigen Sie sich an Ihrer Hochschule, ob es Vorschriften für die Literaturangaben gibt. Falls ja, richten Sie Ihren Mac entsprechend ein. Falls nein, wählen Sie eine Ihnen sympathische Vorgabe aus und verwenden Sie sie konsequent. Nun möchte ich Ihnen den *Formats Manager* von *Bookends* vorstellen:

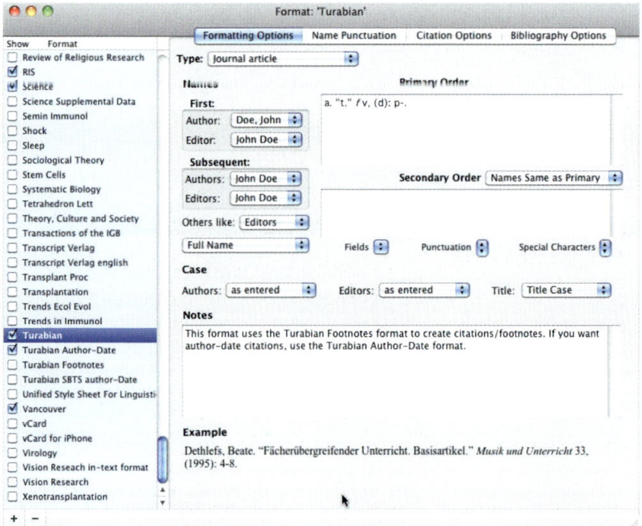

Im Formats Manager können Sie eines der vielen angebotenen Formate aussuchen, verändern und Ihr eigenes Format definieren und speichern.

Die Quellenangabe erscheint im Format *Turabian* wie folgt:

Dethlefs, Beate. "Fächerübergreifender Unterricht. Basisartikel." *Musik und Unterricht* 33, (1995): 4-8.

Ich möchte gerne folgendes Format haben:

DETHLEFS, BEATE: Fächerübergreifender Unterricht. Basisartikel. In: Musik und Unterricht 33/1995, S. 4-8

Im *Format Manager* von *Bookends* können Sie Ihr eigenes Format definieren, indem Sie festlegen, welche Angaben in welcher Reihenfolge im Quellennachweis stehen sollen, durch welche Satzzeichen Sie die Angaben trennen und in welchem Zeichenformat der Text stehen soll. Im *Primary Order* steht: a. »t.« *f* v, (d): p-., die Erklärung der Abkürzungen finden Sie im Auswahlmenü *Fields.*

Die Bedeutung der Abkürzungen erfahren Sie im Auswahlmenü »Fields«

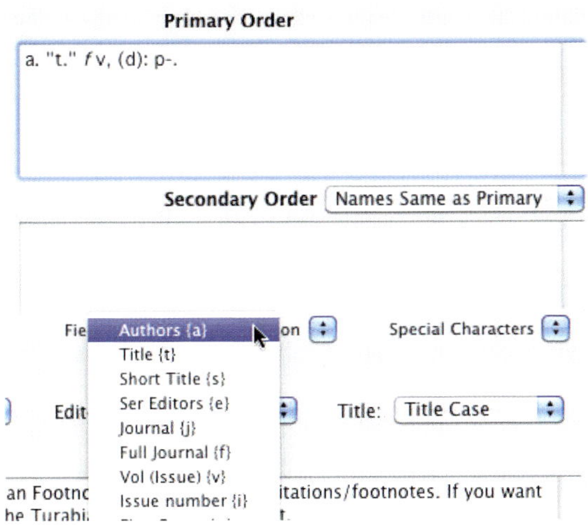

Die bibliographischen Angaben stehen bereits in der richtigen Auswahl und Reihenfolge, nun verändern Sie einfach die Satzzeichen: a: t. f v, d, p-. Der Schrägstrich in *33/1995* ist möglich, aber er erscheint z. B. im Format *Turabian Footnotes*, das Sie entsprechend bearbeiten können. »In:« und »S.« lassen sich im *Format Manager* nicht definieren. Entweder verzichten Sie darauf oder geben es bereits in der Maske mit ein.

Das Ergebnis kommt der gewünschten Form schon sehr nahe. Um das Format zu speichern, klicken Sie auf die Plus-Taste und geben im aufspringenden Menü einen eigenen Namen für Ihr Format ein.

Als Trennzeichen sind nur diese Zeichen möglich. Andere müssten Sie per Hand eingeben.

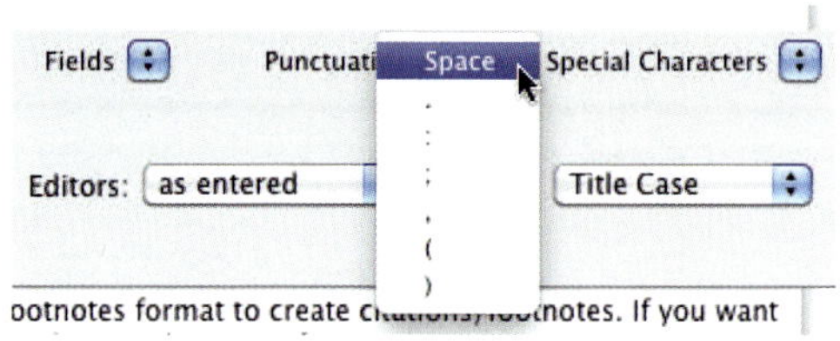

Wenn Sie »S. 4-8« und »In: Zeitschriftenname« erhalten möchten, geben Sie es gleich mit ein.

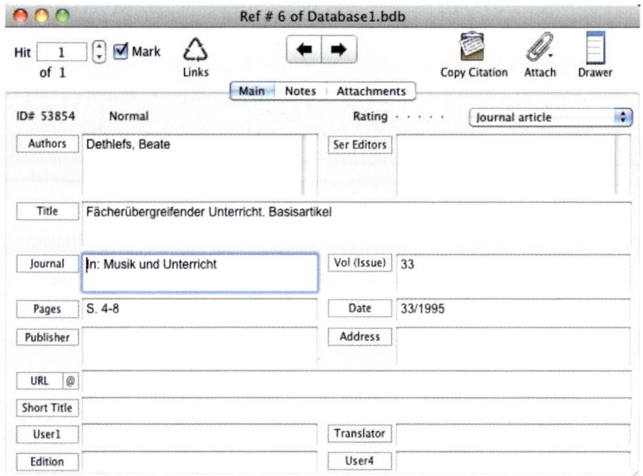

Mit der Formatvorlage »Turabian Footnotes« kommen Sie dem gewünschten Ergebnis ganz nahe!

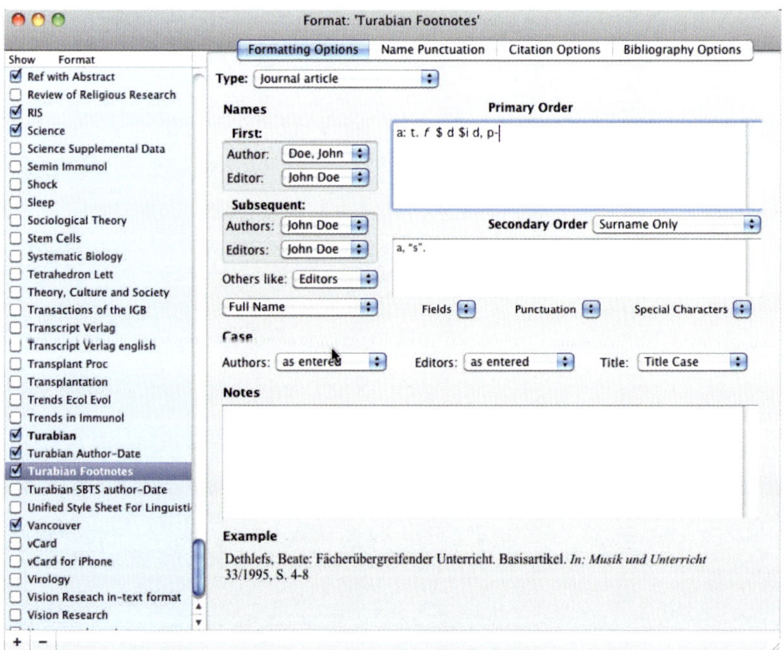

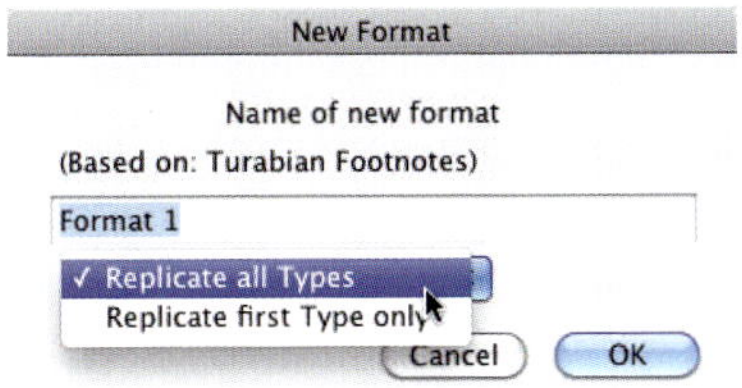

Klicken Sie auf die +-Taste und geben Sie einen Namen für Ihr neues Format ein.

Auch das Zeichenformat lässt sich ändern. Markieren Sie z. B. das »f« im *Primary Order*, klicken dann auf *Style* | *Plain Text* und ändern so die Kursivschrift des Zeitschriftentitels. Im Menü *Style* können Sie auch die Schriftfarbe und Schriftgröße ändern. Im Menü *Fonts* können Sie aus einem großen Angebot von Schriften auswählen. Und über *Edit* | *Special Characters* gelangen Sie in eine reiche Auswahl an Sonderzeichen. Leider stehen keine Kapitälchen zur Verfügung, so dass Sie die später von Hand formatieren müssen – oder Sie entscheiden sich für eine andere Darstellung.

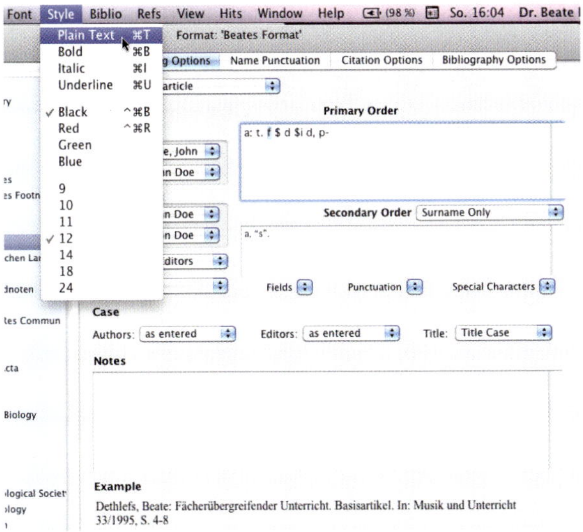

Über das Menü »Style« lässt sich der Textstil – nachdem Sie die zu ändernde Textstelle im »Primary Order« markiert haben – in gerade, fett, kursiv, oder unterstrichen ändern. Außerdem können Sie auch die Schriftgröße und die Farbe ändern.

Im Menü »Fonts« (links) können Sie aus einer reichen Auswahl die schönste Schrift auswählen.

Und über »Edit | Special Characters« (rechtes Bild) gelangen Sie zu einer Auswahl von speziellen Schriften und Sonderzeichen.

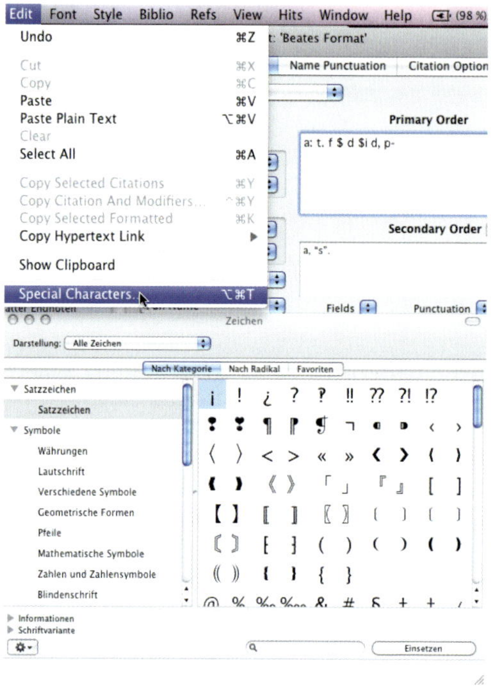

Nachdem Sie nun erfahren haben, wie Sie in *Bookends* fast jedes Quellenformat nach Ihren Wünschen und den Vorgaben definieren können, wollen wir zum Abschluss ein Literaturverzeichnis erzeugen. Nach einem Klick auf *Biblio | Bibliography Formatter* wählen Sie Ihr gewünschtes Format und klicken *Make Bib* an. Leider sind die übrigen Angaben noch nicht so, wie Sie sie wünschen. Da ist noch ein wenig Arbeit notwendig, denn wir haben soeben nur das Format *Journal article* definiert.

Erzeugen Sie ein Literaturverzeichnis, indem Sie »Biblio | Bibliography Formatter« anklicken und Ihr eigenes Format auswählen.

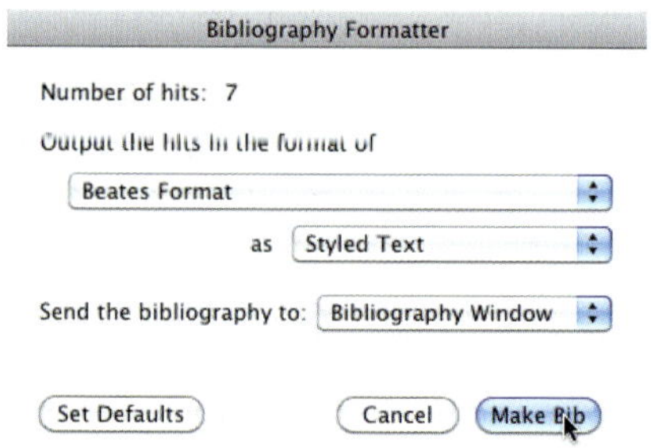

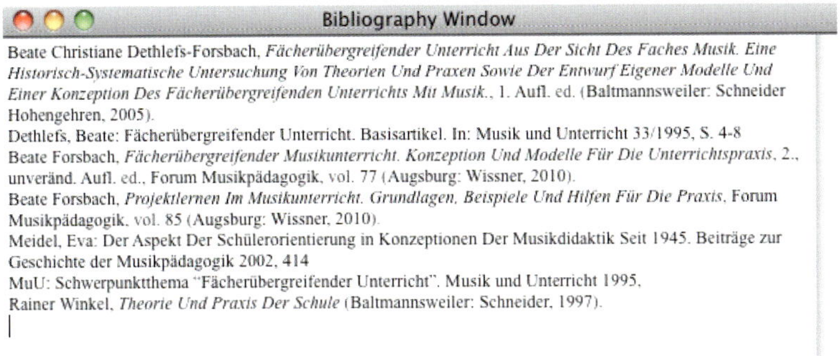

Bibliography Window

Beate Christiane Dethlefs-Forsbach, *Fächerübergreifender Unterricht Aus Der Sicht Des Faches Musik. Eine Historisch-Systematische Untersuchung Von Theorien Und Praxen Sowie Der Entwurf Eigener Modelle Und Einer Konzeption Des Fächerübergreifenden Unterrichts Mit Musik.*, 1. Aufl. ed. (Baltmannsweiler: Schneider Hohengehren, 2005).
Dethlefs, Beate: Fächerübergreifender Unterricht. Basisartikel. In: Musik und Unterricht 33/1995, S. 4-8
Beate Forsbach, *Fächerübergreifender Musikunterricht. Konzeption Und Modelle Für Die Unterrichtspraxis*, 2., unveränd. Aufl. ed., Forum Musikpädagogik, vol. 77 (Augsburg: Wissner, 2010).
Beate Forsbach, *Projektlernen Im Musikunterricht. Grundlagen, Beispiele Und Hilfen Für Die Praxis*, Forum Musikpädagogik, vol. 85 (Augsburg: Wissner, 2010).
Meidel, Eva: Der Aspekt Der Schülerorientierung in Konzeptionen Der Musikdidaktik Seit 1945. Beiträge zur Geschichte der Musikpädagogik 2002, 414
MuU: Schwerpunktthema "Fächerübergreifender Unterricht". Musik und Unterricht 1995,
Rainer Winkel, *Theorie Und Praxis Der Schule* (Baltmannsweiler: Schneider, 1997).

Leider erscheinen noch nicht alle Literaturangaben in dem gewünschten Format.

Auch wenn die Erläuterung zum Programm *Bookends* an dieser Stelle endet, haben Sie sicher bereits festgestellt, dass dieses Literaturverwaltungsprogramm eine enorme Funktionsvielfalt hat. Mit dem Programm erhält man ein *Tutorial* mit einfachen, verständlichen Erklärungen. Im ausführlichen Handbuch finden Sie auf über 350 Seiten alle erdenklichen Erläuterungen, auch zu Spezialproblemen wie Zusammenarbeit mit *Word* und *Pages*. Ein wenig mühsam ist es schon, dass Programm und Anleitungen auf Englisch geschrieben sind, aber man versteht es nach kurzer Eingewöhnungszeit.

Der Support der Softwarefirma hat außerdem sehr schnell und hilfreich reagiert. Wirklich »perfekt« wäre *Bookends*, wenn es noch eine Version für das iPad gäbe …

Weitere empfehlenswerte Literaturverwaltungsprogramme

Nun möchte ich noch drei weitere Programme kurz vorstellen, die Sie als Testversion herunterladen und selber ausprobieren können: *EndNote*, *Sente* und *Zotero*. Zur Information über diese und weitere Programme verweisen wir hier auf die Website `www.apfelwiki.de/Main/Literaturverwaltung`. Einen Vergleich der Programme *Bookends*, *Sente* und *Zotero* (sowie *BibDesk* und *JabRef*) finden Sie auf der Website `www.apfelwiki.de/Tests/LiteraturverwaltungUnterMacOSX`.

EndNote ist an deutschen Universitäten ziemlich weit verbreitet, zuweilen werden auch Einführungskurse dazu angeboten. Das Programm ist englischsprachig, es existiert in Versionen für den Mac und für Windows – und es ist teurer als *Bookends*. Man kann die bibliographischen Daten in eine Maske eingeben oder direkt aus verschiedenen Online-Datenbanken einlesen. Eine Integration in *Pages* ist vorhanden, ebenso laut Hersteller-Website eine Anbindung an *Word*. Neben Literaturquellen können Sie auch Bilder und *pdf*-Dateien verwalten. So kann man z. B. auch Exzerpte zu den jeweiligen Literaturquellen verwalten. Es lassen sich auch *rtf*-Dokumente scannen – das Programm erkennt dann die Literaturangaben im Text und sucht die dazugehörigen bibliographischen Angaben aus der Datenbank heraus. Sie können Quellennachweise und Literaturverzeichnisse erstellen und verschiedene Zitationsformate wählen. Alle diese Funktionen bietet *Bookends* auch – und so ist es Ihnen überlassen, welches Programm Ihnen eher zusagt.

Dieses Fenster erscheint nach dem Start von »EndNote«.

Sente ist ebenfalls englischsprachig und etwas teurer als *Bookends*. Es gibt verschiedene Lizenzen, die preiswerte *Undergraduate*-Lizenz ist auf 250 Literaturangaben beschränkt. Damit dürften viele Studenten für ihre Haus-, Seminar- oder Abschlussarbeiten auskommen.

Sente ist ein originäres Mac-Programm. Eine Zusammenarbeit mit *Word* ist möglich, aber das ebenfalls originäre Mac-Textverarbeitungsprogramm *Mellel* bietet die bessere Integration. *Sente* sieht sehr ansprechend aus und ist relativ leicht zu bedienen. Die Besonderheit ist eine Version für das iPad, so dass man *Sente* auch unterwegs und in Bibliotheken immer in der Tasche haben kann. Selbstverständlich kann man die Versionen für das iPad und den Mac miteinander synchronisieren.

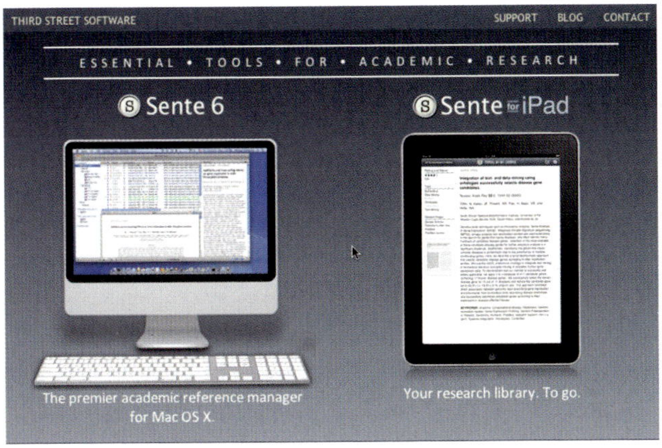

Die Besonderheit bei »Sente« ist die zusätzliche Version für das iPad. Außerdem gibt es die kostenlose App »Sente Viewer« für das iPad.

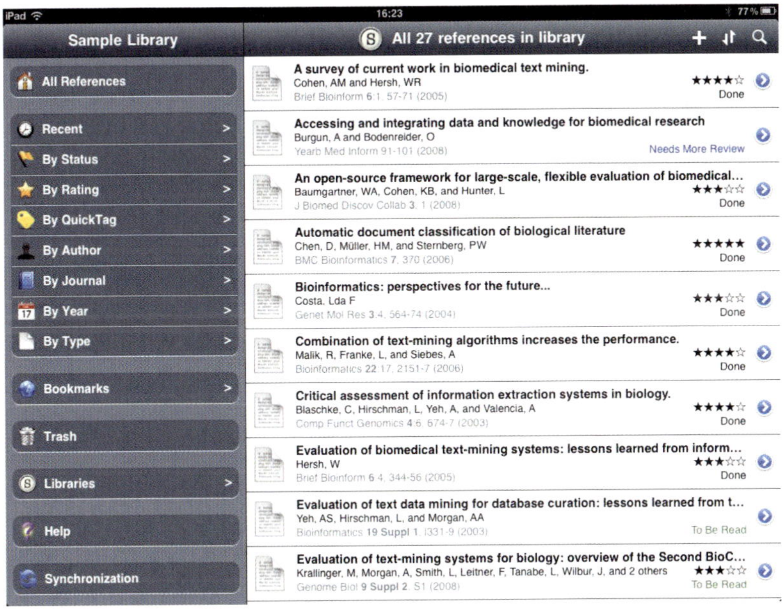

Auf dem iPad stellt sich »Sente« sehr übersichtlich dar.

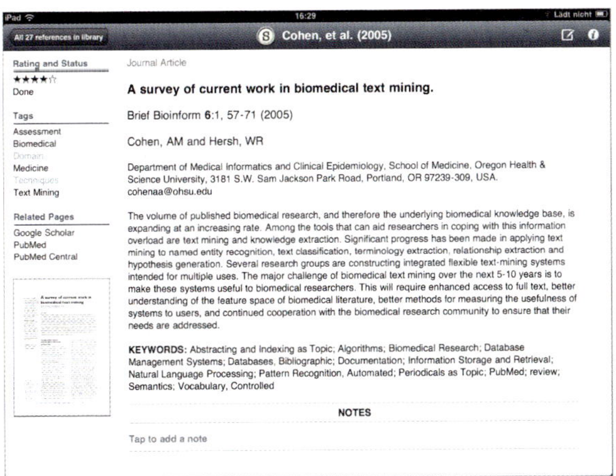

Eine einzelne Literatur-Karteikarte auf dem iPad.

Wie in *Bookends* können Sie in Online-Datenbanken recherchieren und die Angaben mit einem Klick in die eigene Literaturdatenbank übernehmen. Man kann auch Exzerpte und Notizen speichern, Literaturverzeichnisse erstellen und die zahlreichen vorgegebenen Formate für Literaturangaben bearbeiten.

Die bisher vorgestellten Programme stellen eher ein »geschlossenes« System dar, mit dem ein Einzelnutzer in seinem wissenschaftlichen Projekt arbeitet. Daneben gibt es auch »offene« Systeme, mit denen mehrere Nutzer arbeiten und ihre bibliographischen Daten austauschen können. Ein Beispiel ist das kostenlose *Zotero*, das als Add-in für den Browser *Firefox* verfügbar ist.

Laden Sie »Zotero« als kostenloses Plugin für den Firefox-Browser herunter und teilen Sie Ihre Literaturdatenbank mit anderen Nutzern.

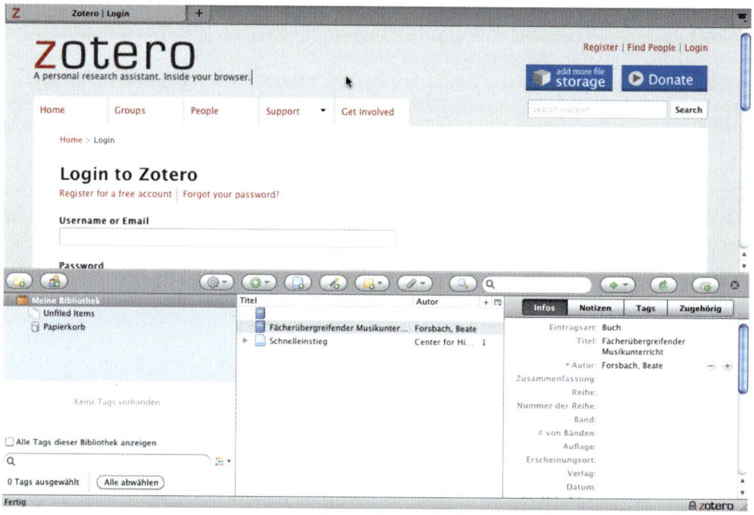

Sie können eine neue Gruppe bilden, indem Sie sich auf der *Zotero*-Website registrieren. *Zotero* ist deutschsprachig und leicht zu bedienen. Das Programmfenster öffnet sich im unteren Teil des Browsers. Mit einem Klick können Sie das Programmfenster auf den ganzen Bildschirm vergrößern.

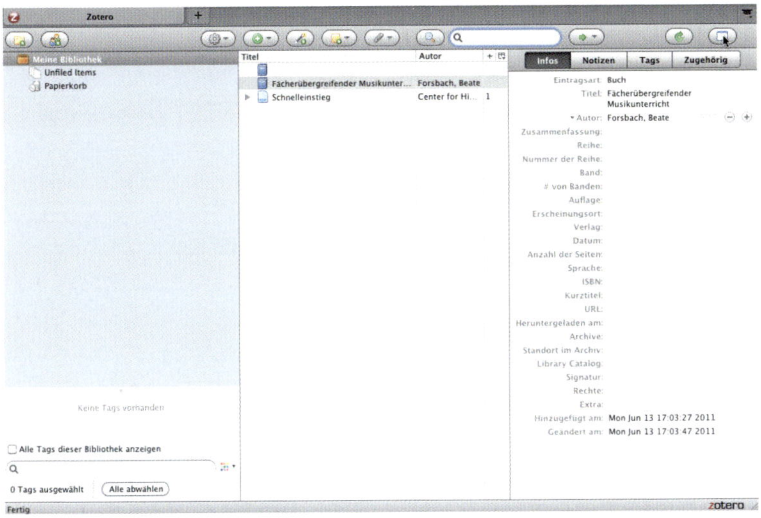

Mit einem Klick auf die kleine Taste oben rechts lässt sich das Programmfenster vergrößern.

Mit *Zotero* lassen sich Literaturangaben, Zitate und andere Fundstellen im Internet sehr einfach sammeln. Eine Anbindung an *Word 2011* ist möglich. *Zotero* findet zu jeder ISBN das passende Buch und liest die bibliographischen Angaben ein.

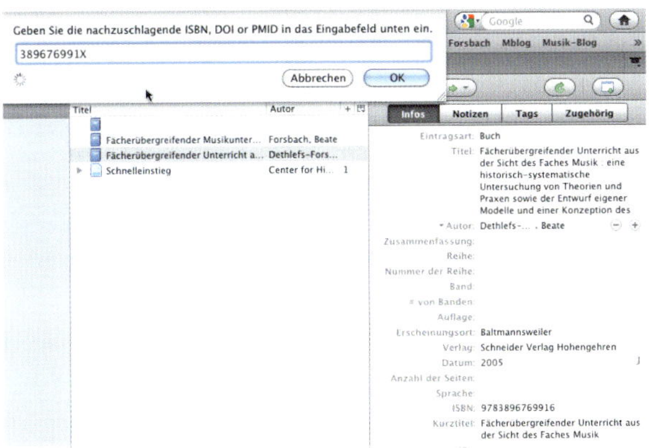

Geben Sie die ISBN eines Buches ein und Zotero findet automatisch die bibliographischen Angaben dazu.

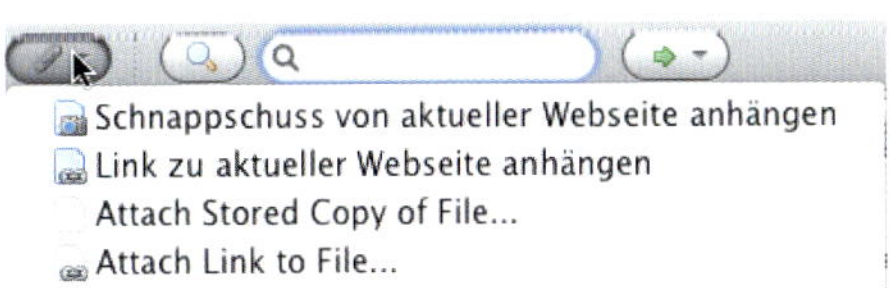

Mit einem Klick hängen Sie einen Link oder einen Screenshot der aktuellen Website an.

Sie können einen Schnappschuss (Screenshot) der aktuellen Website und einen Link dazu speichern. Außerdem erkennt *Zotero* auf den Websites von Online-Buchhandlungen, Bibliotheken oder Universitäten wichtige Daten zu einer Literaturquelle und fügt sie in die Datenbank ein.

Zotero erkennt auf Websites von Online-Buchhandlungen oder Bibliotheken die Daten zu einem Buchtitel und trägt sie automatisch ein.

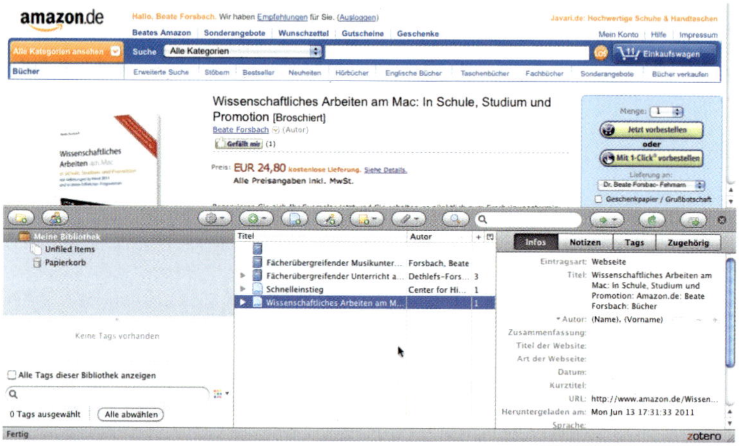

Nun können Sie selber entscheiden, ob Sie überhaupt ein Literaturverwaltungsprogramm benutzen wollen und wenn ja, welches. Wenn Sie dann die Literaturangaben gesammelt haben, steht Ihnen ja noch viel Arbeit bevor: Sie müssen die Literatur beschaffen, lesen und auswerten.

Literaturbeschaffung

Wenn Sie Ihre Quelle im Internet gefunden haben, können Sie sie direkt auf Ihrem Mac speichern. Öffnen Sie einfach über *Ablage | Drucken* das Druckmenü und wählen Sie *Als PDF sichern* im Menü *PDF*. Speichern Sie die Internetquelle in Ihrem Sammelordner für *pdf*-Dateien.

Um die übrige Literatur zu finden, müssen Sie oft in mehreren Bibliotheken suchen. Das kann sehr zeitaufwendig werden. Ihr Mac kann Ihnen da ein wenig helfen, sofern die Bibliotheken Online-Kataloge haben. Ein guter Tipp dürfte *subito* (`www.subito-doc.de`) sein, denn hier können Sie in vielen Bibliotheken suchen, nachdem Sie sich kostenlos registriert haben. Das Besondere an *subito* ist aber, dass Sie schnell und unkompliziert Kopien von Zeitschriftenaufsätzen und Buchauszügen per E-Mail erhalten und sogar Bücher ausleihen können. Dieser Service ist nicht kostenlos, aber außerordentlich zeitsparend. Wenn Sie Ihre Literatur in den nahe gelegenen Bibliotheken suchen, müssen Sie viel Zeit und Kosten einplanen. Sie müssen Zeitschriftenartikel und nicht ausleihbare Bücher in der Bibliothek fotokopieren. Da wünschte man sich ein Scan-App für das iPad oder iPhone – so etwas gibt es tatsächlich schon …

Materialsammlung 2: Von der Recherche zur Rohfassung

Lesen und exzerpieren

Nach der gründlichen Literaturrecherche und -beschaffung folgt eine längere Phase des Lesens der gefundenen Dokumente. Dabei genügt es leider nicht, alles durchzulesen und einiges in den Texten anzustreichen. Denn je mehr Sie über Ihr Thema lesen, desto eher vergessen Sie die Informationen aus den einzelnen Texten. Sie sollten also systematisch exzerpieren, d. h. die für Ihr Thema wesentlichen Gedanken und Informationen aus den Texten herausziehen und schriftlich dokumentieren.

Die Exzerpte sollten in einzelne Dateien geschrieben werden, damit Sie sie später wiederfinden und verwenden können. Sie können zu jedem Text eine Lektüre-Karte anlegen, wie sie Umberto Eco (2010, S. 163f.) empfiehlt. Auf einer Lektüre-Karte notieren Sie alle bibliographischen Angaben zu dem Text, eine Zusammenfassung, einige wörtliche Zitate (mit Seitenzahl!) sowie Ihre Gedanken über den Inhalt und die weitere Verwendung des Textes.

Falls Sie eine Bücherkiste mit *Bento* angelegt haben, lassen sich die Exzerpte, Zitate und Gedanken direkt auf die Karteikarten schreiben.

In »Bento« können Sie die Exzerpte direkt auf die Karteikarten schreiben.

Sollten Sie ein Literaturverwaltungsprogramm wie *Bookends* verwenden, können Sie die Dateien mit der Zusammenfassung, den Zitaten und Ihren Gedanken einfach als Anhang in die Datenbank aufnehmen. Speichern Sie dazu die Datei im RTF-Format oder im PDF-Format. In *Word* klicken Sie dazu *Datei | Speichern unter*, wählen den Speicherort, öffnen das Auswahlmenü *Format* und wählen hier *RTF-Format (.rtf)* oder *PDF*. Nach einem Klick auf *Sichern* ist Ihr neues Exzerpt gespeichert und kann in die *Bookends*-Datenbank aufgenommen werden.

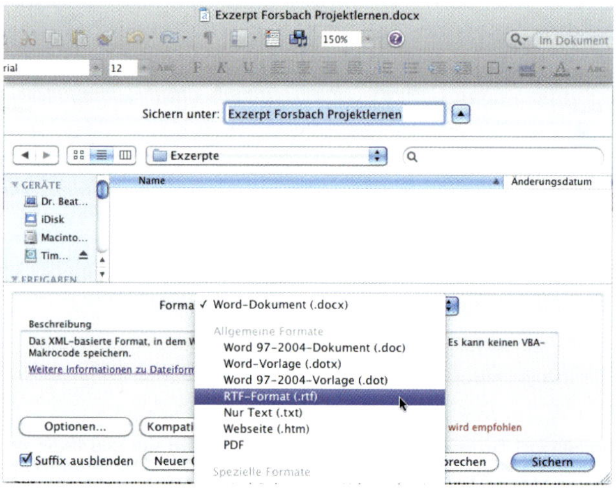

Nach einem Klick auf »Datei | Speichern unter« öffnet sich das Fenster, in dem Sie neben dem Speicherort auch das gewünschte Dateiformat wählen können.

Falls Sie in *Pages* schreiben, klicken Sie auf *Ablage | Exportieren* und wählen *RTF* oder *PDF*. Nach einem Klick auf *Weiter* wählen Sie den gewünschten Speicherort und klicken dann auf *Exportieren*. Sie können *Word*- oder *Pages*-Dokumente auch in der Weise als *pdf*-Datei speichern, wie es im letzten Abschnitt für Internetseiten beschrieben wurde: Öffnen Sie über *Ablage | Drucken* das Druckmenü und wählen Sie *Als PDF sichern* im Menü *PDF*. Speichern Sie die Datei in Ihrem Ordner für Exzerpte.

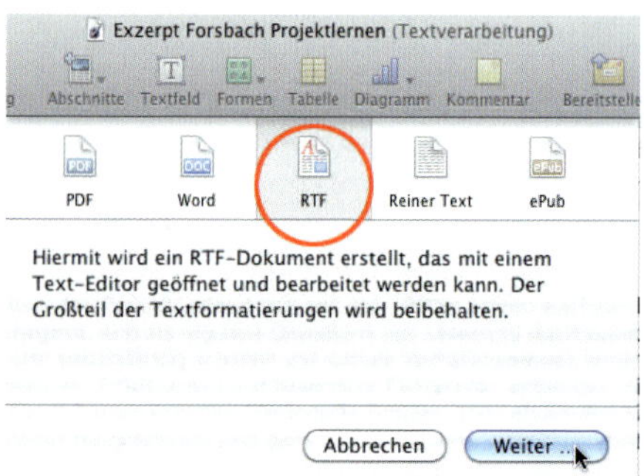

Über »Ablage | Exportieren« gelangen Sie in dieses Auswahlfenster für das Dateiformat.

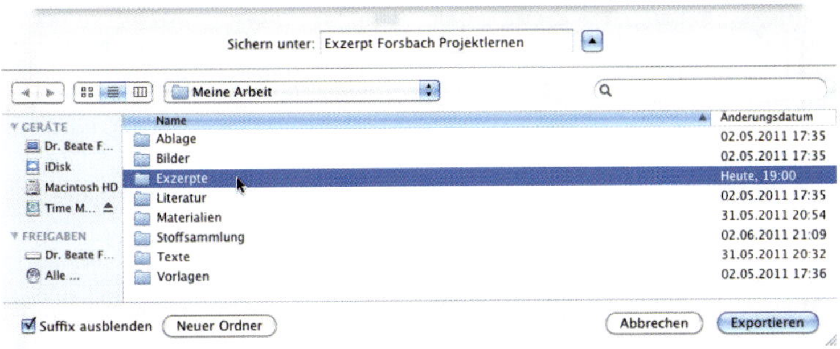

Wählen Sie den Speicherort und klicken Sie auf »Exportieren«.

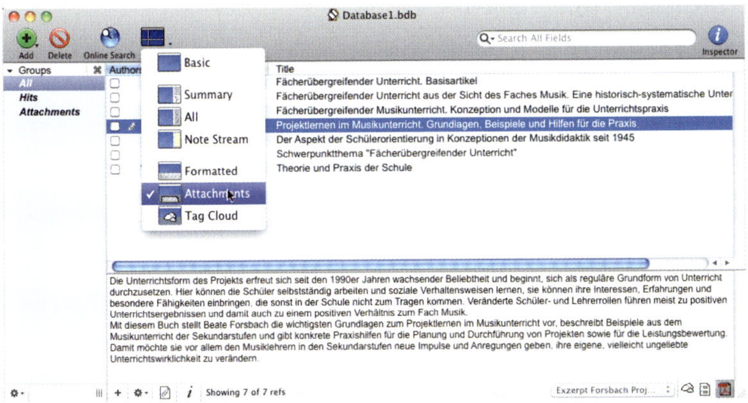

Wählen Sie in Bookends die Ansicht »Attachments« und Sie können zu jeder Literaturquelle die angehängten Exzerpte lesen.

Texte bearbeiten und auswerten mit Vorschau

Um nun einen Text zu exzerpieren, d. h. das Wesentliche herauszufiltern, sollten Sie ihn zunächst einmal schnell durchlesen, um einen Überblick zu bekommen. Im zweiten Schritt sollten Sie den Text durcharbeiten, also überprüfen, welches der zentrale Gedanke der einzelnen Abschnitte ist. Markieren Sie Schlüsselwörter und Kernsätze, schreiben Sie Zwischenüberschriften an den Rand oder weisen Sie auf eine These, Definition o. ä. hin. Gliedern Sie den Text und schreiben Sie eine kurze Zusammenfassung. Geben Sie dazu den Text mit eigenen Worten wieder und markieren Sie wörtliche Passagen mit Anführungszeichen. Schließlich schreiben Sie noch Ihre persönliche Stellungnahme zum Text, um festzuhalten, ob Sie den Text überzeugend finden, was Sie überrascht hat, was im Widerspruch zu Ihrem bisherigen Kenntnisstand steht, inwieweit der Text zu Ihrem Thema passt und eine Antwort auf Ihre Fragen liefert.

Dokumente aus Papier können Sie mit Bleistift, Buntstiften und Textmarkern bearbeiten. Zum Bearbeiten der *pdf*-Dokumente bietet Ihnen Ihr Mac ein gutes Handwerkszeug. Im Programm *Vorschau*, das bereits auf jedem Mac installiert ist, können Sie PDF-Dokumente lesen und bearbeiten.

In Vorschau können Sie jedes PDF-Dokument lesen, darin navigieren und es auf verschiedene Weise bearbeiten.

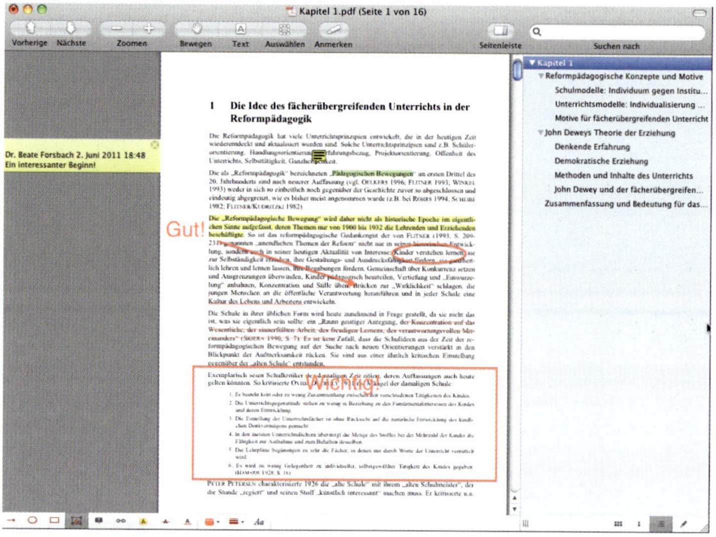

Öffnen Sie ein *pdf*-Dokument in *Vorschau*, klicken Sie auf *Darstellung | Größe automatisch anpassen, Darstellung | Seitenleiste | Inhaltsverzeichnis* sowie *Darstellung | Notizen einblenden.* In der rechten Spalte – der Seitenleiste – wird die Dokumentstruktur mit den Überschriften des Textes angezeigt, so dass Sie beliebig im Dokument navigieren können. Wählen Sie aber *Darstellung | Seitenleiste | Anmerkungen*, werden Ihre Anmerkungen in der Seitenleiste aufgelistet. Mit einem Klick auf die Taste *Seitenleiste* können Sie die Seitenleiste jederzeit ein- oder ausblenden. In der linken Spalte werden die Notizen angezeigt, die Sie im Text gemacht haben. Im Menü *Darstellung* lässt sich die Größe des Dokuments anpassen, indem Sie die Originalgröße einstellen, vergrößern oder verkleinern.

Wählen Sie im Menü »Darstellung« die gewünschte Größe und die entsprechenden Informationen aus, die Sie während Ihrer Arbeit sehen möchten.

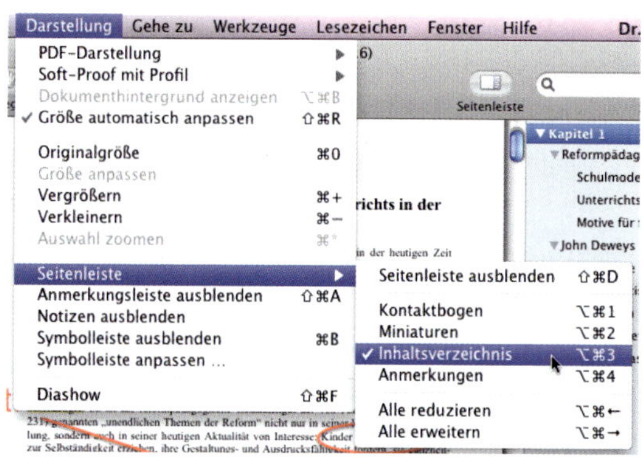

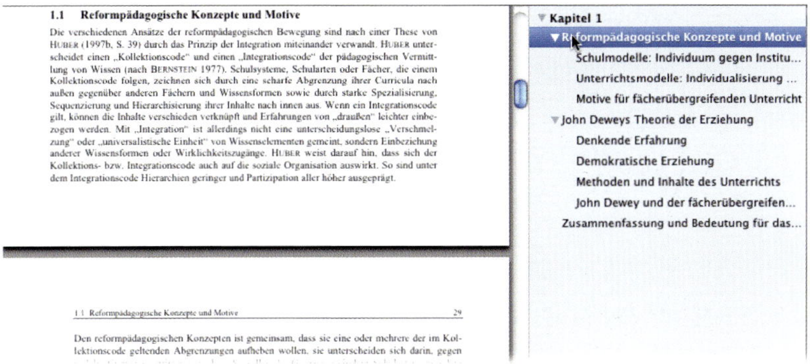

Das Inhaltsverzeichnis in der Seitenleiste zeigt alle Überschriften des Textes an. Sie können damit durch das gesamte Dokument navigieren.

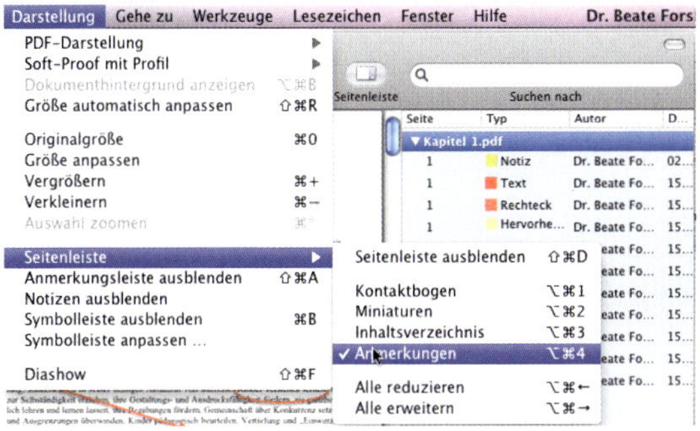

Nachdem Sie den Text gründlich bearbeitet haben, können Sie sich alle Anmerkungen in der Seitenleiste anzeigen lassen.

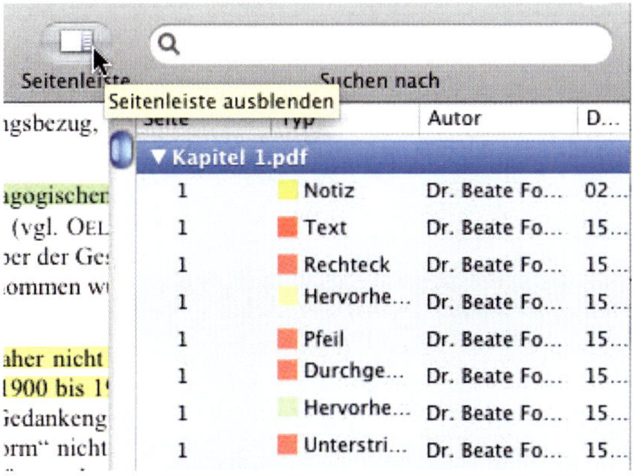

Mit einem Klick können Sie die Seitenleiste ein- oder ausblenden.

Mit einem Klick auf die Taste *Anmerken* öffnet sich unter dem Text eine Leiste mit verschiedenen Symbolen. Hier finden Sie einige nützliche Funktionen für die Bearbeitung Ihres Textes. Von links nach rechts finden Sie Symbole für die Werkzeuge: *Pfeil, Oval, Rechteck, Text, Notiz, Link, Hervorhebung, Durchstreichen, Unterstrichen, Farbmenü, Linienstärkemenü, Schriftfenster anzeigen.*

Auch die Anmerkungsleiste können Sie mit einem Klick ein- oder ausblenden.

In der Anmerkungsleiste finden Sie – von links nach rechts – die Werkzeuge Pfeil, Oval, Rechteck, Text, Notiz, Link, Hervorhebung, Durchstreichen, Unterstrichen, Farbmenü, Linienstärkemenü, Schriftfenster anzeigen.

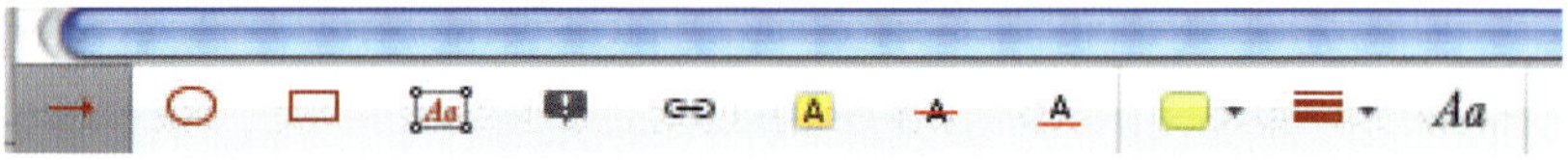

Nun probieren Sie einfach alle Werkzeuge der Anmerkungsleiste aus. Klicken Sie auf *Pfeil,* wählen im Farbmenü die gewünschte Farbe und setzen einen Pfeil in den Text oder an den Rand, während Sie die linke Maustaste gedrückt halten. Länge und Ausrichtung des Pfeils können Sie ganz einfach mit der Maus bestimmen. Zum Ändern oder Löschen des Pfeils markieren Sie den Pfeil mit der Maus – es sind dann kleine graue Begrenzungspunkte zu sehen – und ändern oder löschen den Pfeil. Die Pfeilstärke können Sie über das *Linienstärke*-Menü bestimmen.

Klicken Sie auf das Pfeil-Symbol, wählen die Farbe und setzen dann Pfeile in beliebiger Länge und Ausrichtung in oder an den Text.

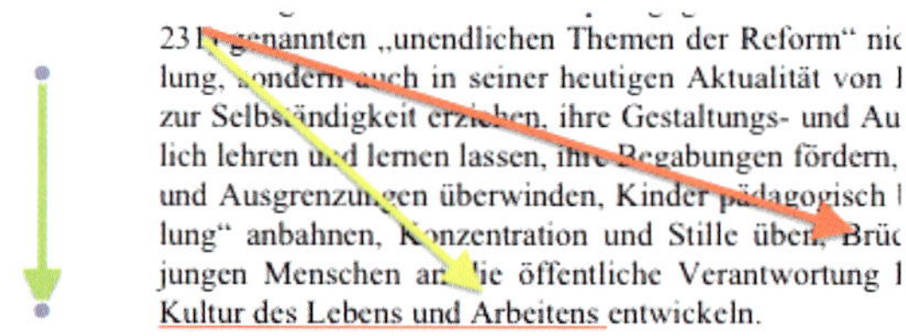
23 genannten „unendlichen Themen der Reform“ nic
lung, sondern auch in seiner heutigen Aktualität von I
zur Selbständigkeit erziehen, ihre Gestaltungs- und Au
lich lehren und lernen lassen, ihre Begabungen fördern,
und Ausgrenzungen überwinden, Kinder pädagogisch I
lung“ anbahnen, Konzentration und Stille üben, Brüc
jungen Menschen an die öffentliche Verantwortung I
Kultur des Lebens und Arbeitens entwickeln.

Klicken Sie auf *Oval,* wählen im Farbmenü die gewünschte Farbe und markieren den ausgewählten Text mit einem ovalen Rahmen, während Sie die linke Maustaste gedrückt halten.

Nun klicken Sie auf das Oval-Symbol und wählen die Farbe. Umgeben Sie dann den gewünschten Text mit einem ovalen Rahmen in beliebiger Größe und Ausformung.

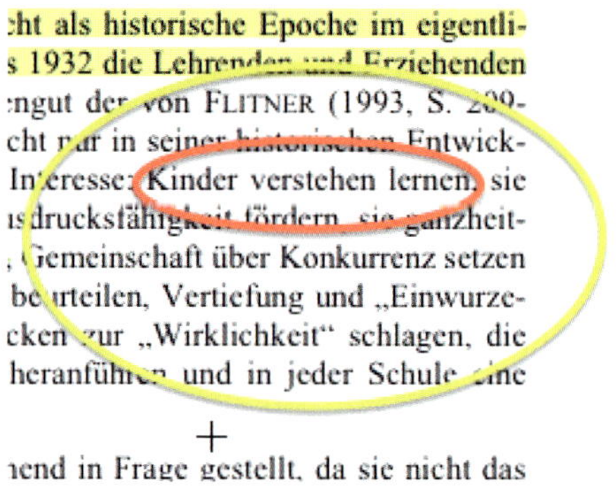
cht als historische Epoche im eigentli-
s 1932 die Lehrenden und Erziehenden
ngut der von FLITNER (1993, S.
cht nur in seiner historischen Entwick-
Interesse: Kinder verstehen lernen, sie
sdrucksfähigkeit fördern, sie ganzheit-
Gemeinschaft über Konkurrenz setzen
beurteilen, Vertiefung und „Einwurze-
cken zur „Wirklichkeit“ schlagen, die
heranführen und in jeder Schule eine

nend in Frage gestellt, da sie nicht das

Klicken Sie auf *Rechteck,* wählen im Farbmenü die gewünschte Farbe und rahmen den ausgewählten Text mit einem Rechteck ein, während Sie die linke Maustaste gedrückt halten.

Nach einem Klick auf das Textsymbol können Sie auch eine Anmerkung in den Rahmen oder an den Rand des Textes schreiben. Wählen Sie dazu im Schriftfenster den gewünschten Schrifttyp und die passende Größe.

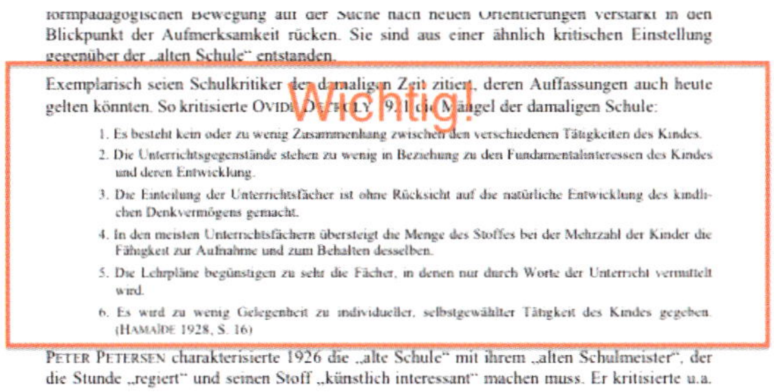

Klicken Sie auf das Rechteck-Symbol und wählen die Farbe. Nun können Sie den gewünschten Text mit einem farbigen Rechteck in beliebiger Größe einrahmen. Klicken Sie auf das Text-Symbol und fügen Sie eine Anmerkung im Rahmen hinzu.

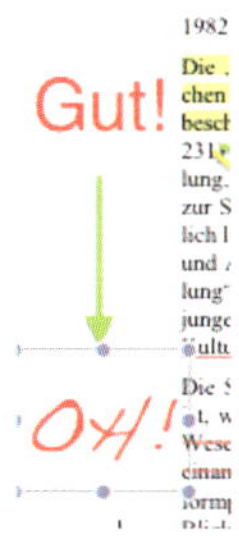

Klicken Sie auf das Text-Symbol, ziehen einen Textrahmen auf und schreiben den gewünschten Text hinein. Farbe, Größe und Schrifttyp können Sie auswählen.

Über das *Farbmenü* können Sie alle Werkzeuge in der gewünschten Farbe anwenden. Über das *Linienstärkemenü* können Sie die Werkzeuge *Pfeil*, *Oval* und *Rechteck* in verschiedener Linienstärke oder als gestrichelte Linie festlegen.

Für jedes Werkzeug können Sie im Farbmenü die gewünschte Farbe auswählen.

Im Linienstärkemenü können Sie festlegen, wie stark die Pfeile, ovalen und rechteckigen Umrahmungen und ob sie gestrichelt oder durchgezogen sein sollen.

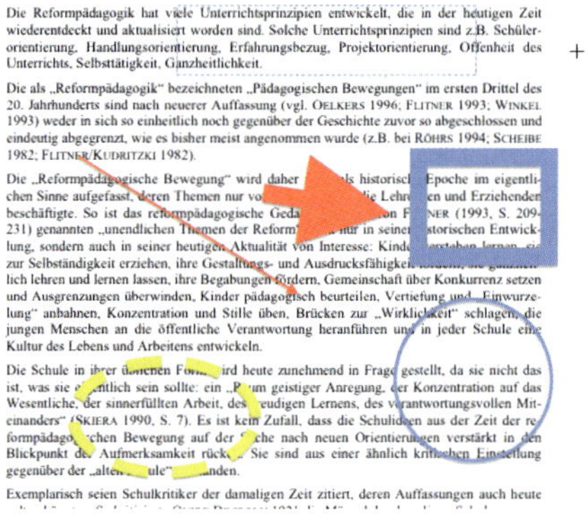

Um eine Notiz hinzuzufügen, klicken Sie auf das *Notiz*-Symbol und dann auf die gewünschte Textstelle. Nach dem Mausklick erscheint ein farbiges Textfeld am Rande, in dem bereits Ihr Name, das aktuelle Datum und die Uhrzeit notiert sind. Hier können Sie Ihre Notizen eintragen. Über das Menü *Darstellung* können Sie die Notizen ein- und ausblenden.

Klicken Sie auf das Notiz-Symbol und eine Stelle im Text, so erscheint dann ein Textfeld am Rande, in das Sie Ihre Notizen hinein schreiben können. Ihr Name, das Datum und die Uhrzeit sind bereits notiert.

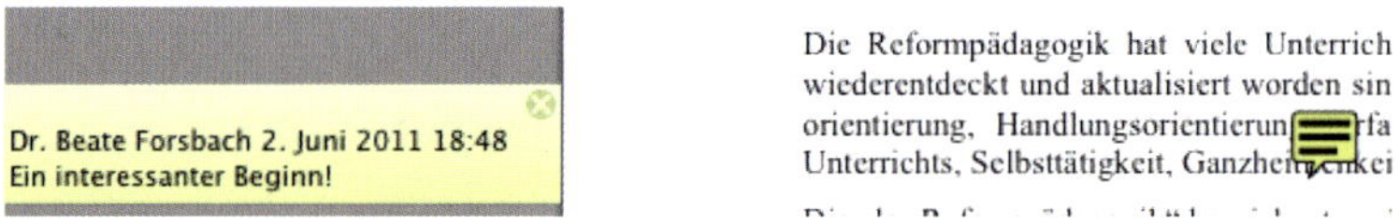

Sie können auch Links hinzufügen, indem Sie auf das *Link*-Symbol klicken und die gewünschte Textstelle mit der Maus markieren. In dem aufspringenden Fenster können Sie einen Link innerhalb des PDFs oder einen Link zu einer URL einfügen. Geben Sie ein Ziel bzw. die gewünschte URL an.

Mit einem Klick auf das Link-Symbol und die gewünschte Textstelle können Sie einen Link zu einer URL oder zu einer Stelle innerhalb des PDFs hinzufügen.

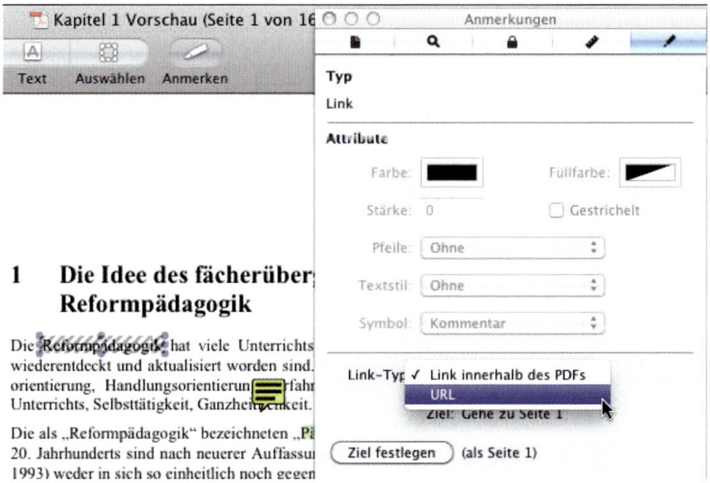

Um einen Text in Papierform zu bearbeiten, benutzen Sie sicher farbige Textmarker, Bunt- und Bleistifte sowie ein Lineal. Um den Text in einem *pdf*-Dokument zu bearbeiten, benutzen Sie einfach die entsprechenden Funktionen in *Vorschau*: *Hervorhebung*, *Durchstreichen* und *Unterstrichen*. Um eine Textpassage farbig zu markieren, klicken Sie auf *Hervorhebung* und wählen eine Farbe. Markieren Sie dann den gewünschten Text mit der Maus und schon ist er farbig unterlegt. Um eine Markierung zu ändern oder zu löschen, klicken Sie auf *Darstellung* | *Seitenleiste* | *Anmerkungen*. Wählen Sie dann in der Seitenleiste die entsprechende Anmerkung aus, ändern Sie die Länge oder die Farbe der Markierung oder löschen Sie die Markierung mit der Rückschritttaste.

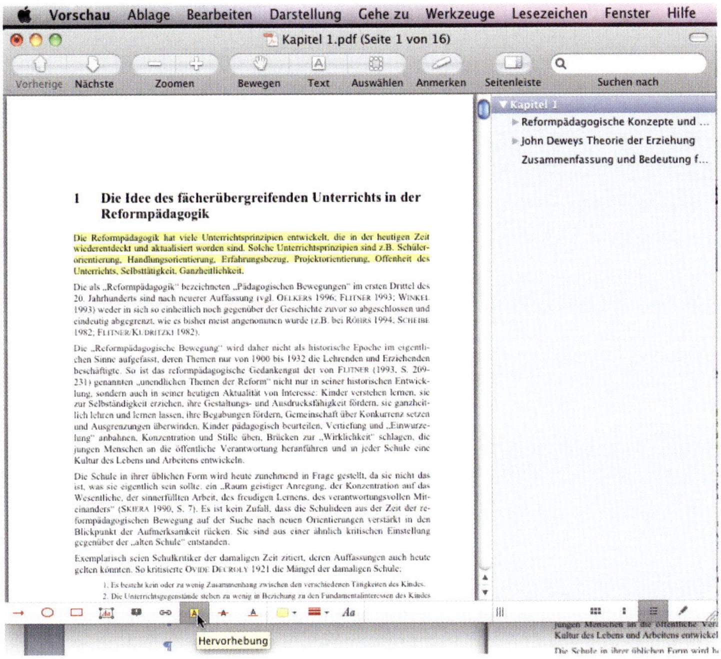

Ein Klick auf Hervorhebung – und schon können Sie Text farblich markieren – ganz ohne Textmarker.

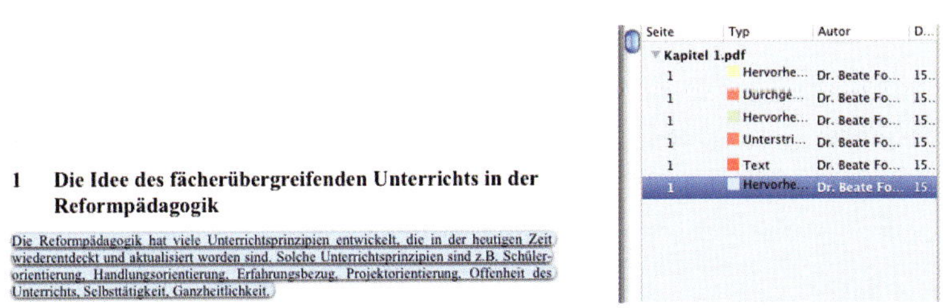

Klicken Sie in der Seitenleiste auf die entsprechende Markierung, ändern Sie die Länge oder Farbe oder löschen Sie die Markierung ganz.

Nach einem Klick auf *Durchstreichen* oder *Unterstrichen* und der Auswahl einer Farbe können Sie Textstellen farbig unterstreichen oder auch durchstreichen.

Ein Klick auf »Unterstrichen« bzw. »Durchstreichen« und die gewünschte Farbe – und Sie können Text farbig unterstreichen bzw. durchstreichen.

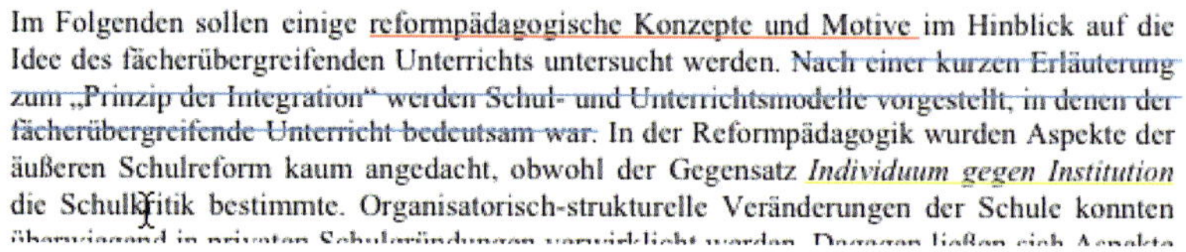
Im Folgenden sollen einige reformpädagogische Konzepte und Motive im Hinblick auf die Idee des fächerübergreifenden Unterrichts untersucht werden. ~~Nach einer kurzen Erläuterung zum „Prinzip der Integration“ werden Schul- und Unterrichtsmodelle vorgestellt, in denen der fächerübergreifende Unterricht bedeutsam war.~~ In der Reformpädagogik wurden Aspekte der äußeren Schulreform kaum angedacht, obwohl der Gegensatz *Individuum gegen Institution* die Schulkritik bestimmte. Organisatorisch-strukturelle Veränderungen der Schule konnten

Sie können auch Text auswählen und kopieren, um ihn dann in Ihrer *Word*-Datei weiter zu verarbeiten. Klicken Sie dazu auf die *Text*-Taste in der Menüleiste und markieren den gewünschten Text. Kopieren Sie den Text nach einem Klick auf die rechte Maustaste und fügen ihn dann in Ihr *Word*-Dokument ein. Wenn Sie die *Auswählen*-Taste anklicken und anschließend eine Textstelle markieren, können Sie dies über *Bearbeiten | Kopieren* als Bild kopieren und in Ihr *Word*-Dokument einfügen.

Abschließend noch ein kleiner Hinweis: Wenn Sie in *Vorschau* ein Dokument als *pdf*-Datei von Ihrem Scanner importieren – über *Ablage | Aus Scanner importieren* – entsteht eine Bilddatei, in der Sie den Text nicht auf die eben beschriebene Weise bearbeiten können. Benutzen Sie daher beim Scannen von Dokumenten das *pdf*-Programm des Scanners, das Programm *Adobe Acrobat* oder ein anderes Programm mit so genannter *OCR / Optical Character Recognition* / Texterkennung.

Daten erheben und präsentieren

Neben der systematischen Literaturrecherche, dem Lesen und Exzerpieren werden Sie – je nach Fachdisziplin – weitere Materialien sammeln und Daten erheben. Diese Daten müssen Sie verarbeiten, strukturieren und präsentieren, um neue Erkenntnisse über Ihr Thema zu gewinnen. Während in reinen Literaturarbeiten überwiegend Texte ausgewertet werden, um neues Wissen zu erlangen, geht es in Forschungsarbeiten darum, mit einer eigenen Methodik Daten zu erheben und auszuwerten. Die Methoden sind je nach Fachbereich unterschiedlich. Sie sollten mit großer Genauigkeit vorgehen und Ihre Daten so erheben und präsentieren, dass Sie Ihre Erkenntnisse im Text überzeugend wiedergeben können. Denn die Mitglieder Ihres Fachbereichs bzw. die Leser Ihrer Arbeit sollen ja später die Ergebnisse Ihrer Forschungen nachvollziehen können.

Die Programme auf Ihrem Mac können Ihnen dabei helfen, die erhobenen Daten übersichtlich aufzubereiten und darzustellen. Oft ist es sinnvoll, die Daten in Tabellen zu präsentieren und diese durch Diagramme zu veranschaulichen. Die Tabellenkalkulationsprogramme *Numbers* aus der *iWork*-Suite von Apple bzw. *Excel* aus *Microsoft Office:mac 2011* bieten zahlreiche Möglichkeiten, Daten zu erheben, zu bearbeiten und zu präsentieren. Tabellen aus *Numbers* sind auch in *Excel* zu öffnen, umgekehrt sind einfache Tabellen aus *Excel* auch in *Numbers* zu öffnen. Sie können die Dateien aus *Numbers* und *Excel* auch als *pdf*-Dokumente speichern. Für Anleitungen zum Umgang mit *Excel 2011* lesen Sie bitte in den Büchern von Lambrich/Ott (2011) und Grossmann (2011). Für den Umgang mit *Numbers* verweisen wir auf das Buch von Dorsch (2009).

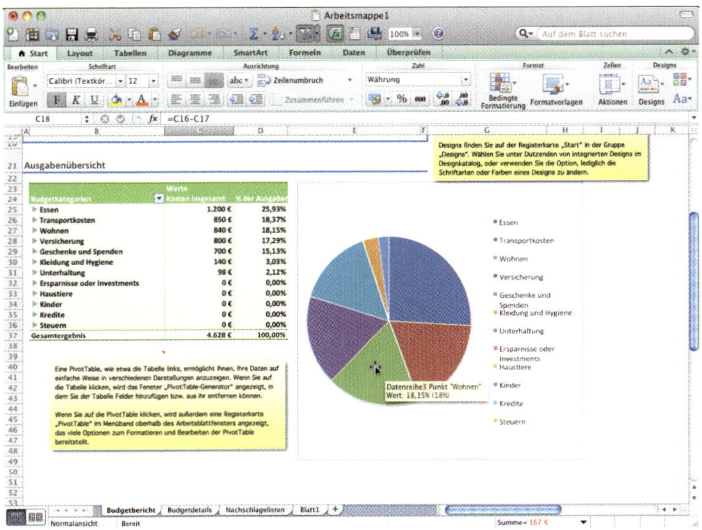

Das Programm »Microsoft Excel« aus »Office:mac 2011« bietet vielfältige Möglichkeiten der Tabellenkalkulation. Sie können Daten eingeben, bearbeiten und in Tabellen und Diagrammen darstellen.

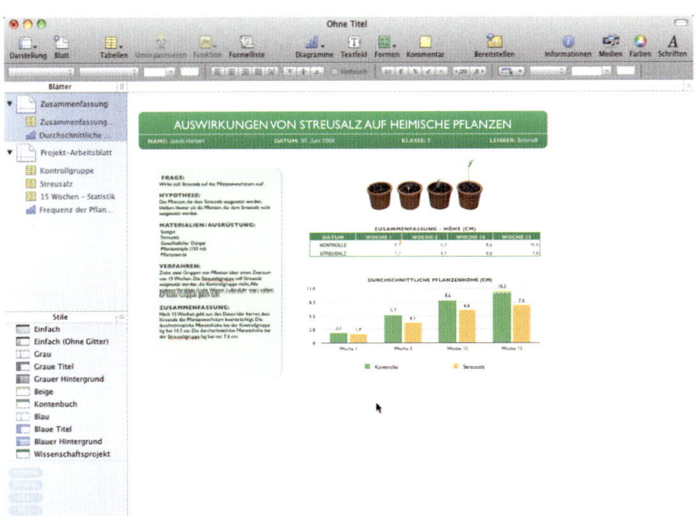

Das Programm »Numbers« aus »iWork« von Apple bietet ebenfalls vielfältige Möglichkeiten der Tabellenkalkulation. Es gibt vorgegebene Formeln und attraktive Vorlagen.

Mit »Numbers« können Sie mehrere unabhängige Tabellen, Diagramme oder Bilder auf einem Arbeitsblatt darstellen.

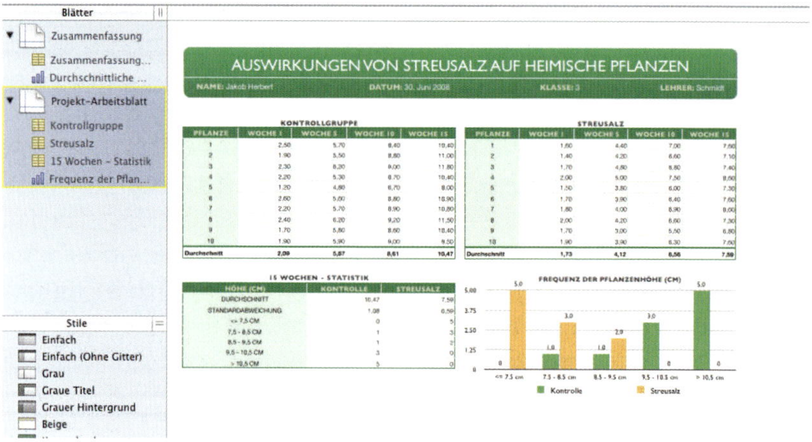

Auch mit den Textverarbeitungsprogrammen *Pages* und *Word* lassen sich Tabellen erstellen, diese dann in Diagramme umwandeln und so in den Text integrieren. Planen Sie für diesen Abschnitt Ihrer Arbeit genug Zeit ein, denn auch die relativ einfachen Grafikanwendungen in *Pages* und *Word* bedürfen einer längeren Einarbeitung. Tabellen und Diagramme sollten einheitlich formatiert werden. Weiter ist zu bedenken, ob farbige Diagramme sinnvoll sind – nicht nur im Hinblick auf einen späteren Druck der Arbeit, sondern auch in Bezug auf die Gewohnheiten in Ihrem Fachbereich. Tabellen und Diagramme müssen beschriftet und durchnummeriert und in der Reinschrift Ihrer Arbeit in gesonderten Verzeichnissen aufgeführt werden. Wie das in *Word* funktioniert, erfahren Sie im nächsten Kapitel dieses Buches.

Tabellen in Word

Zunächst einige grundsätzliche Anmerkungen: In Tabellen können Sie größere Zahlenmengen übersichtlich anordnen. Dabei müssen Sie Zeilen und Spalten eindeutig beschreiben. Tabellen können außer Zahlen auch Begriffe enthalten, z. B. wenn Sie in einer Tabelle das Ergebnis einer synoptischen Untersuchung präsentieren. In *Word* können Sie Tabellen u. a. als Kreis-, Linien- oder Säulendiagramm veranschaulichen. Einige Beispiele aus meiner Dissertation zeigen Tabellen und Diagramme in unterschiedlichen Funktionen.

Tabelle 2: Anzahl der Veröffentlichungen zum fächerübergreifenden Unterricht und Projektunterricht

	Fächerübergreifender Unterricht (FÄU)				Projektunterricht (PU)		Projektunterricht mit fächerübergreifendem Unterricht	
	FÄU allgemein	% (*)	FÄU mit Musik	% (**)	PU allgemein	PU mit Musik	PU+FÄU allgemein	PU+FÄU mit Musik
1980	114	0.8	15	13.1	252	9	25	4
1981	94	0.6	7	7.4	213	6	28	4
1982	98	0.5	13	13.3	266	11	14	0
1983	105	0.6	12	11.4	265	13	31	4
1984	104	0.6	5	4.8	308	12	25	1
1985	177	0.9	21	11.9	466	19	55	7
1986	197	1.0	25	12.7	502	30	60	10
1987	162	0.8	21	13.0	438	24	57	7
1988	225	1.1	28	12.4	478	27	66	9
1989	204	0.9	22	10.8	473	19	67	10
1990	211	1.0	18	8.5	467	11	47	2
1991	160	0.7	18	11.3	553	20	47	7
1992	215	0.9	17	7.9	571	13	42	4
1993	384	1.4	30	7.8	797	36	115	11
1994	439	1.5	33	7.5	931	34	121	10
1995	515	1.7	59	11.5	1005	44	162	28
1996	519	1.9	66	12.7	1070	59	146	24
1997	563	1.9	68	12.1	1248	47	177	18
1998	554	2.0	56	10.1	1174	71	161	20
1999	504	1.9	44	8.7	1058	39	138	10
2000	447	1.9	50	11.2	1094	42	132	16
2001	398	1.9	40	10.1	927	34	96	16
1980-2001	**6389**	**1.3**	**668**	**10.5**	**14556**	**620**	**1812**	**222**
Durchschnitt	**290**		**30**		**662**	**28**	**82**	**10**

In dieser Tabelle sind die Ergebnisse einer quantitativen Untersuchung präsentiert, die anschließend unter verschiedenen Aspekten ausgewertet und grafisch dargestellt werden.

204 Kapitel 9: Veröffentlichungen zum fächerübergreifenden Unterricht 1980-2001

9.2 Fächerübergreifender Unterricht allgemein

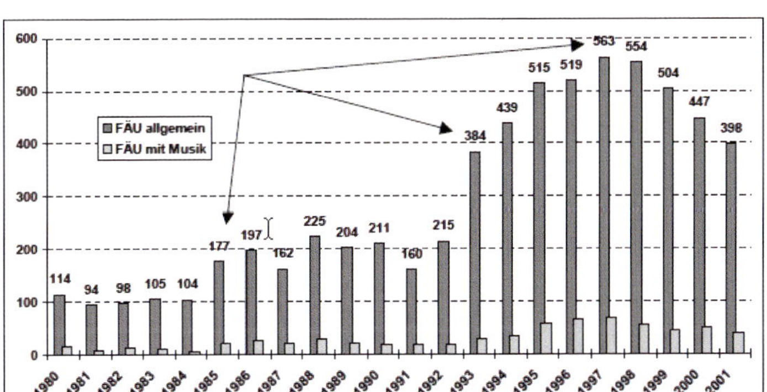

Abbildung 12: Anzahl der Veröffentlichungen zum fächerübergreifenden Unterricht

Darstellung als Säulendiagramm mit Legende und Pfeilen, die auf Besonderheiten zeigen.

Darstellung als Liniendiagramm mit Legende und Beschriftung der x- und y-Achsen.

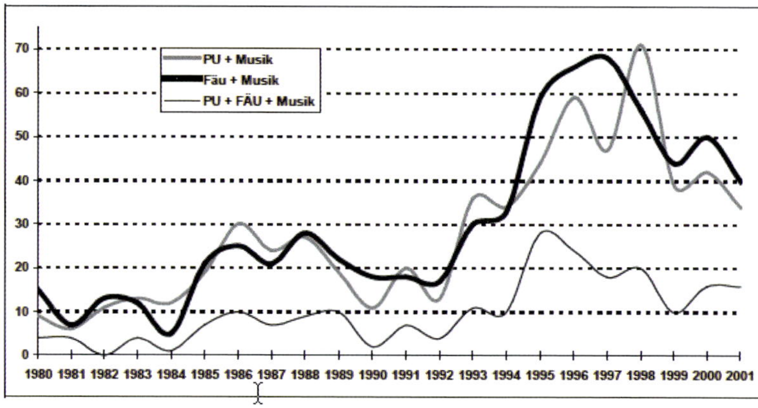

Abbildung 15: Anzahl der Veröffentlichungen zum Projektunterricht und fächerübergreifenden Unterricht mit Musik

In dieser »Word«-Tabelle werden die Ergebnisse einer synoptischen Auswertung von Texten dargestellt.

220 Kapitel 10: Beispiele zum fächerübergreifenden Unterricht mit Musik in den Sekundarstufen I und II

Die Formen der Lehrerkooperation und die Modalitäten der Lehrerrolle können nur an denjenigen Beispielen erarbeitet werden, die dazu entsprechende Angaben enthalten. Probleme mit fächerübergreifendem Unterricht sind nur ansatzweise erkennbar, denn in der Regel wird über gelungenen Unterricht berichtet.

10.1 Synopse der Beispiele

Jahrgang 1990

	Autor, Jahr	Titel	Stufe	Fächer	Weitere Bereiche	Themenbereich
1	BECKER (1990A)	*Eins Mose Elf.* Zur Hermeneutik und Didaktik des Fremden. Ein Versuch	Sek II	Musik, Kunst, Literatur		Das Fremde
2	BECKER (1990B)	*Finis. Non Finis …* Eine Skizze	Sek II	Musik, Kunst, Literatur		Abschied
3	GLATHE (1990)	*Grenzen erkennen, überschreiten – Verbindungen schaffen.* Konzept eines Unterrichtsverlaufs im Bereich Rhythmisch-Musikalische Erziehung	Sek I	Musik, Kunst	Spiel	Gestalten und Spielen
4	HÖLZEMANN (1990)	*Szenische Gestaltung von Liedern.* Frederik Vahles „Rattenfänger von Hameln“	5/6	Musik, Deutsch, Geschichte	Darstellendes Spiel, Theater	Darstellen und Gestalten

10.2 Auswertung

Verteilung der Beispiele auf die Schulstufen
Wie bereits in der Untersuchung aller Veröffentlichungen zum fächerübergreifenden Unterricht mit Musik zeigt sich bei der Verteilung der hier ausgewählten Texte auf die Sekundarstufen ein deutlicher Schwerpunkt in der Sekundarstufe I.

18 Beispiele (21%) betreffen gleichzeitig beide Sekundarstufen, 54 Beispiele (62%) betreffen nur die Sekundarstufe I, 15 Beispiele (17%) nur die Sekundarstufe II. Insgesamt beziehen sich 72 Beispiele auf die Sekundarstufe I, nur 33 auf die Sekundarstufe II.

Im Kreisdiagramm kann man die prozentualen Anteile darstellen.

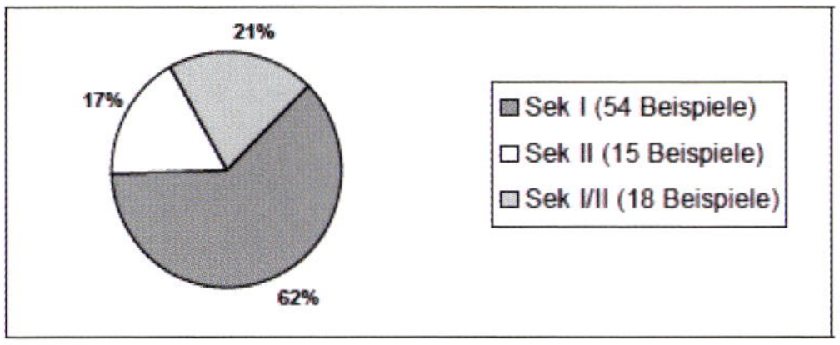

Abbildung 17: Verteilung der Beispiele auf die Sekundarstufen (Sek)

Im Säulendiagramm lassen sich Daten im Vergleich veranschaulichen. Es ist wichtig, die Definition der Werte auf der x- und y-Skala anzugeben.

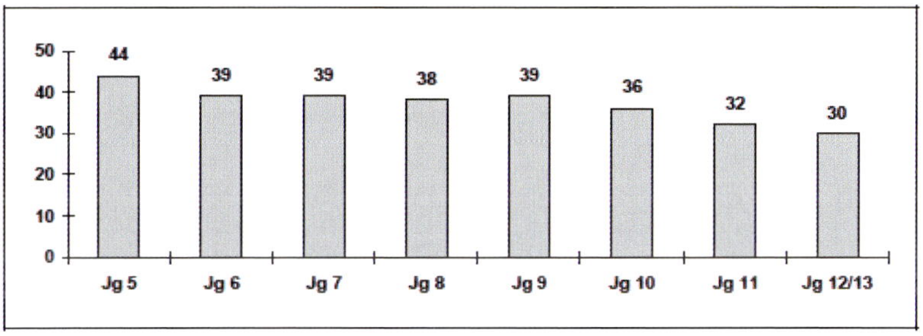

Abbildung 18: Anzahl der Beispiele pro Jahrgangsstufe (Jg)

Auch im Schwarz-Weiß-Druck bietet »Word« Möglichkeiten der farblichen Differenzierung.

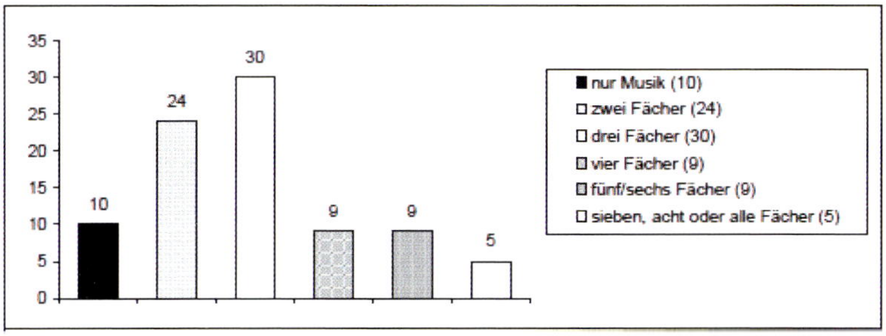

Abbildung 19: Anzahl der Fächer

Zahlen lassen sich besonders gut in einer Tabelle präsentieren.

Tabelle 11: Häufigkeit der Fächer in den Beispielen

		Σ	Musik und ein Fach	Musik und zwei Fächer	Musik und drei Fächer	Musik und vier oder fünf Fächer	Sieben, acht oder alle Fächer
	nur Musik	10					
1	Kunst	44	8	18	7	6	5
2	Deutsch	41	8	13	7	8	5
3	Geschichte	17	1	6	1	5	4
4	Sport	13	3	6	1		3
5	Religion	11	1	2	2	3	3
6	Biologie	9		1	2	2	4
6	Englisch	9	2	2	1	2	2
7	Erdkunde	6				3	3
7	Physik	6			1	3	2
8	Französisch	5		3		1	1
8	Literatur	5		3	1	1	
9	Chemie	4				2	2
9	Lateinisch	4		3		1	
9	Sozialkunde	4			1	1	2
10	Politik	3				1	2
10	Textilgestaltung	3	1		1		1
11	Gemeinschaftskunde	2				1	1
11	Gesellschaftslehre	2			2		

Auch Begriffe können Sie in einer Tabelle übersichtlich darstellen.

Tabelle 12: Häufigkeit der weiteren Bereiche in den Beispielen

Theater/Tanz/Spiel		**Medien**	
Darstellendes Spiel	17	Schulfernsehen	2
Tanz	10	Computereinsatz	2
Theater	9	Medien	1
Puppen-/Schattenspiel	8	Auditive Medien	1
Spiel	3	Rundfunksendung	1
Außerunterrichtlicher Bereich		**Außerschulische Lernorte**	
Arbeitsgemeinschaft	4	Museumspädagogik	2
Chor	4	Schulgottesdienst	1
Orchester, Band	3	Schullandheimaufenthalt	1
Offenes Angebot	1		

Untersuchungsergebnisse lassen sich in Tabellen einfach und übersichtlich darstellen.

Tabelle 20: Typen fächerübergreifenden Unterrichts mit Musik

Was ist die Absicht? / Wie wird es organisiert?		Ganzheitliches Lernen	Problemorientiertes Lernen	Erwerb von Schlüsselqualifikationen	Schulbezogene Absichten
Fachunterricht	Fachbezogen bzw. fachübergreifend als methodische Möglichkeit	XX	XX		XX
	Fachübergreifend	XXX		X	XXX
Koordination mehrerer Fächer	Fächerverbindend	XXXXX	XXXX	X	XXXXX
	Fächerübergreifendes Projekt	XXXXXX	XXX	XXXX	XXXX
	Fächerübergreifend bzw. fachunabhängig	X	X		XXX
Schulorganisatorische Auflösung der Fächergrenzen	Mehrtägige Klassen- und Jahrgangsprojekte	XX		X	XX
	Exkursion	XX	X	X	XXXX
	Langfristige Schulprojekte	XXXXX	XX	XXX	XXXXXXX
	Arbeitsgemeinschaften	XX	X	X	X

(X = vorhandenes Unterrichtsbeispiel)

Typen des fächerübergreifenden Unterrichts mit Musik
➤ Ganzheitliches Lernen im Fachunterricht, im fächerverbindenden Unterricht und in fächerübergreifenden Projekten jeder Art; ➤ Problemorientiertes Lernen im fächerverbindenden und fächerübergreifenden Unterricht bei Koordination mehrerer Fächer; ➤ Erwerb von Schlüsselqualifikationen in fächerübergreifenden Projekten und langfristigen Schulprojekten; ➤ Schulbezogene Absichten im Fachunterricht, im fächerverbindenden Unterricht und in fächerübergreifenden Projekten jeder Art. ➤ In Differenzierungsbereichen und Profilen lassen sich grundsätzlich alle Typen des fächerübergreifenden Unterrichts mit Musik realisieren.

Auch eine Zusammenfassung kann übersichtlich in einer Tabelle präsentiert werden.

Nun wollen wir gemeinsam eine einfache Tabelle mit *Word 2011* erstellen. Für weiter gehende Anleitungen verweisen wir auf die angegebene Literatur zu *Office:mac 2011*. Eine neue Tabelle können Sie erstellen, indem Sie in der Menüleiste *Einfügen* | *Tabelle* oder im Menüband direkt die Registerkarte *Tabellen* anklicken. Nach einem Klick auf *Neu* öffnet sich ein Fenster, in dem Sie mit der Maus die gewünschte Tabellengröße markieren können. Nach einem Klick auf die letzte Tabellenzelle wird die Tabelle in Ihrem Textdokument erstellt.

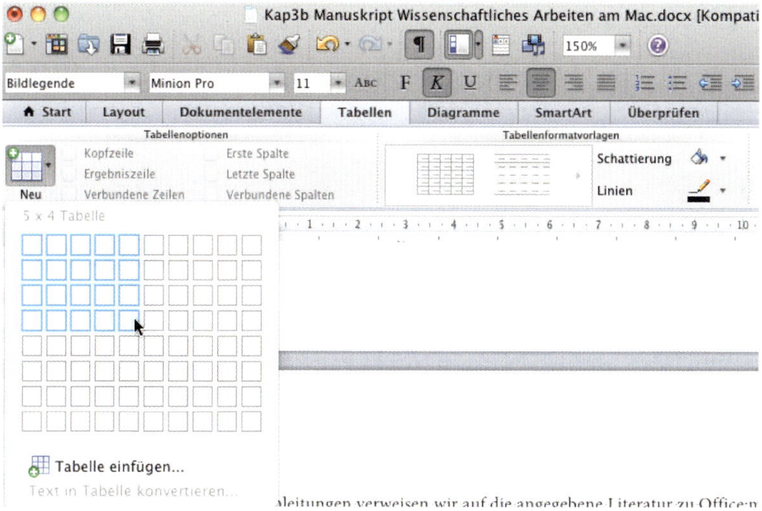

Klicken Sie auf der Registerkarte »Tabellen« auf »Neu« und wählen Sie die Tabelle mit der gewünschten Anzahl von Zeilen und Spalten.

Klicken Sie in die erste Zelle und geben Sie den gewünschten Text ein. Mit den Pfeiltasten können Sie zu den Zellen rechts oder links und oben oder unten navigieren. Markieren Sie nun die Tabelle und klappen Sie die Tabellenformatvorlagen auf. Aus einem umfangreichen Katalog können Sie ein Tabellenformat aussuchen und per Klick Ihrer Tabelle zuweisen.

Um Ihre Tabelle individuell zu gestalten, markieren Sie eine Zeile oder Spalte, klappen das Auswahlmenü *Schattierung* auf und weisen der markierten Zeile oder Spalte die gewünschte Farbe zu. Auch die Farbe der Linien können Sie bearbeiten, indem Sie das Auswahlmenü *Linien* aufklappen, und die gewünschte Farbe wählen. Dann klicken Sie mit dem Mauszeiger, der sich nun als Stift zeigt, die gewünschte Linie an und färben sie. Möchten Sie die Kopfzeile und/oder die erste Spalte markieren, klicken Sie dies einfach unter *Tabellenoptionen* an und wählen eine entsprechende Tabellenformatvorlage aus.

Rassen	Großstädte	Lebensfreude	Wirtschaft	Natur
Indianer	Fußball	Karneval	Armut	Amazonas
Geschichte	Weltoffenheit	Kostümierung	Kinderarbeit	Naturschätze
Religion	Tourismus	Tanz	Kriminalität	

Markieren Sie die Tabelle, klappen Sie über den kleinen Pfeil die Auswahl der Tabellenformatvorlagen auf und weisen Sie der Tabelle mit einem Klick das gewünschte Format zu.

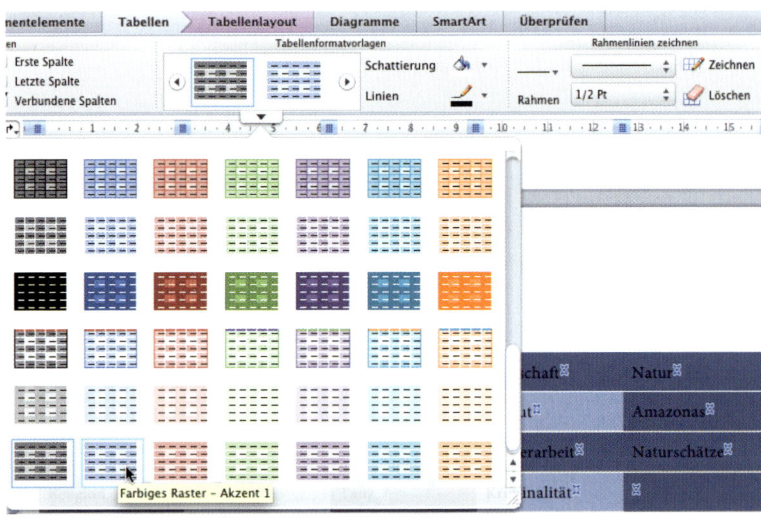

Markieren Sie eine Zeile oder Spalte, klicken Sie den kleinen Abwärtspfeil neben »Schattierung« an und weisen Sie der Zeile oder Spalte die gewünschte Farbe zu.

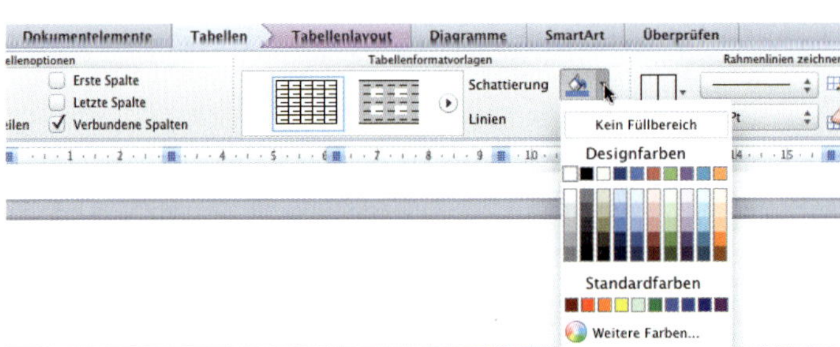

Rassen	Großstädte	Lebensfreude	Wirtschaft	Natur
Indianer	Fußball	Karneval	Armut	Amazonas
Geschichte	Weltoffenheit	Kostümierung	Kinderarbeit	Naturschätze
Religion	Tourismus	Tanz	Kriminalität	

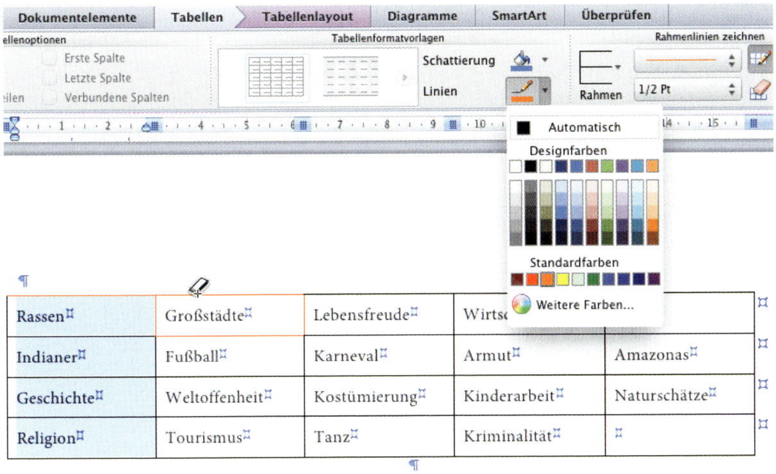

Um die Farbe der Linien zu verändern, klicken Sie den kleinen Abwärtspfeil neben »Linien« an. Der Mauszeiger erscheint jetzt in Stiftform und Sie können per Klick jede Linie in der gewünschten Farbe einfärben.

Um die Kopfzeile und die erste Spalte hervorzuheben, klicken Sie das unter »Tabellenoptionen« an und wählen eine passende Tabellenformatvorlage.

Um den Text in einer Tabelle zu sortieren, setzen Sie den Cursor in die Tabelle, klicken Sie auf *Tabelle | Sortieren*, tragen den gewünschten Sortierschlüssel ein und klicken auf *OK*.

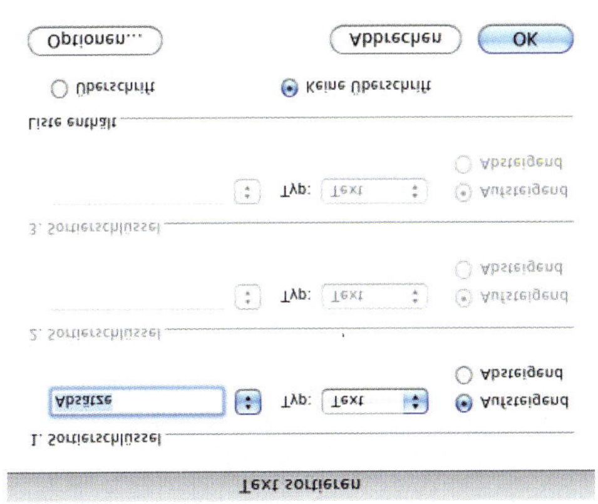

Setzen Sie den Cursor in die Tabelle, wählen Sie »Tabelle | Sortieren«, tragen den gewünschten Sortierschlüssel ein und klicken auf OK.

Um eine Zeile einzufügen, markieren Sie eine Zeile bzw. Spalte in der Tabelle, klicken mit der rechten Maustaste und wählen *Zeilen einfügen* bzw. *Spalten einfügen*. Und schon entsteht eine neue leere Zeile über der markierten Zeile bzw. eine neue Spalte links neben der markierten Spalte.

Um eine neue Zeile einzufügen, markieren Sie die Zeile unter der gewünschten Stelle, klicken auf die rechte Maustaste und wählen »Zeilen einfügen«.

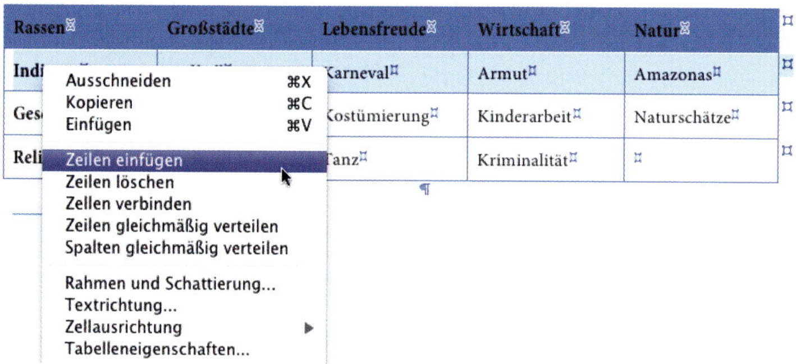

Word 2011 bietet auch ein sehr übersichtliches Tabellenlayout-Menü, das Sie einblenden können, wenn der Cursor in der Tabelle platziert ist oder wenn Sie die Tabelle markiert haben. Probieren Sie die einzelnen Funktionen einfach mal aus. Viele Funktionen kann man auf verschiedene Weise ausführen. Über das Tabellenlayout-Menü ist es aber besonders komfortabel. Sie können z. B. eine Tabelle löschen, indem Sie den Cursor in die Tabelle setzen, dann das Tabellenlayout-Menü öffnen und auf der Registerkarte *Zeilen und Spalten* den Pfeil neben *Löschen* anklicken. Im sich öffnenden Auswahlmenü wählen Sie dann den Befehl *Tabelle löschen*. Sie können aber auch ganz einfach die Tabelle markieren, indem Sie das kleine Quadrat mit Kreuz oben links an der Tabelle anklicken und dann einfach die Rückschritttaste betätigen.

Das Menü »Tabellenlayout« bietet Ihnen vielfältige Funktionen, um Ihre Tabelle zu gestalten. Probieren Sie es einfach mal aus!

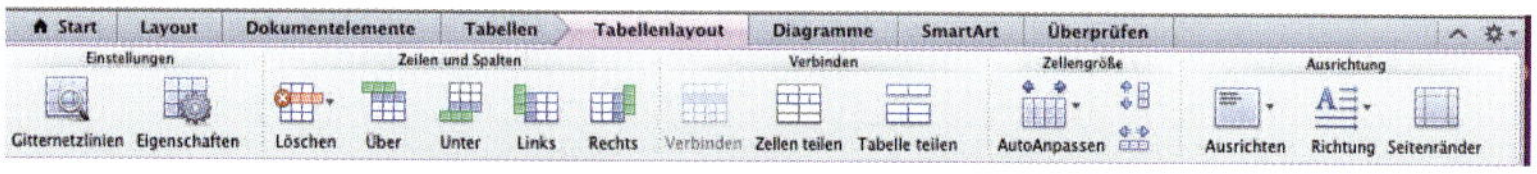

Löschen Sie eine Tabelle, indem Sie den Cursor in die Tabelle setzen und im Menü »Tabellenlayout | Zeilen und Spalten« das Auswahlmenü »Löschen« anklicken und »Tabelle löschen« wählen.

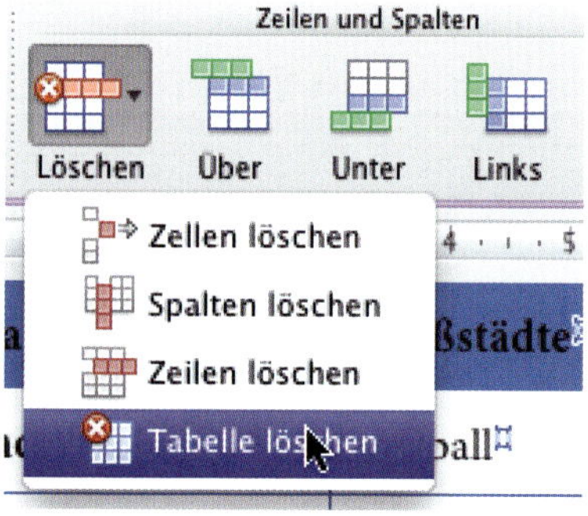

Klicken Sie das kleine Quadrat mit dem Kreuz oben links an der Tabelle an, um sie zu markieren. Nun können Sie die Tabelle einfach durch Betätigen der Rückschritttaste löschen.

Zu jeder Tabelle gehört eine *Tabellenüberschrift*, die normalerweise über der Tabelle steht. Sie sollten alle Tabellen in Ihrer Arbeit durchnummerieren – aber machen Sie das bitte nicht von Hand. Wenn Sie nämlich später Teile Ihrer Arbeit umstellen wollen, gerät diese Nummerierung durcheinander. In *Word* finden Sie eine komfortable Funktion zum Beschriften und Nummerieren Ihrer Tabellen.

Nach einem Klick auf *Einfügen | Beschriftung* öffnet sich ein Dialogfenster, in dem Sie zunächst die Bezeichnung *Tabelle*, *Abbildung* oder *Formel* wählen können. Nach einem Klick auf Nummerierung können Sie verschiedene Zahlenformate wählen. Außerdem können Sie festlegen, ob Sie die Kapitelnummer einbeziehen möchten oder nicht. In diesem Fall werden die Tabellen für jedes Kapitel gesondert durchnummeriert.

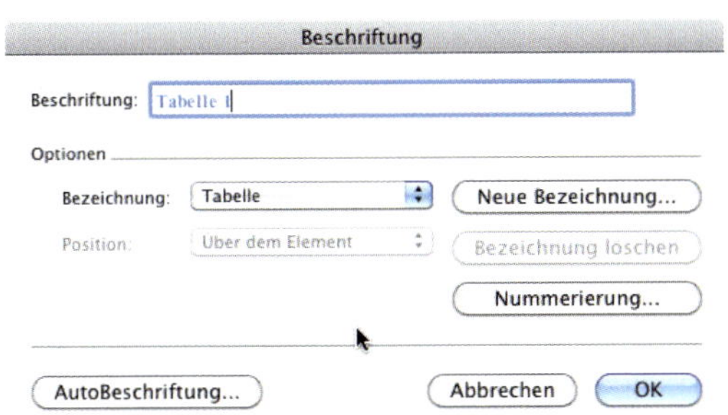

Um die Tabelle zu beschriften, wählen Sie »Einfügen | Beschriftung« und dann die Option »Tabelle«.

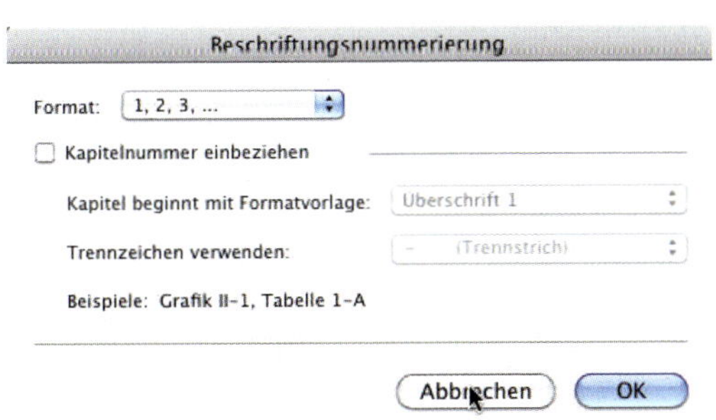

Nach einem Klick auf »Nummerierung« öffnet sich ein Dialogfenster, in dem Sie das passende Zahlenformat wählen und festlegen können, ob die Kapitelnummer einbezogen werden soll.

Wenn Sie weitere Funktionen im Tabellenlayout-Menü erlernen oder die Tabellen nach Ihren Wünschen formatieren möchten, sollte Sie selber damit experimentieren oder die entsprechenden Bücher zu *Office:mac 2011* zu Rate ziehen.

Diagramme in Word

Nun wollen wir Ihnen an einem Beispiel zeigen, wie man in *Word* ein Diagramm erstellen kann, um Daten zu präsentieren. Wir wählen dazu das erste Tabellenbeispiel aus dem letzten Absatz. Klicken Sie an die Stelle im Text, an der das Diagramm erscheinen soll. Wählen Sie nun *Diagramme einfügen* auf der Registerkarte *Diagramme* im Menüband und klicken Sie auf den Abwärtspfeil neben *Säulen*, um eine Diagrammart auszuwählen. Klicken Sie auf *Gruppierte Säule* und es erscheint eine Anzeige mit der Mitteilung, dass die Daten nun in *Excel* geöffnet werden.

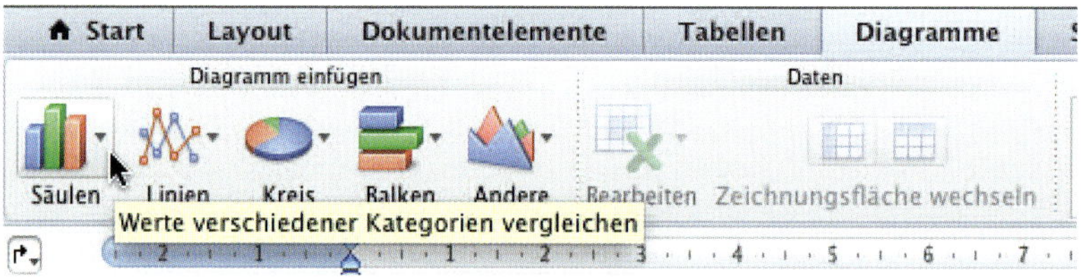

Klicken Sie auf »Diagramme einfügen« auf der Registerkarte »Diagramme« und öffnen Sie das Auswahlfeld »Säulen«.

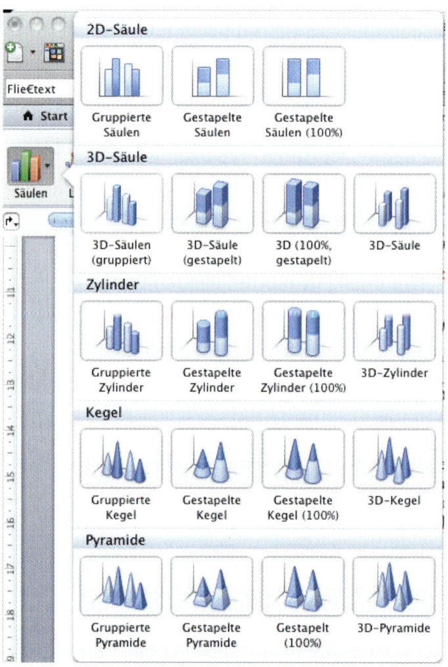

Aus einer Vielzahl von Säulendiagrammen wählen Sie die »Gruppierte Säule«.

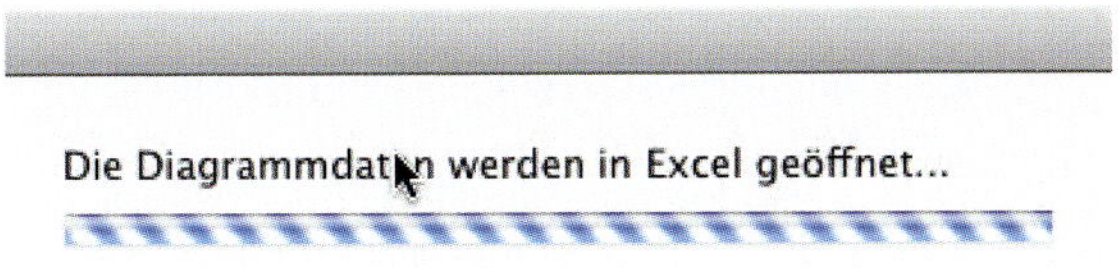

Nach dem Klick auf »Gruppierte Säule« erscheint eine Anzeige, dass die Diagrammdaten nun in »Excel« geöffnet werden.

In Ihrem *Word*-Dokument erscheint nun bereits das »rohe« Diagramm, das sich nach der Eingabe der Werte in *Excel* verändern wird. Falls das Diagramm nur teilweise sichtbar ist, verändern Sie über *Format | Abstand* den Zeilenabstand von *Genau* auf *Einfach*.

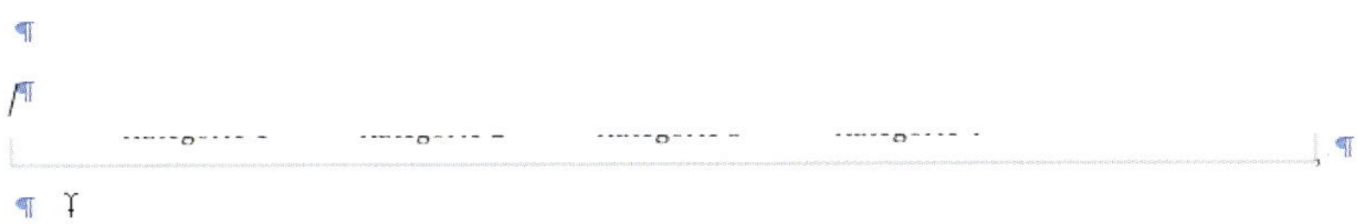

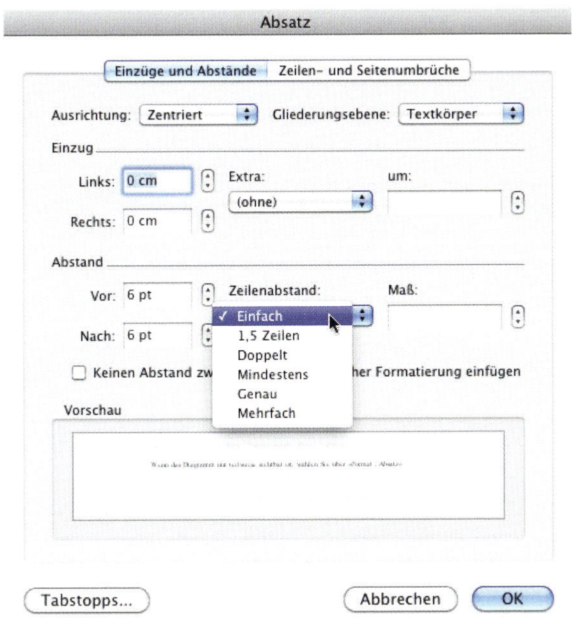

Dies ist kein Druckfehler: Sollte das Diagramm nur teilweise sichtbar sein, wählen Sie über »Format | Absatz« den Zeilenabstand »Einfach« statt »Genau«.

Wechseln Sie nun auf das Arbeitsblatt in *Excel*, auf dem eine zum Diagramm passende Tabelle angezeigt wird. Geben Sie dort Ihre Daten ein, weitere Zeilen bzw. Spalten werden erzeugt, wenn Sie die Daten eingeben. Achten Sie aber darauf, dass das Diagramm übersichtlich bleibt.

Die Tabelle in »Excel« passt zu dem Diagrammtyp »Gruppierte Säule«.

	A	B	C	D
1		Datenreihe 1	Datenreihe 2	Datenreihe 3
2	Kategorie 1	4,3	2,4	2
3	Kategorie 2	2,5	4,4	2
4	Kategorie 3	3,5	1,8	3
5	Kategorie 4	4,5	2,8	5

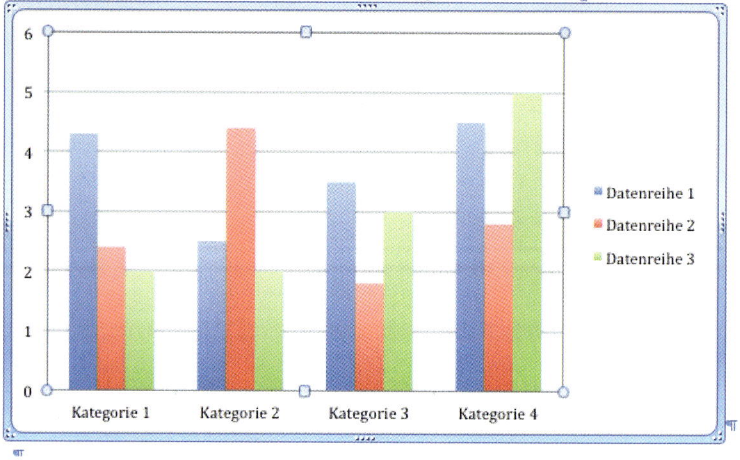

Geben Sie Ihre Daten in die Tabelle ein. Weitere Spalten bzw. Zeilen werden erzeugt, indem Sie einfach eine Überschrift und die Daten eingeben.

	A	B	C	D	E	F	G	H	I
1		FÄU Allgemein	FÄU mit Musik	PU allgemein	PU mit Musik	PU+FÄU allgeme	PU+FÄU mit M		
2	1980	114	15	252	9	25	4		
3	1981	94	7	213	6	28	4		
4	1982	98	13	266	11	14	0		
5	1983	105	12	265	13	31	4		
6	1984	104	5	308	12	25	1		
7									
8		Geben Sie zum Aktualisieren des Diagramms Daten in die Tabelle ein. Die Daten werden automatisch im Diagramm gespeichert.							
9									

Das Diagramm in *Word* wird automatisch aktualisiert. In diesem Beispiel sollten Sie vielleicht verschiedene Diagramme anlegen, um Ihre Daten zu veranschaulichen.

Arbeiten Sie am besten mit verschiedenen Diagrammen – das macht die Ergebnisse anschaulicher.

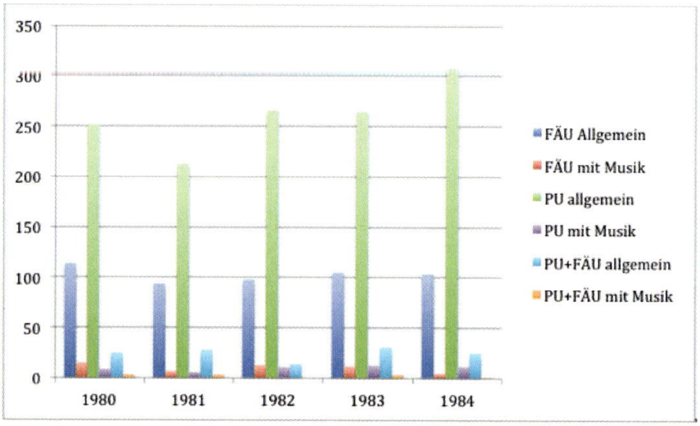

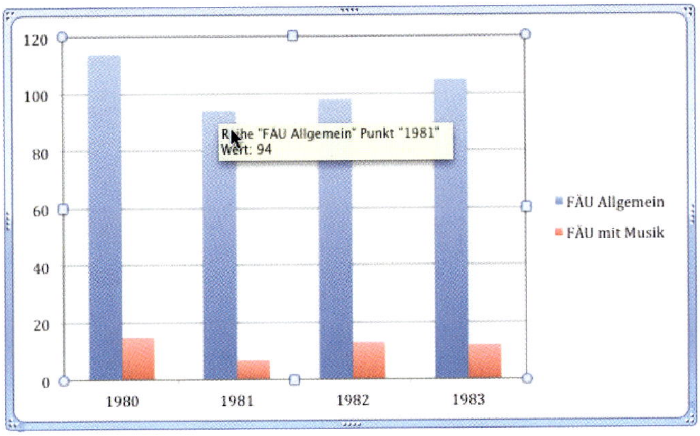

Dieses Diagramm wirkt übersichtlicher. Sie können durch Berühren mit der Maus die Werte anzeigen lassen.

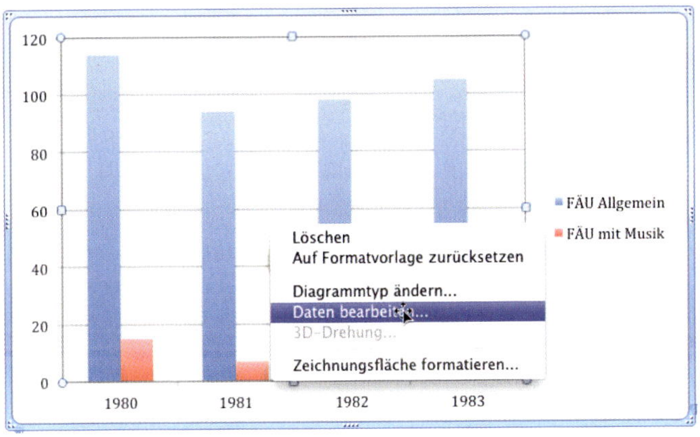

Klicken Sie mit der rechten Maustaste und wählen Sie aus, ob Sie die Daten bearbeiten oder den Diagrammtyp ändern wollen.

Wenn das Diagramm aktiviert ist – Sie erkennen das an dem blauen Rahmen – erscheinen rechts neben der Registerkarte *Diagramme* zwei weitere Registerkarten: *Diagrammlayout* und *Formatieren*. Über die Registerkarte *Diagrammlayout* können Sie das Aussehen der einzelnen Bestandteile des Diagramms verändern. Über die Registerkarte *Formatieren* lassen sich Aussehen der Felder und Beschriftungen verändern. Experimentieren Sie mit diesen Möglichkeiten und finden Sie die optimale Darstellung für Ihr Diagramm. Weitere Anleitungen finden Sie in den entsprechenden Büchern zu *Office:mac 2011*.

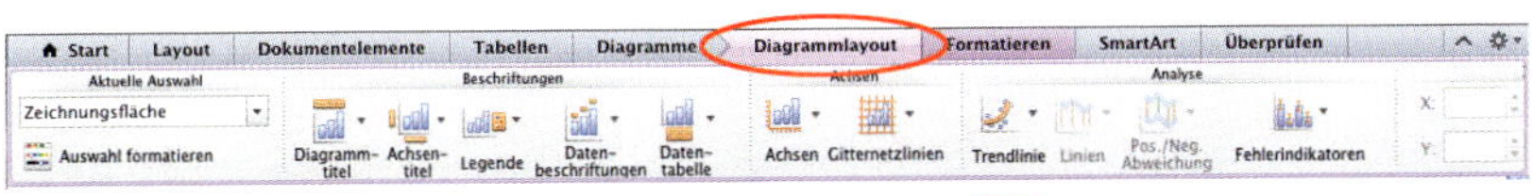

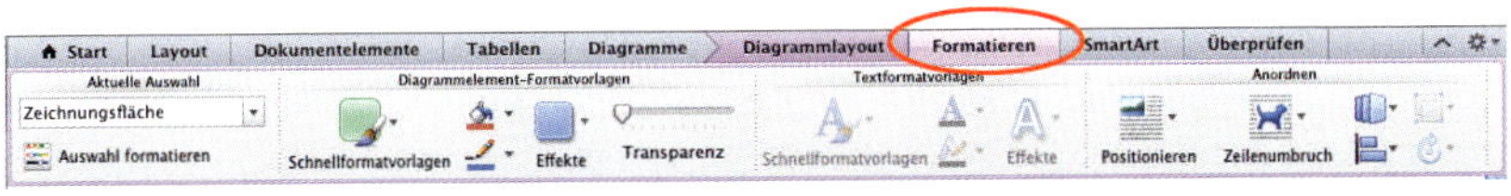

Auf der Registerkarte »Diagrammlayout« (oben) finden Sie Möglichkeiten, um das Aussehen der einzelnen Bestandteile des Diagramms zu verändern.

Auf der Registerkarte »Formatieren« (unten) finden Sie Möglichkeiten, um das Aussehen der Felder und Beschriftungen des Diagramms zu verändern.

Das Diagramm lässt sich in Aussehen und Beschriftung natürlich noch weiter optimieren.

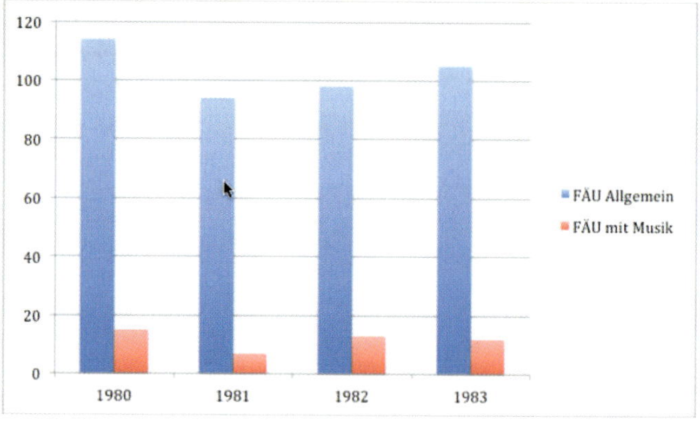

Gliederung finden und erste Rohfassung erstellen

Bevor Sie die erste Rohfassung Ihrer Arbeit erstellen, sollten Sie das gesamte bisher vorhandene Material strukturieren. Die Gesamtgliederung Ihrer Arbeit sollte Ihnen ermöglichen, alle gefundenen Informationen einzubringen und alle wesentlichen Aspekte des Themas zu berücksichtigen. Ihre jetzt anstehende Arbeit ist mit der Arbeit eines Bildhauers zu vergleichen: Ein großer grober Steinklotz ist vorhanden, dem entspricht die Menge Ihres gesammelten Materials. Diesen Steinklotz möchten Sie in Form bringen, so dass am Ende die Konturen und die Aussage einer Skulptur klar erkennbar sind. Sie werden also zunächst die grobe Form erstellen und dann immer mehr verfeinern.

Die Gliederung ist ein wesentlicher Teil der wissenschaftlichen Arbeit, die formale Struktur ist genauso wichtig wie der eigentliche Inhalt. Vergleichen Sie noch einmal mit der Skulptur, die aus dem groben Stein entsteht: Der Stein selber ist meist gar nicht so wertvoll, er wird es erst durch die Struktur, die der Bildhauer schafft. Und er schafft sie, indem er etwas wegnimmt von dem Ausgangsmaterial! Das ist für Ihre wissenschaftliche Arbeit auch ganz wichtig! Die Arbeit an der Gliederung hilft Ihnen, die wesentlichen Teile Ihrer Arbeit zu erkennen und die unwesentlichen wegzulassen. Der eigentliche Text einer wissenschaftlichen Arbeit ist nach dem einfachen Schema *Einleitung – Hauptteil – Schluss* gegliedert. Jeder Text braucht eine Einführung, um den Leser auf das

Wesentliche vorzubereiten. Und wenn das, was man eigentlich sagen wollte, gesagt ist, folgt noch ein Schlussteil, um das Gesagte zusammenzufassen und den Text zu beenden. Auch jedes Kapitel Ihrer Arbeit sollte nach diesem Schema aufgebaut sein.

Ein hervorragendes Mittel zum Strukturieren Ihres Textes ist die *MindMap*-Technik, die Sie bereits im zweiten Kapitel kennengelernt haben. Verwenden Sie das Programm *MindManager*, um eine *MindMap* Ihres Themas zu erstellen und zu einer Gliederung zu gelangen. Schreiben Sie das Thema in die Mitte und finden Sie die wichtigsten Aspekte des Themas, zu denen Sie die Hauptäste zeichnen. Die Aspekte sollten in etwa gleich gewichtig sein. An jedem Ast können nun mehrere Zweige sein, die sich nochmals verzweigen. Damit die Gliederung übersichtlich bleibt, sollten Sie nicht mehr als drei Überschriftenebenen wählen: Also eine Kapitelüberschrift, dann einige Unterüberschriften und nochmals einige »Unterunterüberschriften«.

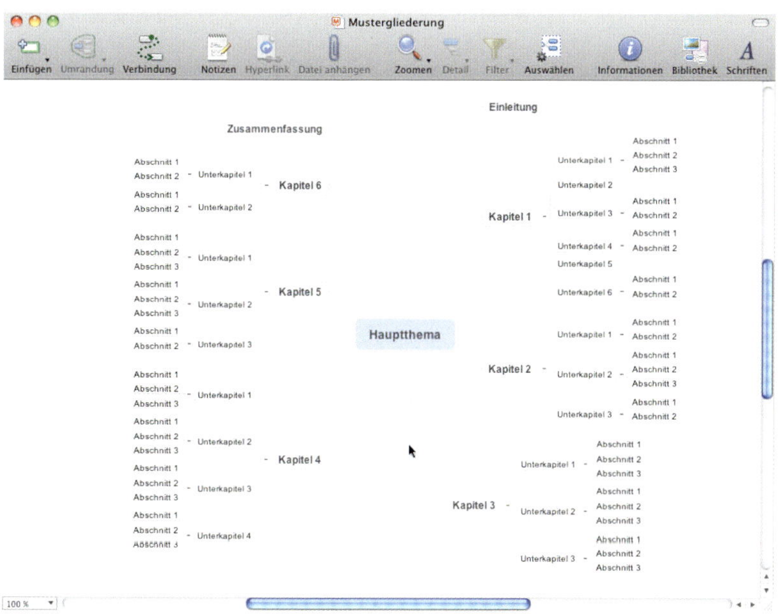

Die Arbeit besteht aus der Einleitung, sechs Kapiteln und dem Schluss.

Mit einem Klick auf *Darstellung* | *Gliederungsansicht* können Sie Ihre Gliederung ansehen und die verschiedenen Ebenen nach und nach einblenden.

Links: Die erste Ebene ist eingeblendet, Sie können den klaren Aufbau Ihrer Arbeit erkennen: »Einleitung – Hauptteil mit sechs Kapiteln – Zusammenfassung«.

Wenn Sie (Mitte) die zweite Gliederungsebene einblenden, sehen Sie ein gewisses Ungleichgewicht der Kapitel. Vielleicht sollte man Kapitel 1 aufteilen?

Rechts: Beim Einblenden der dritten Gliederungsebene können Sie noch ein Ungleichgewicht erkennen: zwei Unterkapitel von Kapitel 1 sind nicht weiter unterteilt, während die anderen Unterkapitel jeweils aus zwei oder drei Abschnitten bestehen.

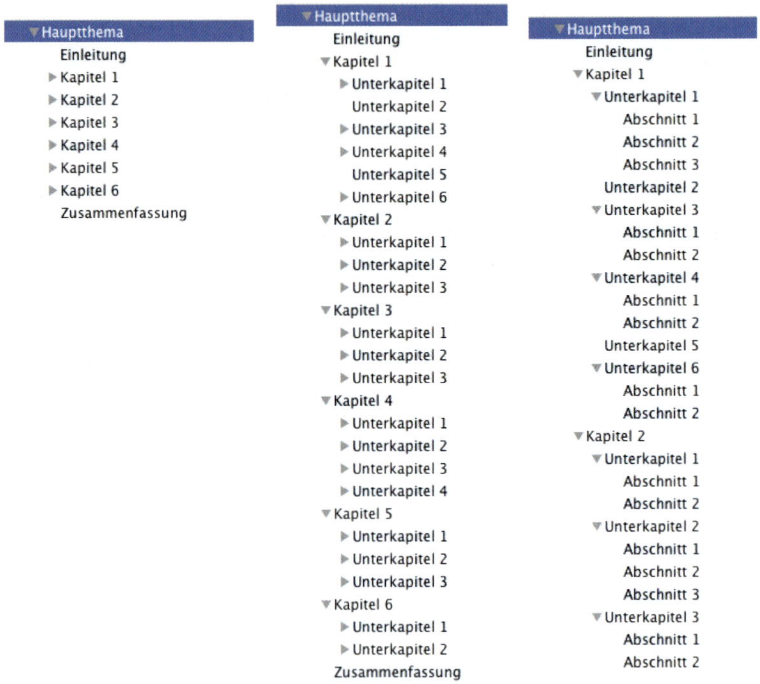

Erstellen der Gliederung in Word

In *Word* können Sie beim Entwickeln der Gliederung ähnlich vorgehen wie beim *MindManager*. Legen Sie bitte zunächst ein *Word*-Dokument für die Rohfassung Ihrer Arbeit an, indem Sie *Datei | Neues leeres Dokument* wählen. Wechseln Sie zum Gliedern Ihrer Arbeit über *Ansicht | Gliederung* in die Gliederungsansicht. Wählen Sie die *Gliederungsebene 1* und geben Sie die Kapitelüberschriften zunächst als Formeln ein, z. B. »Einleitung«, »Kapitelüberschrift 1«. Ersetzen Sie dann die Kapitelüberschriften durch die von Ihnen gewünschten Überschriften. Fügen Sie weitere Kapitel hinzu, indem Sie den Zeilenschalter (↵) betätigen.

Wählen Sie in »Word« die Gliederungsansicht, um Ihre Gliederung zu erstellen und zu bearbeiten.

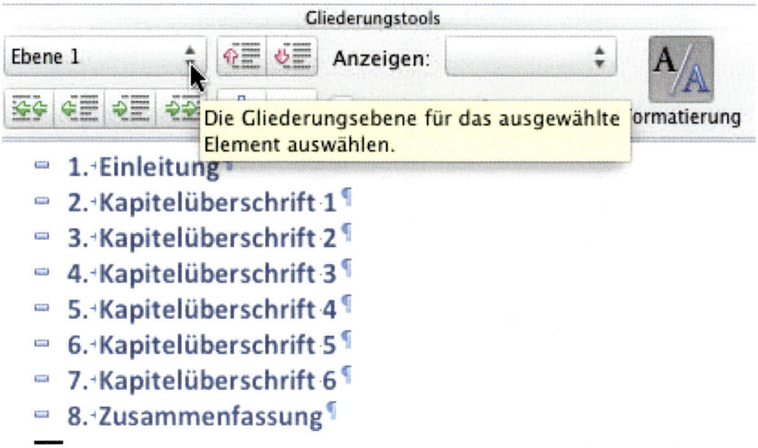

Wählen Sie die »Gliederungsebene 1« und geben Sie die Kapitelüberschriften ein.

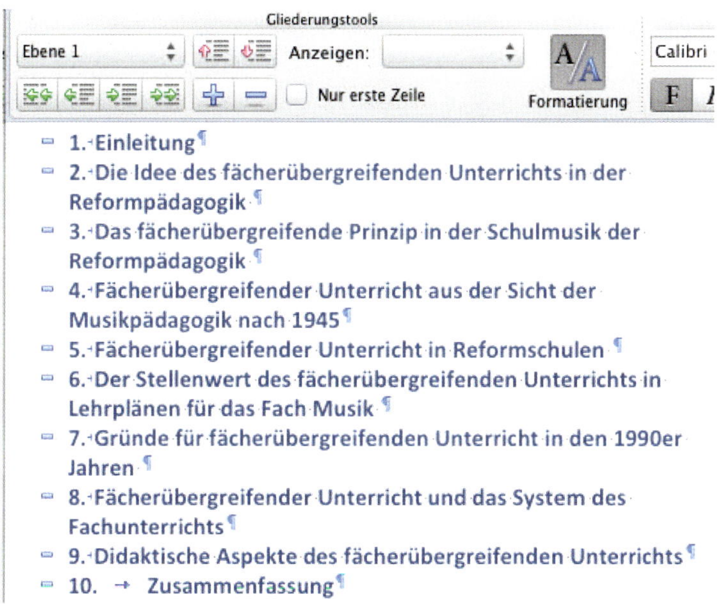

Ersetzen Sie die Kapitelangaben durch die »richtigen« Überschriften. Fügen Sie Kapitel hinzu, indem Sie die Einfügemarke ans Ende einer Zeile stellen und den Zeilenschalter betätigen.

Verfeinern Sie nun die Gliederung auf der ersten Gliederungsebene durch Hinzufügen von Unterüberschriften. Betätigen Sie den Zeilenschalter (↵), wenn die Einfügemarke am Ende einer Überschrift steht. Automatisch wird eine neue Überschrift derselben Gliederungsebene mit der nächsten Nummer erzeugt, die übrigen Kapitelnummern werden entsprechend angepasst. Mit der Taste *Tiefer stufen* versetzen Sie die neue Überschrift in die *Gliederungsebene 2*. Betätigen Sie den Zeilenschalter nochmals, um weitere Überschriften auf derselben Ebene zu erzeugen.

Betätigen Sie den Zeilenschalter und fügen Sie eine Überschrift hinzu.

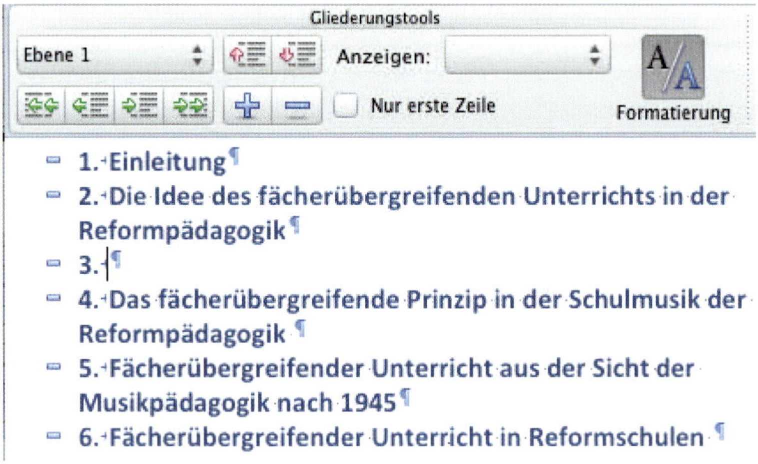

Mit einem Klick auf »Tiefer stufen« wird die neue Überschrift auf die »Gliederungsebene 2« gesetzt.

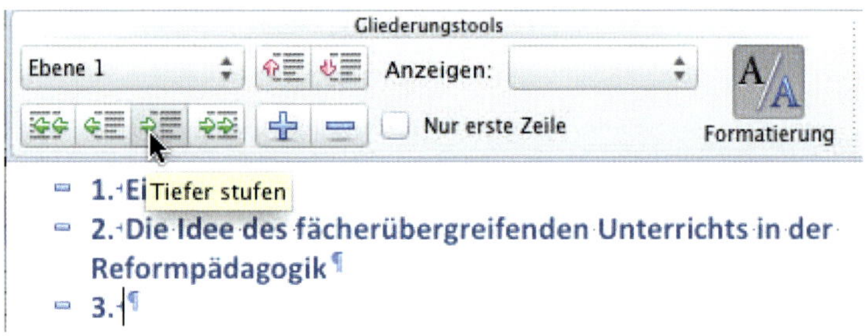

Erzeugen Sie weitere Überschriften auf der »Ebene 2«, indem Sie den Zeilenschalter betätigen.

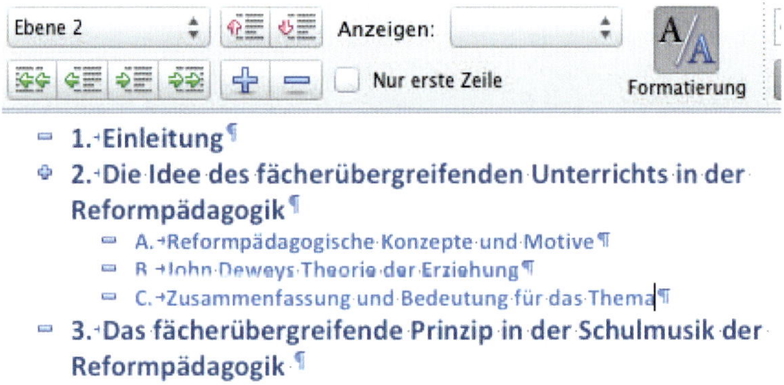

Nun stellen Sie fest, dass die Überschriften auf der ersten Ebene mit Nummern, die auf der zweiten Ebene mit Buchstaben versehen sind. Es entsteht also eine Gliederung nach dem *Buchstaben-Ziffern-System*, bei dem große und kleine Buchstaben sowie römische und arabische Zahlen verwendet werden.

Bei wissenschaftlichen Arbeiten ist aber das *Dezimalklassifikationssystem* beliebter, weil man damit beliebig viele Überschriftenebenen bilden kann. Auch wenn wir uns hier nur auf drei Ebenen beschränken, wollen wir dieses System anwenden.

Klicken Sie dazu auf *Format | Nummerierung und Aufzählungszeichen*, es öffnet sich das Fenster *Nummerierung und Aufzählungszeichen*, in dem Sie die Art der eingestellten Gliederung erkennen können. Klicken Sie das gewünschte Gliederungsformat an, bestätigen Sie mit *OK* und schon sind Ihre Überschriften entsprechend nummeriert.

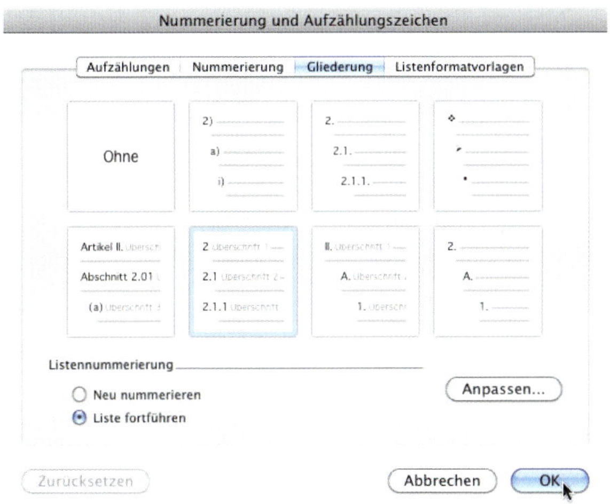

Nach einem Klick auf »Format | Nummerierung und Aufzählungszeichen« öffnet sich dieses Fenster, in dem das aktuelle Gliederungsformat markiert ist. Wählen Sie einfach das gewünschte Gliederungsformat und klicken Sie auf »OK«.

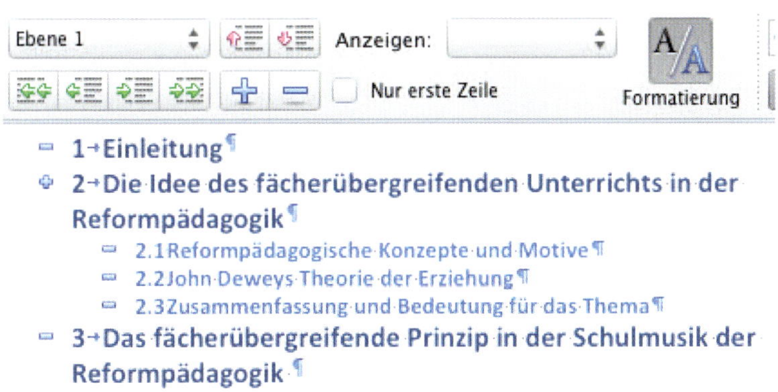

Nun sind die Überschriften auf der zweiten Ebene auch mit Zahlen nummeriert.

Die weitere Untergliederung erreichen Sie genau wie eben: Betätigen Sie den Zeilenschalter (↵) und klicken Sie auf *Tiefer stufen*, um die neue Überschrift in die *Gliederungsebene 3* zu versetzen. Durch nochmalige Betätigung des Zeilenschalters erhalten Sie weitere Überschriften auf der *Ebene 3*. Mit den beiden Schaltflächen *Höher stufen* und *Tiefer stufen* können Sie auch nachträglich die einzelnen Gliederungsebenen höher und tiefer stufen.

Mit dem Zeilenschalter können Sie weitere Überschriften erzeugen, die Sie mit einem Klick auf »Tiefer stufen« in die »Gliederungsebene 3« versetzen können. Die Nummerierung erfolgt automatisch.

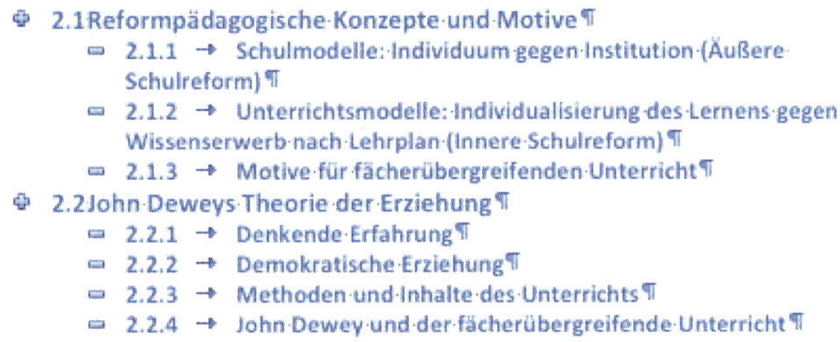

Wenn Sie nur drei Gliederungsebenen verwenden wollen, kann es sinnvoll sein, die Überschriften auf der dritten Ebene nicht zu nummerieren. Sie können das Gliederungsformat ganz einfach nach Ihren Wünschen anpassen, indem Sie über *Format | Nummerierung und Aufzählungszeichen* zu Ihrem Gliederungsformat gelangen. Klicken Sie dort auf *Anpassen* und sehen Sie im Fenster *Gliederung anpassen* die automatische Nummerierung für alle Überschriftenebenen sowie die Möglichkeiten, um das eingestellte Format zu verändern.

Klicken Sie auf »Format | Nummerierung und Aufzählungszeichen« und dann auf »Anpassen«, um die Definition des aktuellen Gliederungsformates zu sehen.

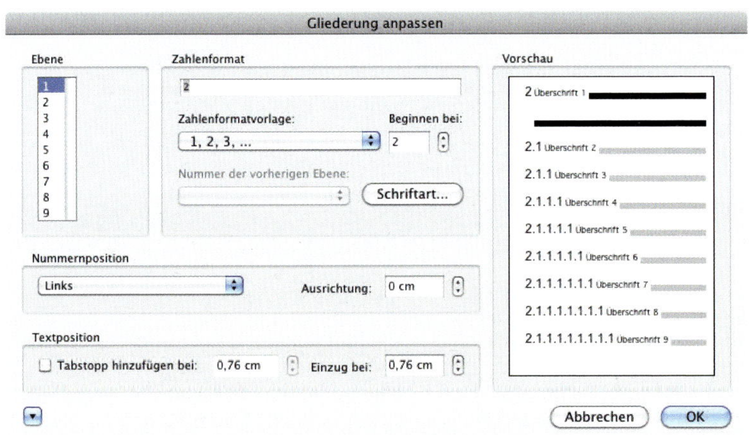

Markieren Sie die Ebene, deren Überschriftenformat Sie verändern wollen. Nun löschen Sie einfach die Einträge im Feld *Zahlenformat;* dabei springt die Zahlenformatvorlage auf (*ohne*) um und die Nummerierung der Überschriften auf der dritten Ebene ist verschwunden.

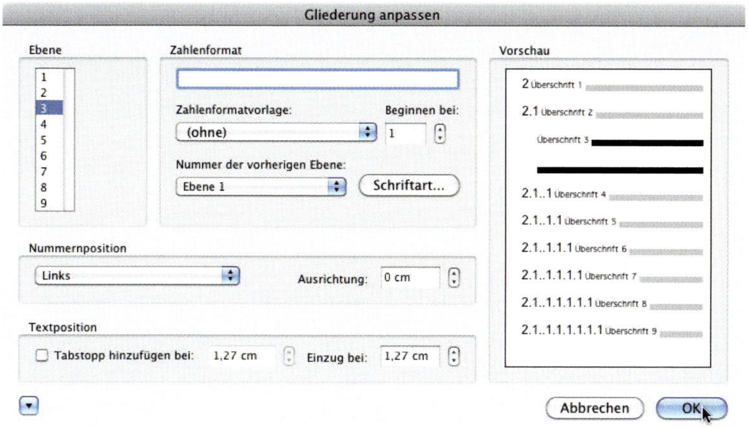

Markieren Sie »Ebene 3« und löschen Sie die Angaben im Feld »Zahlenformat«.

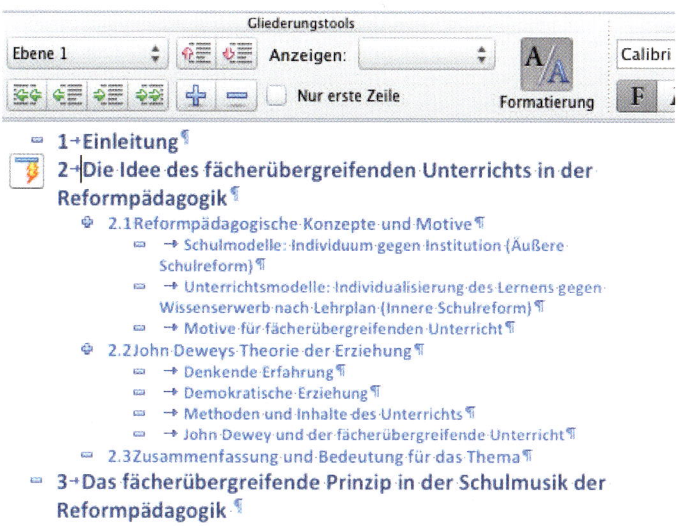

Nun erscheinen die Überschriften auf der »Ebene 3« ohne Nummerierung.

Sie können nun weiter mit der Gliederungsansicht arbeiten, wenn Sie die Gliederung verändern wollen. In dem Auswahlmenü neben *Anzeigen:* können Sie auswählen, welche Überschriften angezeigt werden sollen. Sie können Überschriften höher und tiefer stufen. Sie können sehen, dass vor einigen Überschriften ein »-«-Zeichen steht, das bedeutet, dass es hier keine weiteren Absätze gibt. Mit den »+«- und »-«-Schaltern können Sie die Anzeige der Überschriftenebenen für die aktuelle Überschrift erhöhen oder verringern.

Wählen Sie aus, welche Ebenen in der Gliederung angezeigt werden sollen.

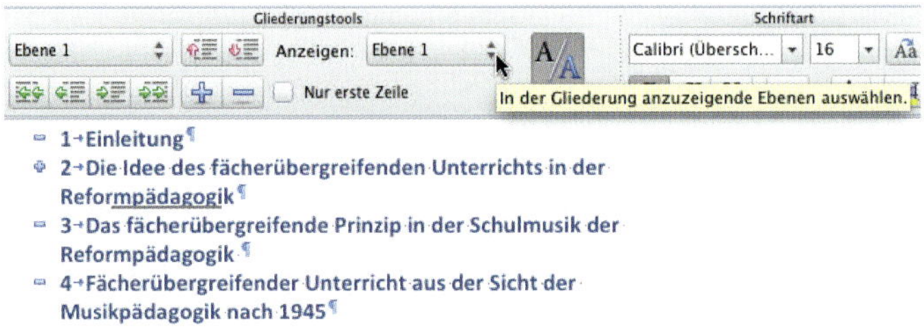

Sie können die Anzeige der Überschriftenebenen für die aktuelle Überschrift erhöhen oder verringern.

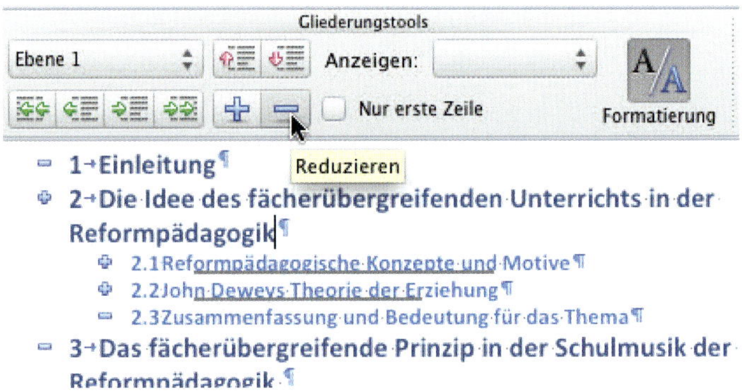

Wenn Ihre Arbeit weiter fortgeschritten ist, ergibt es sich vielleicht, dass Sie ganze Abschnitte umstellen wollen. Das können Sie bequem in der Gliederungsansicht erledigen. Lassen Sie sich alle Ebenen anzeigen, um die einzelnen Textabschnitte zu erkennen. Möchten Sie ganze Teile verschieben, wählen Sie einfach die jeweilige Überschriftenebene aus und verschieben sie an eine andere Stelle.

Lassen Sie sich »Alle Ebenen« anzeigen und sehen Sie die einzelnen Textabschnitte.

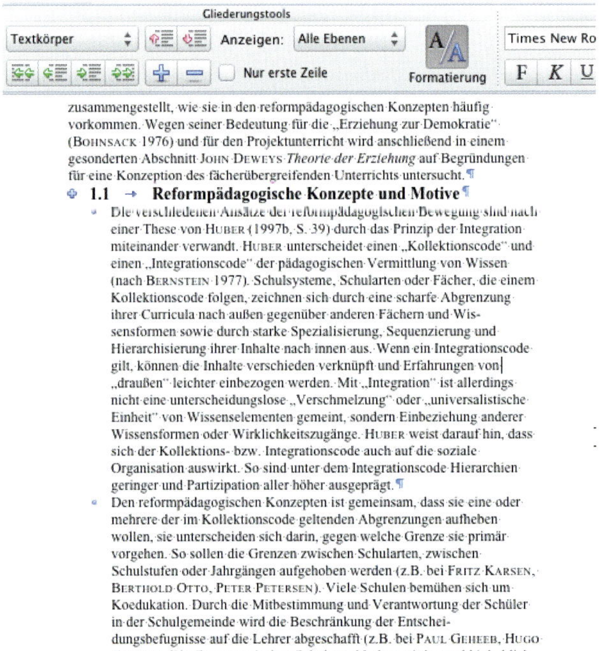

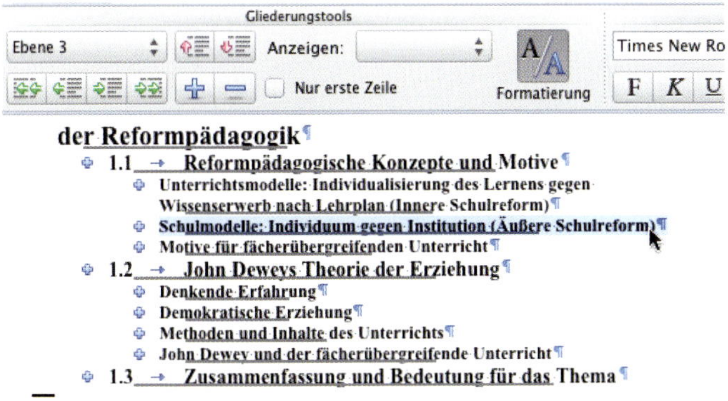

Markieren Sie eine Überschrift und verschieben Sie sie an eine andere Stelle – so wird der gesamte Textabschnitt verschoben.

Im Zusammenhang mit der Gliederung Ihrer Arbeit möchte ich noch einmal auf die Anzeige der Dokumentenstruktur in der *Drucklayout*-Ansicht hinweisen. Lassen Sie sich – über *Ansicht* | *Randleiste* oder mit dem Schalter in der Standardsymbolleiste – den *Dokumentenstrukturbereich* in der Randleiste anzeigen, der genau so viele Überschriftenebenen enthält, wie Sie in der Gliederungsansicht eingestellt haben.

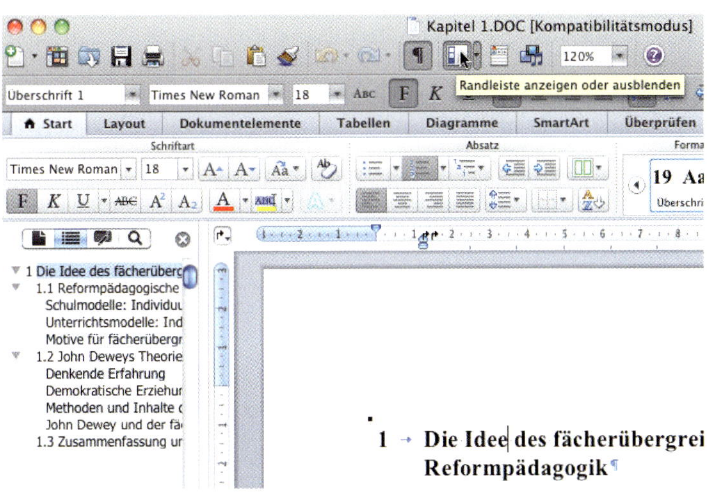

Zum Navigieren in einem längeren Dokument ist es praktisch, den Dokumentenstrukturbereich in der Randleiste einzublenden.

Schließlich noch ein Hinweis, falls Sie eine längere Arbeit planen. Es kann günstiger sein, die verschiedenen Kapitel in einzelnen Dateien zu speichern. Wie Sie später die Verzeichnisse für die ganze Arbeit erstellen, werde ich im sechsten Kapitel zeigen. Möchten Sie in jeder Kapitel-Datei die zutreffende Nummerierung der Überschriften haben, setzen Sie den Cursor auf die *Überschrift 1* und klicken in der Menüleiste auf *Format* | *Nummerierung und Aufzählungszeichen*. Im Fenster *Nummerierung und Gliederung* klicken Sie auf *Anpassen*, tragen dann die gewünschte Kapitelnummer unter *Beginnen bei* ein und bestätigen mit

OK. Wie Sie in der *Vorschau* sehen können, wird die Nummerierung der untergeordneten Überschriften automatisch angepasst.

Tragen Sie die gewünschte Kapitelnummer ein und bestätigen Sie mit »OK«.

Datensicherung

Bevor Sie mit Ihrem *Word*-Dokument weiter arbeiten, sollten Sie unbedingt einige Hinweise zur Datensicherung beachten! Oft glaubt man, es sei nicht notwendig, die geschriebenen Texte irgendwie zu sichern, denn der Mac bietet Ihnen natürlich eine große Sicherheit beim Schreiben Ihrer wissenschaftlichen Arbeit. Richten Sie bitte *Time Machine* ein und lassen Sie Ihre Arbeit regelmäßig auf einer externen Festplatte sichern. So können Sie jederzeit eine frühere Version Ihres Textes wiederherstellen – wenn, ja wenn *Word* richtig eingestellt war. Beim Schreiben dieses Buches war eines Tages die gesamte Arbeit von mehreren Stunden einfach weg. *Time Machine* konnte sie nicht wieder hervorzaubern. Übrigens soll so etwas vor allem ganz kurz vor dem Abgabetermin eines Manuskripts passieren.

Für eine detaillierte Darstellung von *Time Machine* und allen anderen hilfreichen Funktionen verweisen wir auf das *Grundlagenbuch zu OS X Lion* von Daniel Mandl, das Sie mit Sicherheit auch nach der Seminar-, Doktorarbeit o. ä. mit etlichen Tipps hilfreich begleiten wird; weitere Informationen hierzu auch unter
`www.mandl-schwarz.com/11/lion/`

Sichern Sie bitte Ihre Arbeit und alle zugehörigen Materialien regelmäßig – also mindestens am Ende eines jeden Arbeitstages – auf wenigstens zwei verschiedenen externen Speichermedien: auf einer externen Festplatte, auf einem USB-Stick, auf einer Speicherkarte aus Ihrem Handy, auf Ihrem iPad, auf einer wiederbeschreibbaren DVD oder in einem Online-Speicher. Der Ausdruck auf Papier erspart Ihnen im Falle eines Dateiverlustes zumindest die Arbeit des nochmaligen Erstellens Ihres Textes.

Bitte stellen Sie *Word* entsprechend ein. Öffnen Sie dazu das Fenster *Word-Einstellungen* über *Word | Einstellungen* und klicken Sie unter *Ausgabe und Freigabe* die Taste *Speichern* an. Dort wählen Sie auf jeden Fall die Optionen *Sicherheitskopie immer erstellen* sowie *AutoWiederherstellen-Info speichern alle: 10 Minuten*. Natürlich können Sie auch kürzere Zeiträume, z. B. 5 Minuten wählen.

Mit einem Klick auf »Word | Einstellungen« öffnen Sie die entsprechenden Programm-Einstellungen.

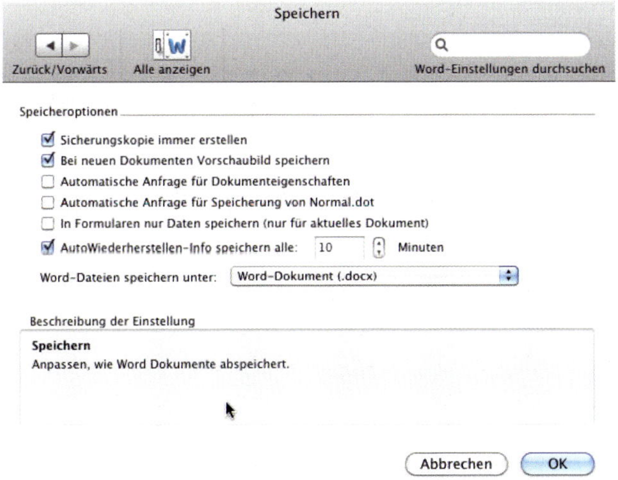

Wählen Sie »Speichern« unter »Ausgabe und Freigabe«, klicken Sie hier mindestens die Befehle »Sicherheitskopie immer erstellen« und »Auto-Wiederherstellen-Info speichern alle: 10 Minuten« (oder auch alle 5 Minuten).

Es ist empfehlenswert, mehrere Versionen auf Ihrem Mac oder dem externen Speichermedium zu sichern. Überschreiben Sie also bitte nicht die alten Versionen. Oft passiert es beim Schreiben der Arbeit, dass Sie sich plötzlich an eine ganz interessante Stelle in einer früheren Version erinnern, die jetzt wirklich gut passen würde – aber leider haben Sie sie bereits gelöscht.

Mit dem aktuellen Betriebssystem *OS X Lion* besteht die Möglichkeit, auf verschiedene vorige Fassungen Ihrer Datei zurückgehen zu können – die Funktion heißt sinnigerweise *Versionen*. Schauen Sie einfach mal im soeben erwähnten Grundlagenbuch hierzu nach.

Und noch etwas: Bewahren Sie ein Exemplar Ihrer Speicherung bitte irgendwo anders als an Ihrem Arbeitsplatz auf, z. B. bei einem Freund oder im Auto. So sind Sie davor gewappnet, dass Ihre Arbeit bei Diebstahl oder Brand mitsamt Ihrem Mac verloren geht.

Für die Online-Speicherung bietet sich natürlich Ihre *iDisk* auf *MobileMe* an, sofern Sie diesen kostenpflichtigen Service für Mac-User abonniert haben. Das *MobileMe*-Abonnement ist automatisch bis zum 30. Juni 2012 verlängert. Noch im Herbst 2011 wird *MobileMe* durch den neuen kostenlosen Dienst *iCloud* ersetzt. Leider hat sich *Apple* bis zum jetzigen Zeitpunkt noch nicht zur *iDisk* unter *iCloud* geäußert, aber bis zum 30. Juni 2012 können Sie Ihre Arbeit auf der *iDisk* speichern.

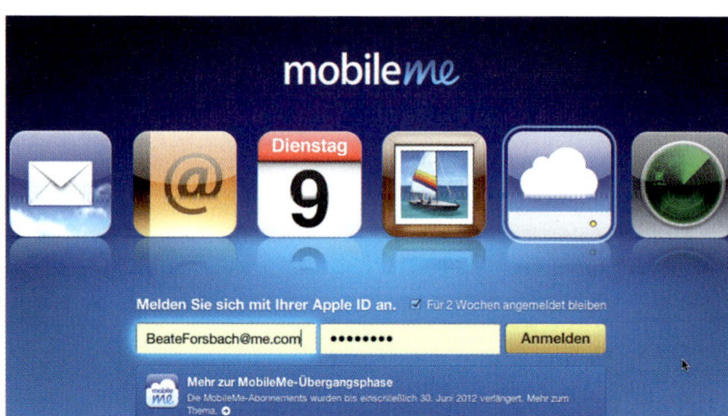

Auf Ihrer »iDisk« auf »MobileMe« (und später »iCloud«) können Sie Ihre Daten sichern.

Inhaltsverzeichnis in Numbers anlegen

Sobald Ihre Grobgliederung erstellt ist, sollten Sie ein Inhaltsverzeichnis in *Numbers* anlegen, um den Umfang der Arbeit und der einzelnen Teile zu planen. Öffnen Sie dazu ein neues leeres Dokument und tragen Sie zunächst die Überschriften der Hauptteile ein. Dann ordnen Sie – ausgehend von der vorgesehenen Gesamtseitenzahl – die geplanten Seitenzahlen zu.

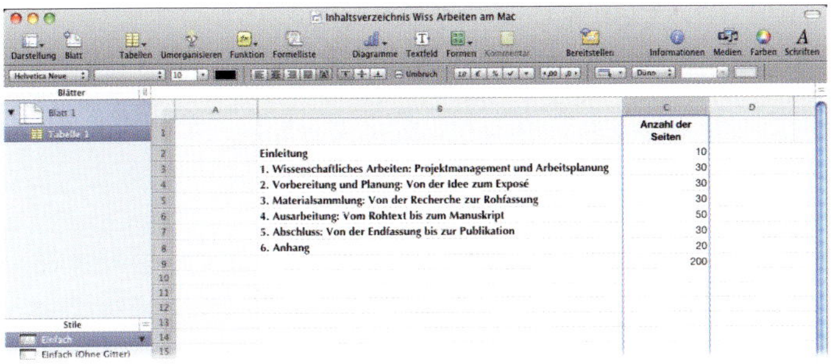

Legen Sie ein Inhaltsverzeichnis in »Numbers« an, tragen Sie zunächst die Hauptüberschriften und die geplanten Seitenzahlen ein.

Im Laufe Ihrer weiteren Arbeit tragen Sie dann die Überschriften der einzelnen Kapitel und deren geplante Seitenzahlen ein. So können Sie sich beim Schreiben daran orientieren, wie umfassend die einzelnen Kapitel werden sollen. Später tragen Sie dann die tatsächlichen Seitenzahlen Ihrer fertigen Kapitel ein. So behalten Sie immer den Überblick, wie umfangreich Ihre Arbeit wird.

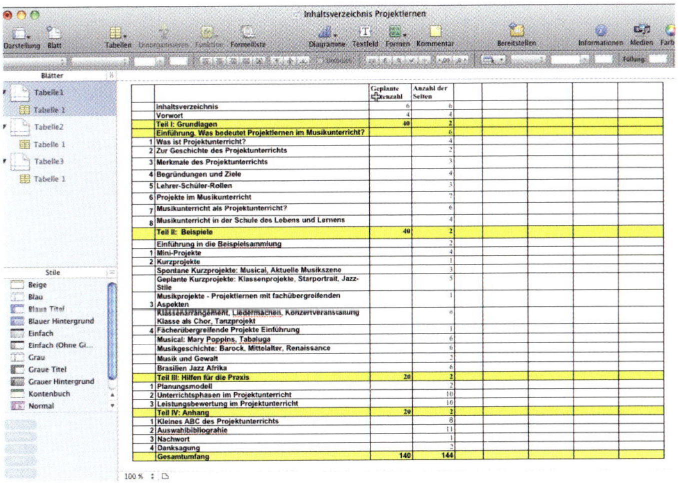

Tragen Sie die Kapitelüberschriften sowie die geplanten und tatsächlichen Seitenzahlen ein. So behalten Sie beim Schreiben immer den Überblick über den Gesamtumfang und die Gliederung Ihrer Arbeit.

Und nun endlich: Die erste Rohfassung Ihrer Arbeit

Falls noch nicht geschehen, sollten Sie sich spätestens jetzt Gedanken darüber machen, mit welchem Textverarbeitungsprogramm Sie Ihre Arbeit erstellen wollen. Im Kontext dieses Buches stehen nur *Pages* oder *Word* zur Auswahl. Gebräuchlich ist auch *Mellel*, das gut mit *Bookends* harmonieren soll, außerdem das kostenlose Programm *LaTeX*, in dem die Literaturangaben mit *BibTeX* erzeugt werden.

Es gibt einige Argumente für und gegen die Verwendung von *Pages* oder *Word. Pages* als »echtes« Mac-Programm ist recht stabil, bietet aber leider nicht so viele Möglichkeiten wie *Word* aus *Microsoft Office:mac* 2011. Kleinere Hausarbeiten für die Schule und die ersten Studiensemester lassen sich sicher gut mit *Pages* gestalten. Wenn Sie sich besser mit *Pages* als mit *Word* auskennen, können Sie alle Vorarbeiten zu Ihrer größeren wissenschaftlichen Arbeit in *Pages* schreiben. Denn Sie können diese Dateien als *Word*-Dokumente ausgeben und problemlos in *Word* weiter verarbeiten.

Viele Universitäten und vor allem Verlage verlangen, dass die Arbeiten bzw. Buchmanuskripte in *Word* abgegeben werden. *Word* ist einfach ein traditionelles, in Schule, Studium und Beruf weitverbreitetes Textverarbeitungsprogramm. Die Stabilität auf dem Mac ist nach meiner Erfahrung in der neuen Version 2011 sehr gut – vorausgesetzt, man verwendet das neueste Betriebssystem und neuere Dokumentvorlagen. Ich musste für ein Buch in einem vorigen Verlag mit einer *Word* 97-Vorlage für Windows arbeiten und verwendete daher eine ältere Office-Version, was alles andere als einfach war. Denn *Word* stürzte häufig ab und Texte verschwanden im »Computer-Nirwana«. Ich habe da auch mal den Umweg über *Pages* versucht, der mir aber zu umständlich war.

Ich empfehle Ihnen, bereits Ihre erste Rohfassung mit *Word* zu erstellen, gerade wenn Sie sich noch nicht so gut mit dem Programm auskennen. Denn es ist unbedingt notwendig, dass Sie einige Funktionen des Programms kennen, bevor Sie die Endfassung Ihrer Arbeit erstellen. Stürzen Sie sich bitte nicht unvorbereitet in das Abenteuer, Ihre wissenschaftliche Arbeit mit *Word 2011* zu schreiben. Sie wären nicht der Erste, der kurz vor der Abgabe Hilfe sucht, weil er z. B. an den Formatvorlagen verzweifelt. Für *Word 2010 für Windows* gibt es brauchbare Formatvorlagen (u. a. in dem Buch von Natascha Nicol und Ralf Albrecht), aber die funktionieren nicht auf dem Mac. Die letzte brauchbare Dokumentvorlage für *Word:mac* von der HU Berlin kann leider ab *Word:mac 2008* nicht mehr verwendet werden. Ich stelle Ihnen hier zwar keine Dokumentvorlage für *Word:mac 2011* zur Verfügung, gebe Ihnen aber Tipps, wie Sie die vorgegebenen Formatvorlagen verändern bzw. eigene Vorlagen erstellen können. Was letztlich mehr Arbeit macht, müssen Sie dann selber entscheiden …

Für den Rohtext brauchen Sie noch keine Formatvorlagen. Verwenden Sie einfach die Standardvorlage und schreiben Sie die Rohfassung. Hier kommt es vor allem darauf an, die grundlegenden Gedanken und Ideen Ihrer Arbeit mit den vorhandenen Materialien in einen Zusammenhang zu bringen. Die sprachliche Gestaltung ist dabei noch nicht so wichtig, genau so wenig wie das Layout der Arbeit.

Öffnen Sie nun in *Word* die Datei mit Ihrer Gliederung, die ja bereits die Überschriften auf verschiedenen Ebenen enthält. Wechseln Sie über *Ansicht | Entwurf* in die *Entwurfsansicht* oder über *Ansicht | Drucklayout* in die *Seitenansicht,* in der Sie die Darstellung Ihres Dokumentes sehen, so wie es später im Druck erscheinen wird. Die Entwurfsansicht ist für die Eingabe des Rohtextes gut geeignet, weil die Seite in vereinfachter Form angezeigt wird. Fuß- und Endnoten, Kopf- und Fußzeilen, Seitenzahlen oder grafische Elemente werden nicht angezeigt. Notieren Sie im Rohtext die Hinweise auf Tabellen, Abbildungen und Diagramme, ohne sie schon einzuarbeiten. Das sollten Sie erst in einem späteren Arbeitsgang erledigen, wenn es um das Layout Ihrer Arbeit geht. Schreiben Sie Ihren Text möglichst flüssig, und verzichten Sie dabei zunächst auf Zitate und Literaturangaben. Den so genannten »wissenschaftlichen Apparat« sollten Sie erst in einem späteren Arbeitsgang einarbeiten. Bei der Erstellung der ersten Fassung Ihrer Arbeit würde das zu sehr vom eigentlichen Gedankengang ablenken.

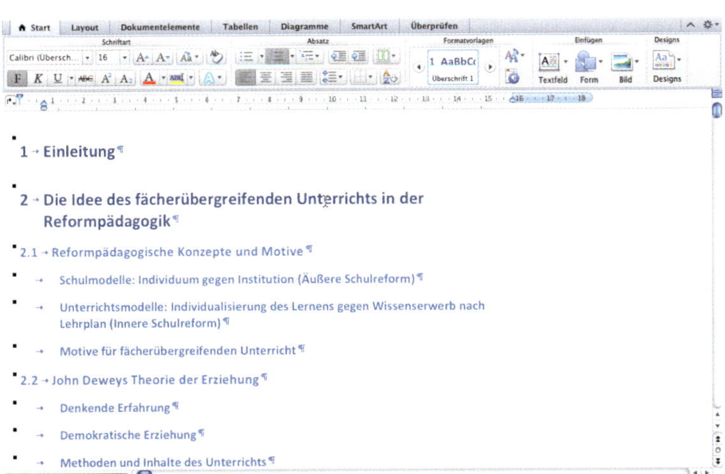

In der Entwurfsansicht erscheint die Seite in vereinfachter Form. Die Zeichen- und Absatzformate werden angezeigt, Kopf- oder Fußzeilen, Fußnoten, Endnoten, Seitenzahlen oder grafische Elemente werden nicht angezeigt.

In der Drucklayoutansicht erscheint die Seite so, wie sie auch später gedruckt wird.

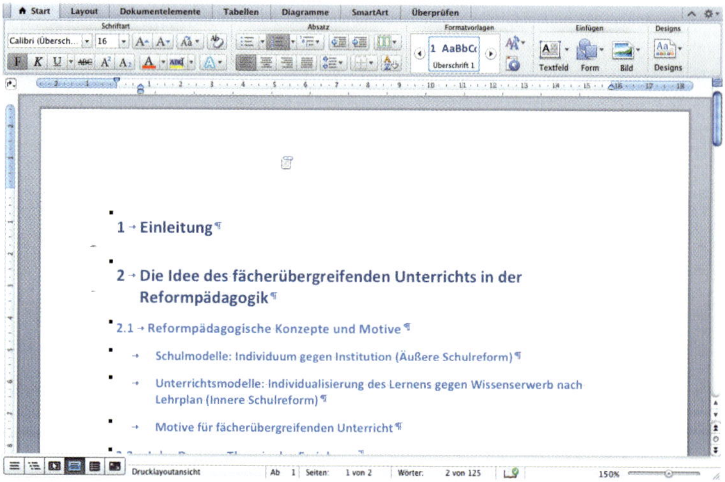

Für das Schreiben des Rohtextes müssen Sie an Ihrem Mac nicht allzu viel beachten. Setzen Sie den Cursor hinter die erste Überschrift, betätigen Sie den Zeilenschalter (↩) und schon können Sie mit Ihrem Text im Standardformat beginnen. Lassen Sie sich bitte nicht durch die Markierungen ablenken, die *Word* automatisch in Ihrem Text macht: Grammatikalisch unkorrekte Textpassagen sind grün unterstrichen, Rechtschreibfehler oder unbekannte Begriffe rot. Schreiben Sie einfach weiter, ohne sich mit sprachlichen Ansprüchen zu belasten.

Es ist wichtig, dass Sie sich frei schreiben. Schreiben Sie so einfach und verständlich wie möglich und machen Sie öfters mal einen Absatz – indem Sie ganz einfach den Zeilenschalter zweimal betätigen.

Setzen Sie den Cursor hinter die erste Überschrift und betätigen Sie den Zeilenschalter. Nun können Sie in der voreingestellten Standardschriftart losschreiben.

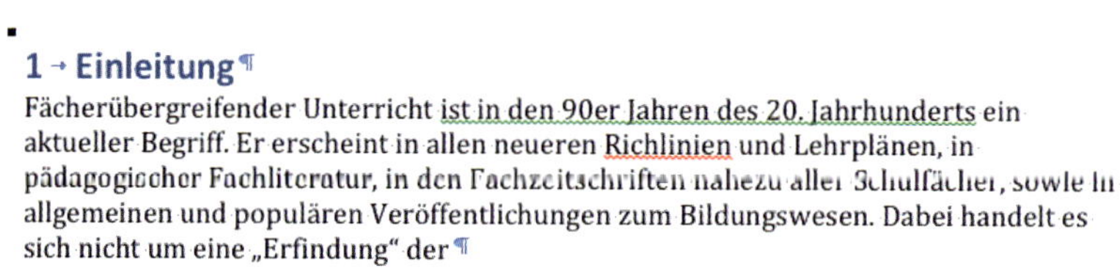

1 → Einleitung¶

Fächerübergreifender Unterricht ist in den 90er Jahren des 20. Jahrhunderts ein aktueller Begriff. Er erscheint in allen neueren Richtlinien und Lehrplänen, in pädagogischer Fachliteratur, in den Fachzeitschriften nahezu aller Schulfächer, sowie in allgemeinen und populären Veröffentlichungen zum Bildungswesen. Dabei handelt es sich nicht um eine „Erfindung“ der¶

Um einen Absatz zu bilden, betätigen Sie zweimal den Zeilenschalter.

1 → Einleitung¶

Fächerübergreifender Unterricht ist in den 90er Jahren des 20. Jahrhunderts ein aktueller Begriff. Er erscheint in allen neueren Richlinien und Lehrplänen, in pädagogischer Fachliteratur, in den Fachzeitschriften nahezu aller Schulfächer, sowie in allgemeinen und populären Veröffentlichungen zum Bildungswesen. ¶

¶

Dabei handelt es sich nicht um eine „Erfindung" der Neuzeit, es hat schon früher fächerübergreifenden Unterricht gegeben. Er existierte u.a. unter den Bezeichnungen „Gesamtunterricht", „ungefächerter" oder „überfachlicher Unterricht", „interdisziplinärer", „fachübergreifender" oder „fächerverbindender Unterricht". ¶

¶

Wie schreibt man einfach und verständlich? Manche Studenten meinen, in wissenschaftlichen Texten müsse man möglichst kompliziert, in langen, ineinander verschachtelten Sätzen schreiben und viele Fremdwörter benutzen. Oft verstecken sie ihre Unwissenheit oder ihre Unklarheit im Gedankengang hinter Bandwurmsätzen und Worthülsen. Schreiben Sie in einfachen, gut strukturierten Sätzen, beginnen Sie für jeden neuen Gedanken auch einen neuen Satz. Schreiben Sie »unmöglich« statt »ein Ding der Unmöglichkeit«, vermeiden Sie nichtssagende Floskeln wie »nach meiner unmaßgeblichen Meinung« oder Füllwörter wie »sozusagen«, oder »gewissermaßen«. Ich empfehle Ihnen, eines der Bücher von Wolf Schneider zu lesen, z. B. »Deutsch fürs Leben. Was die Schule zu lehren vergaß«. In diesem Deutschkurs für Schreiber erfahren Sie in 50 klaren Regeln, wie man verständliche Texte in eingängigem Deutsch schreibt.

Schreiben Sie für einen Leser, der nicht viel Zeit zum Lesen hat und Ihren Text schon beim Überfliegen verstehen soll. Schreiben Sie also so kurz wie möglich und so ausführlich wie nötig. Setzen Sie bei Ihrem Leser keine speziellen Kenntnisse über Ihr Thema voraus. Sparen Sie daher nicht mit Informationen, auch wenn sie Ihnen selbstverständlich erscheinen. Sie müssen Ihre Leser nicht mit Ihrem Wissen beeindrucken, sondern sollten sie im besten Falle für Ihr Thema interessieren und ihnen das eigentlich Wissenswerte darüber mitteilen.

Gliedern Sie Ihren Text, so dass die Struktur klar erkennbar bleibt. Übertreiben Sie es aber nicht mit der Untergliederung des Textes. Schreiben Sie nach jeder Überschrift zunächst einige Textpassagen, bevor die nächste Überschrift auf derselben oder einer anderen Ebene folgt. Von Otto Kruse (1994, S. 159) stammt die Idee der Standard-Strukturen für einzelne Kapitel:

Standard-Strukturen für einzelne Kapitel

- Bezug zu vorigem Kapitel
- Bezug des Kapitels zur Fragestellung
- Bedeutung des Kapitels in der Gesamtdarstellung
- Was ist der Gegenstand dieses Kapitels?
- Was soll über diesen Gegenstand gesagt werden? Worauf soll der Blick der Leser gelenkt werden?
- Welcher methodische Weg der Darstellung wird dazu eingeschlagen?
- Ausführung der einzelnen »Szenen« des Kapitels
- Zusammenfassung am Ende des Kapitels: Was war wichtig in diesem Kapitel, was sollten die Leser beachten?

Lassen Sie sich genügend Zeit zum Schreiben des Rohtextes, schreiben Sie sich frei und seien Sie nicht zu kritisch mit sich selbst. Versuchen Sie bitte nicht, Ihren Text sofort wieder umzuschreiben. Setzen Sie sich beim Schreiben gründlich mit Ihrem Thema auseinander. Seien Sie mutig und schreiben Sie Ihre eigene Meinung zum Thema, stellen Sie Behauptungen auf und kritisieren Sie fremde Texte. Niemand zwingt Sie, jeden fremden Text als richtig zu übernehmen oder vollständig wiederzugeben. Sie haben große Freiheiten im Umgang mit fremden Texten: Sie können zustimmen, kritisieren oder weglassen.

Wenn Sie mit dem Rohtext fertig sind, ist der Zeitpunkt für eine kreative Pause gekommen. Genießen Sie es, dass Sie Ihren Text nun einmal ganz aufgeschrieben haben. Wechseln Sie den Arbeitsort, lesen Sie Ihren Text in einem Café oder auf einer Parkbank – und freuen Sie sich, dass Sie das erste wichtige Zwischenziel beim Schreiben Ihrer wissenschaftlichen Arbeit erreicht haben.

Ausarbeitung: Vom Rohtext bis zum Manuskript

Überarbeiten der Rohfassung

In der nächsten Arbeitsphase geht es zunächst um eine inhaltliche Überarbeitung Ihres Rohtextes. Dann sollten Sie ein Feedback von ein oder mehreren Lesern einholen und anschließend den Text noch einmal sprachlich überarbeiten. Und dann folgt eine spannende Arbeitsphase an Ihrem Mac: Sie gestalten das Layout des Textes und lernen viele nützliche Funktionen des Programms *Word* kennen. Schließlich folgt das Korrekturlesen.

Doch nun beginnen Sie bitte mit dem Lesen Ihres Rohtextes. Lesen Sie ihn zunächst ganz durch, ohne etwas zu verändern – am besten nicht am Mac, sondern auf Papier ausgedruckt oder auf Ihrem iPhone oder iPad. Damit Sie Ihre *Word*-Datei auf dem iPhone oder iPad lesen können, senden Sie sie einfach als Anhang einer E-Mail an Ihre eigene Mail-Adresse. Empfangen Sie die Mail auf Ihrem iPhone oder iPad und öffnen Sie die *Word*-Datei durch einfaches Antippen. Sie können Ihre *Word*-Datei nun am Bildschirm lesen.

Schicken Sie eine E-Mail an Ihre eigene Adresse, fügen Sie die »Word«-Datei über die Taste »Anhang« hinzu.

Empfangen Sie die E-Mail mit der »Word«-Datei auf Ihrem iPad oder iPhone.

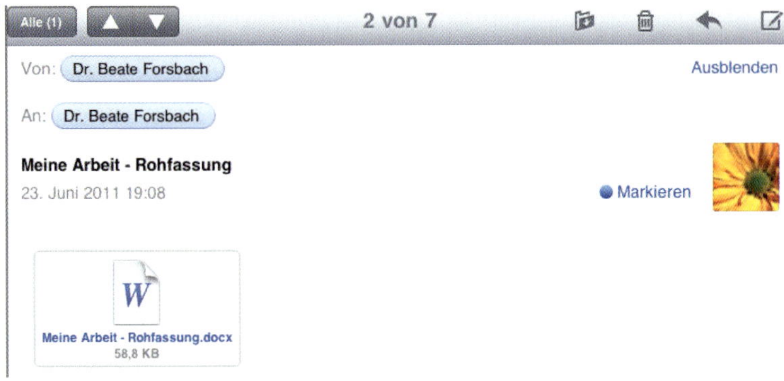

Tippen Sie die Datei an und lesen Sie sie auf Ihrem iPhone – im Hochformat oder besser im Querformat.

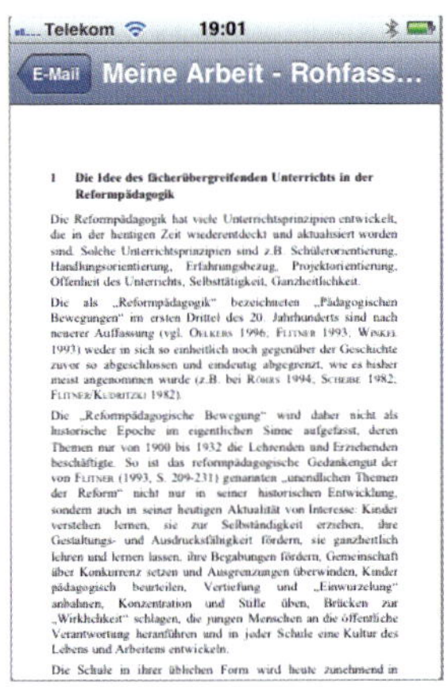

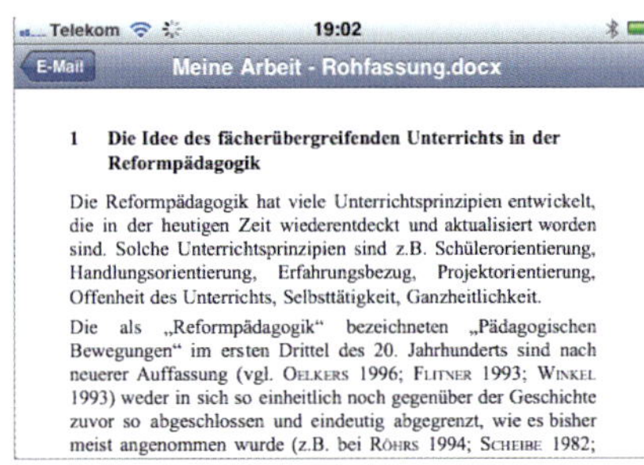

Auch auf dem iPad gilt: Tippen Sie die Datei einfach an und lesen Sie sie auf dem Bildschirm – im Hochformat oder im Querformat. …

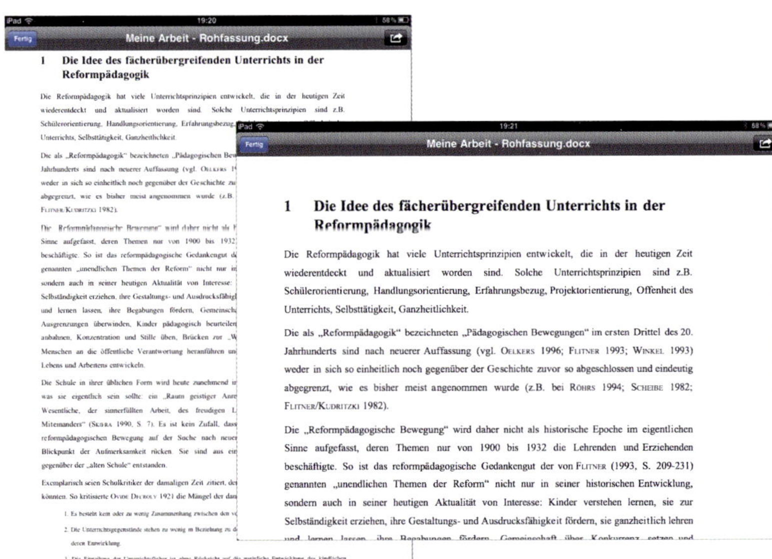

Es ist etwas mühsam, längere Texte am iPhone zu lesen, aber man kann seinen Text überall dabei haben und darin lesen. Am iPad lesen Sie natürlich komfortabler; vor allem können Sie Ihren Text dort auch in *Pages* öffnen, um ihn zu bearbeiten.

Klicken Sie auf das Schraubenschlüssel-Symbol und dann auf *Freigabe & Drucken*, um die Datei anschließend per E-Mail an Ihren Mac zu senden. Sie können dabei zwischen den Dateiformaten *Pages*, *PDF* und *Word* wählen. Speichern Sie die bearbeitete Datei auf Ihrem Mac, wobei die vorherige Version überschrieben wird. Vielleicht möchten Sie später doch noch einmal den ursprünglichen Text lesen – in diesem Falle speichern Sie das bearbeitete *Word*-Dokument als gesonderte Datei mit einem geänderten Namen, z. B. »Meine Arbeit – Rohfassung V1«.

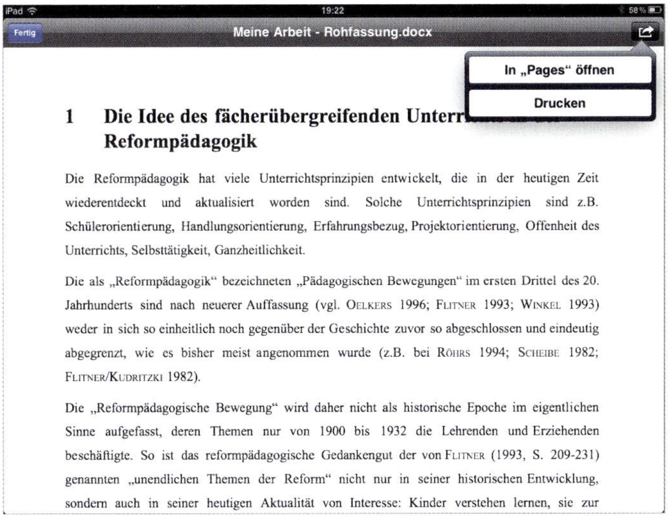

Tippen Sie auf die Taste rechts oben, um Ihre »Word«-Datei in »Pages« zu öffnen.

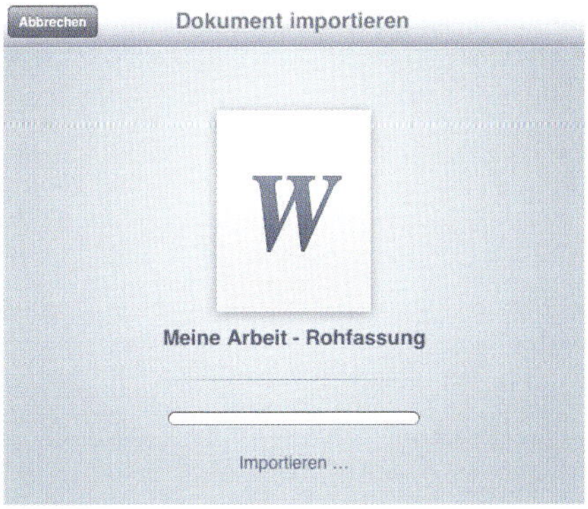

Es öffnet sich ein Fenster, in dem Sie das Importieren Ihrer Word-Datei verfolgen können.

Nun können Sie Ihren Text über die Tastatur des iPad (oder auch über eine externe schnurlose Tastatur) bearbeiten.

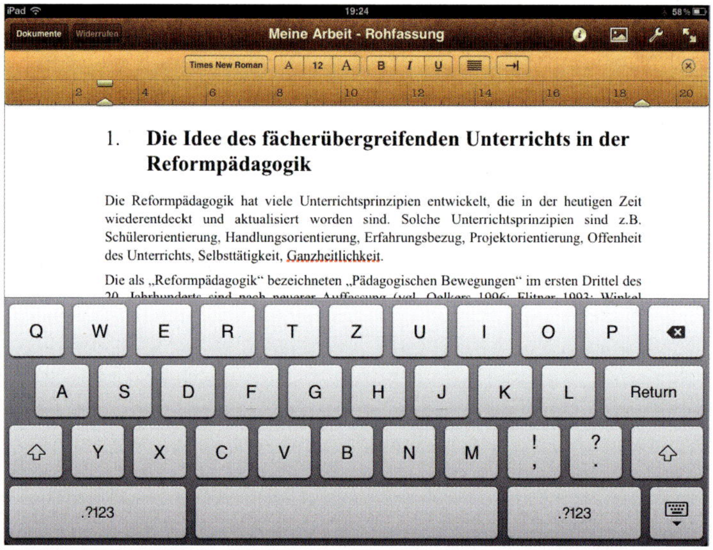

Tippen Sie den Schraubenschlüssel an und wählen Sie das Menü »Freigabe & Drucken«, um die Datei per E-Mail an Ihren Mac zu senden.

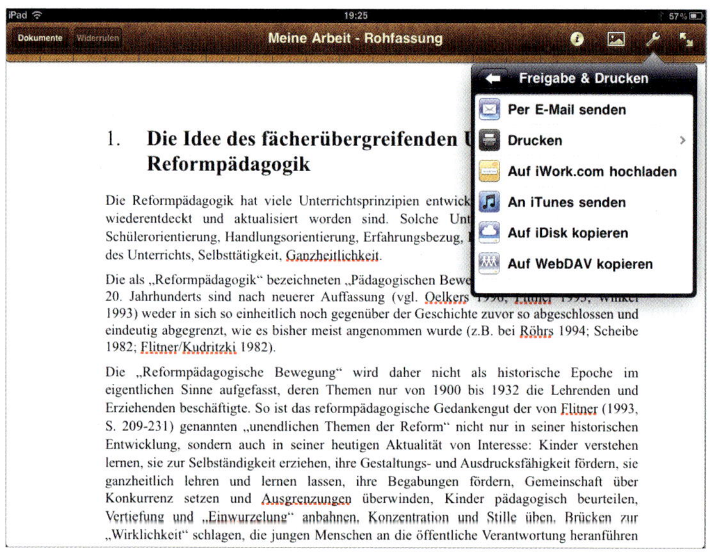

Sie können wählen, ob Ihre Datei als »Pages«-Dokument, als PDF oder als »Word«-Datei gesendet wird.

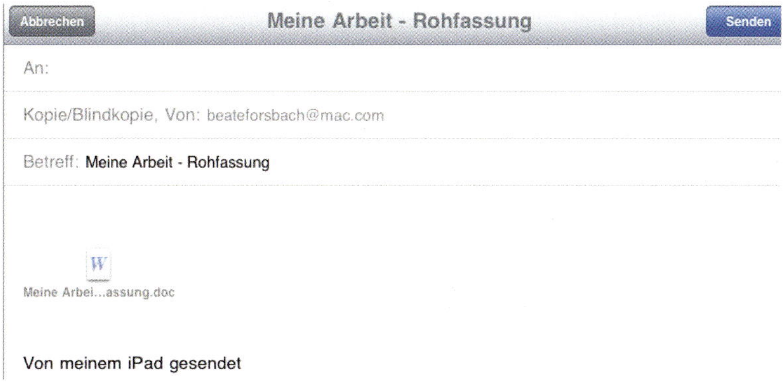

Nun müssen Sie nur noch die E-Mail mit der bearbeiteten Datei im Anhang an Ihre Adresse senden und auf Ihrem Mac empfangen. Speichern Sie dort die Datei unter dem gleichen oder einem geänderten Namen, z. B. »Meine Arbeit – Rohfassung V1«.

Bei der inhaltlichen Überarbeitung sollten Sie Fehlendes ergänzen und Überflüssiges streichen. Vielleicht sind nicht alle Ihre Argumente überzeugend genug, vielleicht müssen Sie manche Schlussfolgerungen besser begründen? Achten Sie auch auf die Übergänge zwischen den einzelnen Abschnitten: Schließen die Einleitungen der einzelnen Kapitel an das vorhergehende Kapitel an, führen sie zum Thema des Kapitels hin? Kann der unvorbereitete Leser in den Zusammenfassungen der Kapitel das Wesentliche erfahren? Leitet das Ende des Kapitels schon zum nächsten Kapitel über?

Achten Sie auch auf die Redundanz Ihres Textes. Werden Informationen mehrfach gegeben, obwohl das zum Verständnis des Textes nicht notwendig wäre? Oder enthält Ihr Text zu knappe Informationen, ist er beim schnellen Lesen schwer zu verstehen? Haben Sie alle verwendeten Begriffe ausreichend geklärt? Verwenden Sie eine einheitliche Terminologie oder benutzen Sie in den verschiedenen Teilen der Arbeit unterschiedliche Begriffe?

Manchmal ist man nicht so recht zufrieden mit dem bisherigen Text, weiß aber nicht so genau warum. Mir selber hat es beim Schreiben meiner Doktorarbeit sehr geholfen, einfach mal einen kurzen Text zu schreiben, in dem ich die wesentliche Botschaft meiner Arbeit zum Ausdruck brachte. Ich habe auch jede Gelegenheit genutzt, anderen zu erklären, um was es bei meiner Arbeit eigentlich ging: Ich erzählte es meiner Mutter, meinen Freunden, einem Jugendlichen und anderen Doktoranden. Ich schrieb einen Klappentext, mit dem der Verlag später für das Buch werben konnte. Denn ich wollte nicht nur eine Arbeit schreiben, um den Titel zu erwerben, ich wollte auch etwas publizieren, was in meinem Fachbereich bisher noch nicht in dieser Weise bekannt war. Als ich feststellte, dass Andere Interesse an dem Thema hatten und Fragen stellten, wusste ich auch, was ich an meiner Arbeit noch ändern musste.

Sagen Sie also in Ihrem Bekanntenkreis nicht einfach »Ich schreibe an meiner Arbeit« oder »Du weißt schon, ich arbeite wieder an meiner Diss«, sondern erzählen Sie anderen, womit Sie sich beschäftigen. Und schon finden Sie Anhaltspunkte für die inhaltliche Überarbeitung Ihres Textes.

Holen Sie sich aber auch ein Feedback von anderen zu Ihrem Rohtext ein. Lassen Sie Ihren Text probeweise von einer Person lesen, die nichts mit Ihrem Studiengebiet oder dem Thema Ihrer Arbeit zu tun hat. Bitten Sie darum, Fragezeichen zu verteilen, wenn der Leser überhaupt nicht versteht, worum es geht. Bitten Sie um Ausrufezeichen an den Stellen, wo der Leser etwas ganz besonders gut versteht. Lesen Sie Ihren Text selber, wenn er fertig ist. Sie werden feststellen, dass Sie sich im Laufe der ersten 20 bis 30 Seiten so allmählich frei geschrieben und Ihren eigenen Stil entwickelt haben. Wenn die ersten Textseiten sehr holprig wirken, versuchen Sie sie zu überarbeiten.

Es sei an dieser Stelle angemerkt, dass es Personen gibt, denen man besser keinen halb fertigen Text zum Probelesen gibt. Ich habe selber mal so eine Erfahrung gemacht, und bekam als Feedback nur viele rote Fehlerzeichen wegen Rechtschreibung, Grammatik und Silbentrennung. Genau das brauchen Sie in dieser Arbeitsphase noch nicht, denn als Nächstes folgt ja die sprachliche Überarbeitung Ihres Textes. Überarbeiten Sie Ihren Text so, dass er einfach und verständlich zu lesen ist. Prüfen Sie die Länge der Sätze und Abschnitte, machen Sie mehrere einfache Sätze aus einem verschachtelten Bandwurmsatz, der einen ganzen Abschnitt umfasst. Vermeiden Sie Passivkonstruktionen, unnötige Substantivierungen und unverständliche Fremdworte. Lesen Sie das bereits genannte Buch von Wolf Schneider (1994) und überprüfen Sie Ihren Text nach den dort genannten Regeln. Korrigieren Sie Rechtschreibung, Grammatik und Zeichensetzung. Sparen Sie sich die Silbentrennung bis zur Endfassung auf. Auch wenn Sie die automatische Silbentrennung eingestellt haben, gibt es am Ende immer noch vieles zu korrigieren. Dann sollte der Text fertig sein.

Layout gestalten

Nachdem Ihre wissenschaftliche Arbeit nun inhaltlich und sprachlich (fast) einwandfrei ist, geht es darum, ihr ein angenehmes Äußeres zu geben. Sie meinen, das hat nichts mit der Qualität der Arbeit zu tun? Dann vergleichen Sie bitte die beiden Abbildungen, die denselben Text enthalten.

> 28 Kapitel 1: Die Idee des fächerübergreifenden Unterrichts in der Reformpädagogik
>
> die Trennung in Haupt- und Nebenfächer sowie das intellektuelle Übergewicht der Schule. Er bemängelte das „Prüfungs- und Zeugniswesen" und den Umgang mit der Versagensangst der Schüler, die übertriebenen Bewegungseinschränkungen während des Unterrichts, sowie die strenge Einteilung in „Zeitquanten" (PETERSEN 1926, S. 8-24).
>
> SKIERA hat die entscheidenden Motive zusammengestellt, die in der Entwicklung der reformpädagogischen Ansätze bis heute weiterhin Gültigkeit haben. So findet man in nahezu allen Reformschulen folgende Merkmale (SKIERA 1990, S. 11):
>
> - Integration fächerübergreifender Lernbereiche und Unterrichtsprojekte,
> - Möglichkeit der Mitbestimmung des Schülers bei Methode und Inhalt des Unterrichts,
> - hohe Bedeutung des selbständigen Lernens in Einzel-, Partner- und Gruppenarbeit,
> - sprachlich differenzierte und individuelle Formen der Leistungsbeurteilung,
> - Bildung von heterogenen Lerngruppen (auch altersgemischt),
> - Öffnung der Schule gegenüber dem räumlichen und sozialen Umfeld,
> - Schule als Lern- und Erfahrungsraum sowie
> - Betonung der Eigenaktivität des Schülers.
>
> Im Folgenden sollen einige reformpädagogische Konzepte und Motive im Hinblick auf die Idee des fächerübergreifenden Unterrichts untersucht werden. Nach einer kurzen Erläuterung

Der Text ist übersichtlich in Abschnitte gegliedert, die Liste ist vom normalen Text abgesetzt. Die Autorennamen in den Quellenangaben sind durch Kapitälchen leicht erkennbar. In der Kopfzeile sehen Sie die Seitenzahl, die Kapitelnummer mit Überschrift.

> die Trennung in Haupt- und Nebenfächer sowie das intellektuelle Übergewicht der Schule. Er bemängelte das „Prüfungs- und Zeugniswesen" und den Umgang mit der Versagensangst der Schüler, die übertriebenen Bewegungseinschränkungen während des Unterrichts, sowie die strenge Einteilung in „Zeitquanten" (Petersen 1926, S. 8-24).
> Skiera hat die entscheidenden Motive zusammengestellt, die in der Entwicklung der reformpädagogischen Ansätze bis heute weiterhin Gültigkeit haben. So findet man in nahezu allen Reformschulen folgende Merkmale (Skiera 1990, S. 11):
> Integration fächerübergreifender Lernbereiche und Unterrichtsprojekte,
> Möglichkeit der Mitbestimmung des Schülers bei Methode und Inhalt des Unterrichts,
> hohe Bedeutung des selbständigen Lernens in Einzel-, Partner- und Gruppenarbeit,
> sprachlich differenzierte und individuelle Formen der Leistungsbeurteilung,
> Bildung von heterogenen Lerngruppen (auch altersgemischt),
> Öffnung der Schule gegenüber dem räumlichen und sozialen Umfeld,
> Schule als Lern- und Erfahrungsraum sowie
> Betonung der Eigenaktivität des Schülers.
> Im Folgenden sollen einige reformpädagogische Konzepte und Motive im Hinblick auf die Idee des fächerübergreifenden Unterrichts untersucht werden. Nach einer kurzen Erläuterung

Dieses Bild enthält denselben Text, aber keine Informationen wie Seitenzahl und Kapitelnummer.

Das Layout trägt also immer auch zum besseren Lesen und Verstehen des Textes bei. Und deswegen möchte ich Ihnen einige grundlegende Informationen zum Layout Ihrer wissenschaftlichen Arbeit geben. Da dieses Buch keine Einführung in das Textverarbeitungsprogramm *Word* ist, bitte ich Sie um Verständnis dafür, wenn ich die Grundlagen nicht alle erläutere. Dazu verweise ich wieder auf die bereits genannten Bücher zu *Word 2011*.

Formatvorlagen und Designs

Formatvorlagen in *Word* sind Sammlungen von Einstellungen für verschiedene Texttypen wie z. B. Überschriften, Standardtext, Fußnoten, Bildunterschriften. Mit Formatvorlagen werden alle gleichartigen Texttypen auf dieselbe Weise formatiert, jede spätere Änderung wirkt sich sofort auf den gesamten Text aus. Erstellen Sie ein neues leeres Dokument und schauen Sie auf der Registerkarte *Start* in die Gruppe *Formatvorlagen*. Über die kleinen Dreiecke können Sie die vorgegebenen Schnellformatvorlagen der Reihe nach anschauen. Sie können auch ein Auswahlmenü öffnen, in dem Sie die Formatvorlagen auf einen Blick sehen. Setzen Sie den Cursor in einen Absatz, klicken Sie die gewünschte Schnellformatvorlage an, und schon ist Ihr Text formatiert. Rechts im Feld gibt es einen kleinen Schalter, mit dem Sie die verwendeten Formatvorlagen verwalten können.

Hier können Sie jedes Format im Schriftbild der Reihe nach anschauen.

Klappen Sie die Auswahlpalette auf und wählen Sie das gewünschte Format.

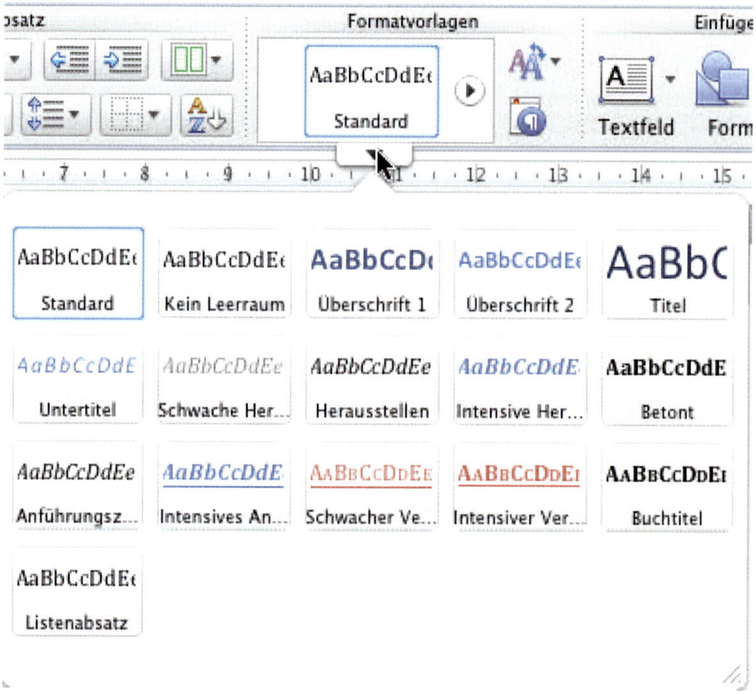

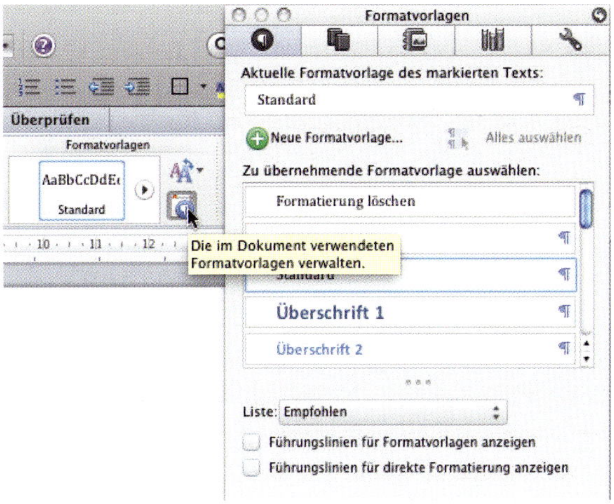

Über den kleinen Schalter können Sie ein Fenster öffnen, in dem Sie die im Dokument verwendeten Formatvorlagen verwalten können.

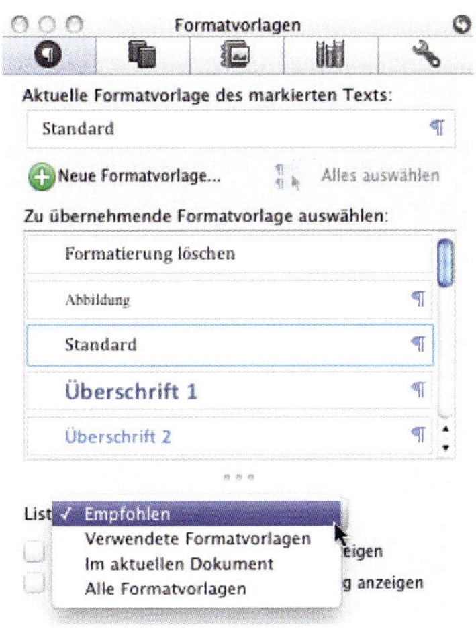

Links: Sie können sich die empfohlenen, die aktuell verwendeten oder alle Formatvorlagen anzeigen lassen.

Rechts: Hier lassen sich Formatierungen löschen, neue Formatvorlagen erstellen oder vorhandene Formatvorlagen ändern.

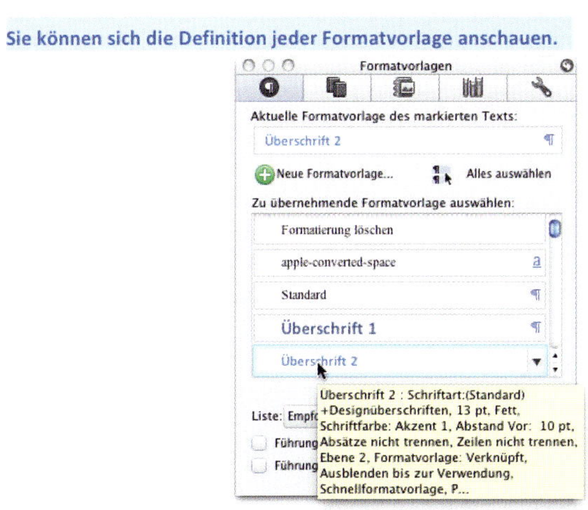

Um einen Absatz zu formatieren, setzen Sie den Cursor hinein und wählen eine Formatvorlage. Sie können sich die Definition jeder Formatvorlage anschauen.

Eine praktische Funktion zur Formatierung können Sie über den Pinsel oben in der Standardsymbolleiste anwenden: Setzen Sie den Cursor an eine Textstelle mit der gewünschten Formatierung, klicken Sie auf den Pfeil und übertragen Sie die Formatierung mit der Maus auf eine andere Textstelle.

Mit dem Pinsel können Sie eine Formatierung kopieren und an anderer Stelle anwenden.

Neben den Formatvorlagen bietet *Word* auch unterschiedliche Designs an, mit denen Sie Schriftarten, Farben und Effekte im gesamten Dokument ändern können. Sofern Ihre Arbeit nur im Schwarz-Weiß-Druck erscheint, werden Sie wohl nur die Schriftarten ändern wollen. Das können Sie ganz einfach erreichen, indem Sie eine Formatvorlage ändern.

Im Fenster *Formatvorlage ändern* sehen Sie die wichtigsten Eigenschaften eines Formates wie Schriftart, Schriftgröße oder Farbe. Das können Sie hier direkt ändern. Über das Auswahlmenü gelangen Sie zu einzelnen Fenstern, um die Formatvorlagen zu verändern und einzustellen.

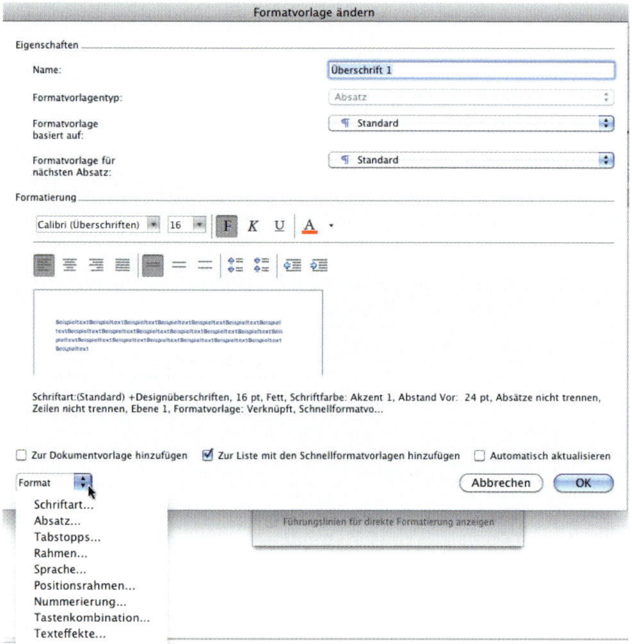

Im Fenster »Formatvorlage ändern« lassen sich die wichtigsten Eigenschaften der Formatvorlage festlegen oder ändern – und zu weiteren Fenstern für eine genauere Einstellung gelangen.

Es kann sinnvoll sein, alle vorhandenen Formatvorlagen auszudrucken. Wählen Sie dazu bitte *Datei* | *Drucken* und dann in den Voreinstellungen *Microsoft Word*. Im Auswahlmenü *Drucken* wählen Sie *Formatvorlagen* und klicken dann auf *Drucken*.

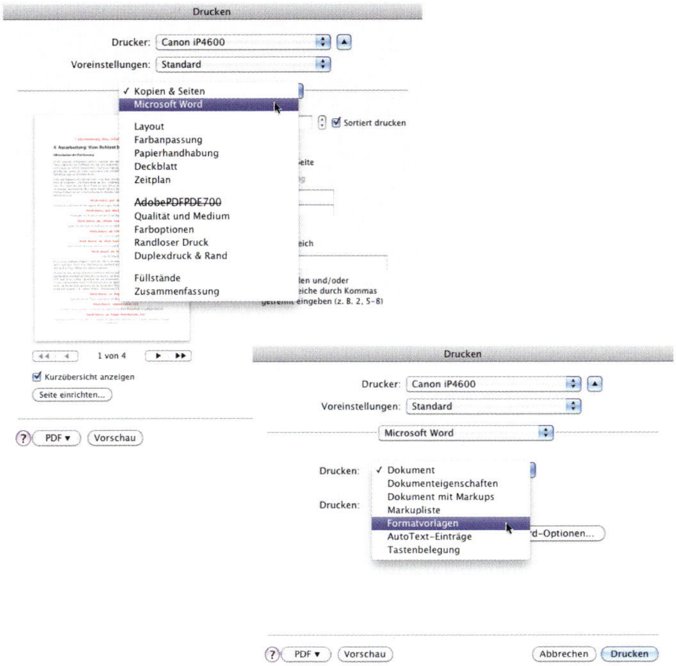

Oben links: Klicken Sie auf »Datei | Drucken« und wählen Sie »Microsoft Word«.

Unten rechts: Wählen Sie dann »Formatvorlagen« im Auswahlmenü »Drucken«.

Abbildung
Formatvorlage des nächsten Absatzes: Standard

Schriftart:(Standard) AGaramond, 10 pt, Blocksatz, Abstand Vor: 12 pt, Nach: 4 pt, Position:Horizontal: Links, Gemessen von: Spalte, Horizontal: 1 cm, Vertikal: 0 cm, Gemessen von: Absatz, Vertikal: 1 cm, Kein Umbruch, Basierend auf: Standard, Näc...

Absatzstandardschriftart
Formatvorlage: Ausblenden bis zur Verwendung, Priorität: 2

Keine Liste

Normale Tabelle
Schriftart:(Standard) +Designkörper, 12 pt, Links, Zeilenabstand: einfach, Absatzkontrolle

Standard
Schriftart:(Standard) +Designkörper, 12 pt, Links, Zeilenabstand: einfach, Absatzkontrolle, Formatvorlage: Schnellformatvorlage

Überschrift 1
Formatvorlage des nächsten Absatzes: Standard

Schriftart:(Standard) +Designüberschriften, 16 pt, Fett, Schriftfarbe: Akzent 1, Abstand Vor: 24 pt, Absätze nicht trennen, Zeilen nicht trennen, Ebene 1, Formatvorlage: Verknüpft, Schnellformatvorlage, Priorität: 10, Basierend auf: Standard, Nächste ...

Sie erhalten eine Liste mit der Beschreibung der im Dokument vorhandenen Formatvorlagen.

Dokumentvorlagen

Wenn Sie bestimmte Formatvorlagen immer wieder brauchen – z. B. weil Sie die einzelnen Kapitel Ihrer Arbeit in verschiedenen Dateien speichern wollen –, sollten Sie eine Dokumentvorlage benutzen. Hier fassen Sie alle Formatvorlagen eines Dokuments zusammen und können sie in einem weiteren Dokument genauso verwenden. Sinnvoll sind Dokumentvorlagen für verschiedene Aufgaben, z. B. für Artikel in einer Fachzeitschrift, für private Briefe, für Bücher oder für eine Examensarbeit.

Verwenden Sie Dokumentvorlagen für Fachartikel, Briefe, Bücher, Seminararbeiten oder für die Kapitel Ihrer Dissertation.

Sie können Ihre Dokumentvorlagen in einem Ordner speichern, z. B. in der Bibliothek *Dokumente*, in Ihrem Arbeitsordner auf Ihrem Schreibtisch oder in dem Benutzerordner, den *Word* standardmäßig anlegt: (*Benutzername*) | *Library* | *Application Support* | *Microsoft* | *Office* | *Benutzervorlagen* | *Meine Vorlagen*. Um Ihre *Word*-Version entsprechend einzustellen, klicken Sie auf *Word* | *Einstellungen*, und dann unter *Persönliche Einstellungen* auf *Dateispeicherorte*. Hier können Sie den Speicherort für Ihre Vorlagen überprüfen bzw. festlegen.

Nach einem Klick auf »Word | Einstellungen« klicken Sie auf die Taste »Dateispeicherorte«, um den Speicherort für Ihre Vorlagen festzulegen.

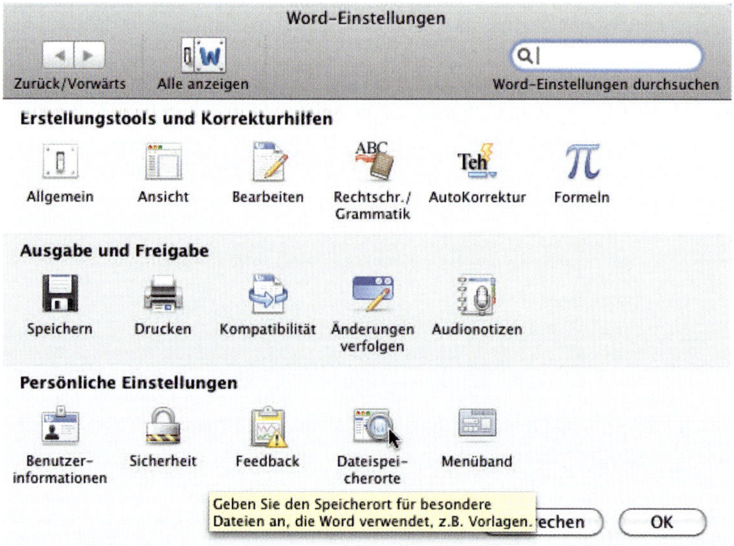

Um ein Dokument zu erstellen, das auf einer bestimmten Dokumentvorlage basiert, wählen Sie *Datei | Neu aus Vorlage*. Es öffnet sich der *Word-Dokumentenkatalog*, in dem Sie auch den Ordner *Meine Vorlagen* finden. Wählen Sie die gewünschte Vorlage mit einem Doppelklick und schon öffnet sich ein neues Dokument, das auf dieser Vorlage basiert.

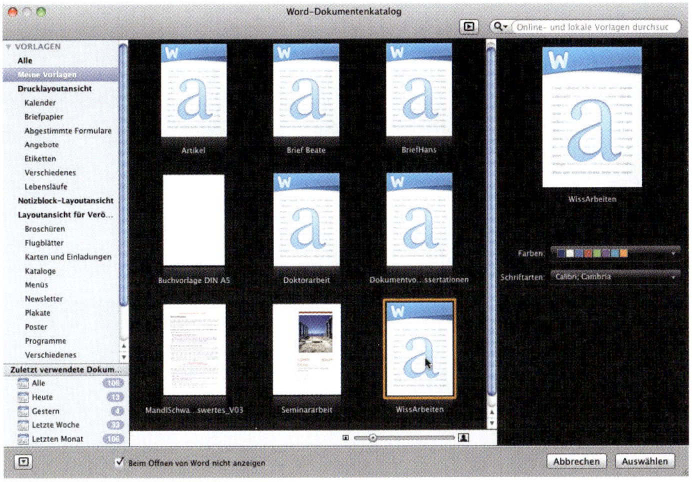

Mit einem Klick auf »Datei | Neu aus Vorlage« öffnet sich der umfangreiche Word-Dokumentenkatalog, in dem Sie auch den Ordner mit Ihren persönlichen Vorlagen finden.

Zuvor können Sie in der rechten Spalte des *Word*-Dokumentenkataloges eine Kombination von acht Farben und zwei Schriftarten (für Überschriften und Text) wählen. So haben Sie viele Gestaltungsmöglichkeiten, um eine persönliche Dokumentvorlage zu erstellen.

Zu Ihrer ausgewählten Vorlage können Sie (Bild links) eine von vielen Farbkombinationen wählen und eine Kombination von zwei Schriftarten für Überschriften und Text.

Um die Arbeit mit einer Dokumentvorlage kennenzulernen, wählen Sie bitte die Dokumentvorlage *Seminararbeit*, die *Word* unter *Drucklayout-*

vorlagen | Verschiedenes anbietet. Die Vorlage enthält fünf Seiten, die Sie in der Vorschau sehen können: Deckblatt, Inhaltsverzeichnis, Text mit Bild und zwei verschiedenen Listen, Literaturverzeichnis. Wählen Sie das Farbschema *Graustufen*, das sich für den Schwarz-Weiß-Druck eignet und die traditionelle Schriftkombination *Arial* für Überschriften und *Times New Roman* für den Text. Öffnen Sie das Dokument mit einem Klick auf *Auswählen*.

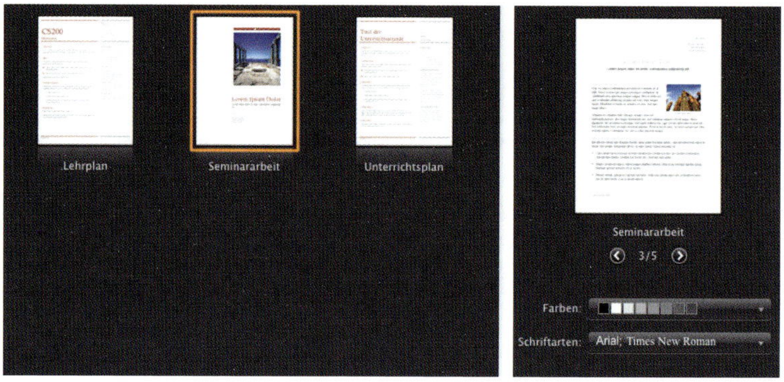

Die Vorlage »Seminararbeit« umfasst fünf Seiten mit Deckblatt, Inhaltsverzeichnis, Text und Literaturverzeichnis. Wählen Sie z. B. die Farbkombination »Graustufen« und die traditionelle Schriftkombination »Arial; Times New Roman«.

Seitenlayout

In der Dokumentvorlage sind bestimmte Einstellungen zum Seitenformat, zu den Seitenrändern und zur Seiteneinrichtung enthalten. Die Befehle zum Einrichten Ihrer Seiten finden Sie im Menüband auf der Registerkarte *Layout* in den Gruppen *Seite einrichten* und *Seitenränder*.

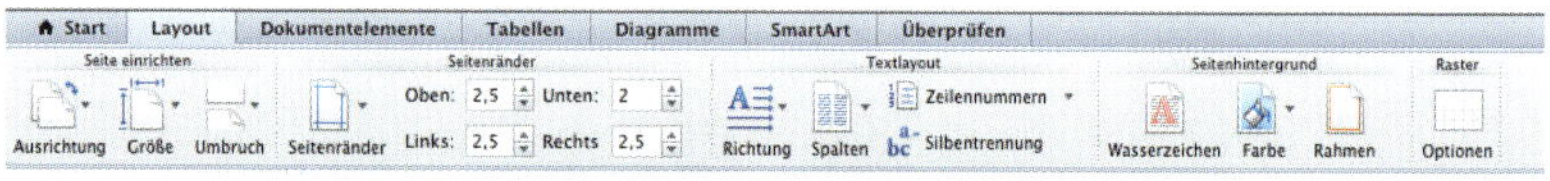

Auf der Registerkarte »Layout« finden Sie alle Einstellungen, um die Seite einzurichten.

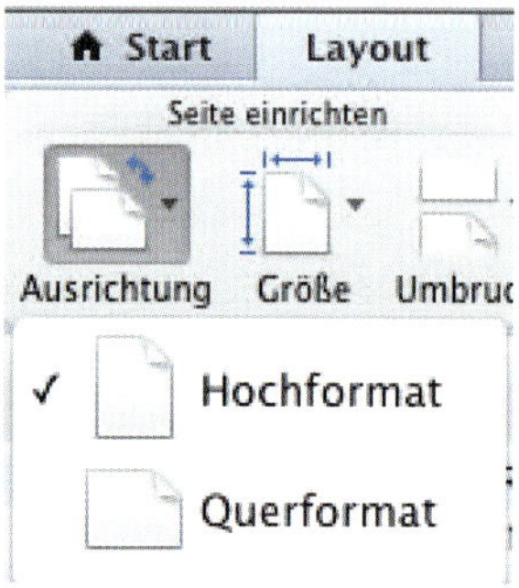

Wählen Sie Hoch- oder Querformat.

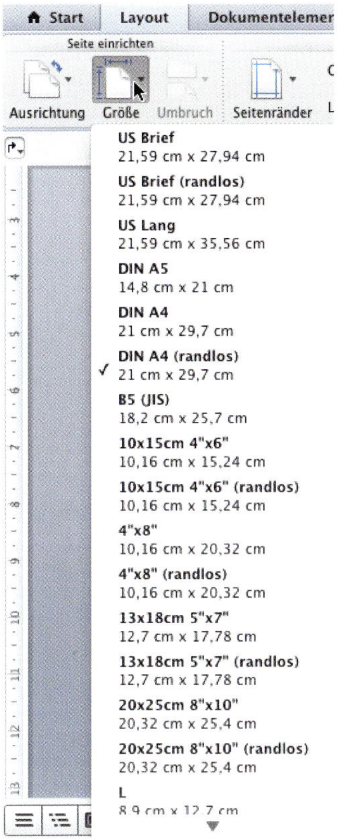

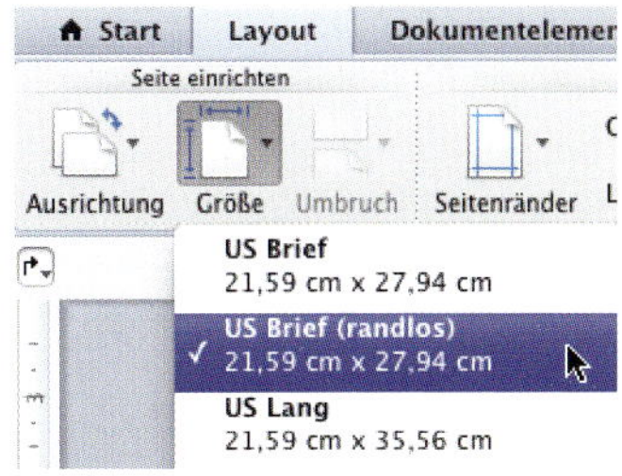

Links: Bestimmen Sie dann das Papierformat, der Standard ist DIN A4.

Rechts: Bei der Dokumentvorlage »Seminararbeit« ist das Format »US-Brief (randlos)« eingestellt, wechseln Sie einfach per Klick auf »DIN A4«.

Über die Schaltfläche *Ausrichtung* in der Gruppe *Seite einrichten* wählen Sie, ob die Seiten im Hoch- oder Querformat erscheinen sollen. Über die Schaltfläche *Größe* können Sie ein Papierformat wählen, das Standardformat ist *DIN A4*. Bei der Dokumentvorlage *Seminararbeit* finden Sie ein US-Format, das Sie einfach durch Anklicken in *DIN A4* umändern können. Über die Schaltfläche *Umbruch* können Sie die Textabschnitte deutlicher voneinander abgrenzen. Sie können einen *Seitenumbruch* einfügen, indem Sie die Stelle im Text markieren, an der ein Seitenwechsel erfolgen soll. Klicken Sie auf die Schaltfläche *Umbruch* und wählen Sie *Seite*, schon ist der Seitenumbruch eingefügt. Entsprechend können Sie Spaltenumbrüche und Abschnittsumbrüche einfügen.

Über die Schaltfläche »Umbruch« gelangen Sie in das Auswahlmenü, um Seiten- oder Abschnittsumbrüche einzufügen.

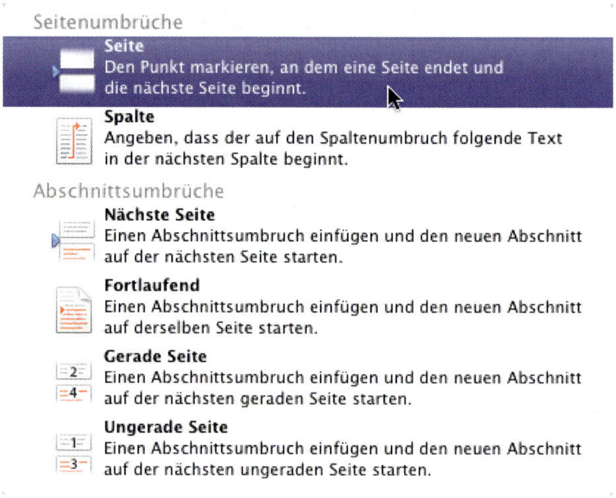

Markieren Sie eine Textstelle und fügen Sie einen Seitenumbruch ein.

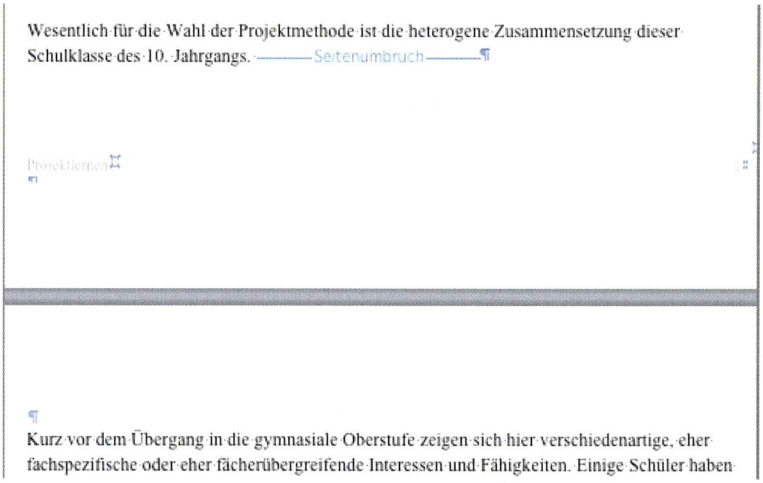

Für Bücher und wissenschaftliche Arbeiten legt man den *Satzspiegel* fest – das ist der Bereich auf dem Papier, der bedruckt wird. In gebundenen Werken sollte der linke Rand breiter als der rechte sein. In doppelseitig gedruckten Arbeiten ist der linke Rand an der Innenseite, bei der Rückseite ist der linke Rand dann also rechts. Hierzu gibt es in *Word* spezielle Einstellungen. Um die Seitenränder einzustellen, klicken Sie auf die Schaltfläche *Seitenränder* in der Gruppe *Seitenränder* auf der Registerkarte *Layout*. Rechts daneben sehen Sie die eingestellten Seitenränder, deren Maße Sie hier auch direkt ändern können. In der Vorlage *Seminararbeit* ist unten ein besonders großer Rand eingestellt; Sie können einfach per Klick einen anderen Satzspiegel wählen.

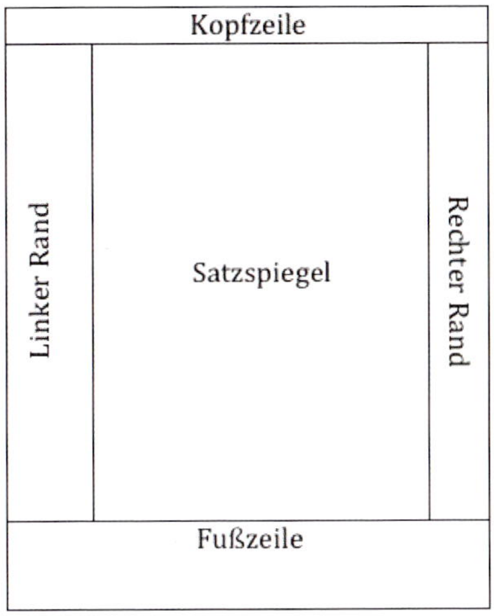

Der Satzspiegel ist der Teil der Seite, der bedruckt wird.

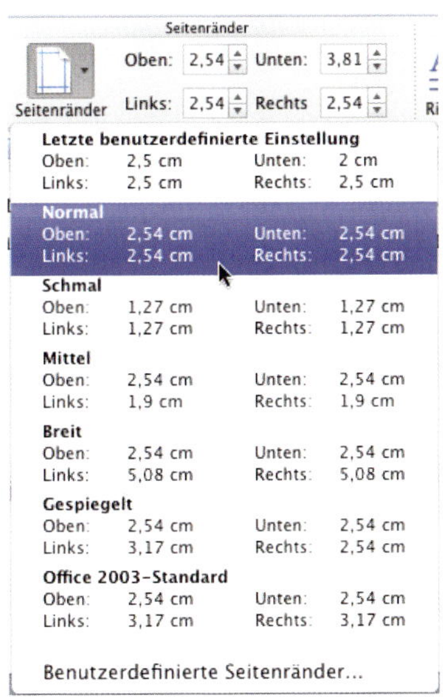

Wählen Sie einen der vorgegebenen Satzspiegel für Ihr Dokument aus.

Die Einstellung *Gespiegelt* steht für gebundene, doppelseitig gedruckte Arbeiten zur Verfügung. Der größere (linke Rand) ist an der Innenseite, der kleinere (rechte) Rand an der Außenseite. Falls Sie einen eigenen Satzspiegel definieren möchten, klicken Sie auf *Benutzerdefinierte Seitenränder*. In dem Dialogfenster können Sie die Seitenränder einstellen und *Gegenüberliegende Seiten* anklicken, um das Dokument für doppelseitigen Druck einzurichten. Hier können Sie auch den Abstand der Kopf- und Fußzeile vom Seitenrand einstellen. Außerdem können Sie festlegen, ob der gewählte Satzspiegel für den *aktuellen Abschnitt*, für das *Dokument ab hier* oder für *das gesamte Dokument* gelten soll.

Definieren Sie Ihren eigenen Satzspiegel.

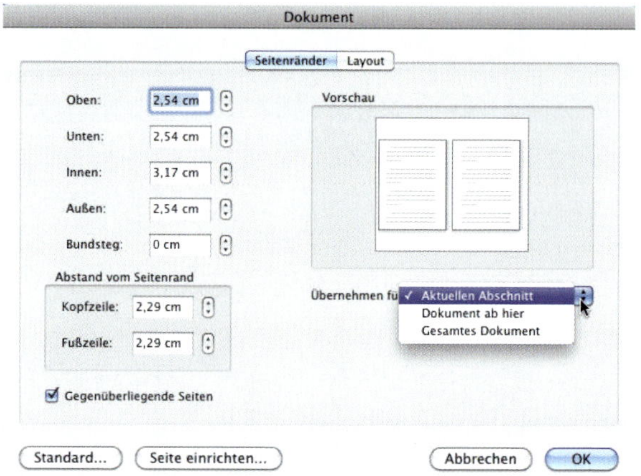

Vom Dialogfenster *Seitenränder* können Sie ins Dialogfenster *Layout* wechseln – alternativ gelangen Sie über *Format* | *Dokument* in der Menüleiste dorthin. Hier können Sie festlegen, ob der aktuelle Abschnitt mit einer neuen Spalte, einer neuen Seite, der geraden oder der ungeraden Seite beginnt oder einfach fortlaufend ist. So lässt sich definieren, dass die Kopf- und Fußzeilen auf geraden und ungeraden Seiten unterschiedlich sind und die erste Seite anders.

Auch die vertikale Ausrichtung des Textes können Sie bestimmen, wählen Sie zwischen *Oben*, *Zentriert*, *Blocksatz* und *Unten*. Für Ihre wissenschaftliche Arbeit wird *Oben* die Standardeinstellung sein. Für den Buchdruck dürfte auch der *Blocksatz* in Frage kommen, aber möglichst nur für die Seiten, die (fast) ganz gefüllt sind, damit die Abstände zwischen den Zeilen nicht zu groß werden.

Wählen Sie die Art der vertikalen Ausrichtung.

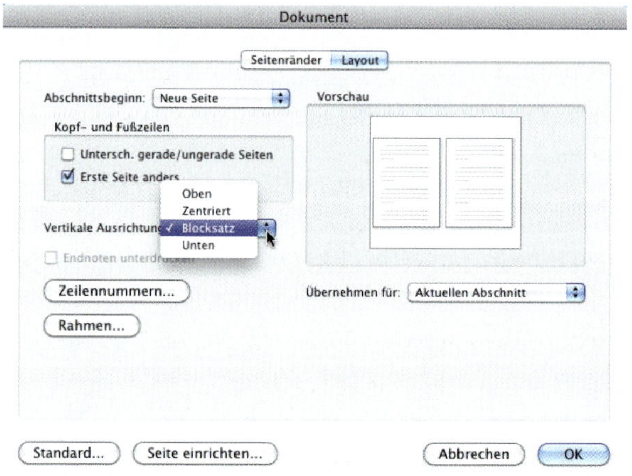

(Im Uhrzeigersinn, beginnend links oben:) Vertikale Ausrichtung Oben / Zentriert / Blocksatz / Unten.

Deckblatt

Beginnen Sie mit dem Deckblatt: Markieren Sie nacheinander die Zeilen für den Titel und den Untertitel und geben Sie nun Ihren Projekt-Titel und -Untertitel ein. Ihr Name ist schon eingetragen, nun klicken Sie nacheinander in die Felder *Klasse, Semester, Name des Lehrers* und *Datum einfügen* und tragen die entsprechenden Informationen dort ein. Um das Bild zu ändern, markieren Sie es mit der Maus, klicken auf die rechte Maustaste und wählen *Bild ändern*. Nun öffnet sich ein Fenster, in dem Sie ein Bild von Ihrem Mac auswählen können.

Wählen Sie z. B. die Ansicht von *iPhoto* und geben Sie den Suchbegriff *Projektlernen* ein, um Ihre in einem Ereignis gespeicherten Bilder für Ihre Arbeit zu finden. Wählen Sie ein Bild und klicken Sie auf *Einfügen*. Das Bild erscheint nun auf dem Deckblatt Ihrer Seminararbeit.

Sie können das Deckblatt verändern oder auf der Registerkarte *Dokumentelemente* in der Gruppe *Seiten einfügen* die Schaltfläche *Deckblatt* anklicken. Es öffnet sich ein Auswahlmenü mit 17 vollständig formatierten Deckblättern, die Sie per Klick Ihrer Arbeit hinzufügen, ausfüllen und bearbeiten können.

Geben Sie Ihre Daten an den entsprechenden Stellen des Deckblatts ein.

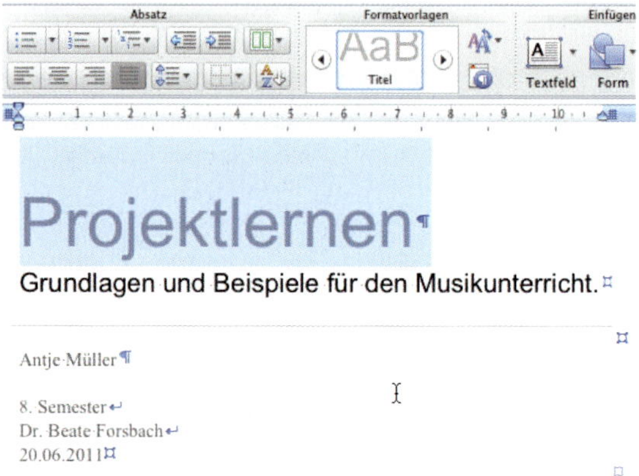

Um das Bild zu modifizieren, klicken Sie es an und wählen »Bild ändern« im Mausmenü.

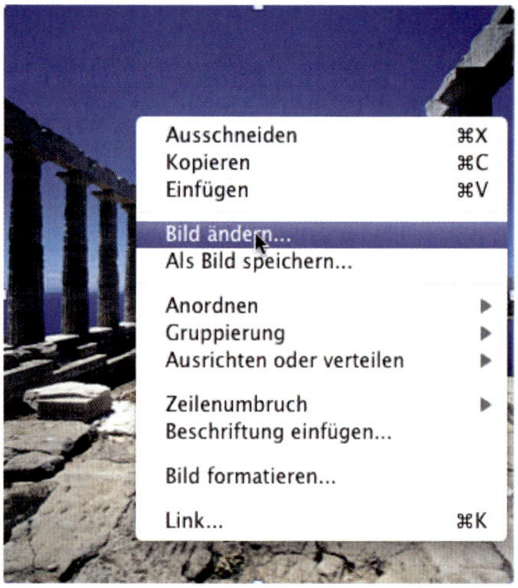

Im Fenster »Bild auswählen« wechseln Sie unter »Medien« in »Fotos« und dann in »iPhoto«. Suchen Sie die Bilder zu Ihrer Arbeit in den Ereignissen, wählen Sie das gewünschte Bild und klicken Sie auf »Einfügen«.

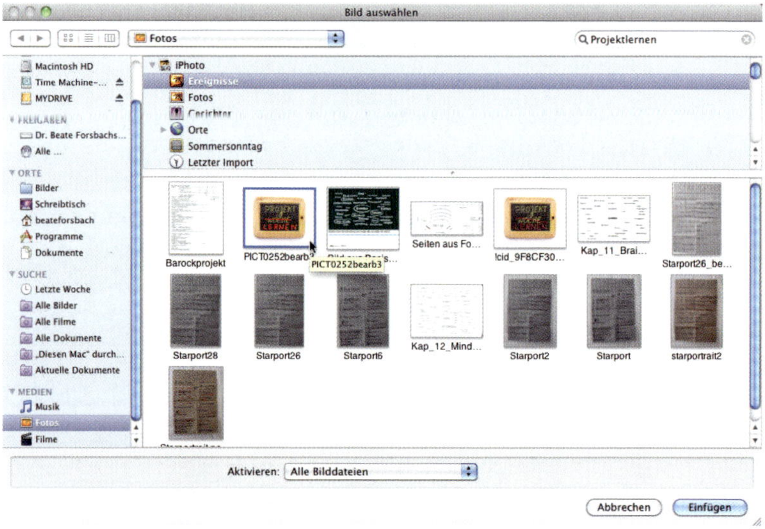

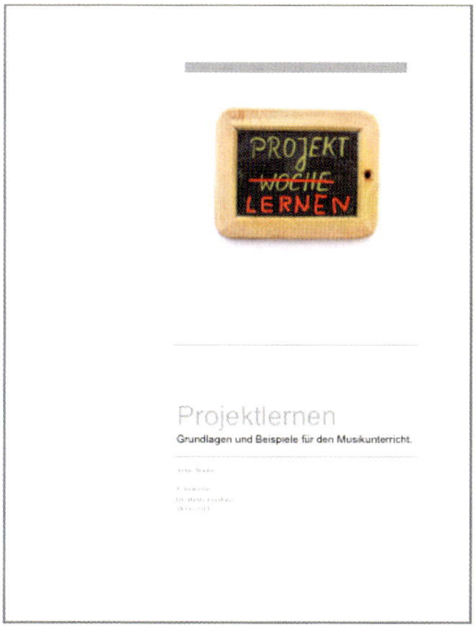

Und schon ist Ihr Deckblatt fertig. Sie können es selbstverständlich verändern, z. B. Text hinzufügen, das Bild löschen, Schriften ändern.

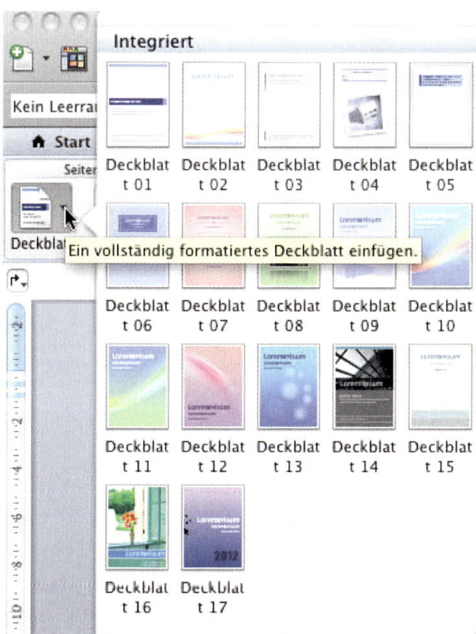

Wünschen Sie ein anderes Deckblatt, haben Sie die Wahl zwischen 17 vollständig formatierten Deckblättern.

Textseiten

Klicken Sie auf den Textseiten die *Überschriften 1* und *2* an, und sogleich werden Titel und Untertitel der Arbeit automatisch eingeblendet. Die Textseiten enthalten Text in der Formatierung *Standard* und *Über-*

schrift 3, ein Bild mit Beschriftung, eine Aufzählung mit Aufzählungszeichen und eine durchnummerierte Liste. In der Kopfzeile erscheinen die Namen des Verfassers und des Lehrers, in der Fußzeile erscheinen der Titel der Arbeit und die Seitenzahl.

Die Textseite enthält Überschriften auf drei Ebenen, Text im Standardformat, ein Bild mit Beschriftung, eine Aufzählung mit Aufzählungszeichen sowie eine durchnummerierte Liste.

Projektlernen

Grundlagen und Beispiele für den Musikunterricht.

Aliquam erat volutpat

Cras vel massa condimentum nisi ultricies venenatis at id nibh. Fusce et risus eget neque scelerisque vestibulum. In vestibulum arcu eget risus congue congue. Duis et tellus nec erat vestibulum adipiscing sit amet sed velit. Duis magna neque, bibendum at rutrum at, sodales vel urna. Sed quis neque libero..

Suspendisse potenti

Aliquam nec aliquam nibh. Quisque semper, urna sed malesuada posuere, arcu augue fermentum nisi, sed vulputate mauris velit id neque. Donec dignissim, dui eu rutrum scelerisque, erat ligula sodales nisi, eget viverra nibh odio sit amet elit. Sed sollicitudin felis vel turpis interdum dapibus. Proin ut lorem nunc, sit amet suscipit nisl. Duis eu nulla sapien. Vestibulum vel velit ac tellus placerat tempor.

Morbi ultrices gravida accumsan

Sed ultrices, turpis quis fringilla rutrum, justo quam tincidunt turpis, vitae pulvinar risus massa id lorem. Sed semper fermentum libero, sit amet ornare lectus tincidunt id.

- Class aptent taciti sociosqu ad litora torquent per conubia nostra, per inceptos himenaeos. Aenean urna sapien, volutpat sed iaculis nec, pulvinar non quam.
- Mauris at laoreet mauris. Morbi aliquet dapibus lobortis. Maecenas tristique dapibus ornare. Quisque egestas molestie elit in iaculis.
- Mauris rutrum, magna in venenatis pulvinar, nulla erat ullamcorper elit, ut hendrerit tortor nisl sit amet lorem. Cras at ipsum mauris.

Geben Sie nun die erste Überschrift ein und weisen ihr die Formatvorlage *Überschrift 3* durch Anklicken in der Toolbox *Formatvorlagen* zu. Betätigen Sie den Zeilenschalter (↵) und geben Sie den Text ein, der nun automatisch im Format *Standard* erscheint.

Weisen Sie der ersten Überschrift die Formatvorlage »Überschrift 3« zu. Geben Sie den Text nach Betätigen des Zeilenschalters ein; er erscheint im Standard-Format.

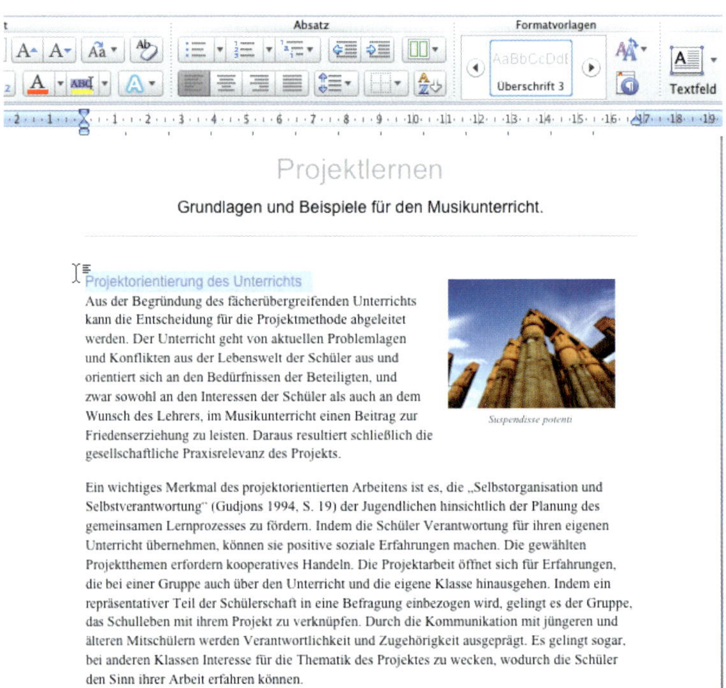

Projektlernen

Grundlagen und Beispiele für den Musikunterricht.

Projektorientierung des Unterrichts

Aus der Begründung des fächerübergreifenden Unterrichts kann die Entscheidung für die Projektmethode abgeleitet werden. Der Unterricht geht von aktuellen Problemlagen und Konflikten aus der Lebenswelt der Schüler aus und orientiert sich an den Bedürfnissen der Beteiligten, und zwar sowohl an den Interessen der Schüler als auch an dem Wunsch des Lehrers, im Musikunterricht einen Beitrag zur Friedenserziehung zu leisten. Daraus resultiert schließlich die gesellschaftliche Praxisrelevanz des Projekts.

Suspendisse potenti

Ein wichtiges Merkmal des projektorientierten Arbeitens ist es, die „Selbstorganisation und Selbstverantwortung" (Gudjons 1994, S. 19) der Jugendlichen hinsichtlich der Planung des gemeinsamen Lernprozesses zu fördern. Indem die Schüler Verantwortung für ihren eigenen Unterricht übernehmen, können sie positive soziale Erfahrungen machen. Die gewählten Projektthemen erfordern kooperatives Handeln. Die Projektarbeit öffnet sich für Erfahrungen, die bei einer Gruppe auch über den Unterricht und die eigene Klasse hinausgehen. Indem ein repräsentativer Teil der Schülerschaft in eine Befragung einbezogen wird, gelingt es der Gruppe, das Schulleben mit ihrem Projekt zu verknüpfen. Durch die Kommunikation mit jüngeren und älteren Mitschülern werden Verantwortlichkeit und Zugehörigkeit ausgeprägt. Es gelingt sogar, bei anderen Klassen Interesse für die Thematik des Projektes zu wecken, wodurch die Schüler den Sinn ihrer Arbeit erfahren können.

Um die Farbe der Überschriften in Schwarz zu ändern, klicken Sie in der Toolbox *Formatvorlage* auf die Liste der Formatvorlagen, wählen die entsprechende Überschrift und klicken mit der rechten Maustaste auf *Formatvorlage ändern*. Öffnen Sie das Farbfenster unter *Formatierung* und wählen *Automatisch,* damit die Überschrift in der Farbe Schwarz erscheint. Klicken Sie das Kästchen neben *Zur Dokumentvorlage hinzufügen* an, so dass die Überschrift nun an jeder Stelle Ihres Dokuments genau gleich in Schwarz erscheint. Genauso können Sie auch andere Eigenschaften der Formatierungen ändern. Vielleicht möchten Sie die von *Word* vorgegebene Dokumentvorlage später für ein anderes Dokument in der ursprünglichen Version verwenden. Speichern Sie daher die geänderte Dokumentvorlage im Ordner *Meine Vorlagen* oder unter einem neuen Namen, z. B. *SeminararbeitV1.dotx.*

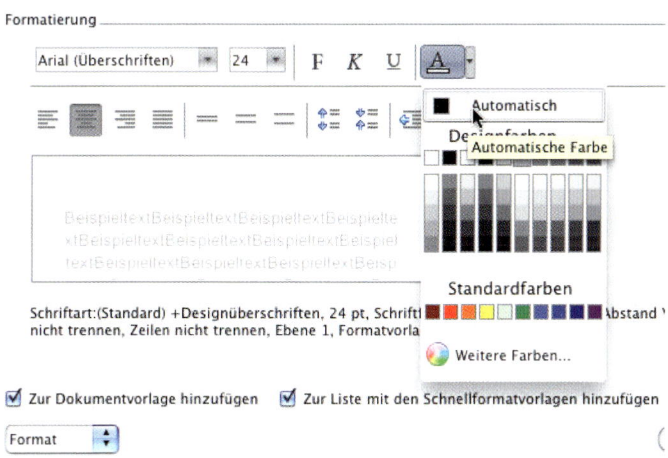

Klicken Sie die Formatvorlage in der Liste an, wählen Sie »Formatvorlage ändern«, ändern Sie die Farbe und klicken Sie das Kästchen »Zur Dokumentvorlage hinzufügen« an.

Aufzählungen

Die Dokumentvorlage *Seminararbeit* enthält eine *Aufzählung* mit Aufzählungszeichen. Schreiben Sie die Absätze Ihrer Liste untereinander, markieren Sie sie und wählen die Formatvorlage *Aufzählungszeichen.* Und schon ist Ihre Liste mit Aufzählungszeichen erstellt. Um die Liste fortzuführen, betätigen Sie einfach den Zeilenschalter (↵). Möchten Sie die Liste beenden und mit normalem Text weiterschreiben, betätigen Sie den Zeilenschalter zweimal.

Schreiben Sie Ihre Liste, indem Sie nach jedem Absatz den Zeilenschalter betätigen. Markieren Sie die Liste und wählen Sie die Formatvorlage »Aufzählungszeichen«.

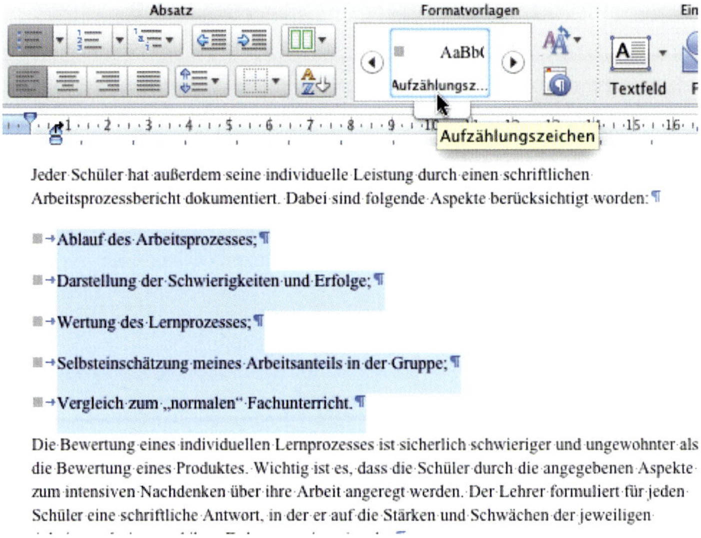

Sie können auch andere Aufzählungszeichen verwenden. Öffnen Sie dazu auf der Registerkarte *Start* in der Gruppe *Absatz* über die Schaltfläche *Absatz* die *Aufzählungszeichenbibliothek* und wählen Sie das gewünschte Zeichen aus.

Klicken Sie auf die Schaltfläche »Aufzählung« in der Gruppe »Absatz« auf der Registerkarte »Start« und wählen Sie in der Aufzählungszeichenbibliothek ein anderes Aufzählungszeichen.

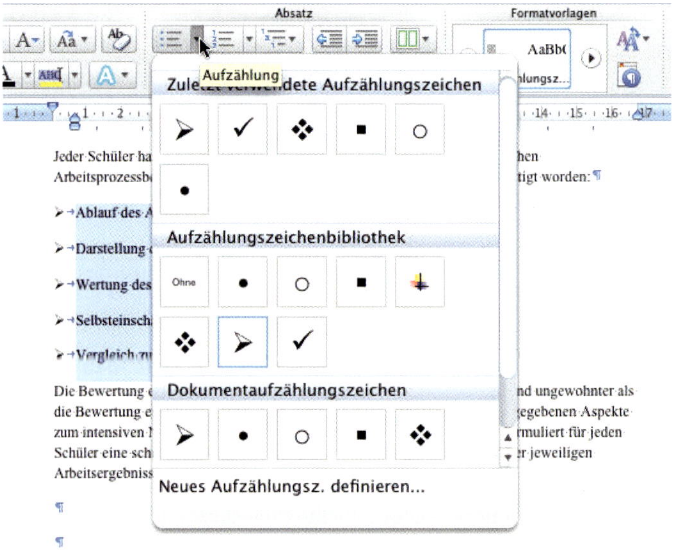

Um die Zeilenabstände in der Liste zu verringern, wählen Sie *Ändern* in der Formatvorlage *Aufzählungszeichen* und öffnen im Auswahlmenü links unten das Dialogfeld *Absatz*. Dort ändern Sie den *Abstand Nach:* von 12 pt auf 0 pt.

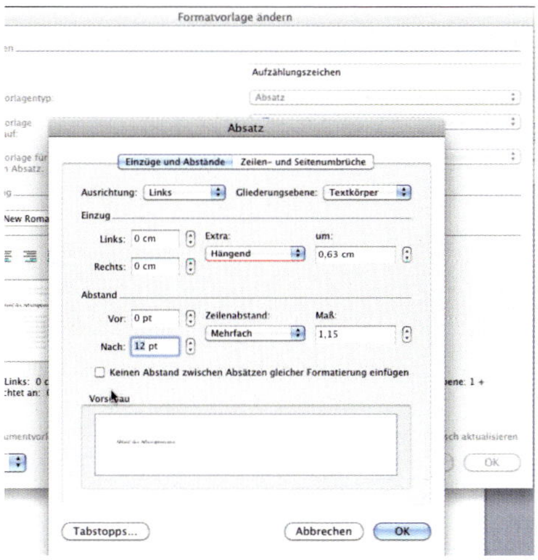

Ändern Sie die Formatvorlage »Aufzählungszeichen« im Fenster »Absatz«, indem Sie den »Abstand Nach:« von 12 pt auf 0 pt setzen.

Jeder Schüler hat außerdem seine individuelle Leistung durch einen schriftlichen Arbeitsprozessbericht dokumentiert. Dabei sind folgende Aspekte berücksichtigt worden: ¶

➢ → Ablauf des Arbeitsprozesses; ¶
➢ → Darstellung der Schwierigkeiten und Erfolge; ¶
➢ → Wertung des Lernprozesses; ¶
➢ → Selbsteinschätzung meines Arbeitsanteils in der Gruppe; ¶
➢ → Vergleich zum „normalen" Fachunterricht. ¶

Die Bewertung eines individuellen Lernprozesses ist sicherlich schwieriger und ungewohnter als die Bewertung eines Produktes. Wichtig ist es, dass die Schüler durch die angegebenen Aspekte zum intensiven Nachdenken über ihre Arbeit angeregt werden. Der Lehrer formuliert für jeden Schüler eine schriftliche Antwort, in der er auf die Stärken und Schwächen der jeweiligen Arbeitsergebnisse und ihrer Dokumentation eingeht. ¶

Das Ergebnis gefällt Ihnen, aber Sie hätten nun doch gerne einen Absatz am Ende der Liste? Kein Problem! Erstellen Sie eine neue Formatvorlage »Aufzählungszeichen Ende«.

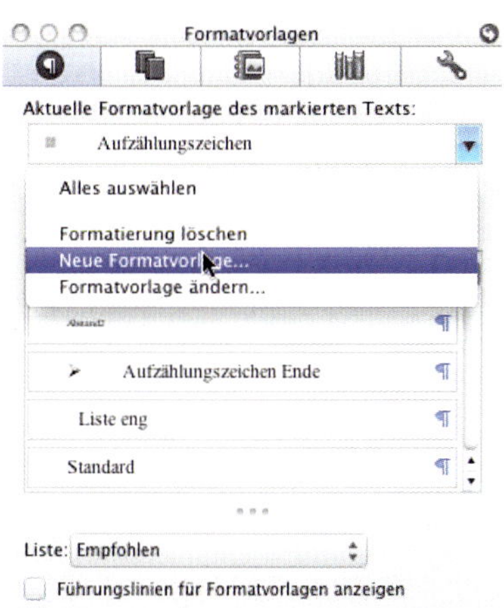

Öffnen Sie das Fenster zur Verwaltung der Formatvorlagen und klicken Sie im Fenster der Formatvorlage »Aufzählungszeichen« auf »Neue Formatvorlage«.

Geben Sie der neuen Formatvorlage einen Namen und öffnen Sie über das Auswahlmenü links unten das Dialogfeld »Absatz«.

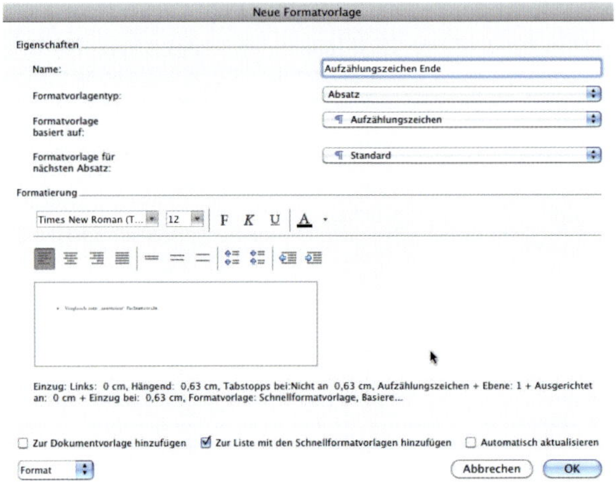

Im Dialogfeld »Absatz« ändern Sie den »Abstand Nach:« wieder von 0 pt auf 12 pt.

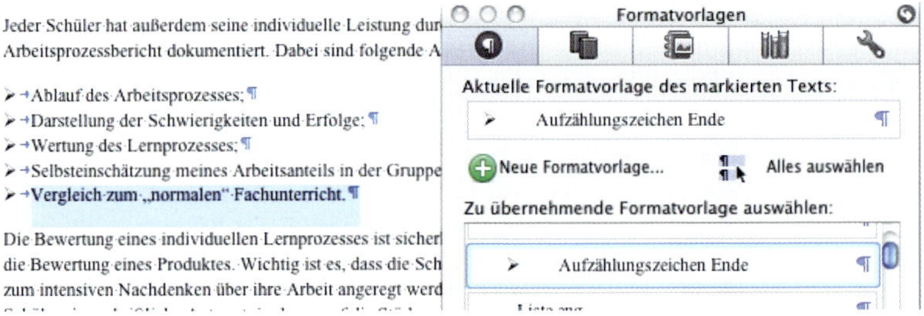

Es gibt noch eine weitere Möglichkeit, das Aussehen Ihrer Liste zu verändern: Setzen Sie den Cursor in die Liste, um die gesamte Liste zu modifizieren; oder markieren Sie einen Listeneintrag, um nur diesen zu verändern. Klicken Sie die Schaltfläche *Aufzählung* in der Gruppe *Absatz* auf der Registerkarte *Start* und wählen Sie *Neues Aufzählungsz. definieren.*

Es öffnet sich das Dialogfeld *Aufzählung anpassen*, in dem Sie verschiedene Parameter der Aufzählung bearbeiten können: Wählen Sie eines der Aufzählungszeichen aus der Liste oder aus der Auswahl an *Sonderzeichen*, zu der Sie über die Schaltfläche *Aufzählungszeichen* gelangen. Über die Schaltfläche *Bild* können Sie eine eigene Bilddatei als Aufzählungszeichen importieren. Über die Schaltfläche *Schriftart* können Sie ein Symbol aus einer anderen Schriftart auswählen.

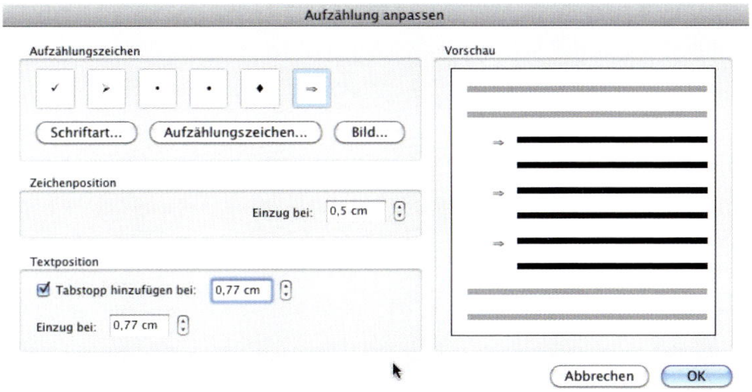

Wählen Sie »Neues Aufzählungsz. definieren« in der Gruppe »Absatz« auf der Registerkarte »Start«. Nun können Sie die verschiedenen Parameter der Aufzählung verändern.

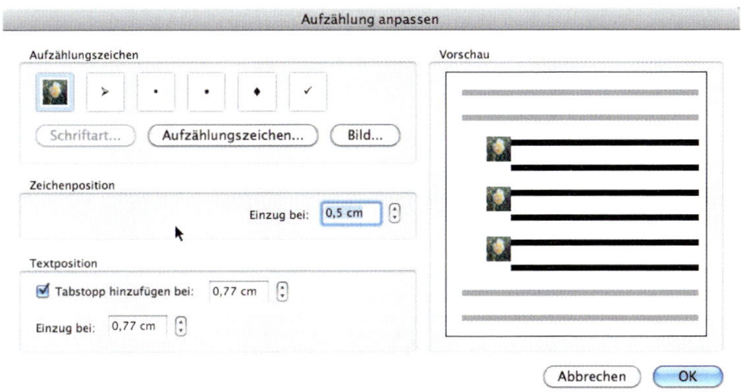

Vielleicht nicht unbedingt in einer wissenschaftlichen Arbeit zu verwenden: Die Rose als Aufzählungszeichen.

- Ablauf des Arbeitsprozesses; ¶
- Darstellung der Schwierigkeiten und Erfolge; ¶
- Wertung des Lernprozesses; ¶
- Selbsteinschätzung meines Arbeitsanteils in der Gruppe; ¶
- Vergleich zum „normalen“ Fachunterricht. ¶

Listen mit Aufzählungen werden häufig eingerückt geschrieben. Um das genau festzulegen, können Sie die *Zeichenposition,* d. h. den Abstand des Aufzählungszeichens vom Seitenrand eingeben. Ebenso können Sie die *Textposition* bestimmen, und zwar legen Sie mit *Tabstopp hinzufügen bei*: den Abstand zwischen der ersten Zeile des Aufzählungstextes und dem Seitenrand fest, und mit *Einzug bei:* den Abstand zwischen den Folgezeilen und dem Seitenrand.

Achtung! Sie haben jetzt nur das Aussehen dieser einen Liste geändert. Wenn sich diese Änderung auf alle Listen in Ihrer Arbeit auswirken soll, müssen Sie die Formatvorlage ändern.

Dazu markieren Sie die Formatvorlage *Aufzählungszeichen* im Fenster für die Verwaltung der Formatvorlagen und klicken auf *Formatvorlage ändern*. Das entsprechende Fenster öffnet sich, klicken Sie dann im Auswahlmenü unten links auf *Nummerierung*. Es öffnet sich das Fenster *Nummerierung und Aufzählungszeichen*, in dem Ihr Aufzählungsformat markiert ist.

Klicken Sie in der Liste der Formatvorlagen auf »Aufzählungszeichen« und wählen dann »Formatvorlage ändern«. Es öffnet sich dieses Fenster, in dem Sie unten links »Nummerierung« wählen.

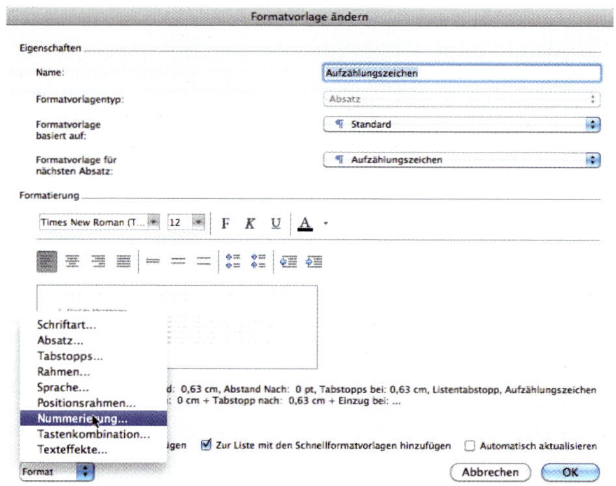

In diesem Fenster ist Ihre Aufzählung bereits markiert. Klicken Sie auf »Anpassen«, um sie weiter zu bearbeiten. Es öffnet sich das bereits bekannte Fenster »Aufzählung anpassen«.

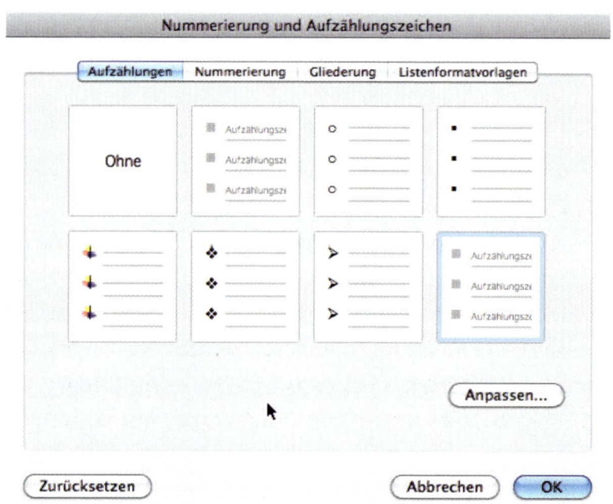

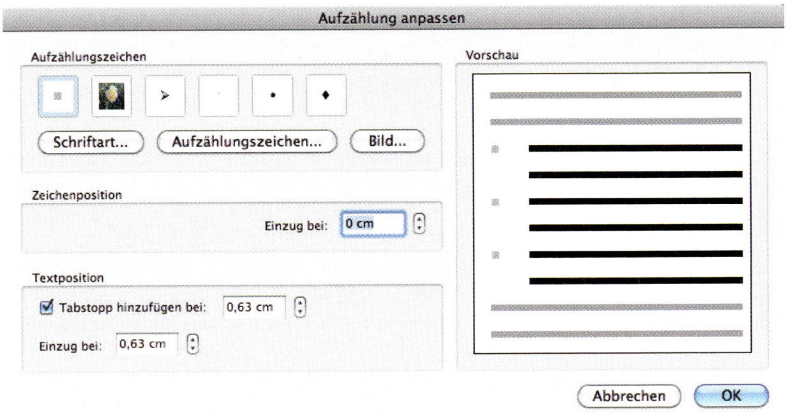

In diesem Fenster sind die eingestellten Parameter für Ihre Aufzählung eingetragen: Aufzählungszeichen direkt am Seitenrand, alle Textzeilen um 0,63 cm eingerückt.

Nach einem Klick auf *Anpassen* öffnet sich das Fenster *Aufzählung anpassen*, das Sie bereits kennengelernt haben. Tragen Sie Ihre gewünschten Werte ein und klicken Sie auf *OK*, danach kehren Sie zum Fenster *Formatvorlage ändern* zurück. Klicken Sie *Zur Dokumentvorlage hinzufügen* an, wenn Sie die eben erstellte Formatvorlage im gesamten Dokument auf alle Listen anwenden möchten.

Klicken Sie *Zur Liste mit den Schnellformatvorlagen hinzufügen* an, wenn die Formatvorlage in der Auswahl der Schnellformatvorlagen erscheinen soll. Und klicken Sie *Automatisch aktualisieren* an, wenn alle bereits mit dieser Formatvorlage formatierten Textstellen sich ebenfalls im geänderten Format präsentieren sollen.

Nummerierungen

Die Dokumentvorlage *Seminararbeit* enthält auch eine *nummerierte Liste.* Schreiben Sie einige Absätze untereinander, markieren Sie sie und wählen Sie dann die Formatvorlage *Listennummer. Word* fügt eine automatische Nummerierung hinzu. Betätigen Sie den Zeilenschalter (↵) am Ende der Liste, um einen weiteren Absatz hinzuzufügen. *Word* setzt die Nummerierung automatisch fort. Fügen Sie einen Absatz in der Liste hinzu, *Word* ändert die Nummerierung automatisch. Betätigen Sie den Zeilenschalter zweimal, um wieder normalen Text im Standardformat zu schreiben.

Word nummeriert die Absätze automatisch, auch wenn Sie neue Absätze hinzufügen. Betätigen Sie den Zeilenschalter zweimal, um wieder normalen Text zu schreiben.

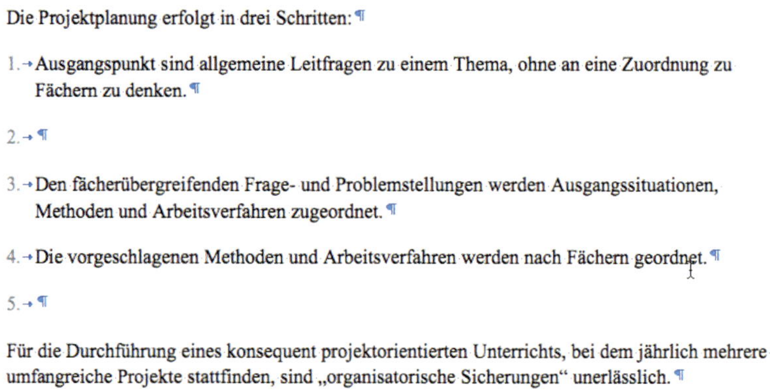
Die Projektplanung erfolgt in drei Schritten: ¶

1. → Ausgangspunkt sind allgemeine Leitfragen zu einem Thema, ohne an eine Zuordnung zu Fächern zu denken. ¶

2. → ¶

3. → Den fächerübergreifenden Frage- und Problemstellungen werden Ausgangssituationen, Methoden und Arbeitsverfahren zugeordnet. ¶

4. → Die vorgeschlagenen Methoden und Arbeitsverfahren werden nach Fächern geordnet. ¶

5. → ¶

Für die Durchführung eines konsequent projektorientierten Unterrichts, bei dem jährlich mehrere umfangreiche Projekte stattfinden, sind „organisatorische Sicherungen" unerlässlich. ¶

Übrigens: Die blauen Zeichen im Schriftbild erscheinen im Druck nicht, Sie können sie über den Schalter in der Symbolleiste Standard ein- und ausschalten.

So lässt sich jede Liste in Ihrer Arbeit auch mit der Schaltfläche *Nummerierte Liste* in der Gruppe *Absatz* auf der Registerkarte *Start* nummerieren. Markieren Sie die Liste und wählen Sie aus der *Nummerierungsbibliothek* die gewünschte Nummerierungsart oder definieren Sie ein neues Zahlenformat.

Klicken Sie auf *Neues Zahlenformat definieren*, um die nummerierte Liste zu bearbeiten. Es öffnet sich das Dialogfenster *Nummerierte Liste anpassen*, in dem Sie die Parameter der Nummerierung verändern können. Im Textfeld *Zahlenformat* können Sie eigene Texte und/oder Satzzeichen eingeben und eine andere Schriftart und/oder Schriftgröße wählen.

Öffnen Sie die Nummerierungsbibliothek über die Schaltfläche »Nummerierte Liste« und wählen Sie ein anderes Zahlenformat.

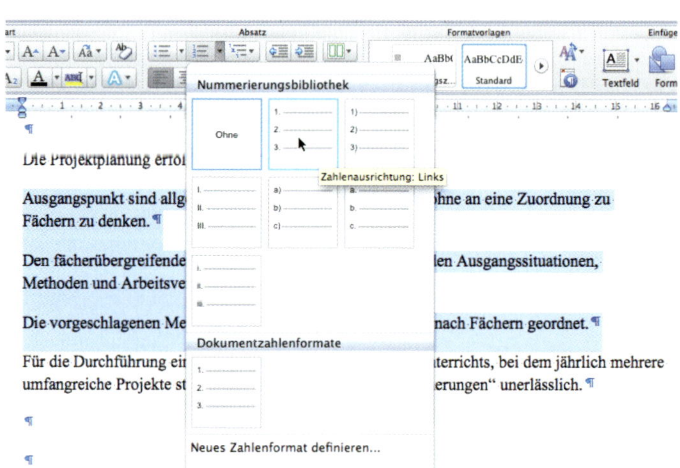

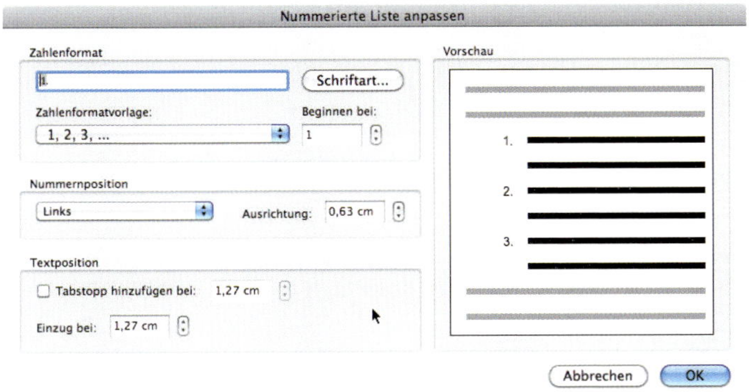

Im Dialogfenster »Nummerierte Liste anpassen« können Sie die Parameter der Nummerierung bearbeiten.

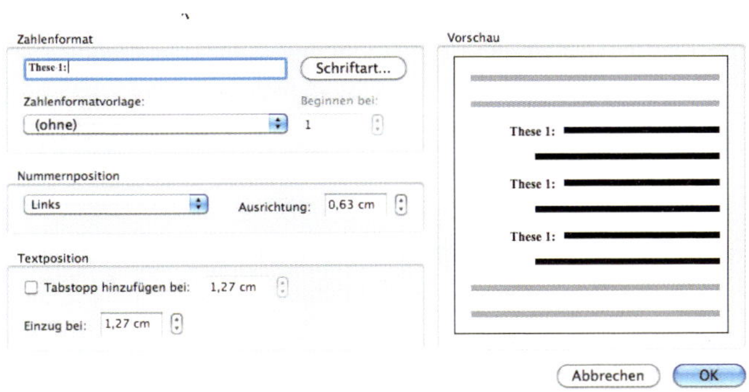

Im Textfeld »Zahlenformat« können Sie eigenen Text und/oder Satzzeichen eingeben, eine andere Schriftart und/oder Schriftgröße wählen – z. B. Beispiel »These 1:«.

Die Projektplanung erfolgt in drei Schritten:

These 1: Ausgangspunkt sind allgemeine Leitfragen zu einem Thema, ohne an eine Zuordnung zu Fächern zu denken.

These 1: Den fächerübergreifenden Frage- und Problemstellungen werden Ausgangssituationen, Methoden und Arbeitsverfahren zugeordnet.

These 1: Die vorgeschlagenen Methoden und Arbeitsverfahren werden nach Fächern geordnet.

Für die Durchführung eines konsequent projektorientierten Unterrichts, bei dem jährlich mehrere umfangreiche Projekte stattfinden, sind „organisatorische Sicherungen“ unerlässlich.

So wirkt sich das neue Zahlenformat auf Ihre Liste aus.

Um eine bereits erstellte Liste zu bearbeiten, setzen Sie den Cursor in die Liste und klicken die Schaltfläche *Nummerierte Liste* in der Gruppe *Absatz* auf der Registerkarte *Start* an. Dort wählen Sie *Neues Zahlenformat definieren* – dann können Sie Ihre Liste im Dialogfenster *Nummerierte Liste anpassen* bearbeiten.

Um die Formatvorlage *Listenabsatz* so zu ändern, dass alle Listen in Ihrem Dokument auf die gleiche Weise erscheinen, klicken Sie auf die Schaltfläche *Listenabsatz* im Fenster für die Schnellformatvorlagen und dort mit der rechten Maustaste auf *Ändern*. Das Fenster lässt sich auch über die Liste zum Verwalten der Formatvorlagen öffnen, wie im Abschnitt *Aufzählungen* beschrieben.

Im Fenster *Formatvorlage ändern* wählen Sie links unten *Nummerierung*, und schon gelangen Sie in das Dialogfenster *Nummerierung und Aufzählungszeichen,* in dem Ihre Formatvorlage für die nummerierte Liste markiert ist. Mit einem Klick auf *Anpassen* gelangen Sie in das Fenster *Nummerierte Liste anpassen*, indem Sie Ihre Liste wie zuvor beschrieben ändern können. Nach der Bestätigung mit *OK* gelangen Sie wieder zum Fenster *Formatvorlage ändern.* Hier klicken Sie dann die Option *Zur Dokumentvorlage hinzufügen* an, damit alle nummerierten Listen in Ihrem Dokument gleich aussehen. Entsprechend gehen Sie bei allen anderen Änderungen von Formatvorlagen vor.

Abbildungen einfügen

In *Word* können Sie Abbildungen wie Grafiken, Fotos und Skizzen direkt im Text platzieren. Sie sollten alle Abbildungen durchnummerieren und beschriften und sie in einem Abbildungsverzeichnis am Ende Ihrer Arbeit auflisten. Wie beim Nummerieren von Tabellen können Sie zwischen einer durchgängigen Nummerierung (1, 2, 3 …) und einer kapitelweisen Nummerierung (2.1, 2.2, 2.3 …) wählen.

In der Vorlage *Seminararbeit* ist ein Bild mit Beschriftung enthalten. Wie das Bild auszuwechseln ist, haben Sie bereits im Abschnitt *Deckblatt* erfahren. Die Vorlage enthält eine Formatvorlage *Beschriftung,* allerdings ohne Nummerierung. Das lässt sich jedoch leicht ändern. Markieren Sie das Bild und wählen Sie *Beschriftung einfügen* über das rechte Mausmenü. Wählen Sie dort die Option *Abbildung*; als Position erscheint automatisch *Unter dem Element*, und die Schrift entspricht der Formatvorlage *Beschriftung.* Über die Schaltfläche *Nummerierung* können Sie das Zahlenformat ändern – dies haben wir ja bereits im letzten Kapitel für Tabellen beschrieben.

In der Vorlage »Seminararbeit« finden Sie die Formatvorlage »Beschriftung«.

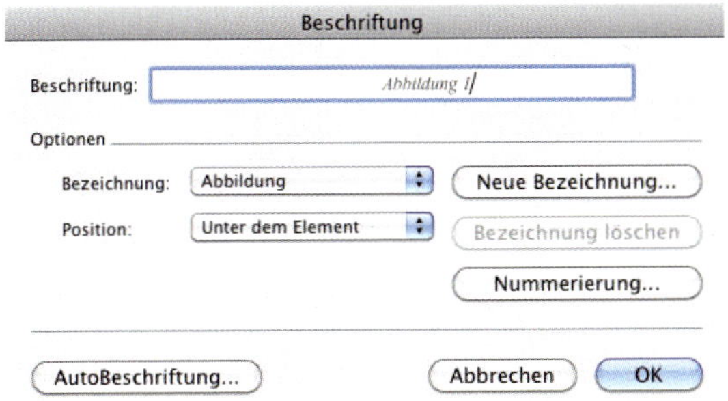

Öffnen Sie das Dialogfenster »Beschriftung« über das rechte Mausmenü, wählen Sie die Option »Abbildung«, die automatisch im entsprechenden Format erscheint, und bestätigen Sie mit »OK«.

Wenn Sie nun an beliebiger Stelle im Text eine Abbildung einfügen möchten, setzen Sie einfach den Cursor an die entsprechende Stelle. Wählen Sie auf der Registerkarte *Start* in der Gruppe *Einfügen* die Schaltfläche *Bild*, um ein Bild aus dem Foto-Browser, aus einer Datei oder aus dem ClipArt-Browser bzw. ClipArt-Katalog einzufügen.

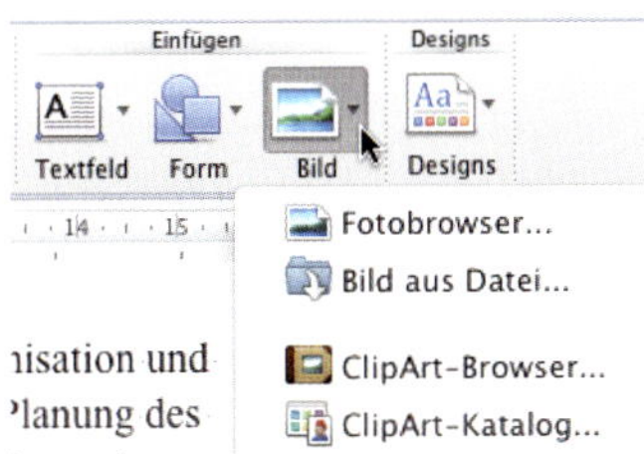

Klicken Sie auf die Schaltfläche »Bild« in der Gruppe »Einfügen«.

Über den Klick auf *Foto-Browser* gelangen Sie in ein Medienfenster, in dem Sie Fotos aus Ereignissen oder Alben in *iPhoto* auswählen können. In diesem Medien-Browser können Sie auch *ClipArts*, *Symbole* oder *Formen* auswählen.

Wählen Sie ein Bild aus dem Ereignis, das Sie bereits in iPhoto für Ihre Arbeit angelegt haben.

Sie haben die Wahl zwischen etlichen ClipArts (links).

Mitte: Wählen Sie passende Symbole aus.

Hier können Sie eine Vielzahl von Formen für Ihre Grafiken finden.

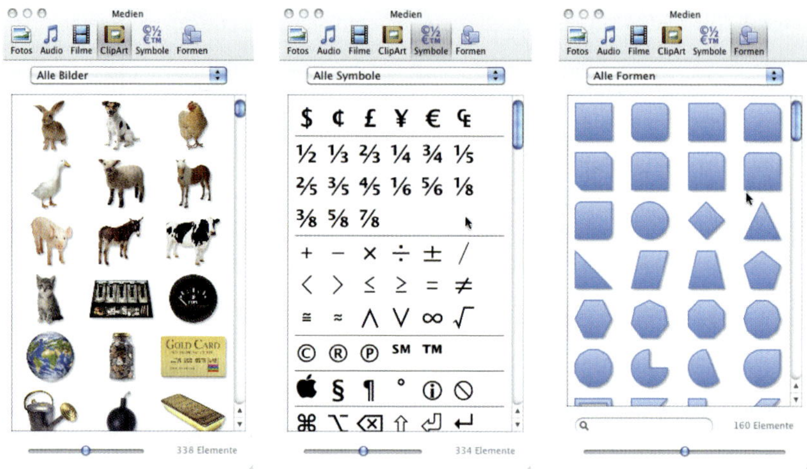

Beim Einfügen eigener Fotos und selbst erstellter Grafiken sollten Sie darauf achten, wie groß die jeweiligen Dateien sind. Wenn Sie mehrere Bilder in Dateien von einigen MegaBytes einfügen, wird Ihre *Word*-Datei bald sehr groß, so dass das Laden und Speichern lange dauert und die Datei insgesamt »unhandlicher« wird. Sie können sie z. B. nicht mehr als Anhang einer Email verschicken.

Daher gibt es in *Word* die Möglichkeit, Bilder einzubinden. In der *Word*-Datei wird lediglich eine Verknüpfung zur Grafik-Datei angelegt, die auf den jeweiligen Speicherort verweist.

Dazu klicken Sie in der Schaltfläche *Bild* auf *Bild aus Datei*, es öffnet sich das Fenster *Bild auswählen*, in dem sämtliche auf Ihrem Mac gespeicherten Bilddateien angezeigt werden. Markieren Sie das gewünschte Bild und wählen Sie die Option *Mit Datei verknüpfen*, aber nicht die Option *Mit Dokument speichern*. Das Bild erscheint in Ihrem *Word*-Dokument, welches aber kein KB größer geworden ist als ohne Bild. Der Nachteil ist allerdings, dass Sie die Bilder immer an der gleichen Stelle speichern müssen; denn *Word* speichert ja den Pfad der Verknüpfung. Wenn Sie Ihr *Word*-Dokument auf einem anderen Computer ansehen wollen, sollten Sie am besten den gesamten Arbeits-Ordner kopieren. Für die Publikation Ihrer Arbeit spielt das keine Rolle, weil Sie die Arbeit entweder ausgedruckt auf Papier oder als *pdf*-Dokument weitergeben.

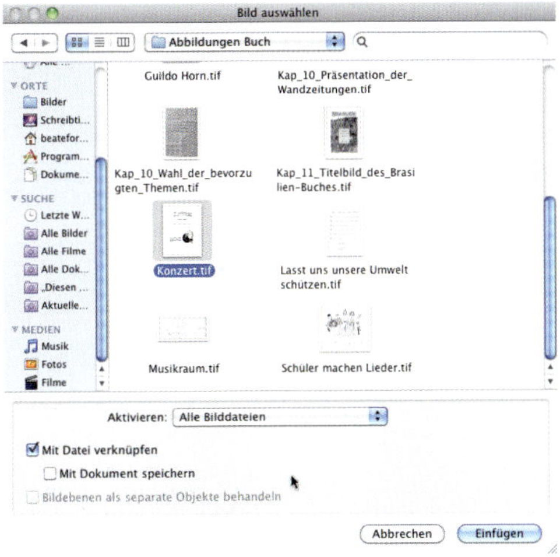

Wählen Sie das gewünschte Bild, klicken Sie an: »Mit Datei verknüpfen«.

Sie können die Abbildung nachträglich bearbeiten. Alle notwendigen Werkzeuge finden Sie im Menüband auf der Registerkarte *Bild formatieren*, die erscheint, wenn Sie die Abbildung anklicken. Sie können auch im rechten Mausmenü die Option *Bild formatieren* wählen. So gelangen Sie in ein Dialogfenster mit zahlreichen Möglichkeiten der Bildbearbeitung.

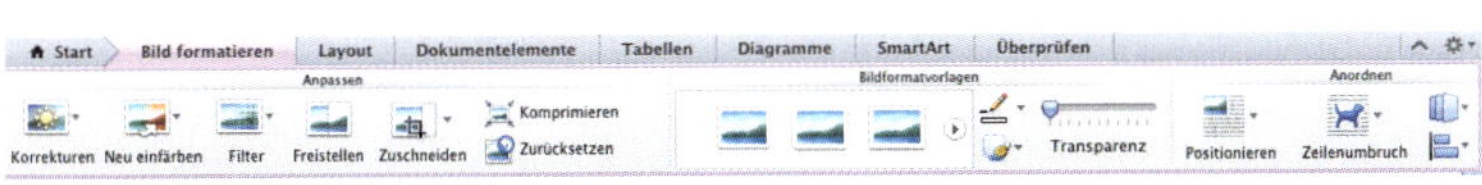

Sobald Sie eine Abbildung anklicken, finden Sie im Menüband vielfältige Möglichkeiten, um Ihr Bild zu bearbeiten.

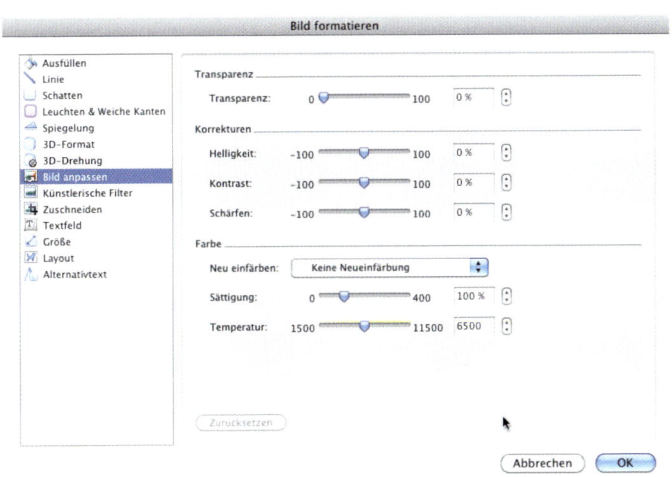

Nach einem Klick auf die Abbildung können Sie auch über das rechte Mausmenü in das Dialogfenster »Bild formatieren« gelangen.

Auch wenn *Word* zahlreiche Möglichkeiten der Bildbearbeitung bietet, empfehlen wir, die Bilder in einem geeigneten Programm, z. B. in *iPhoto*, vor dem Einfügen in Ihr *Word*-Dokument zu formatieren. Sie können jedoch die Größe und die Ausrichtung einfach im *Word*-Dokument ändern. Klicken Sie die Abbildung an und ziehen Sie bei gedrückter linker Maustaste an einem Eckpunkt, um die Abbildung zu vergrößern bzw. verkleinern. Das Seitenverhältnis bleibt gleich, und Sie können die Werte für Breite und Höhe ablesen. Noch einfacher ist es, in der Registerkarte *Bild formatieren* die entsprechenden Werte einzugeben.

Klicken Sie das Bild an und verändern Sie die Größe, indem Sie bei gedrückter linker Maustaste an einem Eckpunkt ziehen.

Vielleicht brauchen Sie nur einen Ausschnitt aus dem Bild? Auch das lässt sich einfach in *Word* erledigen: Betätigen Sie die Schaltfläche *Zuschneiden* auf der Registerkarte *Bild formatieren* und bestimmen Sie den gewünschten Bildausschnitt durch Ziehen mit der Maus. *Word* passt den Textfluss automatisch an die neue Abbildung an.

Nach einem Klick auf die Schaltfläche »Zuschneiden« können Sie einen beliebigen Ausschnitt Ihres Bildes wählen. Word passt den Textfluss automatisch an.

Öffnen Sie das Kontextmenü mit der rechten Maustaste und wählen Sie »Ausrichten und verteilen«, damit das Bild an der richtigen Stelle im Dokument erscheint.

Besonders praktisch ist die Auswahl »Positionierung«, die Sie auf der Registerkarte »Bild formatieren« finden, sobald Sie das Bild anklicken.

Das Einfügen und Platzieren von Abbildungen ist zeitraubend – und das vor allem, wenn alle Abbildungen in Ihrer Arbeit genau gleich ausgerichtet sein sollen. Daher sollten Sie sich eine eigene Formatvorlage *Abbildungen* erstellen. Klicken Sie dazu auf die Schaltfläche zum Verwalten der Formatvorlagen in der Gruppe *Start* | *Formatvorlagen* und wählen Sie *Neue Formatvorlage*. Geben Sie als Name *Abbildung* ein, als Formatvorlage für den nächsten Absatz *Beschriftung*. Wählen Sie die Ausrichtung *zentriert* und geben Sie als Abstand vor dem Text 24 pt ein. Das entsprechende Dialogfenster *Absatz* öffnen Sie über das Auswahlmenü unten links. Bestätigen Sie mit *OK*, nachdem Sie *Zur Dokumentvorlage hinzufügen* angeklickt haben.

Erstellen Sie eine Formatvorlage für Abbildungen, indem Sie »Neue Formatvorlage« anklicken.

In diesem Dialogfenster tragen Sie die notwendigen Angaben ein: Name »Abbildung«, Formatvorlage für den nächsten Absatz »Beschriftung«, Ausrichtung zentriert, Abstand vor dem Text 24 pt (im Dialogfenster »Absatz« eintragen) und: »Zur Dokumentvorlage hinzufügen«.

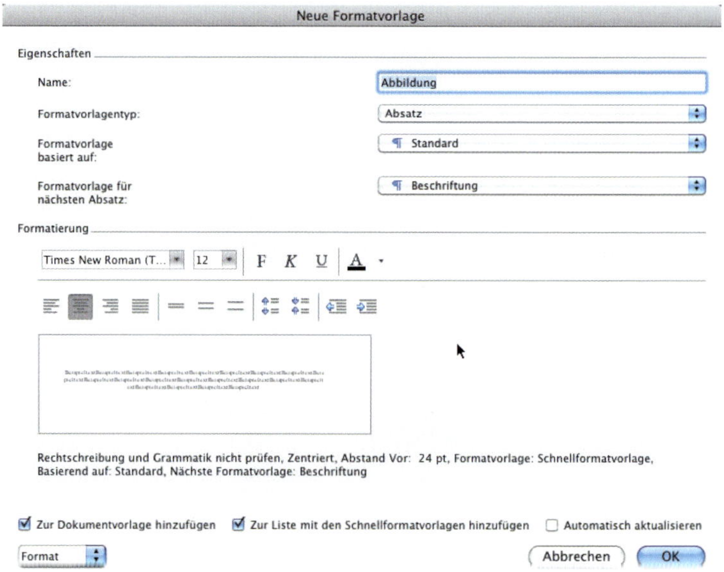

Kopf- und Fußzeilen, Seitenzahlen

Mit Hilfe der Funktion *Kopf- und Fußzeile* können Sie Angaben speichern, die sich auf jeder Seite wiederholen. In der Vorlage *Seminararbeit* sind das die Namen des Verfassers und des Lehrers in der ersten Kopfzeile, der Titel der Arbeit und die Seitenzahl in der Fußzeile. Kopf- und Fußzeile sind Abschnitte innerhalb des oberen bzw. unteren Seitenrandes.

Um im Dokument verschiedene Kopf- und Fußzeilen anzulegen, sollten Sie das Dokument in Abschnitte einteilen. Die erste Kopf- bzw. Fußzeile eines Abschnitts kann anders gestaltet sein, die geraden und ungeraden Seiten können unterschiedliche Kopf- und Fußzeilen haben. In der Vorlage *Seminararbeit* umfasst *Abschnitt 1* das Deckblatt und das Inhaltsverzeichnis, *Abschnitt 2* den Text mit dem Literaturverzeichnis.

Die verschiedenen Abschnitte werden durch den Abschnittsumbruch getrennt, den Sie erkennen, wenn Sie die nicht druckbaren Zeichen einblenden. Sie können selber einen Abschnittsumbruch einfügen, indem Sie Schaltfläche *Umbruch* auf der Registerkarte *Dokumentelemente* in der Gruppe *Seiten einfügen* oder auf der Registerkarte *Layout* in der Gruppe *Seite einrichten* wählen.

Die erste Kopfzeile im 2. Abschnitt enthält die Namen des Verfassers und des Lehrers, die anderen Kopfzeilen in beiden Abschnitten sind leer.

Die Fußzeilen enthalten den Titel der Arbeit und die Seitenzahl, die im ersten und zweiten Abschnitt im unterschiedlichen Zahlenformat erscheint.

Die Abschnitte werden durch den Abschnittsumbruch getrennt.

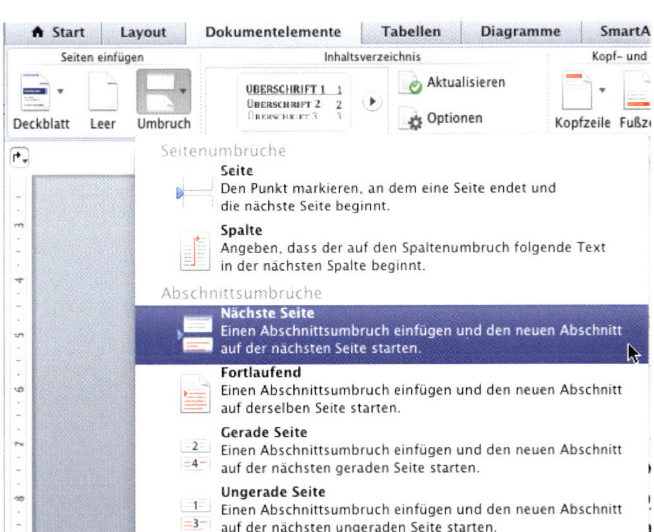

Sie können selber einen Abschnittsumbruch einfügen, indem Sie auf der Registerkarte »Dokumentelemente« die Gruppe »Seiten einfügen« und dort die Schaltfläche »Umbruch« wählen.

Um selber Kopf- und Fußzeilen einzurichten, öffnen Sie auf der ersten Seite des *Word*-Dokuments den Kopfzeilenbereich durch einen Doppelklick. Daraufhin öffnet sich im Menüband die Registerkarte *Kopf- und Fußzeilen.* Sie können aber auch einfach auf der Registerkarte *Dokumentelemente* die Gruppe *Kopf- und Fußzeile* anklicken. Mit einem Klick auf die Schaltfläche *Kopfzeile* bzw. *Fußzeile* wählen Sie eine Formatvorlage aus und fügen sie in Ihr Dokument ein. Wenn gerade und ungerade Seiten unterschiedlich aussehen sollen – z. B. damit die Seitenzahlen links bzw. rechts erscheinen –, genügt es, die Formatierung für die gerade Seite anzuklicken, die Formatierung für die ungerade Seite wird automatisch erstellt.

Auf der Registerkarte »Dokumentelemente« finden Sie die Gruppe »Kopf- und Fußzeile«. Hier können Sie Kopf- und Fußzeilen hinzufügen bzw. bearbeiten.

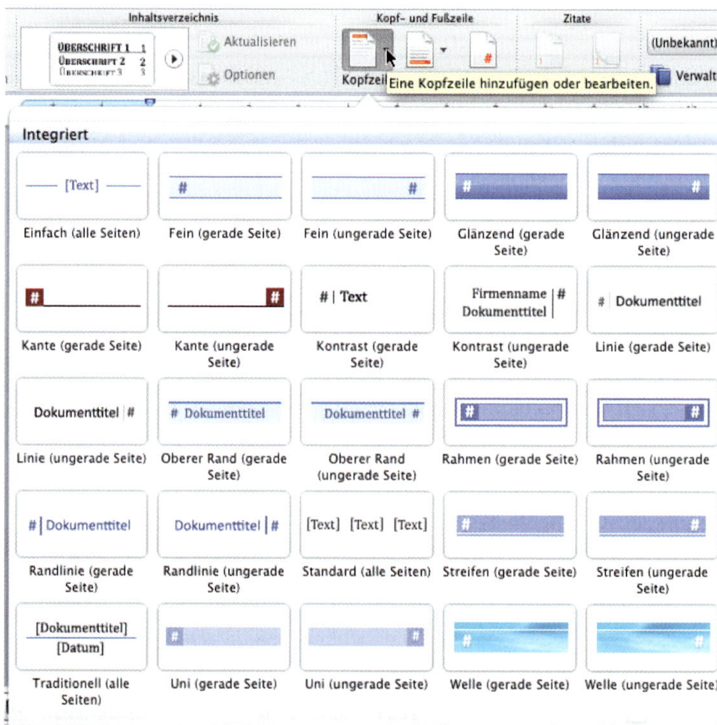

Öffnen Sie den Kopfzeilenbereich in Ihrem Dokument per Doppelklick. Es erscheint die Registerkarte »Kopf- und Fußzeilen«, in der Sie verschiedene Optionen einstellen können.

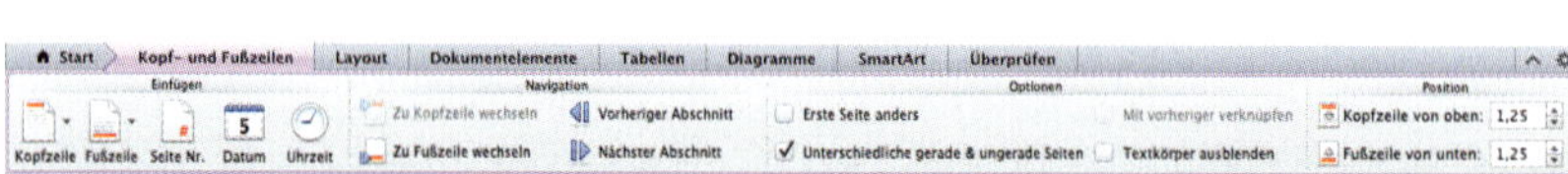

In längeren wissenschaftlichen Arbeiten mit doppelseitig bedruckten Seiten ist es üblich, in der Kopfzeile neben der Seitenzahl auf der geraden Seite die Überschrift des Kapitels und auf der ungeraden Seite die Überschrift des aktuellen Unterkapitels zu nennen.

206 Kapitel 9: Veröffentlichungen zum fächerübergreifenden Unterricht 1980-2001

In längeren Arbeiten wird auf geraden Seiten häufig die Kapitelüberschrift …

9.4 Fächerübergreifender Unterricht und Projektunterricht 207

… und auf ungeraden Seiten die Unterüberschrift in der Kopfzeile genannt.

Sie können solche »dynamischen« Kopfzeilen (d. h. mit wechselnden Einträgen) mit Hilfe der Feldfunktionen erstellen. Öffnen Sie den Kopfzeilenbereich, es öffnet sich die Registerkarte *Kopf- und Fußzeilen*. Für die Kopfzeile wählen Sie eine passende Formatvorlage mit Seitenzahlen. Oder wählen Sie Blocksatz und fügen die Seitenzahl über die Schaltfläche *Seite Nr.* in der Gruppe *Einfügen* ein: Auf den geraden Seiten links, auf den ungeraden Seiten rechts – das erreichen Sie mit der Tabulator-Taste (→|).

Klicken Sie im Menü *Einfügen* auf *Feld* und wählen Sie den Feldnamen *StyleRef* in der Kategorie *Formatvorlagen* die *Überschrift 1* (für die geraden Seiten) bzw. die *Überschrift 2* (für die ungeraden Seiten). Klicken Sie auf *Hinzufügen* und bestätigen Sie mit *OK*.

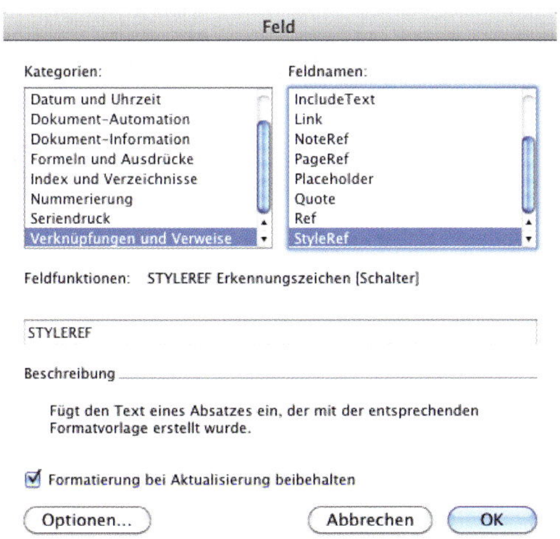

Klicken Sie »Einfügen | Feld«, wählen Sie den Feldnamen »StyleRef« in der Kategorie »Verknüpfungen und Verweise«. Klicken Sie dann auf »Optionen«.

Wählen Sie »Überschrift 1« im Auswahlmenü »Formatvorlagen«, klicken Sie auf »Hinzufügen« und bestätigen Sie mit »OK«.

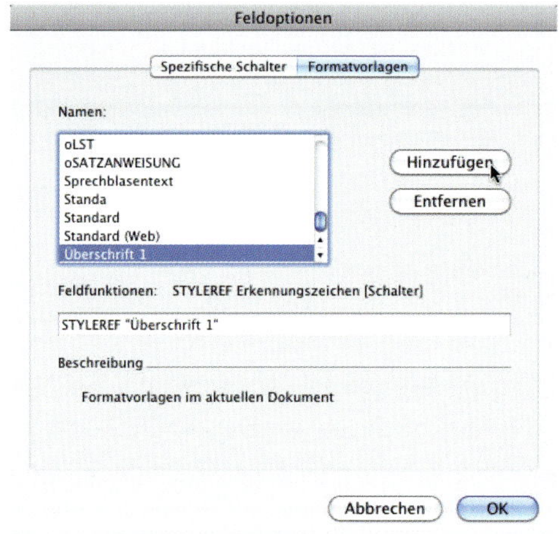

In der geraden Kopfzeile stehen nun die Seitenzahl und die Kapitelüberschrift.

206 Veröffentlichungen zum fächerübergreifenden Unterricht 1980-2001

9.3 Fächerübergreifender Unterricht mit Musik

Der prozentuale Anteil der Veröffentlichungen zum fächerübergreifenden Unterricht mit Musik an den Veröffentlichungen zum fächerübergreifenden Unterricht allgemein beträgt im

Mithilfe der Feldfunktionen können Sie den Text in der Kopfzeile so gestalten, wie zuvor gezeigt. Um die Kapitelnummer hinzuzufügen, setzen Sie den Cursor in der Kopfzeile vor die Kapitelüberschrift, wählen *Einfügen | Feld* und den Feldnamen *StyleRef* in der Kategorie *Verknüpfungen und Verweise.* Klicken Sie auf *Optionen,* wählen Sie »\n« im Auswahlmenü *Spezifische Schalter* und klicken Sie auf *Hinzufügen.* Wählen Sie dann *Überschrift 1* im Auswahlmenü *Formatvorlagen,* klicken auf *Hinzufügen* und bestätigen zweimal mit *OK.* Und schon erscheint die Kapitelnummer vor der Überschrift. Schreiben Sie das Wort *Kapitel* einfach davor, fügen Sie Leerstellen und einen Doppelpunkt ein und es erscheinen alle geraden Kopfzeilen in diesem Kapitel bzw. Abschnitt auf die gewünschte Weise.

Wählen Sie »\n« im Auswahlmenü »Spezifische Schalter«, um die Absatznummerierung zu aktivieren.

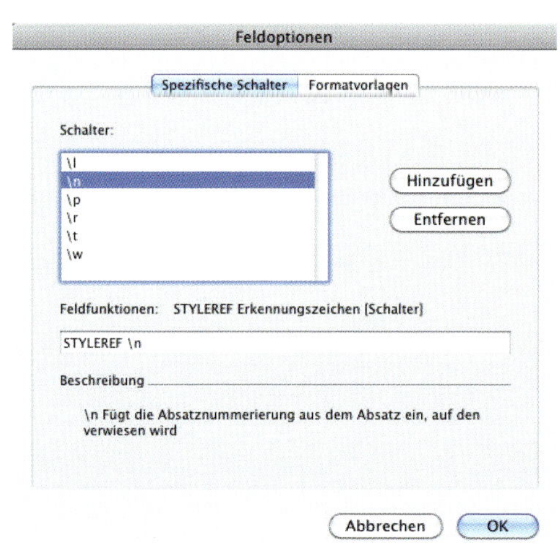

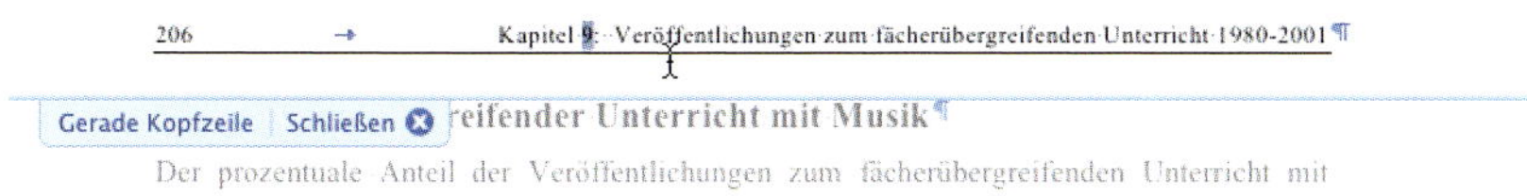

Hier sehen Sie den Aufbau der Kopfzeile mit Tabulator, Doppelpunkt und Leerstellen.

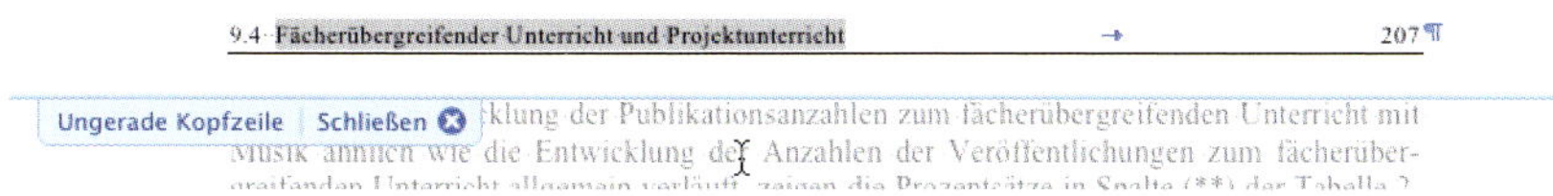

Alle Zeichen eines Feldes lassen sich per Klick grau anzeigen.

Auf der ersten Seite des Kapitels steht meist keine Kopfzeile, man betont den Kapitelbeginn durch einen größeren Leerraum über der Kapitelüberschrift und vermeidet außerdem eine Textwiederholung. Klicken Sie daher *Erste Seite anders* an und geben Sie für die erste Kopfzeile einfach nichts ein.

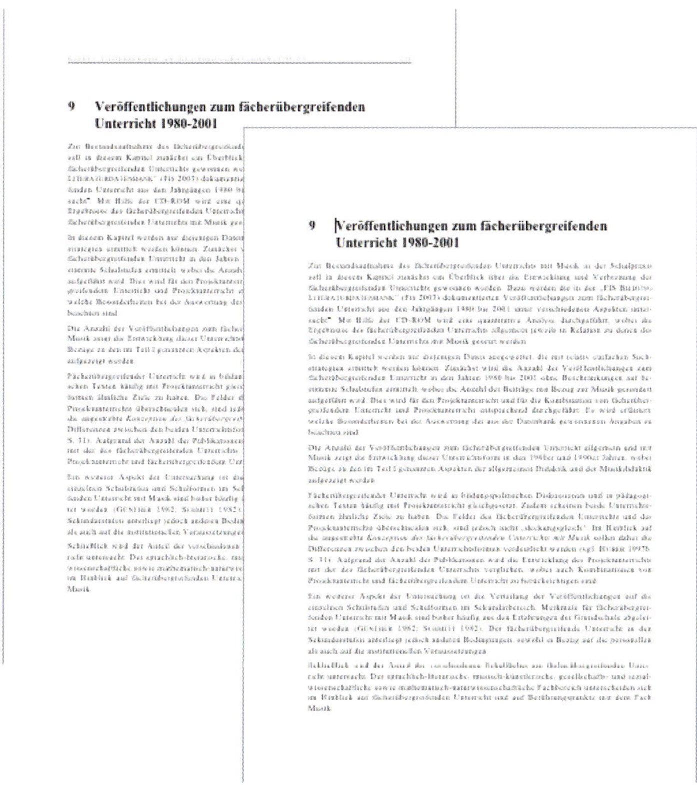

Links hinten: In der Kopfzeile auf der ersten Seite steht genau derselbe Text wie in der Überschrift.

Vorne rechts: Durch den größeren Leerraum können Sie den Kapitelbeginn besonders betonen.

Am Anfang des Kapitels fehlt die Kopfzeile. Klicken Sie »Erste Seite anders« an und geben Sie für die erste Kopfzeile nichts ein.

Falls Sie die Kapitel Ihrer Arbeit in einzelnen Dateien abgespeichert haben, können Sie die Seitenzahlen anpassen, indem Sie auf der Registerkarte *Dokumentelemente* in der Gruppe *Kopf- und Fußzeile* die Schaltfläche *Seite Nr.* und im nächsten Fenster *Format* anklicken. Tragen Sie dort ein, mit welcher Seitenzahl Ihr Kapitel beginnen soll.

Tragen Sie die gewünschte Seitenzahl bei »Beginnen mit« ein.

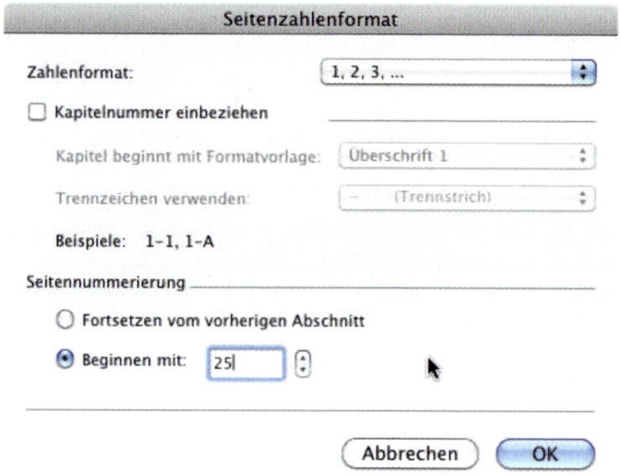

Fuß- und Endnoten

In vielen wissenschaftlichen Arbeiten sind auch heute noch Fuß- und Endnoten gebräuchlich, um Literaturangaben, Quellennachweise, Anmerkungen und Kommentare einzufügen. Inzwischen ist die amerikanische Zitierweise weit verbreitet, in der die Literaturangaben als Kurzbeleg im Text erscheinen und auf das Literaturverzeichnis verweisen. Richten Sie sich nach den Vorgaben Ihres Fachbereichs und des Betreuers Ihrer Arbeit – wenn es Ihnen freigestellt ist, sollten Sie sich für eine Zitierweise entscheiden und diese dann konsequent anwenden.

Vermeiden Sie ein »hochwissenschaftliches« Aussehen Ihrer Arbeit, bei dem die Fußnoten mehr Platz einnehmen als der eigentliche Text. Schreiben Sie in den Fußnoten – wenn überhaupt – nur wenige kurze Anmerkungen zum Text. Herbert Gudjons gibt für das Verhältnis von Text und Anmerkungen einen »einfachen, aber effektiven Rat« seines Doktorvaters wieder: »Alles Wichtige gehört in den Text, nicht in die Anmerkungen. Alles Unwichtige gehört – weggelassen.« (Gudjons 1990, S. 33)

Mit *Word 2011* ist das Einfügen von Fuß- und Endnoten kein Problem. Der Text wird automatisch so auf die Seiten verteilt, dass die entsprechenden Fußnoten an der richtigen Stelle stehen. Bei späteren Umstellungen des Textes, bei Wegfall oder Hinzu-

fügen von Fußnoten wird die Nummerierung automatisch angepasst. Fußnoten können unten auf der entsprechenden Seite oder als Endnoten am Ende eines Kapitels bzw. Ihrer Arbeit stehen. Sie können sich auch später noch entscheiden, Fuß- in Endnoten oder umgekehrt umzuwandeln.

Um eine Fußnote einzufügen, setzen Sie den Cursor an die passende Stelle im Text. Wählen Sie die Gruppe *Zitate* auf der Registerkarte *Dokumentelemente* und klicken Sie auf die Schaltfläche *Fußnote*. Das Fußnotenzeichen erscheint im Text und der Cursor springt automatisch in die Fußzeile, wo eine Fußnote erstellt ist. Geben Sie dort einfach den Fußnotentext ein. Bewegen Sie den Mauszeiger auf das Fußnotenzeichen im Text und Sie können den Fußnotentext in einem kleinen Quickinfo-Fenster lesen. In der Drucklayout-Ansicht erscheinen die Fußnoten so, wie sie später auch gedruckt werden. In der Entwurfs-Ansicht öffnet sich ein Bearbeitungsfenster unter dem Dokument, in dem Sie die Texte eingeben können.

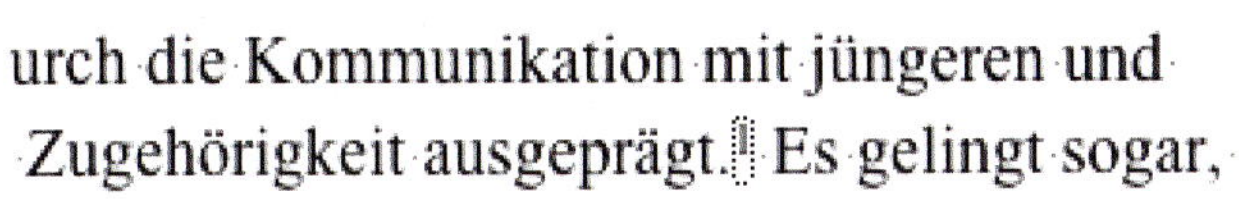

Platzieren Sie den Cursor an der gewünschten Textstelle und klicken Sie auf »Fußnote« in der Gruppe »Zitate« auf der Registerkarte »Dokumentelemente«. Das Fußnotenzeichen erscheint im Text …

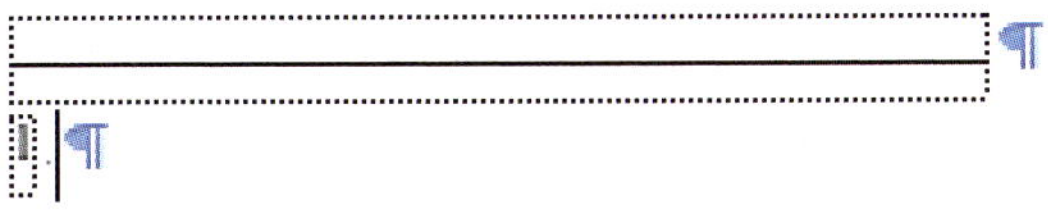

… und der Cursor springt in die Fußzeile, wo die Fußnote angelegt ist.

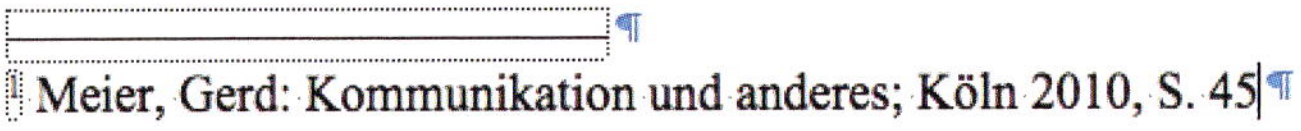

Geben Sie den Fußnotentext ein.

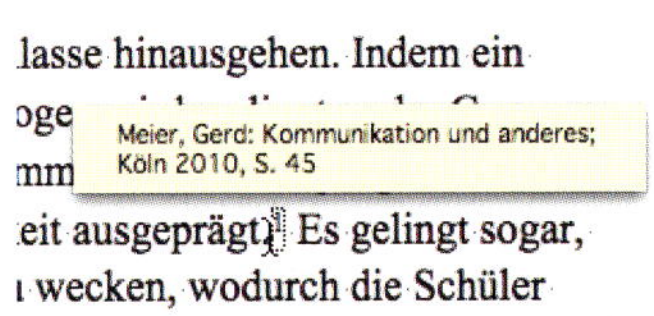

Bewegen Sie den Mauszeiger über das Fußnotenzeichen und lesen Sie den Fußnotentext in einem Quickinfo-Fenster.

In der Drucklayout-Ansicht erscheinen die Fußnoten so, wie sie später gedruckt werden. Sie können den Text einfach hinter dem Fußnotenzeichen eingeben.

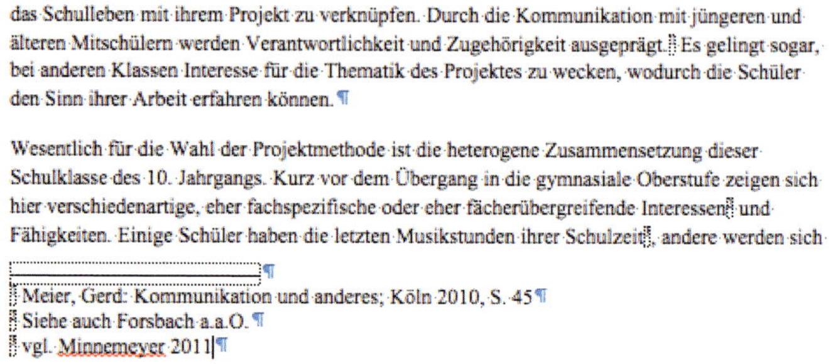

In der Entwurfs-Ansicht öffnet sich ein Bearbeitungsfenster, in dem sich nun der Fußnotentext schreiben lässt.

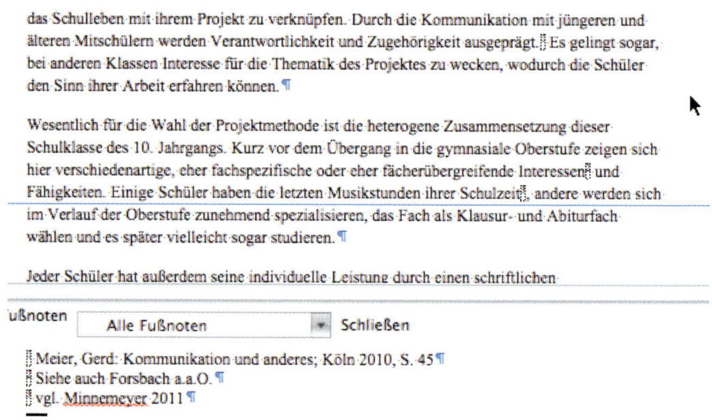

Wenn Sie die Gestaltung der Fuß- und Endnoten beeinflussen möchten, fügen Sie die Fußnote bitte nicht über die Taste im Menüband ein, sondern über *Einfügen | Fußnote*. Es öffnet sich ein Dialogfenster, in dem Sie zunächst wählen können, ob Sie eine Fußnote am Ende der Seite oder am Textende, oder ob Sie eine Endnote am Abschnittsende oder am Ende des Dokuments einfügen wollen. In diesem Fenster können Sie auch später noch Fuß- in Endnoten umwandeln und umgekehrt. Im Bereich *Format* können Sie verschiedene Details für das Aussehen der Fußnote festlegen. Um die Formatvorlage *Fußnotentext* zu bearbeiten, klicken Sie mit der rechten Maustaste auf die Fußnote und wählen *Formatvorlage*.

Nach einem Klick auf »Einfügen | Fußnote« öffnet sich dieses Dialogfenster, in dem Sie einige Details für das Aussehen der Fußnoten festlegen können.

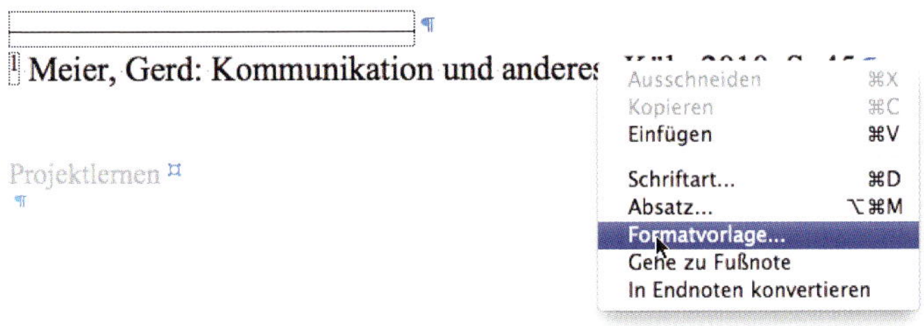

Um die Formatvorlage für die Fußnoten zu bearbeiten, klicken Sie mit der rechten Maustaste auf die Fußnote und wählen »Formatvorlage«.

Quellenangaben und Zitate

In Ihrer wissenschaftlichen Arbeit verwenden Sie Texte und Abbildungen aus fremden Quellen. Nicht erst seit dem *GuttenPlag Wiki* von 2011 wissen Sie, dass alle fremden Materialien ausgewiesen werden müssen. Egal, ob es sich um Informationen aus der Tageszeitung, einer Fachzeitschrift, einem Buch oder aus dem Internet handelt – Sie müssen die Quelle angeben und beim Zitieren einige Grundregeln beachten:

Wenn Sie »abschreiben«, also wörtlich zitieren, müssen Sie den Text ganz genau so übernehmen, wie er im Original steht. Auch wenn er Fehler enthält, müssen Sie die mit übernehmen. Wollen Sie etwas auslassen oder ergänzen, so müssen Sie das durch runde Klammern mit drei Punkten – die Sie auf dem Mac noch schöner mit der Tastenkombination *alt* und *Punkt* erzeugen – bzw. eckige Klammern verdeutlichen. Auch wenn Sie nur einige Worte aus dem Originaltext übernehmen und in Ihren eigenen Text einbauen, sollten Sie die von Ihrem Text absetzen.

Ein wörtliches Zitat sollte in Anführungszeichen gesetzt werden, und wenn im Text selber welche stehen, werden diese zu einfachen Anführungszeichen. Ich habe in meiner Doktorarbeit eine Formatvorlage *Blockzitat* definiert, die ohne Anführungszeichen auskommt. Die Zitate sind deutlich vom eigentlichen Text abgesetzt, es wird keine Kursivschrift verwendet, man muss die Schriftarten und die Anführungszeichen in den Zitaten nicht verändern. Trotzdem habe ich die wörtlichen Zitate, die in den eigenen Text eingebaut sind, durch Anführungszeichen gekennzeichnet.

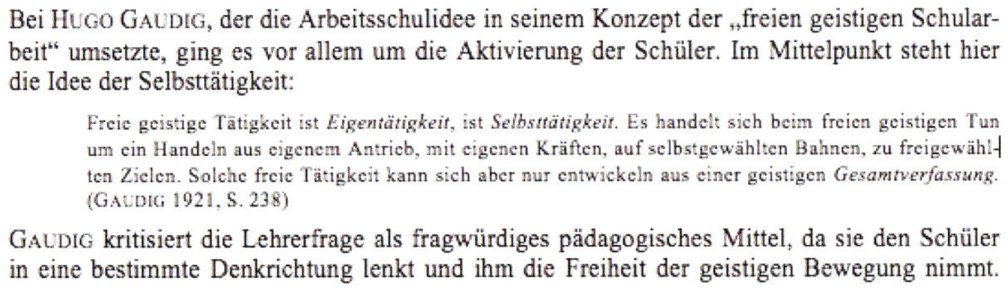
Bei Hugo Gaudig, der die Arbeitsschulidee in seinem Konzept der „freien geistigen Schularbeit“ umsetzte, ging es vor allem um die Aktivierung der Schüler. Im Mittelpunkt steht hier die Idee der Selbsttätigkeit:

> Freie geistige Tätigkeit ist *Eigentätigkeit*, ist *Selbsttätigkeit*. Es handelt sich beim freien geistigen Tun um ein Handeln aus eigenem Antrieb, mit eigenen Kräften, auf selbstgewählten Bahnen, zu freigewählten Zielen. Solche freie Tätigkeit kann sich aber nur entwickeln aus einer geistigen *Gesamtverfassung*. (Gaudig 1921, S. 238)

Gaudig kritisiert die Lehrerfrage als fragwürdiges pädagogisches Mittel, da sie den Schüler in eine bestimmte Denkrichtung lenkt und ihm die Freiheit der geistigen Bewegung nimmt.

In der Formatvorlage »Blockzitat« fehlen die Anführungszeichen, trotzdem ist das Zitat deutlich als fremder Text zu erkennen.

Wenn Sie die Gedanken eines anderen Autors eher sinngemäß wiedergeben, müssen Sie das nicht wie ein wörtliches Zitat (ggf. mit Anführungszeichen) formatieren. Die Quelle muss aber angegeben werden. Seien Sie vorsichtig mit Zitaten »aus zweiter Hand«, sie könnten fehlerhaft sein. Versuchen Sie stets, die originale Quelle zu finden, denn manchmal erscheinen Zitate im ursprünglichen Zusammenhang in einem anderen Sinn als in der Sekundärquelle ersichtlich.

Fügen Sie jede Quelle, aus der Sie zitieren, sofort zu Ihrem Literaturverzeichnis hinzu. So manche wissenschaftliche Arbeit wurde schon abgewertet, weil der Beurteiler gerade die eine für ihn interessante Quelle nicht im Literaturverzeichnis fand!

In diesem Buch konnten Sie sich bereits über verschiedene Möglichkeiten der Literaturverwaltung informieren. Hier nun einige Hinweise zu den Quellennachweisen. Es gibt die Kurzbelege im Text, die ausführlichen Belege in den Fußnoten und die Angaben im Literaturverzeichnis. In manchen Fachdisziplinen genügt es, im Text eine Nummer in Klammern anzugeben, die auf die entsprechende Quelle im Literaturverzeichnis weist. Häufig besteht der Kurzbeleg aus dem Namen des Autors, dem Jahr der Veröffentlichung und der Seitenzahl. Beispiel: »So findet man in nahezu allen Reformschulen folgende Merkmale (Skiera 1990, S. 11)«. Es ist auch üblich, noch ein Komma einzufügen (Skiera, 1990, S. 11). Wird der Autor im Text namentlich erwähnt, fügen Sie einfach eine Klammer mit der Jahreszahl und der Seitenzahl hinzu. Wenn Sie von einem Autor mehrere Quellen aus demselben Jahr zitieren, können Sie einen kleinen Buchstaben an die Jahreszahl anhängen. Beispiel: »Die verschiedenen Ansätze der reformpädagogischen Bewegung sind nach einer These von Huber (1997b, S. 39) durch das Prinzip der Integration miteinander verwandt.« Zitieren Sie aus derselben Quelle direkt noch einmal, fügen Sie einfach (ebd., S. 133) ein.

Es kann auch sinnvoll sein, nur das Erscheinungsjahr anzugeben: »… weder in sich so einheitlich noch gegenüber der Geschichte zuvor so abgeschlossen und eindeutig abgegrenzt, wie es bisher meist angenommen wurde (z.B. bei Röhrs 1994; Scheibe 1982; Flitner/Kudritzki 1982).« Wenn Sie eine Quelle von zwei oder drei Autoren zitieren, geben Sie alle Namen an, mit Schrägstrich oder Semikolon getrennt. Bei mehr als drei Autoren genügt es, den ersten Autor mit »u. a.« zu nennen, im Literaturverzeichnis jedoch alle Namen anzugeben: z. B. (Pfeffer u. a. 1998) für folgende Quelle:

Pfeffer, Martin; Vogt, Jürgen; Eckart-Bäcker, Ursula, Nolte, Eckhardt (Hrsg.): Systematische Musikpädagogik oder: die Lust am musikpädagogisch geleiteten Nachdenken: eine Festgabe für Hermann J. Kaiser zum 60. Geburtstag. Augsburg: Wißner 1998.

Ob Sie für die Quellennachweise Kurzbelege im Text oder Fußnoten verwenden, richtet sich nach Ihrem Geschmack, vor allem aber nach den Vorgaben der Fakultät oder des Verlages. Für eine meiner Veröffentlichungen waren Fußnoten erwünscht. Hier habe ich den Quellennachweis in abgekürzter Form eingegeben, während im Literaturverzeichnis die ausführlichen Angaben standen.

Manche Verlage bevorzugen Fußnoten. Hier kann man den Quellennachweis in abgekürzter Form eingeben …

1 → Dethlefs-Forsbach, Beate Christiane: *Fächerübergreifender Unterricht aus der Sicht des Faches Musik.* Baltmannsweiler 2005; Forsbach, Beate: *Fächerübergreifender Musikunterricht.* 2. Aufl., Augsburg 2010. ¶

2 → Helms, Sigmund; Schneider, Reinhard; Weber, Rudolf: *Lexikon der Musikpädagogik.* Kassel 2005. ¶

3 → Heukäufer, Norbert (Hg.): Musik-Methodik. *Handbuch für die Sekundarstufe I und II.* Berlin 2007. ¶

4 → Günther, Ulrich: *Schulmusikunterricht – weiter wie bisher?* In: Pfeffer u. a. (Hg.) 1998, S. 329-347. ¶

… während er im Literaturverzeichnis vollständig erscheint.

Dethlefs-Forsbach, Beate Christiane: *Fächerübergreifender Unterricht aus der Sicht des Faches Musik. Eine historisch-systematische Untersuchung von Theorien und Praxen sowie der Entwurf eigener Modelle und einer Konzeption des fächerübergreifenden Unterrichts mit Musik.* Baltmannsweiler 2005

Forsbach, Beate: *Fächerübergreifender Musikunterricht. Konzeption und Modelle für die Unterrichtspraxis.* 2. Aufl., Augsburg 2010

Literaturverzeichnis

Das Literaturverzeichnis steht in der Regel am Ende der Arbeit und enthält alle Quellen, die Sie in Ihrem Text verwendet haben. Sie können das Literaturverzeichnis kapitelweise oder für die gesamte Arbeit anlegen. Sie können auch eine eigene Datei dafür anlegen. Wenn Sie Ihre Quellen im *Quellenmanager* von *Word* gesammelt haben, können Sie das Literaturverzeichnis mit einem Klick auf *Literaturverzeichnis* in der Gruppe *Verweise* auf der Registerkarte *Dokumentelemente* im Menüband erzeugen. Auch mit einem Literaturverwaltungsprogramm wie z. B. *Bookends* können Sie das Literaturverzeichnis leicht erstellen.

In der Vorlage *Seminararbeit* ist ein Literaturverzeichnis vorbereitet, das Sie mit den Angaben Ihrer Quellen füllen können. Ändern Sie den Aufbau der Quellenangaben nach Ihren Wünschen bzw. den Vorgaben ab.

Das abgebildete Literaturverzeichnis zeigt verschiedene Möglichkeiten in der Formatvorlage *Literaturverzeichnis*.

Die Vorlage »Seminararbeit« enthält auch eine Vorlage für das Literaturverzeichnis.

Literaturverzeichnis

Nachname, F. (Datum). Dolor Sit Amet. *Lorem Ipsum*, 1 - 10.

Nachname, F. (Datum). *Lorem Ipsum Dolor Sit Amet*. Ort: Verlag.

Nachname, F. (Datum). Lorem Ipsum Dolor Sit Amet. *Duis sed elit ante*, S. 10-20.

Ändern Sie die Formatvorlage »Literaturverzeichnis« nach Ihren Wünschen ab.

Literaturverzeichnis

Eco, Umberto: *Wie man eine wissenschaftliche Abschlussarbeit schreibt*. 13. Auflage, UTB 2010

Hahner, Markus; Scheide, Wolfgang; Wilke-Thissen, Elisabeth: Wissenschaftliche(s) Arbeiten mit Word 2010, Microsoft Press, Köln: O'Reilly Verlag 2011

Knigge-Illner, Helga: Der Weg zum Doktortitel. Strategien für die erfolgreiche Promotion. Aktualisierte und erweitere Auflage. Campus Verlag, Frankfurt/Main 2009

Kruse, Otto: *Keine Angst vor dem leeren Blatt. Ohne Schreibblockaden durchs Studium*. 12., völlig neu bearbeitete Auflage, Campus Verlag, Frankfurt/Main 2007

Nicol, Natascha; Albrecht, Ralf: Wissenschaftliche Arbeiten schreiben mit Word 2010. 7., aktualisierte Auflage, Addison-Wesley Verlag, München 2011

Seimert, Winfried (2010): Wissenschaftliche Arbeiten mit Microsoft 2010, bhv Praxis

Seiwert, Lothar: Das neue 1 x 1 des Zeitmanagements, 32. aktualisierte Auflage, Gräfe und Unzer Verlag, München 2010

Seiwert, Lothar: Noch mehr Zeit für das Wesentliche. Zeitmanagement neu entdecken. Ariston Verlag, Kreuzlingen/München 2006

Wenn Sie Ihr Literaturverzeichnis selber anlegen und alle Quellen dort eintragen wollen, fügen Sie es am besten als neues Kapitel an. Verwenden Sie für die Überschrift die Formatvorlage der Kapitelüberschriften. Falls das Literaturverzeichnis keine Kapitelnummer erhalten soll, bilden Sie eine neue Formatvorlage ohne Nummerierung, die auf der Formatvorlage *Überschrift 1* basiert.

Wählen Sie »Überschrift 1« in der Liste der Formatvorlagen und klicken auf »Neue Formatvorlage«.

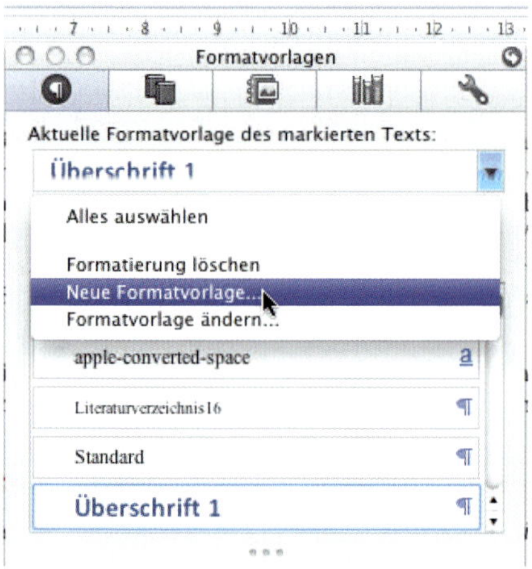

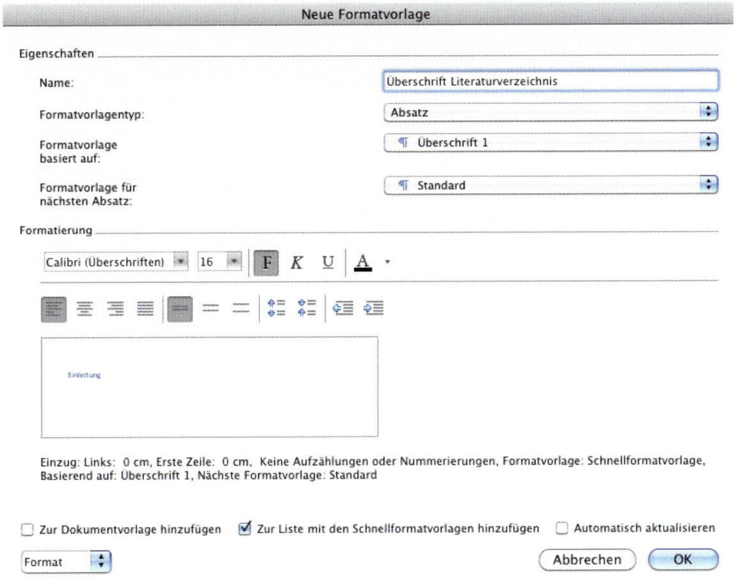

Übernehmen Sie die Definition der »Überschrift 1« und wählen Sie »Ohne« im Fenster »Nummerierung und Aufzählungszeichen«.

Um das Literaturverzeichnis fertigzustellen, sollten Sie es abschließend alphabetisch sortieren. Dazu markieren Sie alle Literaturangaben mit der Maus, oder Sie klicken im Menü *Bearbeiten* | *Alles markieren*, falls sich das Literaturverzeichnis in einer eigenen Datei befindet. Nun klicken Sie auf die Schaltfläche *Sortieren* in der Gruppe *Absatz* auf der Registerkarte *Start*. Wählen Sie die Einstellung mit dem Sortierschlüssel für den Typ *Text*, um die Absätze aufsteigend zu sortieren. Wenn Sie auf *Liste enthält Überschrift* klicken, wird die Überschrift beim Sortieren ausgenommen. Bestätigen Sie mit *OK* und schon ist Ihr Literaturverzeichnis alphabetisch sortiert.

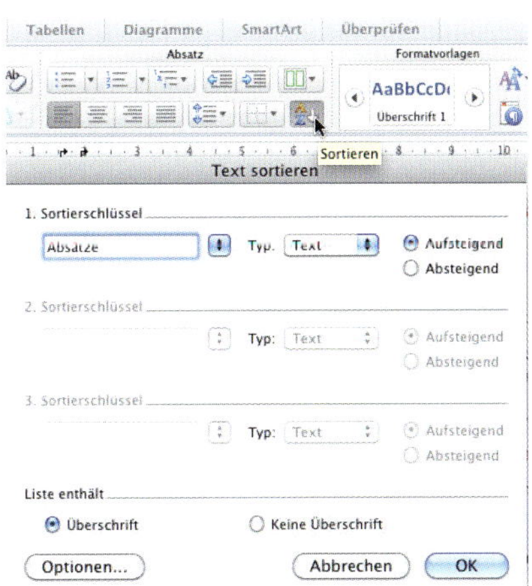

Mit einem Klick auf die Schaltfläche »Sortieren« gelangen Sie zu diesem Dialogmenü. Wählen Sie die Standardeinstellungen und bestätigen Sie mit »OK«.

Formeln

Dieses Buch richtet sich vor allem an Studenten der Geistes- und Sozialwissenschaften, so dass sich die Anleitung zum Einfügen von mathematischen Formeln auf einfache Grundlagen beschränken kann. Auf der Registerkarte *Dokumentelemente* finden Sie die Gruppe *Mathematik*. Über das kleine Dreieck auf der Schaltfläche öffnet sich ein Auswahlmenü mit einigen gebräuchlichen Formeln. Mit einem Klick auf *Neue Formel einfügen* oder einfach auf das Formelsymbol öffnet sich die neue Registerkarte *Formeltools*. Hier können Sie eine häufig verwendete mathematische Formel auswählen und in Ihren Text einfügen.

Hier können Sie einige gebräuchliche Formeln finden und neue Formeln einfügen.

Mit einem Klick auf das Formelsymbol rechts oben …

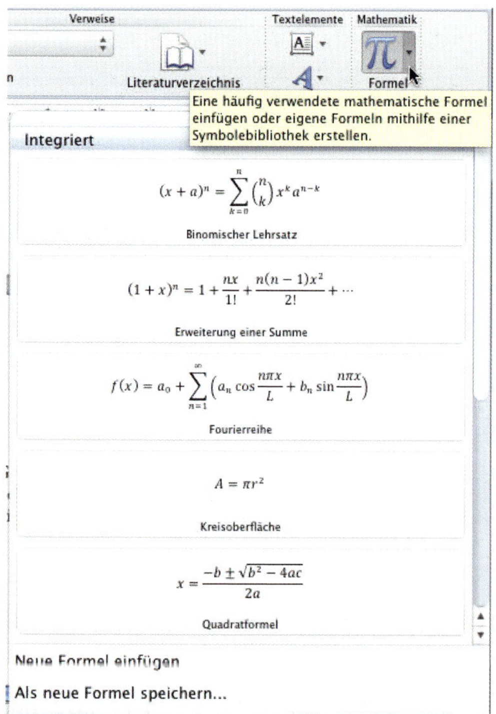

… öffnet sich die Registerkarte »Formeltools«, auf der sich Formeln und Symbole finden.

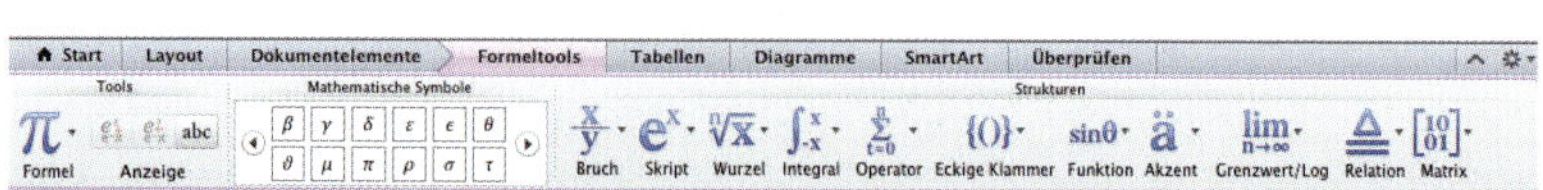

In der Gruppe *Mathematische Symbole* finden Sie eine reiche Auswahl an Symbolen unterschiedlicher Art, die Sie per Klick in Ihren Text einfügen können. Neben den eigentlichen mathematischen Symbolen finden Sie z. B. griechische Klein- und Großbuchstaben, relationale und binäre Operatoren, Pfeile und geometrische Zeichen.

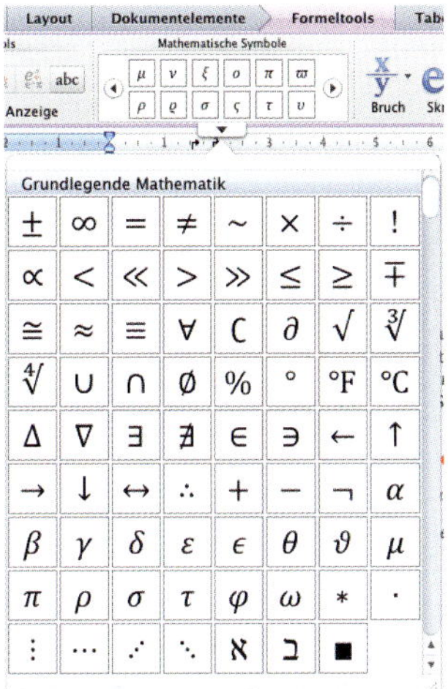

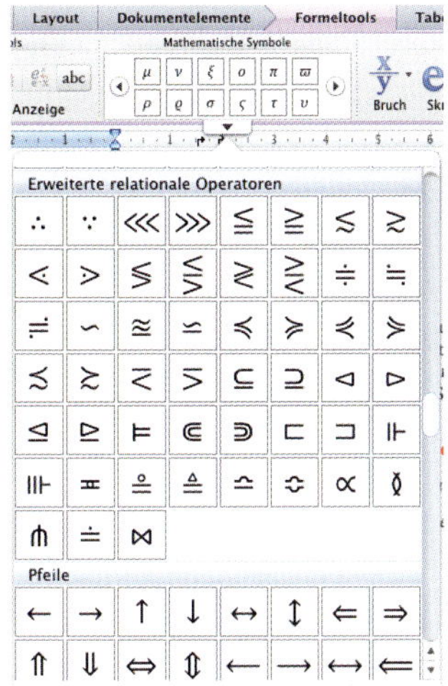

Hier öffnet sich ein Auswahlmenü mit zahlreichen mathematischen Symbolen.

Und im Auswahlmenü (rechtes Bild) finden Sie noch weitere Gruppen von Symbolen.

Um zu zeigen, wie man Formeln in den Text einfügen kann, wählen wir ein einfaches Beispiel: Sie fügen die folgende Gleichung mit Brüchen ein:

$$\frac{a}{b}+\frac{c}{d}=\frac{e}{f}$$

Nach dem Klick auf *Dokumentelemente* und das Formelsymbol erscheint in Ihrem Text ein neues Feld mit der Aufforderung: *Geben Sie hier eine Formel ein.* Nach einem Klick auf das Bruch-Symbol öffnet sich ein Auswahlmenü mit verschiedenen Bruch-Darstellungen. Wählen Sie gleich die Erste aus und geben Sie Buchstaben für Zähler und Nenner ein. Möchten Sie jetzt ein Plus-Zeichen setzen, würde das neben dem Nenner erscheinen. Betätigen Sie bitte einmal die Pfeiltaste nach rechts, und schon erscheint das Pluszeichen direkt neben dem Bruchstrich.

Klicken Sie noch einmal das Bruch-Symbol und fügen Sie die gewünschten Buchstaben ein. Um das Gleichheitszeichen zu setzen, klicken Sie wieder die Pfeiltaste nach rechts. Nun können Sie den dritten Bruch eingeben und Ihre Formel ist fertig.

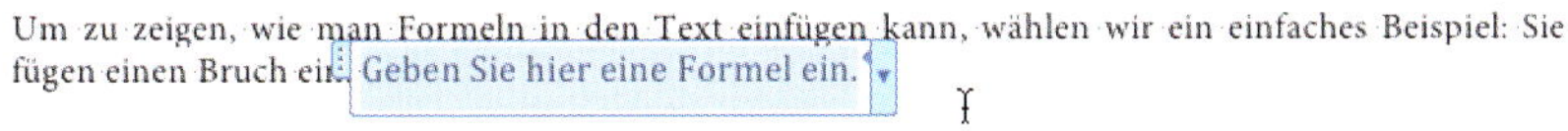

Das Feld für die Formel erscheint direkt nach dem Klick auf »Dokumentelemente« und das Formelsymbol.

Klicken Sie auf das Bruch-Symbol und wählen Sie die gewünschte Darstellung.

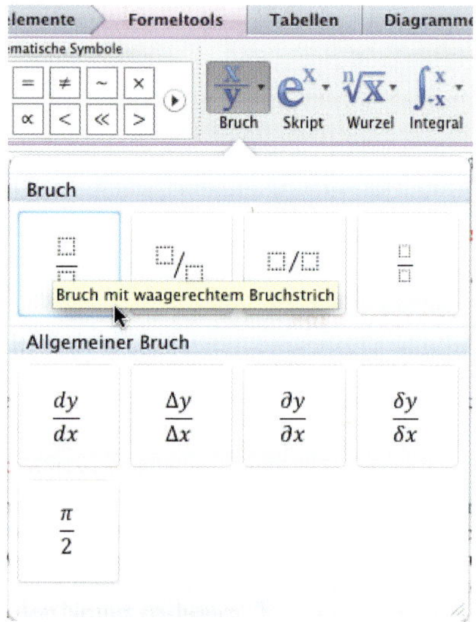

Links: Setzen Sie die gewünschten Buchstaben ein; leider erscheint das Plus-Zeichen nun neben dem Nenner.

Mitte: Nach einem Klick auf die Pfeiltaste nach rechts taucht das Plus-Zeichen nun aber an der richtigen Stelle auf.

Rechts: Für die richtige Position des Gleichheitszeichens betätigen Sie noch einmal die Pfeiltaste nach rechts.

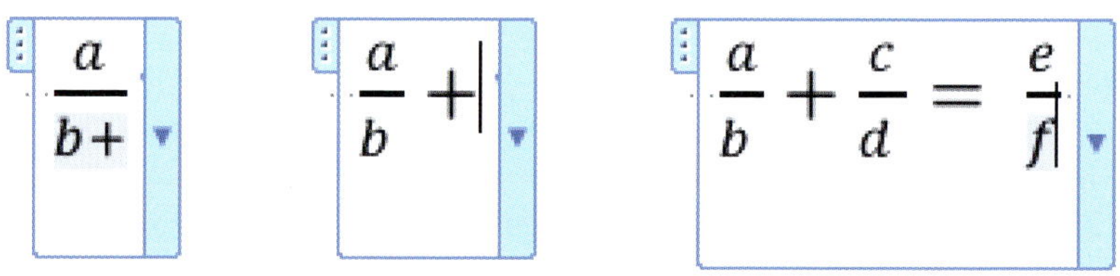

Wenn Sie Ihre Formel in den laufenden Text einbauen wollen, sollten Sie darauf achten, dass die Formel nicht zu komplex wird. *Word* verändert nämlich die Zeilenabstände, damit die Formel gut sichtbar ist. Falls Ihre Formel nicht komplett sichtbar ist, verändern Sie bitte die Einstellung des Zeilenabstands über das Menü *Format* | *Absatz* von *Genau* auf *Einfach*.

Damit die Formel im Text sichtbar ist, verändert Word die Zeilenabstände.

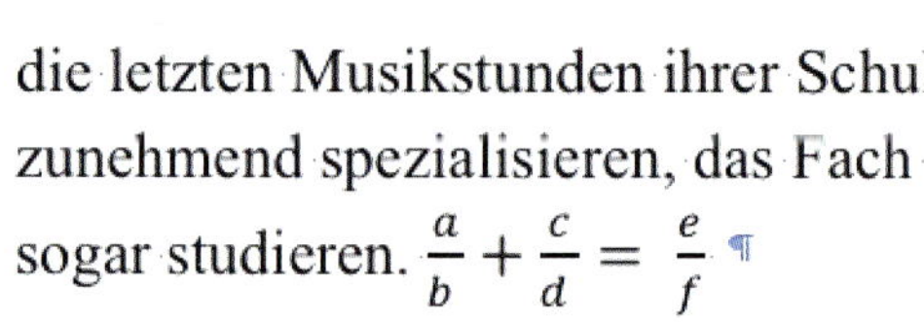

Falls Ihre Formel nicht komplett sichtbar ist …

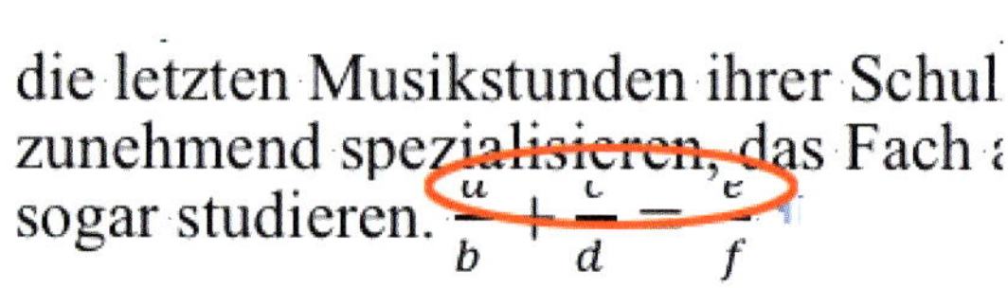

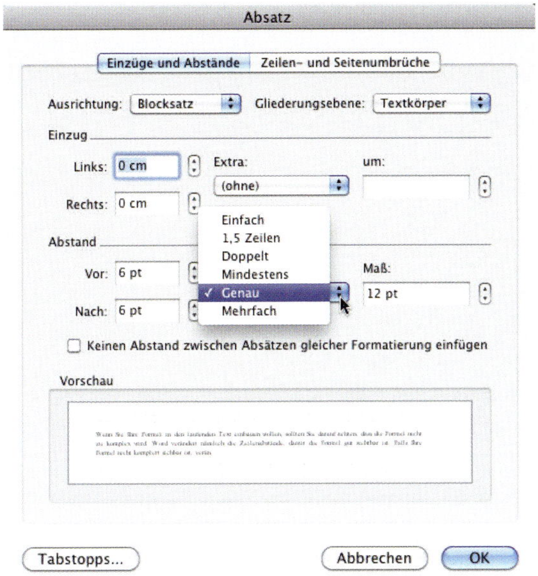

… verändern Sie bitte den Zeilenabstand im Menü »Format | Absatz« von »Genau« auf »Einfach«.

Die Formeln werden standardmäßig in der Schriftart *Cambria Math* angezeigt. Um die Formatierung Ihres Textes auch auf die Formel zu übertragen, klicken Sie im rechten Mausmenü auf *Schriftart* und stellen Sie die passende Schriftart ein.

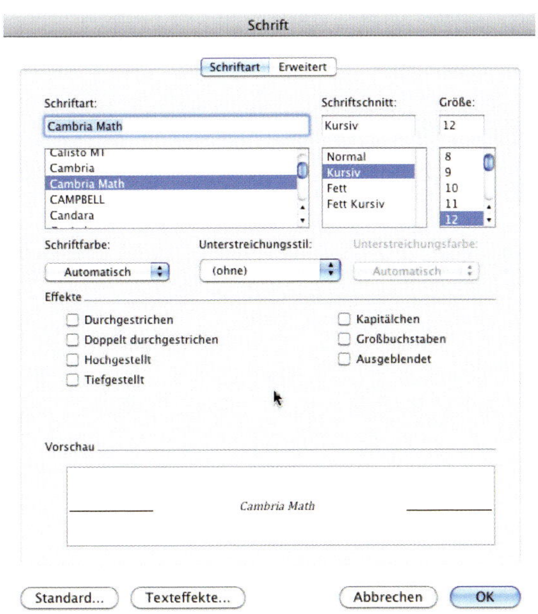

Sie können die Formel in der gewünschten Schriftart formatieren.

Abschluss und Ausblick

Nun haben Sie das Layout Ihre Arbeit gestaltet. Bitte überprüfen Sie das Layout Ihres Textes unter folgenden Kriterien:

- Sind alle Überschriften einheitlich formatiert und nummeriert?
- Sind alle Fußnoten und Literaturverweise einheitlich gestaltet?
- Sind alle Abbildungen und Tabellen beschriftet?
- Sind die Seitenzahlen vorhanden?

Sie haben an einigen Beispielen erfahren, wie Sie vorhandene Formatvorlagen ändern können. Nun sind Sie hoffentlich in der Lage, andere Formatvorlagen zu verändern und anzupassen. Falls noch Fragen offen geblieben sind, verweisen wir auf die bereits genannten Bücher zu *Word 2011*.

Bevor Sie nun die Endfassung Ihrer Arbeit erstellen, kommt eine wichtige Arbeitsphase: Das Korrekturlesen. Damit beginnt das nächste Kapitel, in dem Sie auch erfahren, wie Sie Ihre Arbeit abschließen und druckfähig machen.

Abschluss: Von der Endfassung bis zur Publikation

Korrektur lesen

Nachdem Sie das Layout Ihrer wissenschaftlichen Arbeit gestaltet haben, folgt das Korrekturlesen. In dieser Arbeitsphase überarbeiten Sie den Text nicht mehr, sondern überprüfen ihn auf mögliche Fehler. Während der Überarbeitung haben Sie sicher auch schon Fehler verbessert, aber vielleicht auch wieder neue Fehler produziert. Denn jede Änderung des Textes bietet eine gute Möglichkeit dazu!!

Meist ist es angebracht, dass jemand anders Korrektur liest – vor allem, wenn Sie nicht die Zeit haben, Ihren Text ein paar Wochen ruhen zu lassen. Als Autor des Textes ist man meist ein wenig »textblind« und übersieht die eigenen Fehler. Bitten Sie Ihren Lektor darum, beim Lesen nur die Fehler anzumerken, ohne besonders auf den Inhalt des Textes einzugehen. Vielleicht haben Sie das gleiche Glück wie ich, dass Ihr Lektor beim Überprüfen auch noch offensichtliche Unklarheiten entdeckt.

Rechtschreib- und Grammatikprüfung

Word bietet Ihnen mit der Rechtschreib- und Grammatikprüfung eine komfortable Hilfe, um Ihren Text selber nach Fehlern zu durchsuchen. Dieses nützliche Programm läuft im Hintergrund und zeigt Ihnen Rechtschreibfehler rot unterstrichen und Grammatikfehler grün unterstrichen an. Da *Word* dazu ein eigenes Wörterbuch benutzt, sind auch die meisten Fachbegriffe rot markiert. Diese können Sie für Ihre Arbeit zum Wörterbuch hinzufügen.

Um einen Fehler zu korrigieren, klicken Sie mit der rechten Maustaste auf ein rot unterstrichenes Wort und wählen im Kontextmenü das richtige Wort aus. Ist ein Fachbegriff rot unterstrichen, klicken Sie im Kontextmenü auf *Hinzufügen*, um diesen Begriff ins Wörterbuch aufzunehmen. Sie können sich auch dafür entscheiden, den Fehler an dieser Stelle oder im gesamten Dokument zu ignorieren. Das macht z. B. Sinn, wenn es sich um ein häufig verwendetes Wort in einer anderen Sprache handelt.

Klicken Sie mit der Maus auf das rot markierte Wort und dann auf die rechte Maustaste, um das korrekte Wort auszuwählen.

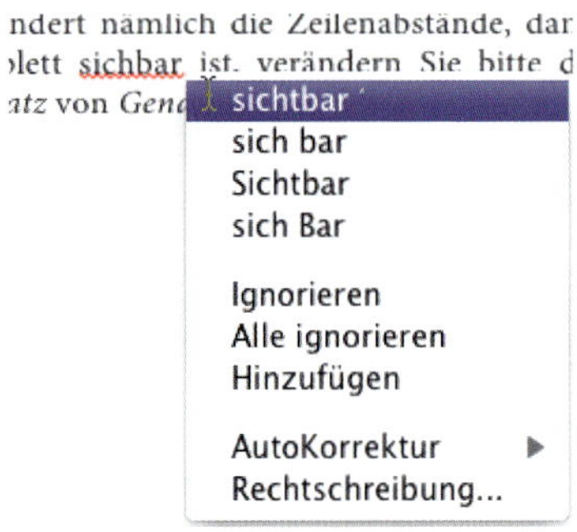

Um einen Begriff zum Wörterbuch hinzuzufügen, klicken Sie im rechten Mausmenü auf »Hinzufügen«.

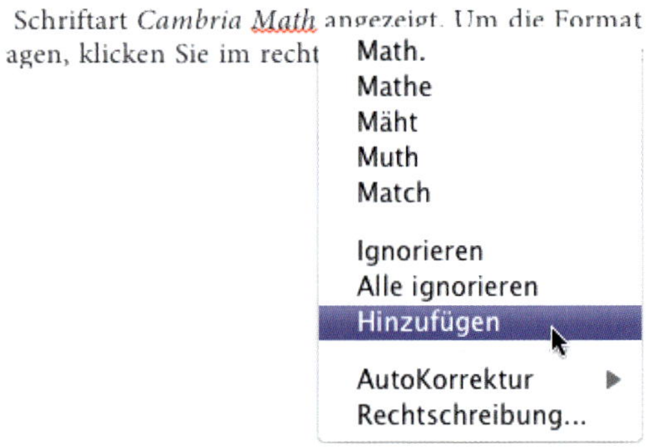

Um einen Grammatikfehler zu korrigieren, gehen Sie wie bei der Rechtschreibprüfung vor. Klicken Sie in den grün unterstrichenen Bereich und wählen Sie einen der Vorschläge, *Ignorieren* oder *Grammatik*. Wie das Beispiel zeigt, macht *Word* nicht immer einen Vorschlag. Nach einem Klick auf *Grammatik* öffnet sich ein Dialogfenster, in dem Sie den Text ändern können, die grüne Markierung verschwindet dann.

Wenn ein Verbesserungsvorschlag fehlt, müssen Sie selber ans Werk: Word zeigt Ihnen, wenn Sie richtig liegen. Denn die grüne Markierung verschwindet dann.

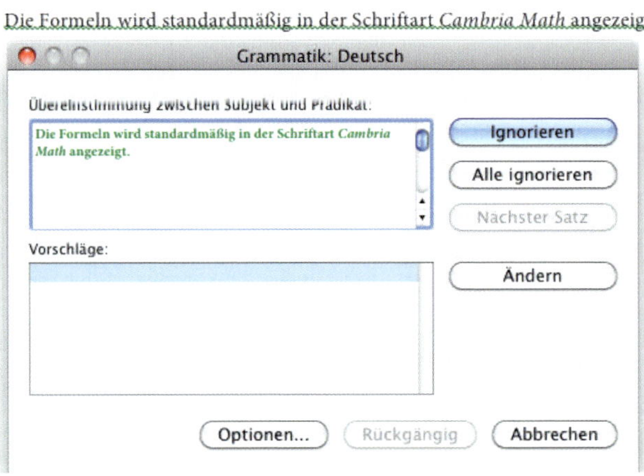

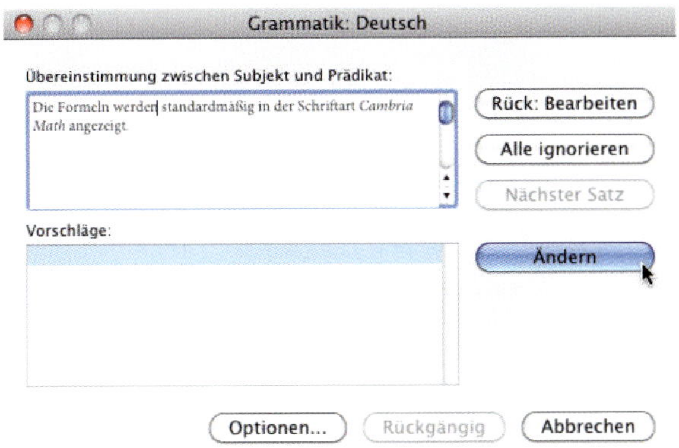

Klicken Sie auf »Ändern« und schon ist Ihr Fehler behoben.

Nach einem Klick auf *Optionen* öffnet sich ein Dialogfenster, in dem Sie verschiedene Einstellungen zu Rechtschreibung und Grammatik vornehmen können. Zu demselben Fenster gelangen Sie auch auf dem Weg über das *Word*-Menü: Klicken Sie auf *Word | Einstellungen* und im *Auswahlfenster* auf *Rechtschr./Grammatik*.

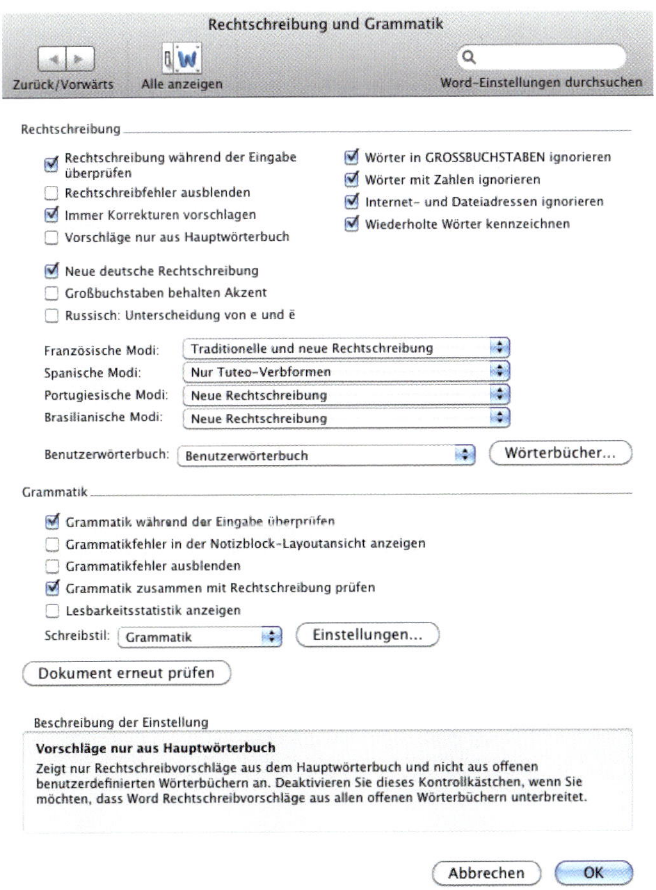

Hier können Sie Einstellungen für Rechtschreibung und Grammatik vornehmen.

Zu den Einstellungen gelangen Sie über »Word | Einstellungen«.

Klicken Sie hier auf »Rechtschr./Grammatik«.

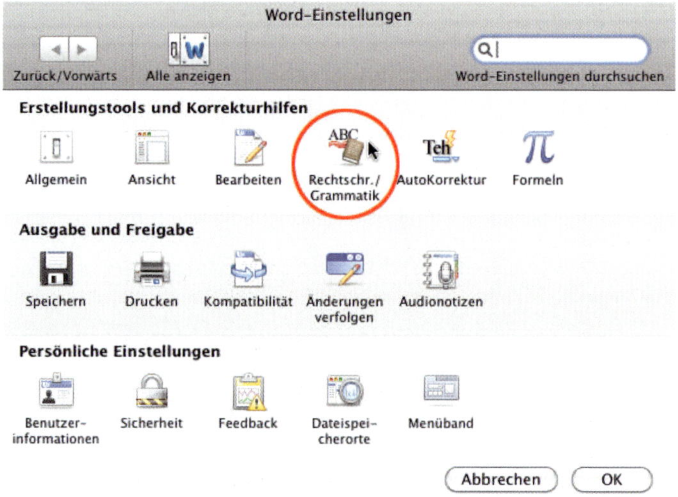

Sie können Ihre *Word*-Dokumente in verschiedenen Sprachen abfassen. Damit *Word* die passenden Wörterbücher verwendet, sollten Sie die Sprache für das gesamte Dokument oder einen Teil davon einstellen. Klicken Sie auf *Extras* | *Sprache* und wählen Sie die betreffende Sprache aus.

Wählen Sie die passende Sprache, damit Word die Fehler leichter erkennen kann.

Silbentrennung

Zum Korrekturlesen gehört auch die Überprüfung der *Silbentrennung*, die vor allem für das Aussehen Ihres Textes verantwortlich ist. Auch hier bietet *Word* Ihnen eine Unterstützung an. Klicken Sie auf der Registerkarte *Layout* in der Gruppe *Textlayout* auf die Schaltfläche *Silbentrennung*, es öffnet sich ein Dialogfenster. Sie können die Silbentrennung automatisch durchführen lassen und festlegen, ob *Word* die Wörter in Großbuchstaben trennen soll oder nicht.

Die Einstellung der *Silbentrennzone* bezieht sich auf Texte, die linksbündig geschrieben werden. Damit soll erreicht werden, dass der Leerraum zwischen der letzten Silbe und dem rechten Seitenrand möglichst klein ist. Es ist sinnvoll, die Anzahl der aufeinanderfolgenden Trennstriche zu begrenzen. Es sieht nicht besonders gut aus, wenn in einem Absatz alle Zeilen mit einer Trennung enden. Auf der anderen Seite sollte man – gerade im Blocksatz – auch nicht ganz auf die Silbentrennung verzichten. Denn wenn die Worte gleichmäßig über eine Zeile verteilt werden, kann es zu größeren Lücken kommen. Dann sollten Sie zumindest nachträglich einige Worte manuell trennen.

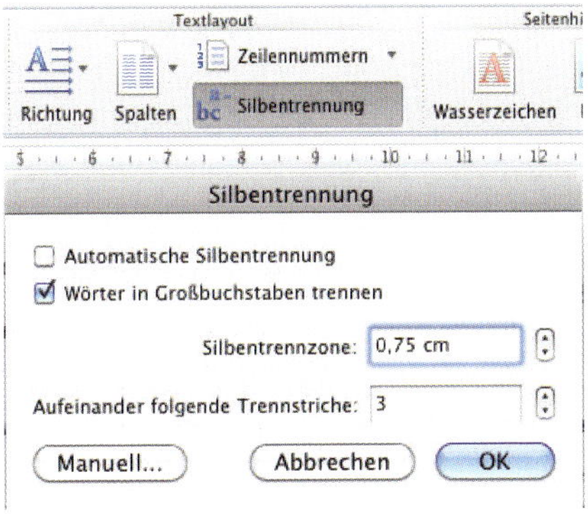

Hier können Sie einstellen, ob und wie Word trennen soll.

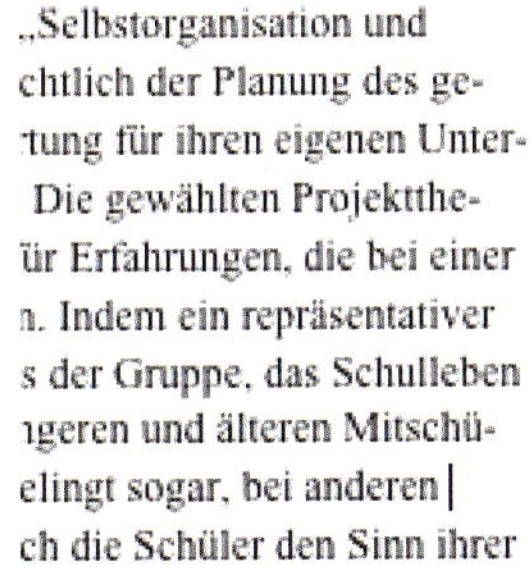
„Selbstorganisation und
chtlich der Planung des ge-
tung für ihren eigenen Unter-
Die gewählten Projektthe-
ür Erfahrungen, die bei einer
n. Indem ein repräsentativer
s der Gruppe, das Schulleben
ngeren und älteren Mitschü-
elingt sogar, bei anderen
ch die Schüler den Sinn ihrer

Die Silbentrennzone ist nur für den linksseitigen Satz relevant.

Ohne Silbentrennung kann der Text im Blocksatz viele »Lücken« aufweisen.

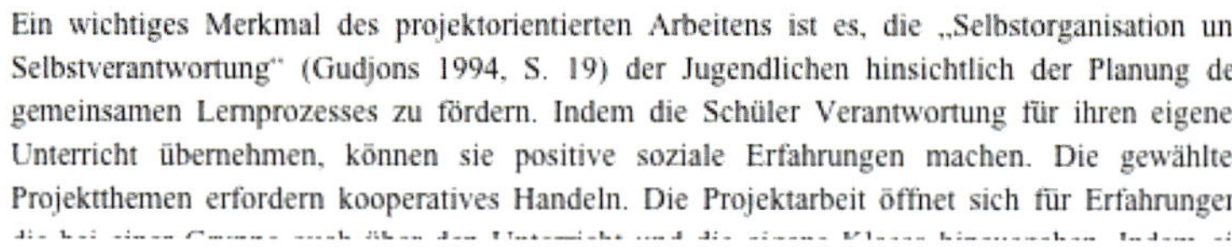
Ein wichtiges Merkmal des projektorientierten Arbeitens ist es, die „Selbstorganisation und Selbstverantwortung" (Gudjons 1994, S. 19) der Jugendlichen hinsichtlich der Planung des gemeinsamen Lernprozesses zu fördern. Indem die Schüler Verantwortung für ihren eigenen Unterricht übernehmen, können sie positive soziale Erfahrungen machen. Die gewählten Projektthemen erfordern kooperatives Handeln. Die Projektarbeit öffnet sich für Erfahrungen,

Um ein Wort manuell zu trennen, markieren Sie es, klicken auf die Schaltfläche *Silbentrennung* und dann im Silbentrennungsfenster auf *Manuell. Word* liefert Ihnen einen Vorschlag für die Trennung des betreffenden Wortes. Sie können diese oder eine andere Trennung wählen und mit *Ja* bestätigen, mit *Nein* ablehnen oder das Ganze abbrechen. Denn manchmal kann es doch ratsam sein, einen Blick in den Duden zu werfen.

Bestätigen Sie den Trennvorschlag mit »Ja« oder lehnen Sie ihn ab oder wählen Sie eine andere Trennung aus. Wenn Sie zuerst im Duden nachschauen wollen, klicken Sie auf »Abbrechen«.

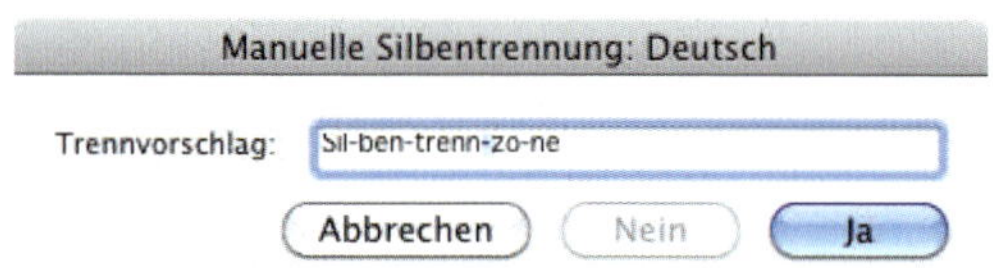

Nun folgen noch ein paar spezielle Tipps für die Silbentrennung. Fügen Sie einen *geschützten Trennstrich* ein, wenn Sie eine Wortkombination (z. B. Projekt-Leitung) am Zeilenende auf keinen Fall trennen wollen. Fügen Sie den geschützten Trennstrich mit der Tastenkombination ⌘ + ⇧ + - (*cmd-*, Umschalt- und Minus-Taste) ein. Oder klicken Sie in der Menüleiste auf *Einfügen | Symbol | Erweitertes Symbol* und wählen Sie in der Liste der *Sonderzeichen* den geschützten Trennstrich aus. Falls die Schaltfläche *Anzeige* in der Standardsymbolleiste aktiviert ist, können Sie den geschützten Trennstrich erkennen; falls nicht, erscheint er wie ein normaler Bindestrich.

Fügen Sie den geschützten Trennstrich über das Menü »Einfügen | Symbol | Erweitertes Symbol | Sonderzeichen« ein.

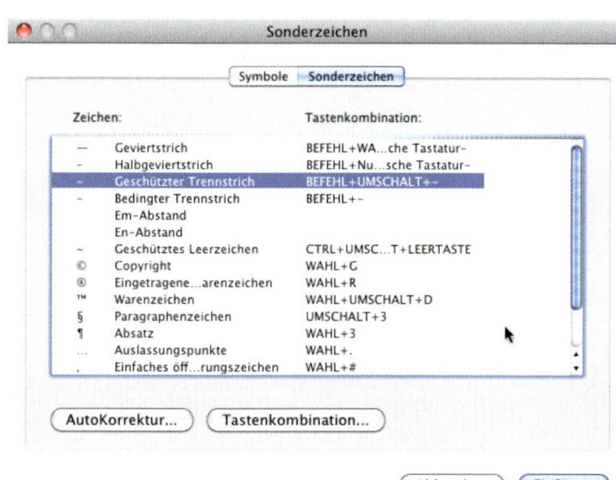

Fügen Sie ein *geschütztes Leerzeichen* ein, falls zwei Worte auf keinen Fall getrennt werden sollen, z. B. »S. 43« oder »z. B.«. Fügen Sie das geschützte Leerzeichen mit der Tastenkombination *ctrl* + ⇧ + ⎵ (also *ctrl*-, Umschalt- und Leerschritt-Taste) ein oder wählen Sie es in der Liste der Sonderzeichen aus. Falls die Schaltfläche *Anzeige* in der Standardsymbolleiste aktiviert ist, können Sie das geschützte Leerzeichen erkennen; falls nicht, erscheint einfach eine Lücke.

Fügen Sie *bedingte Trennstriche* ein, um *Word* die von Ihnen gewünschte Trennung vorzuschlagen. Die Trennung wird nur bei Bedarf durchgeführt, ansonsten werden die Trennstriche ignoriert. Fügen Sie den bedingten Trennstrich mit der Tastenkombination ⌘ + - (*cmd*- und Minustaste) ein. Oder klicken Sie in der Menüleiste auf *Einfügen* | *Symbol* | *Erweitertes Symbol* und wählen Sie in der Liste der *Sonderzeichen* den bedingten Trennstrich aus. Falls die Schaltfläche *Anzeige* in der Standardsymbolleiste aktiviert ist, können Sie den bedingten Trennstrich erkennen; und eben falls nicht, sehen Sie ihn nicht.

Geschützter·Trennstrich:·Projekt-Leitung¶

Geschütztes·Leerzeichen:·S.°43·oder·z.°B.¶

Bedingter·Trennstrich:·Tasten¬kombi¬nation¶

So sehen die geschützten Trennstriche, die geschützten Leerzeichen und die bedingten Trennstriche bei aktivierter Anzeige der nicht druckbaren Zeichen aus …

Geschützter Trennstrich: Projekt-Leitung

Geschütztes Leerzeichen: S. 43 oder z. B.

Bedingter Trennstrich: Tastenkombination

… und so bei nicht aktivierter Anzeige.

Überprüfen der Literaturangaben

Beim Korrekturlesen sollten Sie unbedingt einen Arbeitsgang für die Literaturangaben einlegen. Viele Gutachter von Prüfungsarbeiten, aber auch die Leser Ihres Buches, legen Wert darauf, dass zu jedem Literaturhinweis die ausführlichen bibliographischen Angaben im Literaturverzeichnis erscheinen. Umgekehrt sollten Sie Ihr Literaturverzeichnis daraufhin überprüfen, ob wirklich jede dort aufgeführte Quelle im Text erscheint.

Nur wenn Sie eine Bibliographie bzw. eine Auswahlbibliographie anlegen, können dort weitere Quellen zu Ihrem Thema enthalten sein. Beim Suchen kann Ihnen Ihr Mac nützlich sein: Kopieren Sie den Autorennamen im Kurzbeleg und setzen Sie ihn in die Suchmaske in der Datei mit Ihrem Literaturverzeichnis ein.

Über die Suchmaske können Sie jeden Namen und jedes Wort in dem Dokument finden.

Noch einfacher kann diese Überprüfung manuell erfolgen – vor allem, wenn Sie einen lieben und geduldigen Partner haben, der die genannten Literaturangaben im Verzeichnis markiert. So merken Sie auch gleich, ob Sie im Literaturverzeichnis Quellen angegeben haben, die im Text gar nicht vorkommen, z. B. weil Sie später eine Passage gelöscht haben.

Endfassung erstellen

Nun fehlen nur noch einige wichtige Elemente, bevor Sie die Endfassung Ihrer Arbeit druckreif erstellen können: ein Deckblatt, ein Inhaltsverzeichnis, Verzeichnisse der Abbildungen und Tabellen. Für Prüfungsarbeiten ist außerdem eine eidesstattliche Versicherung erforderlich, die Sie bitte unbedingt vor Abgabe Ihrer Arbeit handschriftlich unterschreiben! Der Text wird in der Regel von der Hochschule vorgegeben. Weiter können Sie ein Vorwort mit Danksagung, eine Widmung, ein Nachwort und ein Personen- und Sachregister hinzufügen.

Deckblatt

Jede Arbeit braucht ein Deckblatt, auf dem bestimmte Informationen stehen müssen. Richten Sie sich bitte nach den Vorgaben Ihrer Schule oder Hochschule. Neben den Angaben von Titel, Untertitel, Art der Arbeit, Fakultät, Hochschule oder Schule und Name des Autors sind – oft auf der zweiten Seite – auch die Namen von Betreuer und Ko-Referent sowie Dekan und das Datum der Prüfung üblich.

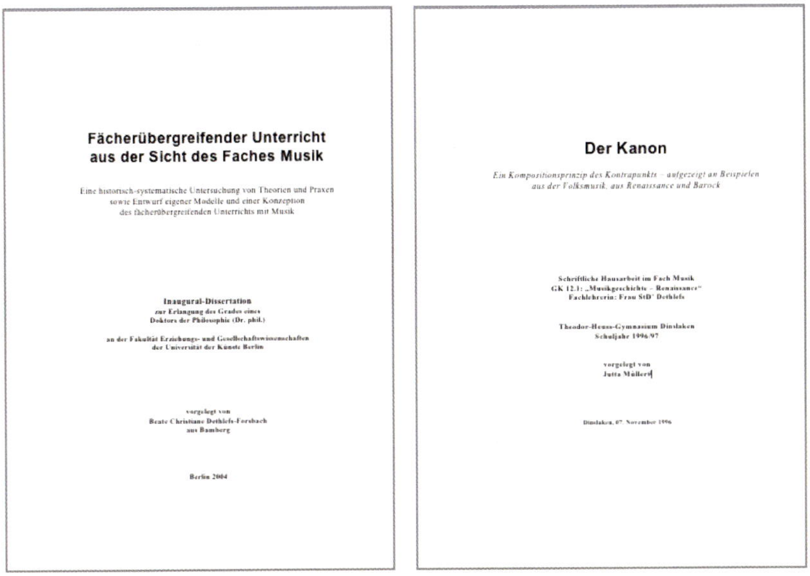

Zwei Beispiele für ein Deckblatt.

Im letzten Kapitel haben Sie bereits erfahren, wie Sie das Deckblatt der Dokumentvorlage *Seminararbeit* verwenden und bearbeiten können. *Word* bietet Ihnen eine Auswahl von weiteren Deckblättern: Klicken Sie dazu im Menüband auf der Registerkarte *Dokumentelemente* in der Gruppe *Seiten einfügen* auf die Schaltfläche *Deckblatt*. Es öffnet sich eine Auswahl von fertig formatierten Deckblättern, von denen Sie eines per Klick auswählen können.

Öffnen Sie die Auswahl an Deckblättern per Klick auf die Schaltfläche »Deckblätter« auf der Registerkarte »Dokumentelemente«.

Beispiel für ein Deckblatt aus der »Word«-Auswahl – über die Schaltfläche oben links können Sie die Seitenzahlen formatieren und das Deckblatt wieder entfernen.

Falls Sie ein eigenes Layout erstellen müssen, wählen Sie bitte *Text zentrieren* in der Gruppe *Absatz* auf der Registerkarte *Start*. Ordnen Sie den Text nach Ihren Wünschen an und verwenden Sie unterschiedliche Formatierungen für Titel, Untertitel und die sonstigen Angaben. Um die Zeilenumbrüche nach Ihren Wünschen zu gestalten, verwenden Sie für die Zeilenwechsel die Kombination ⇧ - ↵ (also Umschalt-Taste und Zeilenschalter).

Beispiel für eine Formatierung des Deckblatts – fügen Sie mit Umschalt-Taste und Zeilenschalter erzwungene Zeilenwechsel ein.

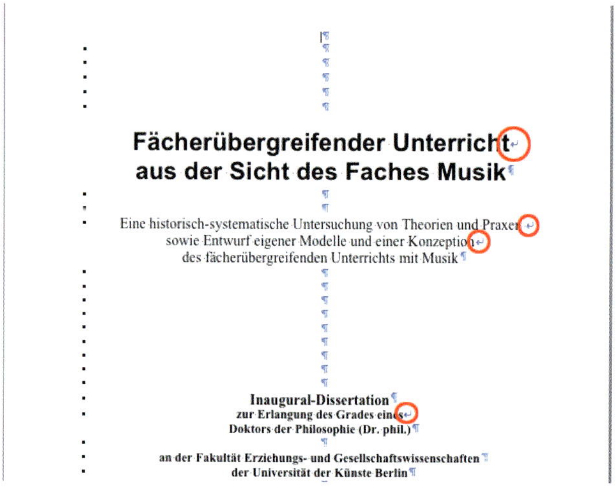

Inhaltsverzeichnis

Nun sollten Sie ein Inhaltsverzeichnis für Ihre Arbeit erstellen. Falls Sie die einzelnen Kapitel in verschiedenen Dateien abgespeichert haben, kopieren Sie sie bitte zunächst in eine Datei für die gesamte Arbeit und kontrollieren Sie, ob die Seitenzahlen durchgängig korrekt sind.

Das Inhaltsverzeichnis wird normalerweise vor dem Vorwort, der Einleitung bzw. dem ersten Kapitel eingefügt. Fügen Sie hier einen *Abschnittsumbruch* ein, indem Sie auf der Registerkarte *Dokumentelemente* in der Gruppe *Seiten einfügen* auf die Schaltfläche *Umbruch* klicken und unter *Abschnittsumbrüche* die Option *Nächste Seite* auswählen. Setzen Sie nun den Cursor vor diesen Abschnittsumbruch.

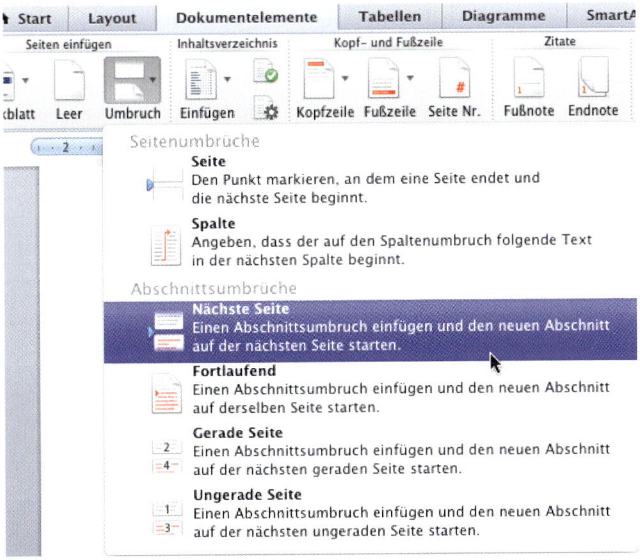

Trennen Sie das Inhaltsverzeichnis durch einen Abschnittsumbruch vom Haupttext ab.

Nun können Sie eine der Formatvorlagen von *Word* für das Inhaltsverzeichnis verwenden. Klicken Sie auf *Einfügen* in der Gruppe *Inhaltsverzeichnis* auf der Registerkarte *Dokumentelemente* im Menüband. Es öffnet sich ein Auswahlmenü, aus dem Sie das gewünschte Inhaltsverzeichnis per Klick wählen können. Mit der Taste *Inhaltsverzeichnis aktualisieren* können Sie *Word* veranlassen, das gesamte Inhaltsverzeichnis oder nur die Seitenzahlen zu aktualisieren.

Klicken Sie in der Gruppe »Inhaltsverzeichnis« auf die Schaltfläche »Einfügen« und wählen Sie die gewünschte Formatvorlage.

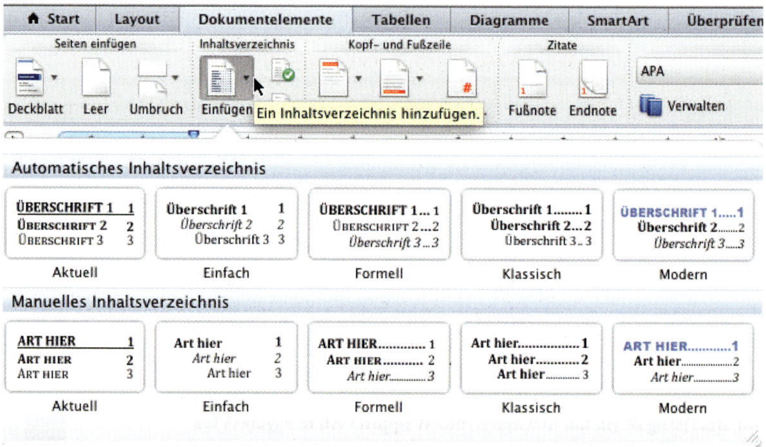

Mit einem Klick aktualisiert Word das gesamte Inhaltsverzeichnis oder nur die Seitenzahlen.

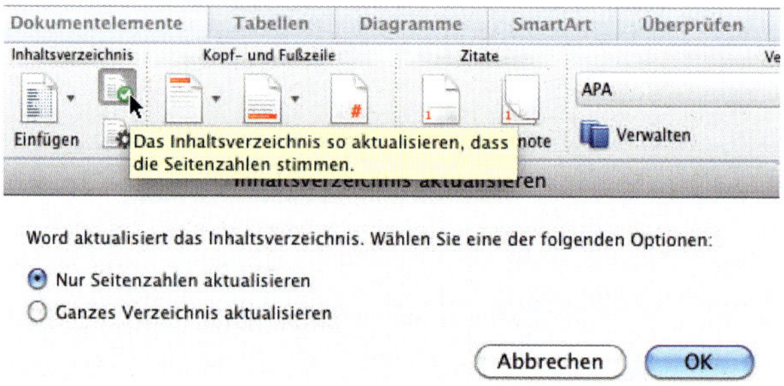

Mit der dritten Schaltfläche in der Gruppe *Inhaltsverzeichnis* gelangen Sie in ein Dialogfenster, in dem Sie die Optionen für das Format des Inhaltsverzeichnisses, die Seitenzahlen und die Tab-Füllzeichen festlegen können. Legen Sie fest, wie viele Ebenen und ob die Seitenzahlen angezeigt werden sollen. Über die Schaltfläche *Optionen* gelangen Sie in ein Auswahlmenü für die im Inhaltsverzeichnis verwendeten Formatvorlagen.

Wählen Sie den Stil des Inhaltsverzeichnisses und weitere Optionen.

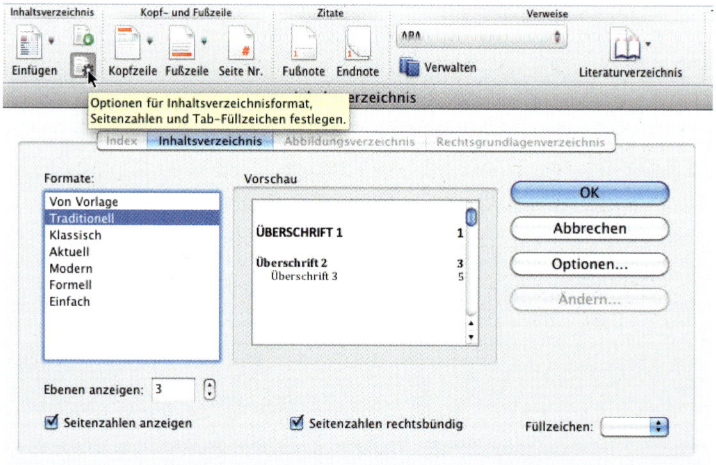

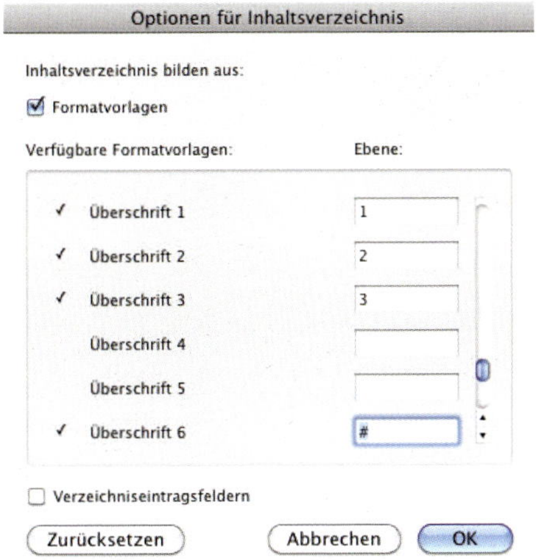

Wählen Sie die Formatvorlagen (meist die drei ersten Überschriftebenen), aus denen das Inhaltsverzeichnis bestehen soll.

Verwenden Sie für die Überschrift des Inhaltsverzeichnisses die Formatvorlage der Kapitelüberschriften. Da das Inhaltsverzeichnis keine Kapitelnummer erhält, bilden Sie eine neue Formatvorlage ohne Nummerierung, die auf der Formatvorlage *Überschrift 1* basiert (wie im vorigen Kapitel für das Literaturverzeichnis beschrieben).

Nun müssen Sie noch festlegen, welche Seitenzahlen im Inhaltsverzeichnis vorkommen sollen. In einem Buch zählt man die Seiten von der ersten bedruckten Seite, dem so genannten *Schmutztitel* aus, (auch wenn dort noch keine Seitenzahlen erscheinen). In einer wissenschaftlichen Arbeit zählt man meist vom Deckblatt aus. Soll Ihre Arbeit aber als Buch gedruckt werden, sollten Sie die Seitenzahlen bereits wie in einem Buch anlegen. Manchmal wird das Inhaltsverzeichnis mit römischen Zahlen nummeriert, Sie sollten es dann als gesonderten Abschnitt vom übrigen Text unterscheiden. Wenn Sie durchgehende (arabische) Seitenzahlen verwenden möchten, richten Sie das entsprechend ein.

Um festzulegen, dass die Anzeige der Seitenzahlen mit dem Inhaltsverzeichnis beginnen soll, klicken Sie auf die Schaltfläche *Seite Nr.* in der Gruppe *Kopf- und Fußzeile* auf der Registerkarte *Dokumentelemente*. Legen Sie *Position* und *Ausrichtung* fest und ob die Seitenzahl auf der ersten Seite erscheinen soll. Dann klicken Sie auf *Format* und tragen unter *Seitennummerierung* ein, mit welcher Seitenzahl die Zählung beginnen soll.

Legen Sie fest, ob die Seitenzahlen in der Kopf- oder Fußzeile und in welcher Ausrichtung erscheinen sollen, und ob die erste Seite nummeriert werden soll.

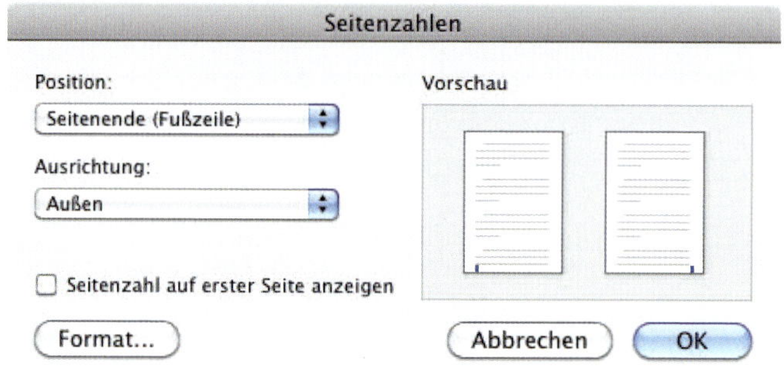

Legen Sie fest, mit welcher Seitenzahl die Nummerierung beginnen soll.

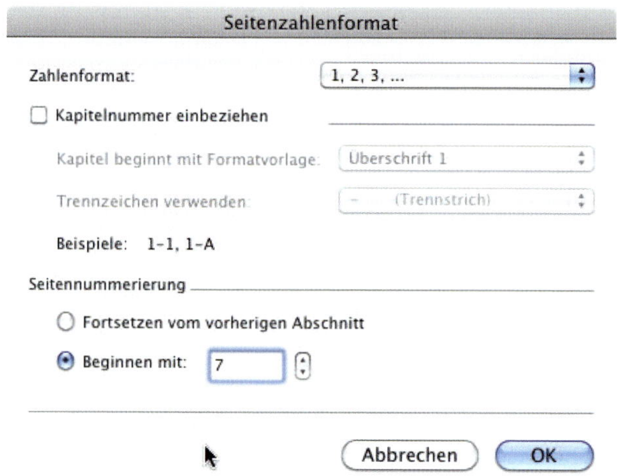

Wenn Ihre Arbeit später als Buch erscheinen wird, sollten Sie den Aufbau der so genannten *Titelei* entsprechend vornehmen. Die Zählung beginnt normalerweise mit dem so genannten *Schmutztitel,* es folgen der Haupttitel, das Impressum, eventuell eine Widmung und ein Motto.

Das Inhaltsverzeichnis beginnt meist auf der Seite 7, der eigentliche Text auf der Seite 9 oder auf einer späteren ungeraden Seite, je nachdem, wie umfangreich das Inhaltsverzeichnis ist.

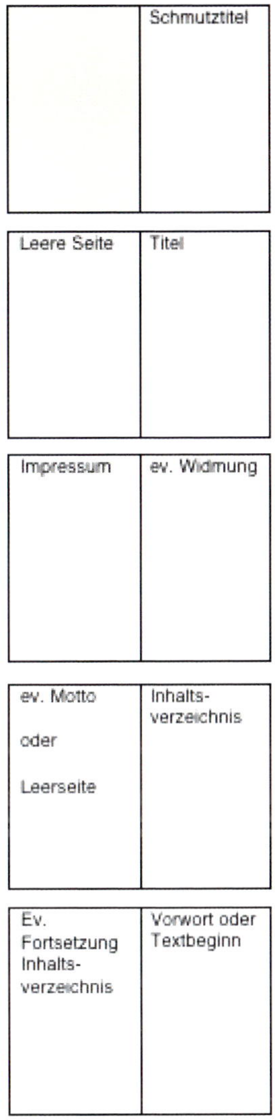

So oder ähnlich könnte die Titelei in Ihrem Buch aufgebaut sein.

Abbildungsverzeichnis, Tabellenverzeichnis

So einfach wie das Inhaltsverzeichnis können Sie auch die Verzeichnisse der Abbildungen, Formeln und Tabellen erstellen. Fügen Sie diese entweder nach dem Inhaltsverzeichnis oder am Ende der Arbeit ein. Voraussetzung ist natürlich, dass Sie alle Abbildungen, Formeln und Tabellen entsprechend beschriftet haben. Fügen Sie nach dem letzten Kapitel der Arbeit einen Abschnittswechsel ein, schreiben Sie die Überschrift *Abbildungsverzeichnis* mit der Formatvorlage ohne Nummerierung (vgl. letztes Kapitel: *Literaturverzeichnis*) und platzieren Sie den Cursor hinter der Überschrift.

Nun klicken Sie im Menü *Einfügen* auf *Index und Verzeichnisse* und wählen in dem Dialogfenster die Kategorie *Abbildungsverzeichnis.* Legen Sie außerdem fest, ob Abbildungen, Formeln oder Tabellen aufgeführt werden sollen, und wählen Sie ein Format. Klicken Sie an, ob Bezeichnung und Nummer, Seitenzahlen und Füllzeichen angegeben werden sollen. Bestätigen Sie mit *OK.*

Falls daraufhin die Meldung erscheint: »Es konnten keine Einträge für ein Abbildungsverzeichnis gefunden werden«, klicken Sie auf *Optionen* und wählen im folgenden Fenster die Formatvorlage aus, die Sie zur Beschriftung Ihrer Abbildungen verwendet haben.

So erstellen Sie das Abbildungsverzeichnis mit Bezeichnung und Nummer sowie Seitenzahlen.

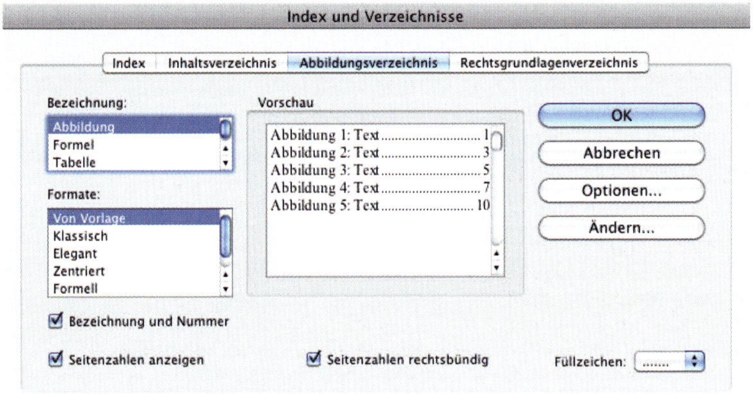

So erstellen Sie das Abbildungsverzeichnis ohne Bezeichnung und Nummer und Seitenzahlen.

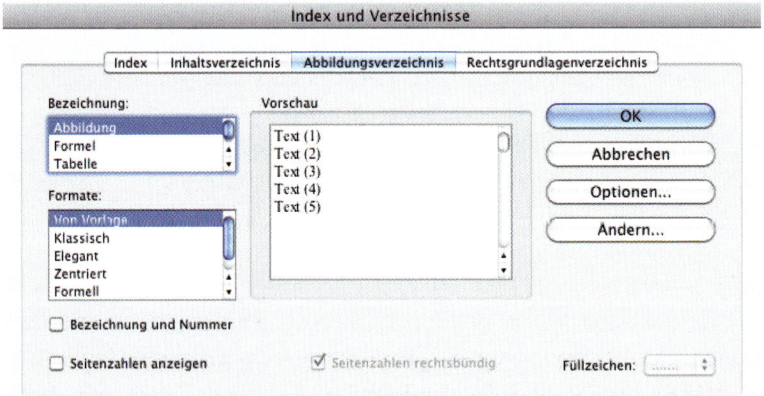

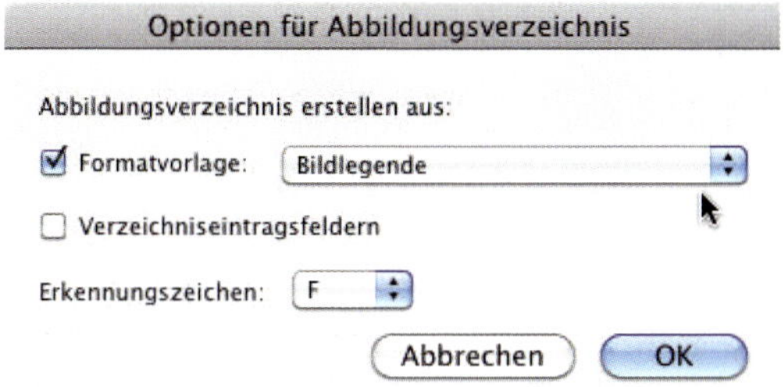

Wählen Sie die Formatvorlage aus, die Sie zum Beschriften Ihrer Abbildungen verwendet haben.

So könnten Ihre Verzeichnisse aussehen …

Verzeichnis der Abbildungen

1. Kompetenzmodell 130
2. Die Rhythmen im unterrichtlichen Lehr- und Lernprozess 140
3. Die „Didaktische Spirale" 143
4. Notwendigkeit/Wirkung fächerübergreifenden Arbeitens 150
5. Ordnung des Lernens 152
6. Fachunterricht, fächerübergreifender Unterricht und außerunterrichtliche Veranstaltungen im Rahmen des Schulprogramms 158

Verzeichnis der Tabellen

1. Differenzierung des fächerübergreifenden Unterrichts nach dem Schul- oder Unterrichtsmodell 160
2. Anzahl der Veröffentlichungen zum fächerübergreifenden Unterricht und Projektunterricht 203
3. Durchschnittliche Publikationszahlen zum fächerübergreifenden Unterricht 206
4. Anzahl der Veröffentlichungen zum fächerübergreifenden Unterricht in den Sekundarstufen 210

Register, Index erstellen

Für die meisten wissenschaftlichen Arbeiten, die im Studium angefertigt werden, ist ein Personen- oder Sachregister nicht unbedingt notwendig. Wenn Sie eine längere Arbeit oder ein wissenschaftliches Buch schreiben, sollten Sie ein Register erstellen. Zu den wichtigen Personen oder Begriffen sind im Register die Seiten angegeben, auf denen etwas dazu zu finden ist.

Word bietet die Möglichkeit, in drei Schritten ein Register bzw. einen Index zu erstellen. Kennzeichnen Sie zunächst alle gewünschten Stichwörter in Ihrem Text als Indexeinträge. Legen Sie ein Format für das Register fest und erstellen Sie das Register. Sie können die angezeigten Indexeinträge auf erster Ebene und auf zweiter Ebene unter einem Oberbegriff einstellen.

Öffnen Sie die Registerkarte »Index« über das Menü »Einfügen | Index und Verzeichnisse«.

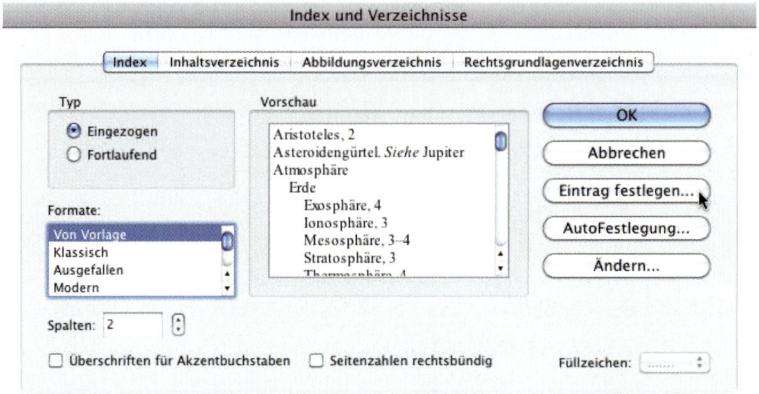

Um die Indexeinträge zu definieren, öffnen Sie die Registerkarte *Index* über das Menü *Einfügen | Index und Verzeichnisse.* Nach einem Klick auf *Eintrag festlegen* öffnet sich das Dialogfenster *Indexeintrag festlegen.* Markieren Sie den gewünschten Begriff im Text und klicken Sie auf das Textfeld *Haupteintrag,* in dem der Begriff nun erscheint. Klicken Sie auf *Markieren,* damit der Begriff an dieser Stelle des Textes im Index erscheint. Sie sehen den Indexvermerk im Text, falls Sie die Anzeige der nicht druckbaren Zeichen eingeschaltet haben. Möchten Sie alle Stellen, an denen der Begriff vorkommt, im Index anzeigen lassen, klicken Sie auf *Alle markieren.* Fügen Sie nach Wunsch einen Untereintrag hinzu – im Indexeintragstext werden dann Haupteintrag und Untereintrag durch einen Doppelpunkt getrennt.

Der markierte Begriff erscheint im Textfeld »Haupteintrag«. Nach einem Klick auf »Markieren« sehen Sie den Indexvermerk im Text.

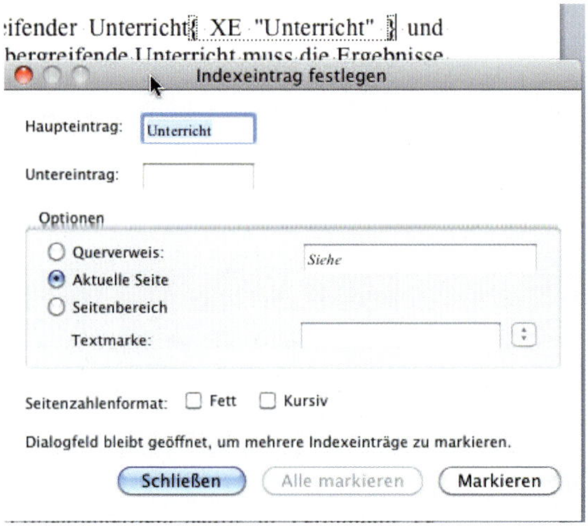

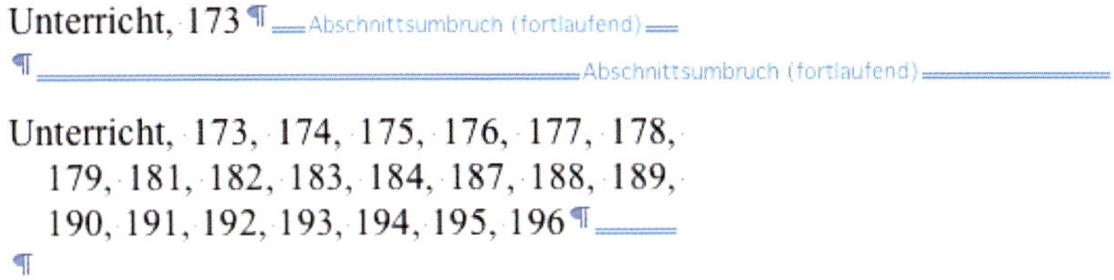

Nach Klick auf »Markieren« erscheint nur die aktuelle Seite im Index. Nach Klick auf »Alle markieren« werden alle Seiten, auf denen der Begriff steht, angezeigt.

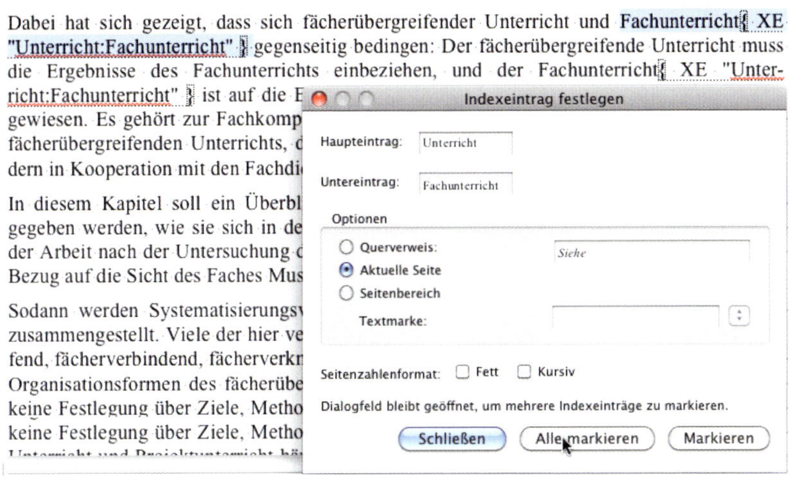

Erstellen Sie einen Haupteintrag und einen Untereintrag, damit die Begriffe im Index auf erster und zweiter Ebene erscheinen. Im Indexeintragstext werden die Ebenen durch einen Doppelpunkt getrennt.

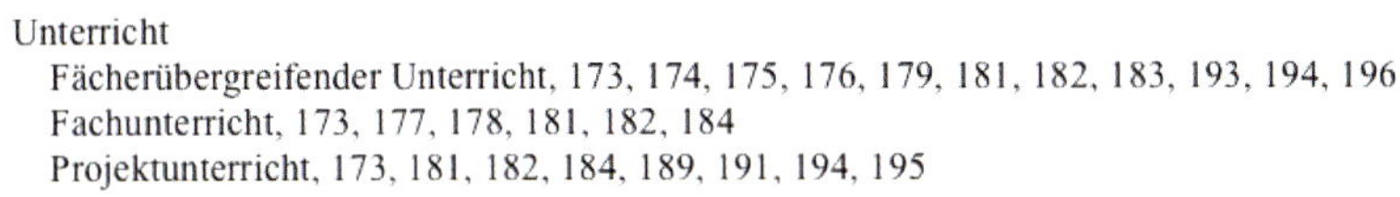

So kann ein Haupteintrag mit Untereinträgen im Register aussehen.

Markieren Sie alle Begriffe, die im Index erscheinen sollen. Lassen Sie dazu das Dialogfenster geöffnet, markieren Sie einen Begriff im Text und klicken Sie in das Textfenster für den Haupteintrag. Der Begriff erscheint im Fenster und Sie können durch Klick auf *Markieren* oder *Alle markieren* bestätigen.

Nun zum zweiten Schritt: Wenn Sie alle Indexeinträge markiert haben, können Sie das Dialogfenster *Indexeintrag festlegen* schließen. Setzen Sie den Cursor an die Stelle im Dokument, an der das Register erscheinen soll. Klicken Sie im Menü *Einfügen* auf *Index und Verzeichnisse* und dann auf die Registerkarte *Index*. Dort wählen Sie den Typ, das Format und die Anzahl der Spalten. Mit einem Klick auf *OK* wird das Register erstellt. Es kann passieren, dass ein Begriff in einer anderen Formatierung erscheint, z. B. weil die markierte Textstelle kursiv gesetzt war. Bearbeiten Sie einfach den Indexeintrag und erstellen Sie das Register noch einmal. Es erscheint ein Fenster mit der Frage, ob der vorhandene Index ersetzt werden soll. Bestätigen Sie mit *Ja* und schon erscheint das korrigierte Register.

Wählen Sie den Typ, das Format und die Spaltenzahl und betätigen Sie mit »OK«.

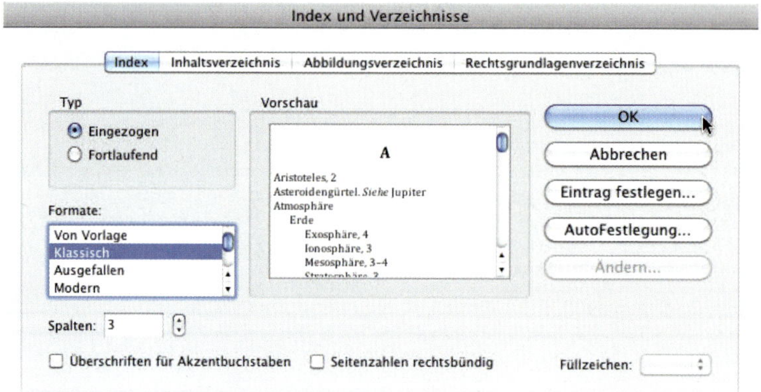

So kann ein dreispaltiges Register vom Typ »Eingezogen« mit der Vorlage »Klassisch« aussehen. Leider erscheint der Begriff »Konzeption« kursiv – das lässt sich ändern …

E

Experte, 190, 192

F

Fähigkeiten, 183, 188, 190, 194, 195, 196, 197

K

Kommunikation, 193
Konzeption, 182, 183, 187, 188, 189, 193, 195, 196, 197, 198
Kooperation, 173, 177, 189, 193, 194, 195, 196, 197

L

Lehrer, 173, 177, 178, 180, 183, 185, 187, 189, 190, 191, 192, 193, 194, 195, 196, 197
Lehrerrolle, 173, 189, 191, 192, 193, 194, 195, 197

M

Musik, 173, 176, 181, 182, 183, 184, 186, 187, 188, 189, 190, 193, 194, 195, 196, 197, 198

P

Perspektivenwechsel, 175, 179, 185, 195, 196
Projektleiter, 192

S

Schüler, 196
Schulreform, 174, 189, 194, 197

T

Teamarbeit, 173, 180, 193, 194, 197

U

Unterricht
  Fächerübergreifender Unterricht, 173, 174, 175, 176, 179, 181, 182, 183, 184, 194, 195, 196, 197
  Fachunterricht, 173, 177, 178, 179, 182, 185
  Projektunterricht, 173, 181, 182, 184, 185, 190, 192, 196
Unterrichtsformen, 173, 179, 182, 189, 191, 192, 193, 195, 196
Unterrichtsplanung, 176, 193

Bearbeiten Sie einfach den Indexeintrag und erstellen Sie das Register noch einmal.

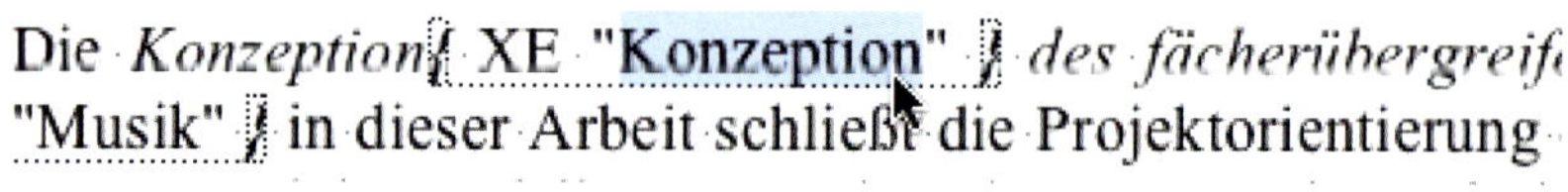

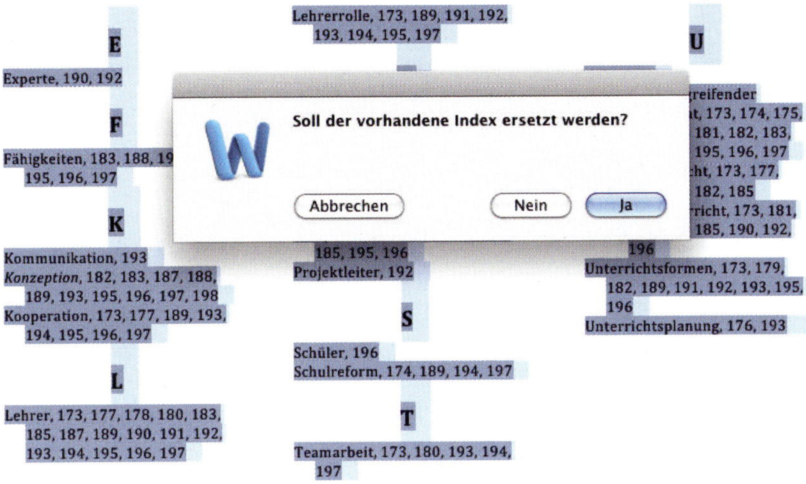

Klicken Sie auf »Ja«, um das bestehende Register zu ersetzen.

Eidesstattliche Versicherung, Danksagung & Co.

Nun haben Sie alle anstrengenden Arbeiten erledigt, können sich entspannt zurücklehnen und darüber nachdenken, wie Sie Ihr Vorwort formulieren. Denn eine Danksagung an die Professoren für die Betreuung der Arbeit, an Partner und Familie für ihre Geduld und Unterstützung, an den besten Freund für das Korrekturlesen sollte nicht fehlen. Sicher fallen Ihnen die passenden Worte ein, denn hierfür gibt es keinerlei Vorschriften. Sie können auch eine Widmung einfügen und/oder ein kurzes Nachwort. Möglicherweise ergänzen Sie diese Texte erst, wenn Sie Ihre Arbeit für den Buchdruck aufbereiten.

Denken Sie bitte auch an die eidesstattliche Versicherung, die für Prüfungsarbeiten erforderlich ist. Der Text wird meistens von der Hochschule vorgegeben. Darunter erfolgt der einzige handschriftliche Text in Ihrer Arbeit: Ihre Unterschrift! Bitte vergessen Sie die nicht.

Beispiel für ein Vorwort in einer Doktorarbeit.

Vorwort

Die vorliegende Arbeit zum *Fächerübergreifenden Unterricht aus der Sicht des Faches Musik* verdankt anderen sehr viel. Angeregt wurde sie durch Herrn Prof. Dr. Siegmund Helms, der einerseits die zukünftige Aktualität des Themas, andererseits aber auch meine persönlichen und beruflichen Interessen frühzeitig erkannt hatte. Ihm danke ich für viele anregende Gespräche während der Vorarbeiten, Hilfen bei der Beschaffung von Materialien sowie die Chance, durch Möglichkeiten zur Publikation und Mitwirkung bei Fachtagungen meine eigenen musikpädagogischen Vorstellungen zu entwickeln und auszuarbeiten.

Für die Idee, nach langen Jahren der Berufstätigkeit als Lehrerin ein Promotionsstudium zu beginnen, danke ich meinem Freund, Herrn Prof. Dr. Ernst Klaus Schneider, ganz herzlich. Er hat mir durch viele befruchtende Gespräche und Diskussionen, kollegialen Austausch und wesentliche Impulse während der Entstehung meiner Arbeit sehr geholfen.

Ganz herzlich bedanke ich mich bei Herrn Prof. Dr. Robert Günther, der mein wissenschaftliches Selbstbewusstsein gestärkt und mich immer wieder bestärkt hat, die Arbeit zu vollenden. Ihm verdanke ich vielfältige Anregungen und wertvolle Materialien für das Unterrichtsprojekt zur brasilianischen Musik.

Eine ganz persönliche Widmung …

In liebevoller Erinnerung an meine Mutter
Eva Dethlefs
(1921 - 1997)

Und in Dankbarkeit

- *für eine schöne Kindheit und Jugend voller Musik,*
- *für eine umfassende Ausbildung und das Studium,*
- *für viele Gespräche über Schule, Erziehung und Unterricht,*
- *für die Erziehung zu Selbständigkeit und Kritikfähigkeit,*
- *dafür, immer wieder bestärkt worden zu sein, den eigenen Weg zu gehen, auch gegen Widerstände,*
- *für die Kraft, dies durchzuhalten,*
- *dafür, gelernt zu haben, Dinge zu ändern, die man ändern kann und Vorgaben zu hinterfragen,*
- *dafür, Liebe und Freiheit als höchste Werte erfahren zu haben.*

Wichtig: Unterschreiben Sie die eidesstattliche Versicherung mit der Hand!

Eidesstattliche Versicherung

Hiermit versichere ich, dass ich die Arbeit ohne unerlaubte fremde Hilfe angefertigt und keine anderen Quellen und Hilfsmittel als die von mir angegebenen benutzt habe. Die Stellen der Arbeit, die den benutzten Werken wörtlich oder inhaltlich entnommen wurden, habe ich als solche kenntlich gemacht.

Berlin, den 28. August 2004

Druck und Abgabe

Nun ist der Zeitpunkt gekommen, Ihre Arbeit abzuschließen und loszulassen. Vielleicht fällt es Ihnen schwer, weil Sie Angst haben, es könnte etwas in Ihrer Arbeit noch nicht gut genug sein. Es soll Doktoranden geben, die ihre Arbeit aus diesem Grunde nie abgegeben haben. Studenten dagegen müssen feste Abgabetermine für ihre Arbeit einhalten. Da kann kurz vor der Abgabe nochmals ein großer Stress entstehen, wenn Sie für den Druck Ihrer Arbeit zu wenig Zeit eingeplant haben. Meist sind einige Ausdrucke erforderlich, bis Sie mit dem Erscheinungsbild Ihrer Arbeit zufrieden sind. Sorgen Sie bitte dafür, dass genug Papier und Druckerfarbe vorhanden sind.

Oft passieren in dieser letzten Phase einige Missgeschicke, von denen man dann noch jahrelang erzählen kann: Mancher altersschwache Drucker hat schon seinen Geist aufgegeben, weil er mehrfach eine Arbeit von 300 Seiten ausdrucken sollte. Als ich die sechs in dunkelrotes Halbleder gebundenen Exemplare meiner Doktorarbeit stolz zu Hause auspackte, fielen die Seiten aus den Umschlägen – der Kopierladen hatte ein wenig zu schnell gearbeitet. Mein Mann schimpfte dann noch, weil ich nicht zu einem richtigen Buchbinder gegangen war.

Doch nun zum Druck Ihrer Arbeit: Sehen Sie Ihre ganze Arbeit zunächst in der Ansicht *Drucklayout* am Bildschirm durch. Sie können die Anzeige des Dokuments vergrößern oder verkleinern, eine ganze Seite oder zwei Seiten gleichzeitig anzeigen lassen. Um Ihre Arbeit zu drucken, können Sie einfach die Schaltfläche *Drucken* anklicken.

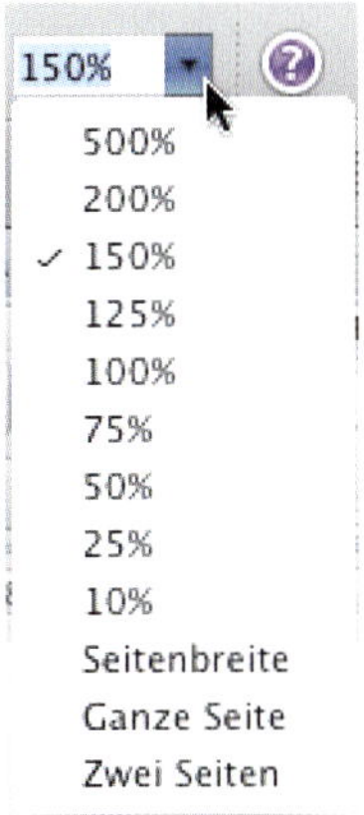

Hier können Sie die Anzeige Ihres Dokuments vergrößern oder verkleinern.

Starten Sie den normalen Ausdruck über die Schaltfläche »Drucken«.

Über das Menü »Datei | Drucken« gelangen Sie zum Dialogfenster »Drucken«.

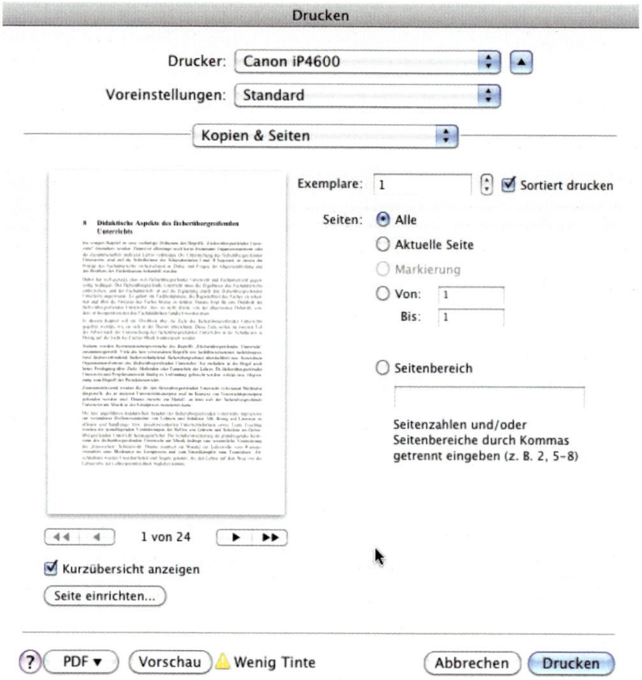

Falls Sie weitere Einstellungen vornehmen möchten, klicken Sie im Menü *Datei* auf *Drucken*. Hier können Sie den aktuellen Drucker und die Anzahl der benötigten Exemplare einstellen. Falls Sie mehrere Exemplare ausdrucken, können Sie die Option *Sortiert* wählen, damit alle Seiten Ihres Textes hintereinander liegen. Außerdem können Sie festlegen, ob Sie alle Seiten, nur die aktuelle Seite, einen markierten Bereich oder einen Bereich mit mehreren Seiten ausdrucken wollen. Sie können z. B. eingeben »von S. 5 bis S. 10«, oder Sie geben im Feld *Seitenbereich* einzelne Seitenzahlen und/oder Seitenbereiche ein, die Sie durch ein Komma trennen.

Geben Sie ein, welcher Seitenbereich gedruckt werden soll.

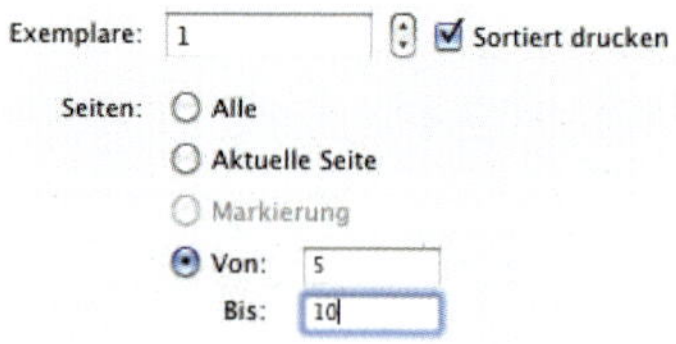

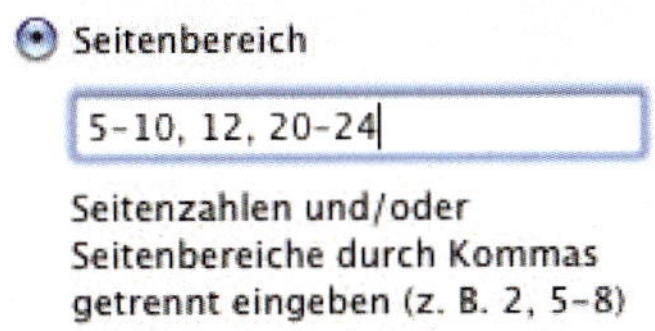

Im Feld »Seitenbereich« können Sie mehrere Seitenzahlen und/oder Seitenbereiche eingeben.

Um Ihre Arbeit doppelseitig auszudrucken, wählen Sie in den Voreinstellungen *Duplexdruck & Rand*. Diese Option erscheint aber nur, wenn Ihr Drucker entsprechend ausgestattet ist. Nach einem Klick öffnet sich ein Dialogfenster für weitere Einstellungen. Wählen Sie *Automatischer Duplexdruck* und drucken Sie Ihr Dokument aus.

Testen Sie die Einstellungen zunächst für einen kleinen Druckbereich, z. B. S. 1-4, bevor Sie das ganze Dokument ausdrucken.

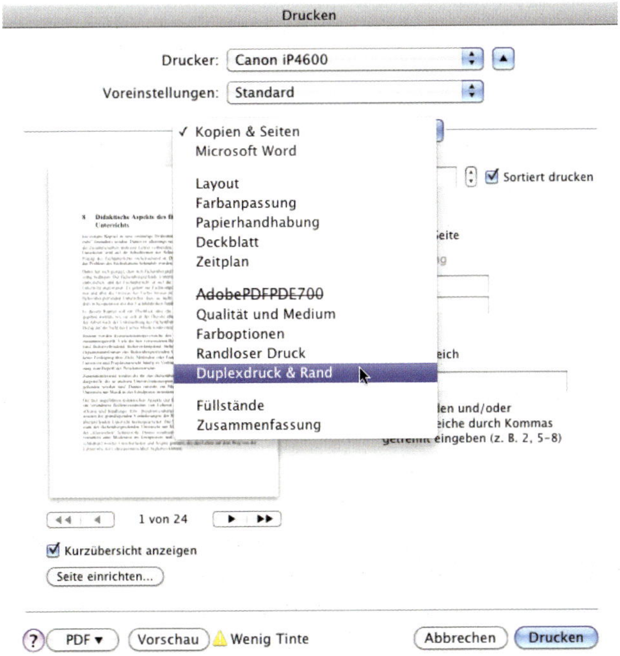

Wählen Sie in den Voreinstellungen »Duplexdruck & Rand«

Klicken Sie »Automatischer Duplexdruck« an und starten Sie den Druck.

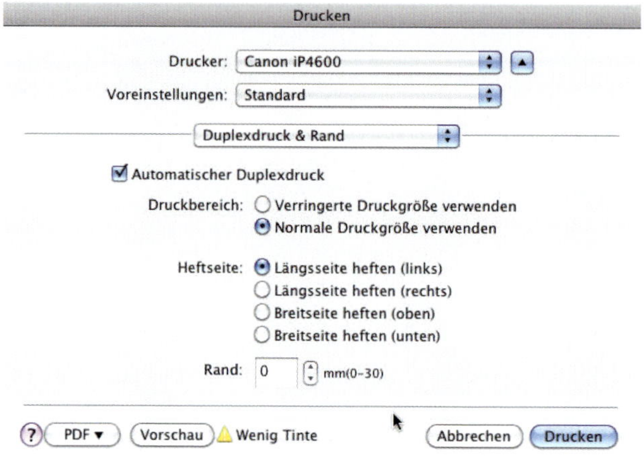

Wenn Ihr Drucker nicht über eine Duplexfunktion verfügt, können Sie Ihr Dokument trotzdem doppelseitig ausdrucken. Wählen Sie *Papierhandhabung* in den Voreinstellungen und drucken Sie zunächst alle ungeraden Seiten aus. Dann legen Sie den Papierstapel wieder ein und drucken alle geraden Seiten aus. Testen Sie auch hier die Einstellungen zunächst mit mindestens vier Seiten!

Falls Ihr Drucker nicht über die Duplex-Funktion verfügt, wählen Sie in den Voreinstellungen »Papierhandhabung«.

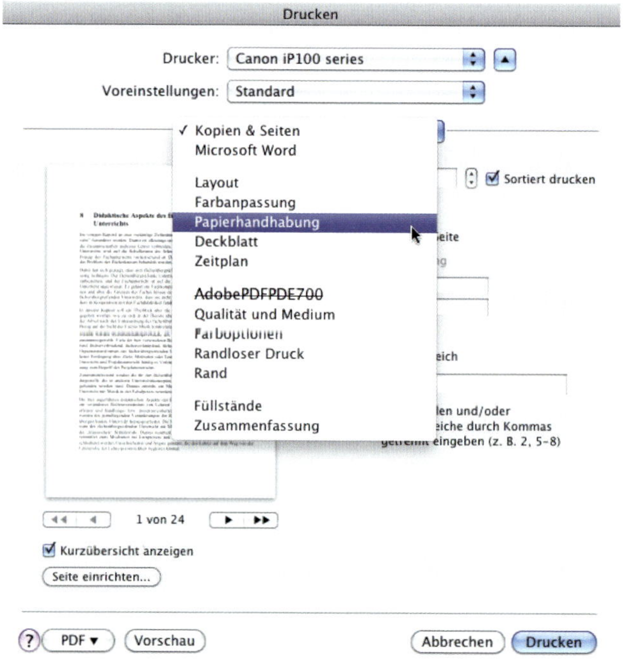

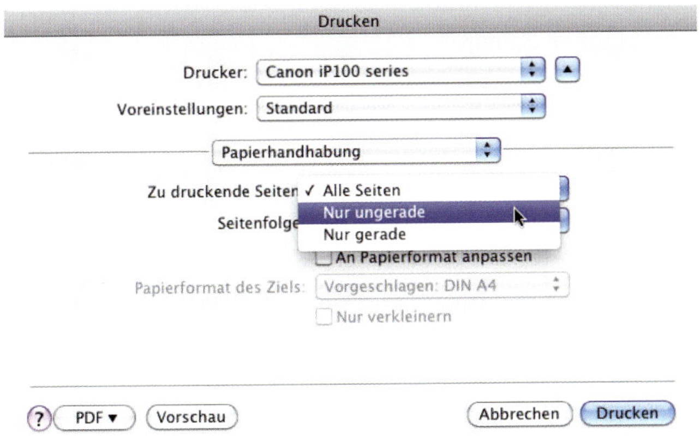

Drucken Sie zunächst alle ungeraden Seiten aus, legen dann den Papierstapel wieder ein und drucken alle geraden Seiten aus.

Es gibt noch ein spezielles *Word*-Druckmenü, mit dem Sie ebenfalls nur die geraden oder die ungeraden Seiten des Dokuments ausdrucken können. Sie können aber auch andere Bereiche Ihres Dokuments ausdrucken, z. B. alle Formatvorlagen. Das ist sehr praktisch für den Fall, dass Sie bestimmte Vorgaben für die Formate bekommen haben. Über die Schaltfläche *Word-Optionen* gelangen Sie zu weiteren Einstellmöglichkeiten für das Drucken von *Word*-Dokumenten.

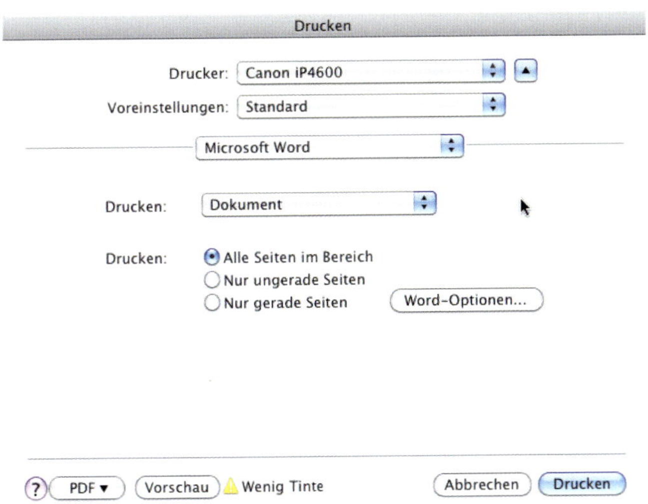

Wenn Sie »Word« in den Voreinstellungen wählen, gelangen Sie zu weiteren Druckoptionen.

Sie können bestimmte Bereiche bzw. Informationen Ihres Dokuments ausdrucken.

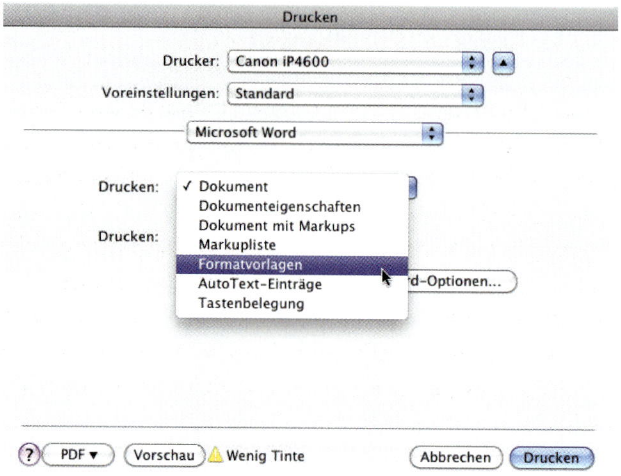

So sieht z. B. ein Ausdruck der Formatvorlagen aus.

Textkörper

Abstand Nach: 6 pt, Formatvorlage: Ausgeblendet, Basierend auf: Standard

Textkörper 2

Abstand Nach: 4 pt, Formatvorlage: Ausgeblendet, Basierend auf: Standard

Überschrift 1

Formatvorlage des nächsten Absatzes: Standard

Schriftart:18 pt, Fett, Unterschneidung ab 14 pt, Einzug: Links: 0 cm, Hängend: 1,24 cm, Links, Abstand Vor: 30 pt, Nach: 12 pt, Absätze nicht trennen, Keine Silbentrennung, Ebene 1, Tabstopps bei: 1,24 cm, Listentabstopp + 1,5 cm, Left, Gliederun...

Über die Schaltfläche »Word-Optionen« gelangen Sie zu noch mehr Optionen für das Drucken.

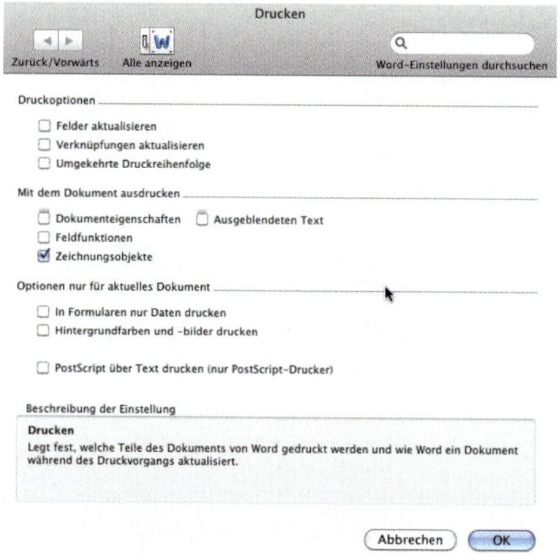

Die clevere Lösung: PDF-Datei erstellen

Um Ihre Arbeit an einem anderen Drucker genauso ausdrucken zu können, wie Sie auf Ihrem Mac erscheint, sollten Sie das *Word*-Dokument in eine PDF-Datei umwandeln. Das PDF-Format – »Portable Document Format« – der Firma *Adobe* ist inzwischen das Standardformat für den Austausch von Dateien, unabhängig vom Betriebssystem, Programm und Drucker.

PDF-Dateien können von dem kostenlosen *Adobe (Acrobat) Reader* gelesen werden, den jeder User unter `www.adobe.de` herunterladen kann (achten Sie dabei darauf, dass Ihnen keine zusätzliche Software mit installiert wird; also im Zweifel diese dann abhaken). Auf dem Mac können Sie PDF-Dateien mit dem Programm *Vorschau* öffnen und lesen. Um PDF-Dateien in bestmöglicher Qualität für den professionellen Druck, der so genannten *Druckausgabe*-Qualität, zu erzeugen, benötigen Sie das Programm *Adobe Acrobat* oder das Layoutprogramm *Adobe InDesign*. Diese Programme sind allerdings recht teuer.

Um Ihre Arbeit trotzdem in guter Qualität drucken zu können, reicht es meist aus, eine PDF-Datei mit den Mitteln zu erzeugen, die Sie im Programm *Word* und auf Ihrem Mac bereits haben. Klicken Sie im Menü *Datei* auf *Speichern unter* und wählen Sie *PDF* im Auswahlmenü *Format*. Mit diesem Befehl exportieren Sie die *Word*-Datei in ein PDF-Dokument, das auf jedem Mac oder Windows-PC gleich dargestellt wird. Mit einem Klick auf *Sichern* erzeugen Sie das PDF-Dokument.

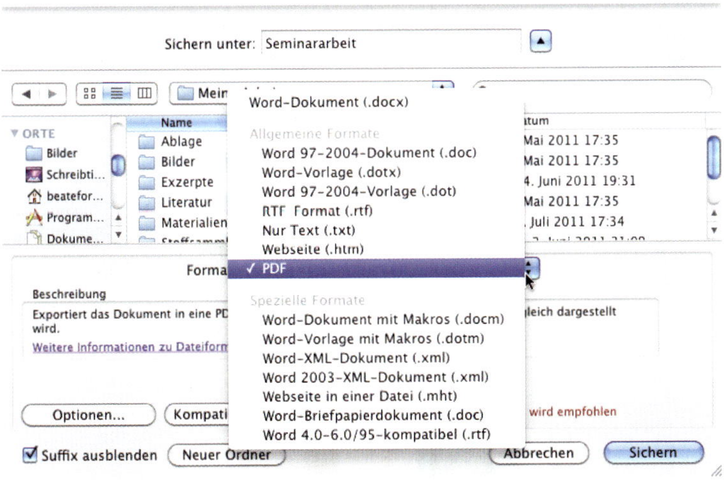

Wählen Sie »Datei | Speichern unter« und das Format »PDF«, um Ihre Word-Datei in ein PDF-Dokument umzuwandeln.

Wie in jedem Programm auf dem Mac können Sie auch in *Word* eine PDF-Datei einfach über den Befehl *Drucken* im Menü *Datei* erzeugen. Klicken Sie im Dialogfenster *Drucken* links unten auf die Schaltfläche *PDF* und wählen Sie in der Auswahlliste *Als PDF sichern*. Im Dialogfenster *Sichern* wählen Sie den Speicherort und klicken auf *Sichern*, um die PDF-Datei zu erzeugen und an dem gewünschten Ort auf Ihrem Rechner abzulegen.

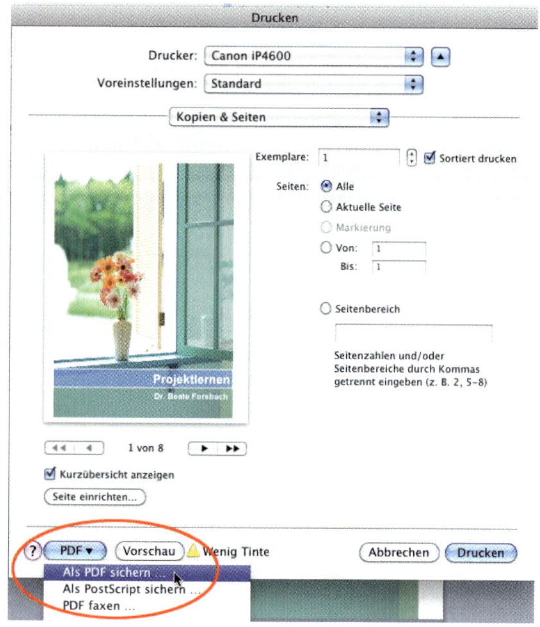

Klicken Sie links unten auf die Schaltfläche »PDF« und wählen Sie »Als PDF sichern«.

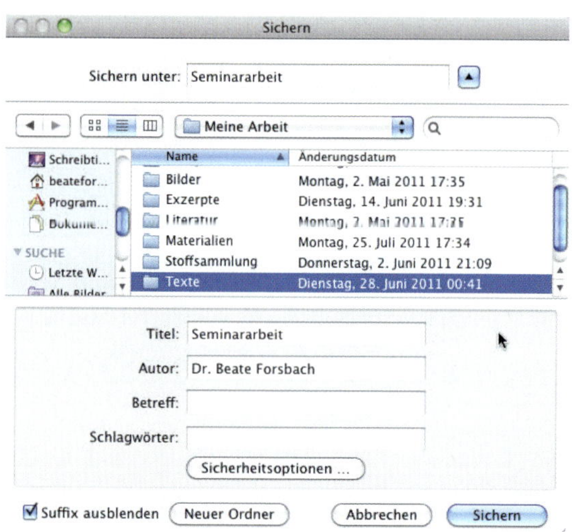

Wählen Sie den Speicherort für Ihre Datei und klicken auf »Sichern«, um das PDF-Dokument zu erzeugen und an der gewünschten Stelle zu speichern.

PDF-Dateien bearbeiten – mit Vorschau

Um PDF-Dateien professionell zu bearbeiten, benötigen Sie das Programm *Adobe Acrobat*, das im Gegensatz zum kostenlosen *Adobe Reader* nicht ganz billig ist. Vielleicht möchten Sie aber einfach nur einige Seiten umstellen, leere Seiten hinzufügen und mehrere PDF-Dateien zusammenfügen. Das können Sie mit dem Programm *Vorschau* erledigen, das bereits auf Ihrem Mac installiert ist.

Zunächst wollen wir eine leere Seite zu einem PDF-Dokument hinzufügen: Öffnen Sie die Datei und klicken auf *Bearbeiten | Leere Seite einfügen*. Die leere Seite wird vor der aktuellen Seite eingefügt, in unserem Falle vor der ersten Seite des Kapitels. Wenn die leere Seite an einer anderen Stelle erscheinen soll, ist das kein Problem: Verschieben Sie sie dorthin! Dazu klicken Sie im Menü *Darstellung* auf *Seitenleiste* und wählen den *Kontaktbogen* oder die *Miniaturen*. Schieben Sie die leere Seite einfach mit der Maus an die letzte Stelle. Genauso können Sie die Reihenfolge der Seiten verändern.

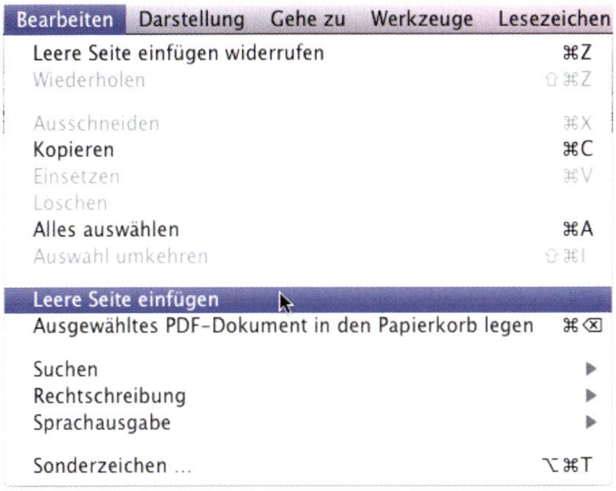

Mit einem Klick auf »Bearbeiten | Leere Seite einfügen« wird eine solche in Ihrem Dokument ergänzt.

Mit *OS X Lion* wurde das Programm *Vorschau* wieder um einige weitere nützliche Funktionen ergänzt. Bitte schauen Sie auch dafür in dem Grundlagenbuch zum Betriebssystem von Daniel Mandl einmal nach.

In der Darstellung »Kontaktbogen« sehen Sie alle Seiten im Miniaturformat.

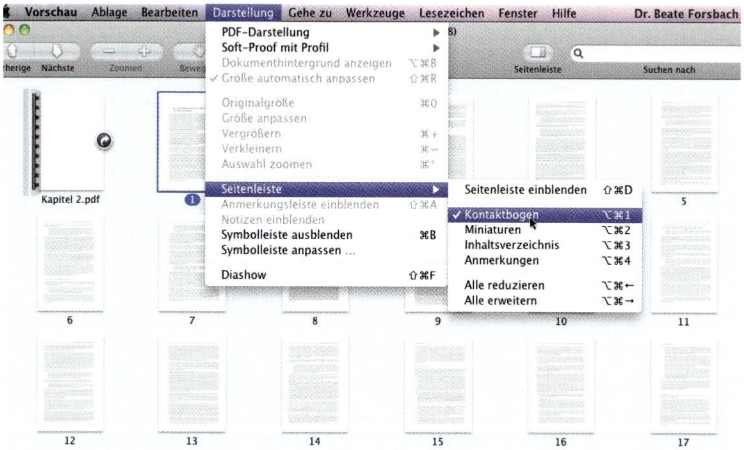

Verschieben Sie einfach die leere Seite an die richtige Stelle.

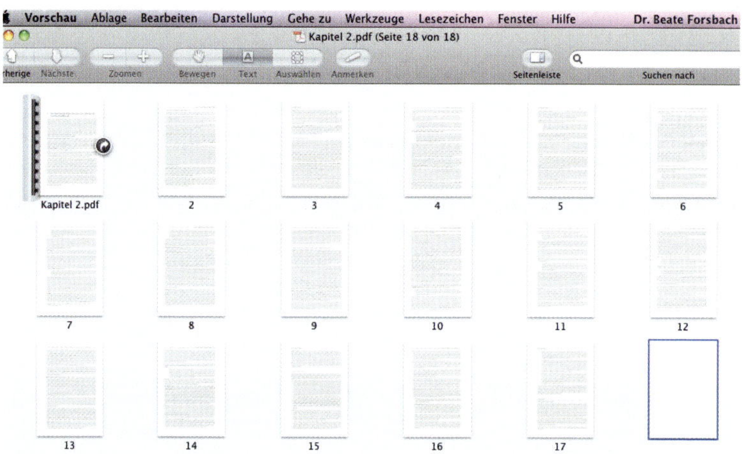

Vielleicht haben Sie die Kapitel in einzelnen PDF-Dateien abgespeichert und möchten jetzt eine Datei für die gesamte Arbeit erstellen. Auch das ist mit *Vorschau* kein Problem. Öffnen Sie zwei Dateien in der Darstellung *Miniaturen*. Markieren Sie die Miniaturen der einen Datei und schieben Sie sie in die Seitenleiste der anderen Datei. Fügen Sie nun die weiteren Kapitel auf dieselbe Weise hinzu und klicken Sie auf *Ablage | Alles sichern*. Und schon ist Ihre gesamte Arbeit in einem einzigen PDF-Dokument enthalten. Das sollten Sie noch über *Ablage | Sichern unter* mit einem neuen Namen versehen und in Ihrem Arbeitsordner – vielleicht in einem neuen Ordner *Druckfassung* – speichern. Diese Datei können Sie direkt aus *Vorschau* ausdrucken, der Ausdruck sieht auf jedem Drucker gleich aus.

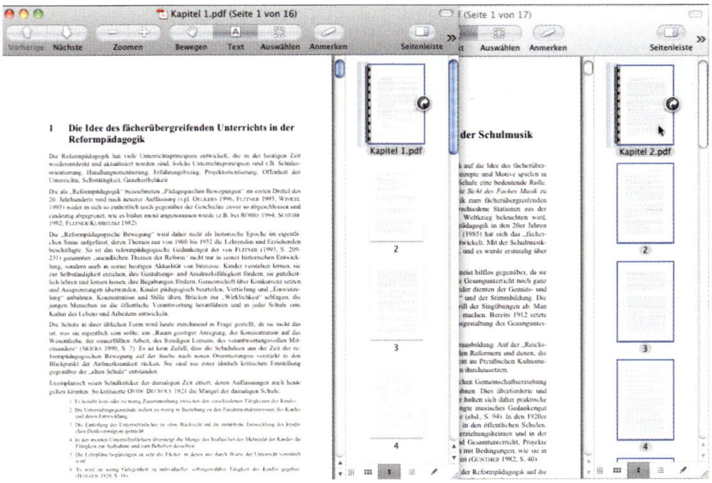

Öffnen Sie die Dateien in der Darstellung »Miniaturen«, um sie zusammenzufügen.

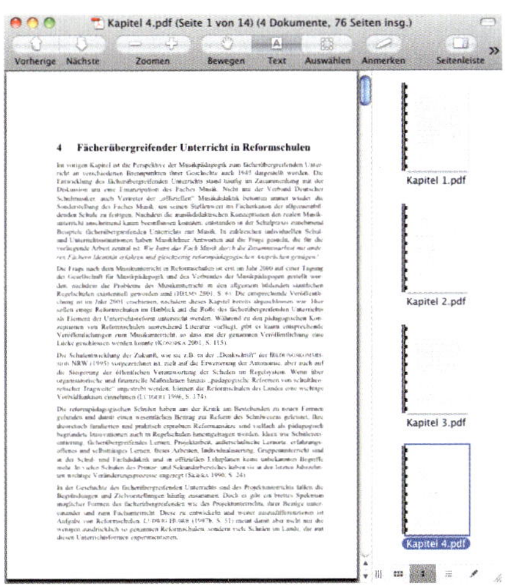

Schieben Sie die Miniaturen der einzelnen Dateien in die Seitenleiste, klicken Sie auf »Ablage | Alle sichern« und schon ist Ihr Gesamtdokument fertig.

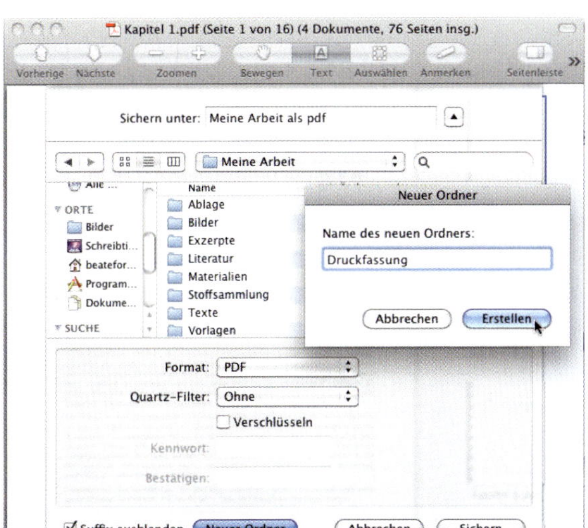

Klicken Sie auf »Ablage | Sichern unter«, geben Sie Ihrer Datei einen neuen Namen und speichern Sie sie – vielleicht in einem neuen Ordner – in Ihrem Arbeitsordner.

Mit einem Klick auf den kleinen Kreis an der ersten Seite des Dokuments können Sie alle Seiten des Dokuments auf einen Stapel packen – oder auch wieder geordnet nebeneinander legen.

Mit einem Klick auf den Kreis mit dem gebogenen Pfeil, den Sie rechts an der ersten Seite finden, stapeln Sie alle Seiten des Dokuments übereinander. Nun können Sie den Stapel bequem mit der Maus in die Seitenleiste der anderen Datei schieben.

Allerdings ist beim Zusammenfügen von PDF-Dateien eine Besonderheit von *Vorschau* zu beachten: Man kann jede Datei in einem eigenen Fenster öffnen, oder mehrere Dateien in einem Fenster. Wenn Sie Dateien zusammenfügen wollen, müssen Sie den Stapel der einen Datei in den aufgeklappten Stapel der anderen schieben und dann die Reihenfolge der Seiten korrigieren. Nur wenn Sie *Alles sichern* im Menü *Ablage* anklicken können, werden die PDF-Dokumente in einer einzigen Datei gespeichert – die Sie dann am besten gleich unter einem neuen Namen abspeichern.

In den »Einstellungen« können Sie festlegen, ob Vorschau jede Datei in einem eigenen Fenster oder alle Dateien gleichzeitig in einem Fenster öffnen soll.

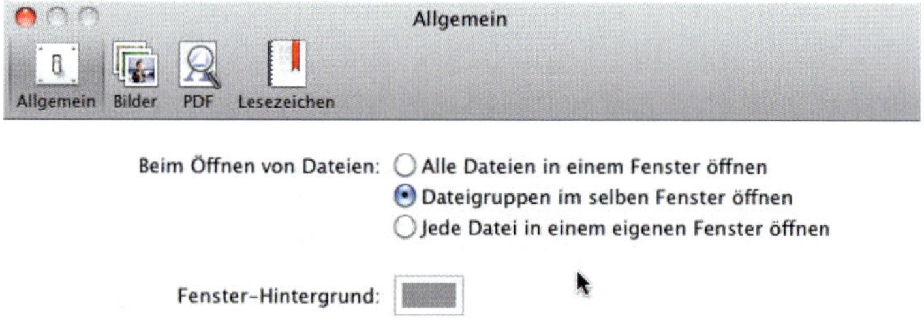

Nachdem Sie nun Ihre Arbeit ausgedruckt und eingebunden haben, können Sie sie endlich abgeben, sich erholen und auf die Beurteilung warten. Falls Sie Ihre Arbeit später präsentieren wollen, z. B. in einem Fachvortrag, in der Disputation des Promotionsverfahrens oder in einer Fachzeitschrift, sollten Sie sich schon einmal darauf vorbereiten. Auch sollten Sie sich über die Form der Publikation Gedanken machen, z. B. wenn Sie eine Dissertation oder Habilitationsschrift erstellt haben. Davon handelt der nächste Abschnitt dieses Buches.

Präsentieren und publizieren

Wenn Sie nach einigen Monaten oder Jahren Ihre wissenschaftliche Arbeit mit einigen Hundert Seiten Umfang fertiggestellt haben, fragen Sie sich, wie Sie dieses Werk nun in einem Vortrag präsentieren sollen. In meinem eigenen Promotionsverfahren standen mir dafür genau 15 Minuten innerhalb der 90minütigen Disputation zur Verfügung. Das ist nicht besonders viel, aber man hat ja genug Zeit, diesen Vortrag vorzubereiten. Nehmen Sie unbedingt die Gelegenheit wahr, Ihren Vortrag probeweise vor einem anderen interessierten Publikum zu halten, bevor Sie in die Prüfung gehen.

Für die Vorbereitung Ihres Vortrags kann das »Mini-Handbuch Vortrag und Präsentation« von Hermann Will hilfreich sein, das inzwischen vollständig überarbeitet in der 6. Auflage erschienen ist. Danach hat sich für die Gliederung des Vortrags die klassische Dreiteilung bewährt: *Einstieg – Hauptteil – Schluss.*

Für den Einstieg sollten Sie etwa 15 % der Vortragszeit verwenden. Geben Sie die Gliederung Ihres Vortrags bekannt und lassen Sie sie während des ganzen Vortrags sichtbar im Raum hängen oder verteilen Sie Handouts für die Zuhörer. Beim Erstellen kann Ihr Mac Ihnen hier gute Dienste leisten.

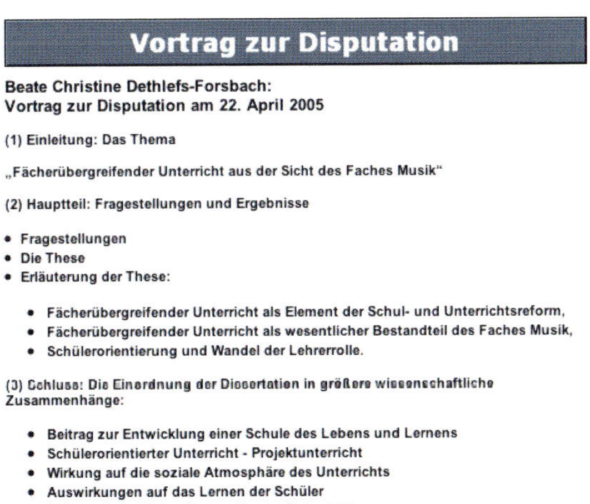

Vortrag zur Disputation

Beate Christine Dethlefs-Forsbach:
Vortrag zur Disputation am 22. April 2005

(1) Einleitung: Das Thema

„Fächerübergreifender Unterricht aus der Sicht des Faches Musik“

(2) Hauptteil: Fragestellungen und Ergebnisse

- Fragestellungen
- Die These
- Erläuterung der These:
  - Fächerübergreifender Unterricht als Element der Schul- und Unterrichtsreform,
  - Fächerübergreifender Unterricht als wesentlicher Bestandteil des Faches Musik,
  - Schülerorientierung und Wandel der Lehrerrolle.

(3) Schluss: Die Einordnung der Dissertation in größere wissenschaftliche Zusammenhänge:

- Beitrag zur Entwicklung einer Schule des Lebens und Lernens
- Schülerorientierter Unterricht - Projektunterricht
- Wirkung auf die soziale Atmosphäre des Unterrichts
- Auswirkungen auf das Lernen der Schüler
- Lehrerrolle im fächerübergreifenden Unterricht

Die Gliederung sollte während des ganzen Vortrags zu sehen sein – als Plakat oder Handout für jeden Zuhörer.

Im Hauptteil geht es um das eigentliche Thema, er dauert 75 % der Vortragszeit. Sie sollten hier nicht mehr als drei verschiedene Unterpunkte ansprechen, die jeweils mit einer kleinen Einleitung und einem Schlusssatz bzw. einer kurzen Überleitung enden. Der Schlussteil umfasst 10 %

der Vortragszeit. Hier sollten Sie die zentralen Aussagen Ihres Vortrags noch einmal klar formulieren und mit einem Ausblick enden. Bei einer Disputation kann man z. B. mit der Einordnung der Dissertation in größere wissenschaftliche Zusammenhänge enden.

(Fast) jeder Vortrag wird heute mit *PowerPoint* von *Microsoft Office* präsentiert – genauso gut können Sie das Programm *Keynote* aus der *iWork*-Suite von *Apple* verwenden. Bedenken Sie aber, dass der Vortrag nicht ausschließlich im Zeigen und Vorlesen von Folien bestehen darf. Sie sollten die Folien so anlegen, dass nur wenig Text darauf steht, den man auf Anhieb erfassen kann. Kein Mensch kann sich dann nur aufs Zuhören konzentrieren, wenn er gleichzeitig einen langen Text auf der Folie lesen soll.

Jede Folie sollte eine kurze Überschrift und einen klaren Aufbau haben. Bilder und etwas Farbiges bringen Abwechslung, sollten aber nicht vom eigentlichen Vortrag ablenken. Schauen Sie sich mal die Vorlagen für Präsentationen in *PowerPoint* an – Nachmachen ist erlaubt!

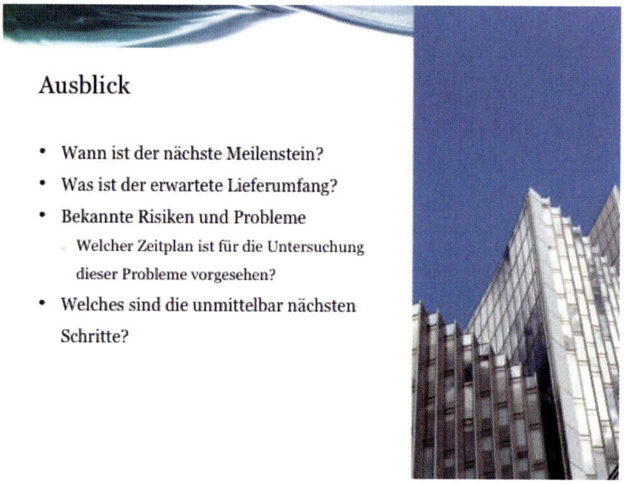

Auf dieser Folie aus der »PowerPoint«-Vorlage »Projektstatusbericht« sehen Sie einige Pluspunkte für eine gute Folie: Überschrift, klare Gliederung, Farbe und ein Bild.

Heute ist es bei Vorträgen üblich, einen Beamer für die Präsentation zu verwenden. Je nach Raumsituation können Sie aber denselben Effekt erzielen, wenn Sie Folien mit einem Tageslichtprojektor projizieren. Nichts ist peinlicher als ein Vortragender, der zwar eine perfekte *PowerPoint*-Präsentation auf seinem MacBook mitgebracht hat, aber nicht weiß, wie er den Beamer in Gang bringen soll. In dem Buch »Wissenschaftlich mit *PowerPoint* arbeiten« von Tobias Ravens finden Sie viele nützliche Tipps zur Vorbereitung und Präsentation eines wissenschaftlichen Vortrages mit Unterstützung von *PowerPoint*.

Publikationsformen von wissenschaftlichen Arbeiten

Um Ihre wissenschaftliche Arbeit zu veröffentlichen, gibt es mehrere Möglichkeiten: als Buch in einem Verlag, als Eigenpublikation mit oder ohne ISDN, bei einem Books-On-Demand-Anbieter oder als Online-Veröffentlichung über Portale der Hochschule oder spezielle Portale.

Publikation in einem Verlag

Vielleicht haben Sie die Möglichkeit, Ihre Dissertation oder Habilitationsschrift in einem angesehenen Fachverlag, vielleicht sogar in einer von Ihrem Professor betreuten Schriftenreihe zu veröffentlichen. In bestimmten Fachkreisen ist das sinnvoll für Ihr wissenschaftliches Ansehen, auch veröffentlichen manche Verlage nur gute oder sehr gute Arbeiten.

Sie müssen dafür allerdings meist eine größere Summe bezahlen, auch sind die Bücher später im Buchhandel ziemlich teuer, da nur kleine Auflagen produziert werden. Dafür bekommen Sie professionelle Beratung für den Druck Ihrer Publikation und die erforderliche Anzahl an Belegexemplaren für Ihre Hochschule. Nach Abschluss des Verlagsvertrages sind Sie oft schon berechtigt, den Doktortitel zu tragen.

Eigenpublikation mit und ohne ISBN

Es gibt viele kleine und größere Verlage mit sehr unterschiedlichen Konditionen. Haben Sie einen Verlag gefunden, der kaum Werbung macht, sollten Sie überlegen, Ihre Arbeit im Eigenverlag oder über einen Books-On-Demand-Anbieter zu publizieren. Eigenpublikationen ohne ISBN sind in der Regel einfach und kostengünstig zu publizieren. Sie müssen nicht den formalen Ansprüchen der Verlage genügen und können Ihre Arbeit schnell veröffentlichen.

Falls Ihre Hochschulen die Publikation ohne ISBN nicht akzeptiert, können Sie Ihr Buch im Eigenverlag herausbringen. Sie müssen dazu keinen eigenen Verlag gründen, Sie können für ca. EUR 80, eine ein zige ISBN bei der ISBN-Agentur beantragen: MVB Marketing- und Verlagsservice des Buchhandels GmbH, Großer Hirschgraben 17-21, 60311 Frankfurt am Main, `www.german-isbn.org`.

Sie müssen Ihr Buch im VLB (Verzeichnis lieferbarer Bücher) anmelden (Kosten nochmals ca. EUR 80,–) und Pflichtexemplare an die Deutsche Nationalbibliothek schicken.

Eigenpublikation über einen Books-On-Demand-Anbieter

Wenn Ihnen die Kosten und Mühen für eine Eigenpublikation mit ISBN zu groß erscheinen, sollten Sie einen Books-On-Demand-Anbieter wählen. Hier wird jedes Buch nur nach Bestellung gedruckt, so dass die Buchproduktion wesentlich preiswerter ist als in einem klassischen Verlag.

Bei *BOD* in Norderstedt können Sie z. B. Ihre Arbeit mit ISBN veröffentlichen. Darin eingeschlossen ist der Versand der Pflichtexemplare, die ISBN und die Anmeldung im VLB, im deutschsprachigen Buchhandel und in 1000 Online-Buchshops.

Online-Publikation

Es gibt einige Portale, um Ihre Dissertation online zu veröffentlichen. Informieren Sie sich z. B. auf der Website *Dissertationen Online* der Freien Universität Berlin `www.diss.fu-berlin.de` oder im *Informationssystem dissonline.de* `www.dissonline.de`, wo Sie viele weiterführende Hinweise finden.

Ausblick

Da Sie dieses Buch gelesen haben, sollten Sie eigentlich keine Hilfe beim Erstellen einer Druckvorlage für die Publikation Ihrer Arbeit mehr brauchen. Falls doch noch Fragen offen geblieben sind, können Sie einen Buch-Coach engagieren, der Ihnen nicht nur bei der Publikation, sondern auch beim Erstellen Ihrer wissenschaftlichen Arbeit hilft. Entsprechende Angebote finden Sie im Internet oder an Ihrer Hochschule.

Autorin und Verlag wünschen Ihnen viel Erfolg beim Schreiben und Veröffentlichen Ihrer wissenschaftlichen Arbeit!

Anhang: Literaturverzeichnis und Nachwort

Literaturverzeichnis

Cohn, Ruth C.: Von der Psychoanalyse zur themenzentrierten Interaktion. 9. Aufl., Klett-Cotta, Stuttgart 1990

Dethlefs-Forsbach, Beate Christiane: Fächerübergreifender Unterricht aus der Sicht des Faches Musik. Eine historisch-systematische Untersuchung von Theorien und Praxen sowie der Entwurf eigener Modelle und einer Konzeption des fächerübergreifenden Unterrichts mit Musik. Schneider Verlag Hohengehren, Baltmannsweiler 2005

Dorsch, Hans: iWork 09: Pages, Keynote, Numbers – Das Office-Paket von Apple. Ihr Praxisbuch: Das ist Arbeiten à la Mac! Mandl & Schwarz-Verlag, Husum 2009 (nur noch als eBook über die Verlagswebsite erhältlich)

Eco, Umberto: Wie man eine wissenschaftliche Abschlussarbeit schreibt. 13. Auflage, UTB Uni Taschenbücher Verlag, Heidelberg 2010

Grossmann, Horst: Office:mac 2011: Word, Excel, PowerPoint und Outlook für den Mac – Das Grundlagenbuch. Mandl & Schwarz Verlag, Husum 2011

Gudjons, Herbert: Leitfaden zur Erstellung von Referaten, Klausuren, Examens- und Diplomarbeiten. In: Pädagogik 9/1990, S. 30-34

Hahner, Markus; Scheide, Wolfgang; Wilke-Thissen, Elisabeth: Wissenschaftliche(s) Arbeiten mit Word 2010, Microsoft Press, O'Reilly Verlag, Köln 2011

Knigge-Illner, Helga: Der Weg zum Doktortitel. Strategien für die erfolgreiche Promotion. Aktualisierte und erweiterte Auflage. Campus Verlag, Frankfurt/Main 2009

Kruse, Otto: Keine Angst vor dem leeren Blatt. Ohne Schreibblockaden durchs Studium. 3. Auflage/12., völlig neu bearbeitete Auflage, Campus Verlag, Frankfurt/Main 1994/2007

Kunde, Dirk: iPhone und iPad im Berufsalltag. Das tägliche Business unterwegs, im Office und daheim mit Apps effizient managen. Mandl & Schwarz Verlag, Husum 2011

Lambrich, Sabine, Ott, Robert: Kreativ, effizient und professionell arbeiten mit Microsoft Office:Mac 2011. Word 2011, Excel 2011, PowerPoint 2011 und Outlook 2001 im praktischen Einsatz. Microsoft Press. O'Reilly Verlag, Köln 2011

Mandl, Daniel: OS X Lion. Das Grundlagenbuch zum aktuellen Betriebssystem von Apple. Mandl & Schwarz-Verlag, Husum 2011

Marszk, Doris: Die Bento-Fibel. Datenbanken für Einsteiger. Aufgaben, Projekte und Informationen perfekt auf dem Mac organisieren. Mandl & Schwarz-Verlag, Husum 2010

Nicol, Natascha; Albrecht, Ralf: Wissenschaftliche Arbeiten schreiben mit Word 2010. 7., aktualisierte Auflage, Addison-Wesley Verlag, München 2011

Ravens, Tobias: Wissenschaftlich mit PowerPoint arbeiten. 2. Auflage: Von PowerPoint 2000 bis PowerPoint 2003. Pearson Studium, München 2004

Reinhardt, Klaus: Vom Wissen zum Buch. Fach- und Sachbücher schreiben. Huber Verlag, Bern 2008

Rückert, Hans-Werner: Schluss mit dem ewigen Aufschieben. Wie Sie umsetzen, was Sie sich vornehmen. 7. überarbeitete Auflage, Campus Verlag, Frankfurt/Main 2011

Scheuermann, Ulrike: Wer reden kann, macht Eindruck – wer schreiben kann, macht Karriere. Das Schreibfitnessprogramm für mehr Erfolg im Job. Linde Verlag, Wien 2009

Seimert, Winfried: Wissenschaftliche Arbeiten mit Microsoft 2010, bhv Praxis, Heidelberg 2010

Seiwert, Lothar: Das neue 1 x 1 des Zeitmanagements, 32. aktualisierte Auflage, Gräfe und Unzer Verlag, München 2010

Seiwert, Lothar: Noch mehr Zeit für das Wesentliche. Zeitmanagement neu entdecken. Ariston Verlag, Kreuzlingen/München 2006

Seiwert, Lothar; Wöltje, Holger; Maison, Wolfgang: Zeitmanagement mit iPhone (eBook / im iTunes Store), textunes, Heidelberg 2009

Schneider, Wolf: Deutsch fürs Leben. Was die Schule zu lehren vergaß. Rowohlt Taschenbuch Verlag, Reinbek 1994

Steiner, Verena: Energiekompetenz. Produktiver denken, wirkungsvoller arbeiten, entspannter leben. Eine Anleitung für Vielbeschäftigte, für Kopfarbeit und Management. Pendo Verlag, München und Zürich 2005

Will, Hermann: Mini-Handbuch Vortrag und Präsentation. 6. vollständig überarbeitete Auflage. Beltz Verlag, Weinheim und Basel 2006

Nachwort

> *Alles Wissen*
> *und alles Vermehren unseres Wissens*
> *endet nicht mit einem Schlusspunkt,*
> *sondern mit einem Fragezeichen.*
>
> Hermann Hesse (1877-1962)

Mit diesem Buch möchten wir Ihnen Möglichkeiten zeigen, Ihren iMac oder Ihr MacBook (Pro) Erfolg versprechend und Freude bringend beim wissenschaftlichen Arbeiten einzusetzen. *Word 2011* und weitere nützliche Programme sollen Ihnen möglichst viel Arbeit abnehmen, damit Sie sich voll darauf konzentrieren können, Ihre besten Gedanken zu kommunizieren und hervorragende wissenschaftliche Arbeiten zu schreiben.

Egal ob Sie Schüler, Student, Forscher, Wissenschaftler und Autor wissenschaftlicher Sachbücher sind, Ihr wissenschaftliches Forschen wird niemals mit einem Schlusspunkt enden, sondern stets mit (mindestens) einem Fragezeichen. Und das ist bereits der Beginn neuer Forschungen.

Autorin und Verlag wünschen Ihnen weiterhin viel Freude und Erfolg beim wissenschaftlichen Arbeiten und mit Ihrem Mac.

Aktuelle Informationen zu diesem Buch finden Sie auch hier:
`www.mandl-schwarz.com/11/wissen/`

Ausführliches Stichwortverzeichnis

2007-Format, Word 66
2011, Word:mac 24

A

Abbildung 218, 222
Abbildungs-Formatvorlage 224
Abbildungsverzeichnis 218, 257
Abgabetermin 32
Ablageordner 15
Absatz 210
Absatz hinzufügen 215
Absatzstile in Pages 90
Abschluss 29, 30
Abschnittsnummern 97
Abschnittsumbruch ... 201, 225, 253
abschreiben 233
Abstand 165
Abstract 125
Acrobat Reader 99, 271
Adobe InDesign 271
Adobe Reader 99, 271
aktualisieren, automatisch 215
Alben 100
Als PDF sichern 142, 144, 272
Anhang einer E-Mail 187
Anmerkungen 146, 151
Ansprüche, überhöhte 47
APA 113
apfelwiki 137
App Store 30
Arbeitsdatei 23
Arbeitskalender 39
Arbeitsordner 13
Arbeitsphase 32, 45
Arbeitsplan 30, 40
Arbeitsrhythmus 46
Arbeitsschritte 32
Arbeitszeit 32
Archiv, elektronisches 98
Arial 200
Artikel in einer
Zeitschrift 104, 116
Aspekte 87
Assoziationen 86
Attachments 126
Aufbau der Kopfzeile 229
Aufgaben 31, 40, 52
Aufgabenliste 40
Aufsatz 117
Aufzählungen 209, 218
Aufzählungen anpassen 212
Aufzählungszeichen 173, 174, 212, 214, 218
Aufzählungszeichen-
bibliothek 210
Ausarbeitung 29, 30, 187
Ausgabe und Freigabe 179
Ausrichtung 201
Ausrichtung des Textes 204
Auswahlbibliographie 249
auswählen, Absatzstil 25
Automatisch aktualisieren 215
Automatischer Duplexdruck 267
Autoren-Nennung 234
AutoWiederherstellen 179

B

Bachelorarbeit 63
Beantworten 44
bedingte Trennstriche 249
Beginnen bei 177
Begriffe 158
Bento 47, 48, 54, 109-110, 143
Benutzerdefinierte
Seitenränder 203
Benutzervorlagen 198
Bereitstellen 100
Beruf 28
Beschaffung von Literatur 107
Beschriftung 163, 218, 223
Bestandsaufnahme 64
BibDesk 137
Bibliografie-Datenbank 113
Bibliographie 249
bibliographische Daten 121
Bibliothek 53, 111
Bibliothek, neue aus Vorlage 48
Bibliothekskataloge 122
Bibliotheksrecherche 129
BibTeX 182
Bild 98, 219
Bild ändern 206
Bild auswählen 206
Bildbearbeitung 221
Bildbearbeitungsprogramm 100
Bilder einbinden 220
Bild formatieren 221-222
Bild-Formatvorlage 224
Bild zuschneiden 222
binäre Operatoren 239
Bindestrich 248
Blockzitat 233
Blog 59
Bookends 120, 123, 130, 144, 182
Books-On-Demand 279
Botschaft 191
Brainstorming 64
Brillensymbol 20
Browser 18
Bruch-Symbol, -Zahl 239
Buch 63
Buchausschnitt 104
Buchdruck 204
Bücher 98
Bücherkiste 109
Buchmanuskript 182
Buchstaben-Ziffern-System 172

C

Cambria Math 241
Checkliste 30
Chicago 113
Citavi 122
ClipArt-Katalog 219
Clock, Timer 42
Cloud 74, 77, 84

D

Darstellung 146, 150-151
Dateiformat 66
Dateispeicherorte 198
Dateiverlust 179
Datenbank 113
Datenbankprogramm 47, 109
Daten-Nirvana 16
Datensätze 112
Datensicherung 16, 178
Datenverlust 16
Datum 32
Deckblatt 200, 205, 250
Design 194
Deutsche Nationalbibliothek 279
Dezimalklassifikationssystem 173
Diagramme 152, 154
Diagramme in Word 164
Diagrammlayout 167
Diagrammtyp 167
Diebstahl 180
digitalisieren 104
DIN A4 201

Dissertation ... 63
Dissertationen Online ... 280
dissonline ... 280
doc ... 127
docx ... 66
Doktorarbeit ... 63
Dokument, neues leeres ... 93
Dokumentelemente ... 113, 114, 205, 226, 251
Dokumentenkatalog ... 199
Dokumentstrukturbereich ... 93, 96, 177
Dokumentvorlage ... 198, 209, 215, 223
dotx ... 209
Dropbox ... 74, 77, 84
Drucken ... 189, 266
Drucken, sortiert ... 266
Drucklayout ... 177, 183, 265
Drucklayoutvorlagen ... 199
Duden ... 248
Duplexdruck ... 267
Durchstreichen ... 147, 151
DVD ... 179

E

Effekte ... 196
Eidesstattliche Versicherung ... 263
eigene Interessen ... 64
eigener Satzspiegel ... 204
eigenes Format ... 136
eigenes Layout ... 252
Eigenpublikation ... 279-280
Eingangsdatum ... 50
einheitliche Terminologie ... 191
Einleitung ... 168
Einstieg ... 277
Einzelheiten ... 51
Einzug ... 213
Einzug bei ... 213
elektronischer Karteikasten ... 108
elektronisches Archiv ... 98, 101
E-Mail ... 21, 23, 50, 59
E-Mail, Postfächer für ... 21
E-Mail-Anhang ... 187
E-Mail mit iPhone & iPad ... 187
Endfassung ... 29, 250
EndNote ... 137
Endnoten-Gestaltung ... 232
Energieräuber ... 45
Entspannung ... 28
Entwurfsansicht ... 183
Ereignisse ... 52-53, 100
Erfahrungsbereich ... 88
Erfolg ... 28, 46
Erfüllung ... 28
Erholung ... 28
Erinnerungen ... 35
Erkenntnisinteresse ... 106
Erledigt ... 40
Ernährung ... 28
Erscheinungsjahr/-ort ... 111
erstellen, Feld ... 49
Erstellen und weiter-Funktion in Bento ... 110
Erste Seite anders ... 229
Erweitertes Symbol ... 248
Es-Aspekt ... 87
Etappenziel ... 47
Etikett ... 14
Examensarbeit ... 63
Excel ... 112, 153
Exportieren ... 100-101, 112
exportieren, Literaturverzeichnisse ... 108
Exposé ... 29, 105
externe Festplatte ... 178
externe Speichermedien ... 178
exzerpieren ... 143-145

F

Fachartikel ... 98, 121
Fachbegriffe ... 243
Fachbibliothek ... 108
Fachbücher ... 108
Fachzeitschrift ... 198
Familie ... 28
Farbe ... 196, 199
Farbmenü ... 147, 149
Farbschema ... 200
Fehler finden ... 243
Feld ... 110
Feld erstellen ... 111
Festplatte ... 16, 178
Firefox ... 140
Fitness ... 28
Flow ... 41
Format, eigenes ... 136
Formatieren ... 167
Format Manager von Bookends ... 133
Formatvorlage ändern ... 195-196, 209, 214
Formatvorlagen neu erstellen ... 195
Formatvorlage für Abbildungen ... 224
Formatvorlage ... 94, 113-114, 161, 182, 194, 208, 218
Formatvorlagen ausdrucken ... 197
Formeln ... 238-239, 241
Formeln, gebräuchliche ... 238
Formeltools ... 238
Formen ... 219
Formular ... 110
Forschungsarbeit ... 107, 152
Foto-Browser ... 219
fotokopieren ... 104
Fotos ... 206
Fragestellung ... 64, 106
Freigabe ... 179
Freigabe & Drucken ... 189
Fremdwörter ... 185
Füllung ... 32
Fußnoten ... 235
Fußnotentext ... 231, 232
Fußnotenzeichen ... 231
Fußzeile ... 224

G

Gegenüberliegende Seiten ... 203
Geisteswissenschaften ... 238
Geld ... 28
geometrische Zeichen ... 239
Gesamtgliederung ... 168
geschützter Trennstrich ... 248
geschütztes Leerzeichen ... 249
Gespiegelt ... 203
Gesprächsnotizen ... 55
Gestaltung der Endnoten / Fußnoten ... 232
Gestaltungsmöglichkeiten ... 199
Gesundheit ... 28
Gleichheitszeichen (Formel) ... 239
Gliederung ... 105, 168
Gliederung anpassen ... 174
Gliederung des Vortrags ... 277
Gliederungsansicht .. 93, 96, 97, 176
Gliederungsebene ... 170, 171, 173
Gliederungsformat ... 173
Grafikanwendung ... 154
Grammatik ... 184, 192, 244, 245
Grammatikprüfung ... 243
Graustufen-Farbschema ... 200
Größe automatisch anpassen ... 146
Gruppierte Säule ... 164

H

Habilitationsschrift ... 63
Haupteintrag - Index ... 260
Hauptphase ... 105
Hauptpostfach ... 22
Hauptteil ... 168, 277
Hauptthema ... 68
Hausarbeit ... 63, 182
Hervorhebung ... 147, 151
hinzufügen, Spalte rechts ... 31
Hochformat ... 201
Höher stufen ... 173
html ... 73

I

iCal 33, 52, 60
iCal-Aufgabe / Ereignis 53
iCal, Zeitorganisation mit 34
Ich-Aspekt 87
iCloud 39, 85, 180
Idealzustand 41
Idee 29
Ideen.................................... 55, 64
iDisk 180
iLife.. 100
Impressum................................ 256
InDesign 271
Index 258, 260
Indexeinträge 259-260
Index und Verzeichnisse........... 258
Informationssystem
dissonline............................ 280
Inhaltsverzeichnis...... 146, 200, 253
Inhaltsverzeichnis
aktualisieren 253
Inhaltsverzeichnis in
Numbers 181
Interaktion, themenzentrierte 86
Interessen................................... 64
Internet 98, 107
iPad / iPhone.... 47, 54, 75, 187, 189
iPhone, Zeitmanagement
mit dem.................................. 29
iPhoto... 58, 100, 205, 206, 219, 221
iPod touch 54
ISBN 141
iTempus...................................... 60
iTunes.. 58
iWeb 59
iWork......................... 24, 153, 278

J

JabRef 137
Jahr der Veröffentlichung 234
Journal, Wissenschaftliches......... 55
Journler 56
jpg 73, 75, 100, 126

K

Kalender.......................... 34, 36-38
Kalendergruppe 39
Kapitelnummer................. 171, 177
Kapitelstruktur.......................... 186
Karriere 28
Karteikarten 108, 143
Karteikartenkiste 47
Karteikasten 53
Karteikasten, elektronischer...... 108
Kernsätze 145
Keynote 24, 278
Keywords 125
Kinder 28
Kladde 56
Klappentext 191
Konzentration 44
Kopfzeile 161, 224
Kopfzeilen-Aufbau 229
Korrektur 243, 245
Kosten 106
Kreisdiagramm 154, 157
kultureller Horizont 88
Kurzbeleg.......................... 113, 250

L

LaTeX 182
Layout 242, 252
Leere Seite einfügen 273
Leerzeichen 249
Leistung 28
Leitfaden 105
Lektüre-Karte 143
Leseliste 20
Lesen 44
Lesezeichen 18
Linien 160, 161
Liniendiagramm 154, 156
Linienstärkemenü.............. 147, 149
Lion, OS X 180
Liste 200, 215-216
Liste anpassen 217
Listenabsatz 217
Listennummer 215
Listenstile in Pages 90
LiteRat...................................... 122
Literatur 107
Literaturangaben 107-108, 132
Literaturdatenbank............ 108, 140
Literaturkartei 109
Literaturquellen 108
Literaturrecherche 107
Literaturverwaltung 47, 121
Literaturverwaltungs-
programm............. 108, 123, 137
Literaturverzeichnis 112, 113,
118, 200, 234, 235
Loseblattsammlung 56

M

Magisterarbeit 63
Mail 21, 44
Manuskript 29, 187
Markierung............................... 151
Masterliste 120
Materialsammlung 29, 30, 107, 143
Material sichten 89
Math, Cambria 241
Mathematische Symbole........... 238
Maustaste 14
Meine Vorlagen................. 198, 209
Mellel................................. 138, 182
Menüband 164
Methode, interaktionelle 86
Methodik 107, 152
Microsoft Office 278
Mindjet 67
MindManager 169
MindMap....................... 67, 72, 169
Miniaturansichtenbereich 96
Miniaturen......................... 273, 275
Mit Datei verknüpfen 220
Mit Dokument speichern 220
Mittel und Kosten 106
MLA 113
MobileMe (siehe auch
iCloud) 39, 180
Motivation 27, 46

N

Nationalbibliothek, Deutsche ... 279
Naturwissenschaften 238
Nenner (Bruchzahl) 239
Neu aus Vorlage 199
Neue Bibliothek aus Vorlage 48
neue Formatvorlagen
erstellen................................ 195
Neue Quelle erstellen 114
Neuer Ordner.............................. 14
Neues Aufzählungsz.
definieren.............................. 212
Neues leeres Dokument.............. 93
Neues Zahlenformat
definieren.............................. 216
Notizen..................................... 108
Notizen einblenden 146
Notiz hinzuzufügen................... 150
Notizzettel.................................. 60
Numbers 24, 30, 112,
152, 153, 181
nummerierte Liste 215
Nummerierung.......................... 174
Nummerierungsbibliothek........ 216
Nummerierung und
Aufzählungszeichen 173,
177, 214, 218
Nummerierung und
Gliederung............................ 177

O

OCR.. 152
Office, Microsoft 278
Online-Datenbank 140
Online-Katalog 142
Online-Speicher................. 179-180

Operatoren 239
Optical Character Recognition 152
Ordner, Neuer 14
Ordnersymbol 14
Organisation 13
Orientierungsphase 98
Originalgröße 146
Originaltext 233
OS X Lion 180
Oval 147

P

Pages 23-25, 64, 89-90, 144, 182, 189
Papierformat 201
Papierrand 201-202
Papierstapel digitalisieren 104
Partner 28
Passagen, wörtliche 145
Pause 41, 42
PDF 73, 99-100, 104, 126, 142, 144, 189, 271-272
PDF bearbeiten 273
PDF-Daten zusammenfügen 276
Personenregister 259
Pfeil 147, 148
Philosophie 28
Planung 29, 30
png 73, 75
Portable Document Format 271
Positionierung 223
Posteingang 44
Postfach 22, 23
Postfach, intelligentes 23
PowerPoint 278
Priorität 44
Prioritätenmanagement 29
Programme 23
Projektbibliothek 52
Projektmanagement 26, 47, 54
Projekttitel 205
Proseminar 93
Publikation 29

Q

quantitative Untersuchung 155
Quelle 88, 114, 234
Quellenangabe 114, 233
Quellenformat 119, 130
Quellen-Manager 118, 120, 235
Quellen-Manager in Word 120
Quellennachweis 113, 235
Quellentyp 115
Querformat 201

R

Randddruck 267
Randleiste 177
Randleiste anzeigen oder ausblenden 95
Recherche 29, 107
Recherche von Literatur 107
Rechtschreibung 184, 192, 243, 245
Redundanz 191
Referat 63
Registerkarte »Bild formatieren« 222
Registerkarte »Diagramme« 164
Registerkarte »Dokument-elemente« 205, 225, 235, 251, 253
Registerkarte »Formatieren« 167
Registerkarte »Formeltools« 238
Registerkarte »Index« 261
Registerkarte »Start« 194, 210, 216, 252
Registerkarte »Tabellen« 159
Registerkarte »Zeilen und Spalten« 162
Reihenfolge der Seiten verändern, im PDF 273
relationale Operatoren 239
Religion 28
Resume 43
Ringbuch 56
Rohfassung 29, 168, 182, 187
Rohtext 29, 187
RTF 73, 126, 144

S

Sachbuch 63
Sachregister 259
Safari 20, 58
Sammelband 117
Sammelordner für PDF-Dateien 142
Satzspiegel 202
Säulen 164
Säulendiagramm 154 155, 157, 164
Schalter, spezifische 228
Schattierung 159
Schlagworte 108
Schluss 168, 277
Schlüsselwörter 145
Schmutztitel 255-256
Schnellformat-vorlage 194, 215, 217
Schrägstrich 234
Schreibfehler 243, 245
Schrebstil 185
Schriftart 196, 199
Schrifteffekte 196
Schriftfarbe 196, 199
Schriftfenster anzeigen 147
Schriftgröße 196
schriftlich fixieren 105
Schriftzeichen für Formeln 241
Schule 93
Schwarz-Weiß-Druck 157, 196, 200
Seitenansicht 183
Seiten einfügen 205, 273
Seiteneinrichtung 200, 203
Seitenlayout 200
Seitenleiste 146, 151
Seitennummerierung 255
Seitenränder 200, 203
Seitenumbruch 201
Seitenumfang 181
Seitenzahlen 181, 224, 253
Seitenzahlen aktualisieren 253
Sekundärquelle 234
Selbstmanagement 26
Selbstzweifel 47
Semikolon 234
Seminararbeit 63, 199, 215
Sente 137, 138
Show Inspector 127
Sicherheitskopie 179
Sichern unter 25
Sicherung 16
Silbentrennung 192, 247
Silbentrennzone 247
Sinn 28
Skizze 55
Softwareaktualisierung 17
Sonderzeichen 135, 248
Sortierschlüssel 161, 237
Sortiert drucken 266
Sozialwissenschaften 238
Spalte 31
Spalten einfügen 162
Spaltenumbrüche 201
Speichermedien 178, 180
Speicherort 220
Speicherung 16
Spezifische Schalter 228
Sprache 246
Standardformat 184
Standardschrift 25
Standard-Strukturen 185
Standardsymbolleiste 196, 248
Standardvorlage 183
Stile in Pages 90
Stilistik 266
Stoffsammlung 98, 101
Stoffsammlung in Pages 89

Stoffsammlung in Word 93
Struktur 186
Satzbau 185
Studium 28
Stundenplan 44
StyleRef 227
subito 142
Suchbereich 96
Suchergebnis 130
Symbol 219, 238, 248
synoptische Untersuchung 154
systematisch recherchieren 107
Systemeinstellungen 17

T

Tabelle 154, 158-159
Tabelle löschen 162
Tabellenformat 159, 160, 161
Tabellen in Word 154
Tabellenkalkulation 152
Tabellenlayout 162
Tabellenoptionen 160
Tabellenüberschrift 163
Tabellenverzeichnis 257
Tabstopp hinzufügen 213
Tagebuch 55
tempus-Zeitplanbuch 60
Terminologie, einheitliche 191
Texte am iPhone / iPad lesen 189
Textausrichtung 204
TextEdit 23, 24, 64
Texteinzug 213
Textformate 130
Textlayout 247
Text mit Bild 200
Textposition 213
Textredundanz 191
Textseiten 207
Textstellen farbig
unterstreichen 151
Textverarbeitungsprogramm 113
Themenauswahl 88
Themenfindung, -eingrenzung 85
Themenzentrierte Interaktion 86
Tiefer stufen 171, 173
TIFF 73, 75, 100, 126
Time Machine 16, 178
Timer Clock 42
Times New Roman 200
Titel 111, 205, 207
Titelei 256
To-Do-Listen 60
Transfer per WiFi 77
Trennstrich 247-249
Trennstrich, geschützter 248
Turabian 113, 134

U

Überarbeitungsbereich 96
Überschriften 207
Überschriftenebenen 97, 169, 174
Umbruch 201
Umfang 181
Umrandungen 72
Universität 182
Untereintrag - Index 260
Unterschrift 263
unterstrichen 147, 151
Untersuchung, quantitative 155
Untersuchung, synoptische 154
Unterthema 68
Untertitel 111, 205, 207
US-Brief (randlos) 201
USB-Stick 178

V

Verknüpfung 101, 227
Verlag 182
Veröffentlichung 63
Veröffentlichungsjahr 234
verschachtelte Sätze 185
Versicherung, eidesstattliche 263
Versionen 16, 180
vertikale Ausrichtung 204
Verweise 114, 227
Verzeichnis 258
Verzeichnis lieferbarer
Bücher / VLB 279
Vorarbeiten 106
Vorbereitung 29, 30
Vorlagen 198, 208-209
Vorlagen in Word 198
Vorlage, Neue Bibliothek aus 48
vorläufige Gliederung 105
Vorlesungen 55
Vorschau 99, 116, 151, 271
Vorschriften für die
Literaturangaben 132
Vortrag 55, 277
Vortragszeit 277

W

Werkzeuge 147
Werte 28
Wiederherstellen 179
Wiedervorlage 44
WiFi 74, 77
Wir-Aspekt 88
Wochenplan 46
Word 93, 96, 182, 189
Word-Datei 91
Word-Datei in Pages 189
Word-Datei mit
iPhone & iPad 187
Word-Dokumentenkatalog 199
Word: Quellen-Manager 113
Wörterbuch 243
wörtliche Passagen 145
wörtliches Zitat 233

X

x- und y-Achse 156

Z

Zahlen 158, 172
Zahlenformat 163, 174, 216
Zähler (Bruchzahl) 239
Zeichen, geometrische 239
Zeichenposition 213
Zeichensetzung 192
Zeichenstile in Pages 90
Zeilenabstände 210
Zeilen einfügen 162
Zeilenschalter 171, 215
Zeilenumbrüche 252
Zeilen und Spalten 162
Zeitdiebe 45
Zeitmanagement 26
Zeitorganisation,
-planung 29, 34, 105
Zeitplanbuch 60
Zeitprobleme 43
Zeitschriftenartikel 104, 116
Zeitungsausschnitt 55
Zitat 166, 233
Zitat bearbeiten-Funktion
in Word 116
Zitateliste 114
Zitat in statischen Text
konvertieren 116
Zitationsformate 138
Zitat, wörtliches 233
Zotero 137, 140
Zur Dokumentvorlage
hinzufügen 209, 215, 223
Zur Liste der Schnellformatvorlagen
hinzufügen 215
Zusammenfügen von
PDF-Dateien 276
Zuschneiden 222
Zuwendung 28